ASOKA

AAN MIJN VROUW

WYTZE KEUNING

ASOKA

INDISCHE ROMAN UIT DE DERDE EEUW VOOR CHRISTUS

EERSTE DEEL

DE WILDE PRINS

BANDTEKENING EN HOUTSNEDE NIC. J. B. BULDER

WERELDBIBLIOTHEEK · AMSTERDAM · 1941

WERELDBIBLIOTHEEK N.V.

GESTICHT DOOR DR. L. SIMONS IN HET JAAR 1905
THANS ONDER LEIDING VAN DR. N. VAN SUCHTELEN

DRUKKERIJ EN BINDERIJ VAN DE WERELDBIBLIOTHEEK N. V.

1. DE WILDE PRINS.

Woest raasde de ruiter langs de weg, die van het legerkamp der Maurya's naar de hoofdstad Patalipoetra voerde,
stralend in het schitterende licht van de Indische zon. Ieder
stoof ter zijde en bleef angstig, in deemoedige houding, staan,
tot het ruime, wapperende, witte overkleed verneveldе in de
stofwolk, die warrelde door de brandende lucht. Het gelaat
van den overmoedigen rijder donker geelachtig brons. Zijn
lelijke, grove trekken krachtig en energiek. Zijn glinsterende,
zwarte ogen, onder de glanzende hoofddoek van witte zij uit
China, bliksemden de stad der vijfhonderd torens, die de omwalling van zware palissaden kroonden, tegemoet. De hoeven
klapperden over de brug, die naar de zuiderpoort leidde. De
wachten schoten in onderdanige houding voor den „wilden
Prins". Zonder blik terzijde rende hij de brede Koningsweg
in. Ginds rees het blanke paleis der Maurya's op uit de donkere bomen van het park. Pas toen hij over de brug en door
de poort van de uitgestrekte tuinen klaterde, bond hij zijn
vaart in. Met één sprong stond hij naast het bezwete dier,
wit bevlekt met vlokkig schuim, klopte het zacht tegen de
hals en wierp de teugels naar den ijlings toegesnelden
slaaf.... Juichend lachen van meisjes en knapen bij de grote
vijver in een wijd gazon, dat grensde aan bosschages van
in- en uitheemse bomen en struiken. Haastig richtten zich zijn
schreden; de korte zweep klemde nog in zijn hand, toen hij
de kant van het blanke water bereikte, ververst uit de bek
van een grote stenen drakenkop.... Sprakeloos hield hij zijn
pas in. Zijn felle blik trof de weelderig versierde boot met
fijn in licht teak-hout gebeeldhouwde bovenbouw. De roeiers
rustten op bevel. Slanke, elastische meisjes-figuren in wolkig
Kashi[1])-moesseline, „morgennevel", bloemen in de glanzend
zwarte haren, bewogen zich levendig over de gangboorden,

---

[1]) Benares.

op het dek en in de ruime roef.... Ze lachten.... babbelden.... fluisterden.... coquetteerden.... Wat bracht ze in zo onstuimige opwinding!

Achter in de boot, boven alles uitstekend prins Soemana, zijn oudste broer. De schonen kibbelden met vuur en onder grote vrolijkheid, wie naast hem zou zitten, als „rani". Soemana, gevoelig voor jeugdig-vrouwelijke schoonheid, keek met lachende ogen toe, nieuwsgierig, wie „rani" zou zijn in hun spel. Ook de ruiter zag belangstellend naar het betoverend toneel, ofschoon geen enkele trekking van zijn gelaat verried, of het hem vermaakte of ergerde. Een flikkering in zijn ogen flitste, toen hij Aradi opmerkte onder de drukke troep.... opgewondener dan de anderen, voerend een hogere toon, haar houding zekerder....

„Prins Asoka!" Verschrikt keken allen naar de oever, onaangenaam getroffen.... angstig glurend naar den zwijgenden jongen man. Aradi krulde hoogmoedig naar lip.

„Waarom rijdt gij niet tot hier?" riep Koenti met spottende twinkeling in haar donkere ogen.

„Ja, kom!.... kom hier!.... Zeg ons, wie rani van den kroonprins moet zijn," spotten nu ook de anderen en lachten. Het was een ondeugendheid, omdat „het probleem van den kroonprins" de laatste tijd opdook in de hoofdstad.

Asoka nam een sprong, en tot grote ontsteltenis van de gehele troep zwom hij rechtuit naar de boot, greep zich met zijn gespierde handen vast aan een van de zware roeiriemen, hief zich op uit het water, terwijl de slaaf de riem in ootmoedige houding steun gaf. Soemana, niet op Asoka's aanwezigheid gesteld, gaf Vatsa, den bestuurder der boot, bevel, den roeier te straffen. Een felle slag met een bamboes-riet daalde meedogenloos neer op de zwarte rug. Asoka greep Vatsa kalm in de nek en wierp hem met een snelle armbeweging over boord. Toen stond hij, druipend, midden tussen de verschrikte troep, die terzijde stoof als nevel voor de windvlaag.

„Zo, schone meisjes.... Wie rani zal zijn?.... Ik stel voor.... de schone Aradi!" Hij achtervolgde het meisje, dat

6

met angstig gezicht vluchtte en zich achter de een na de ander verschool. Juist wilde ze ontglippen naar Soemana, die woedend toeschouwde, toen de wilde Prins haar greep, in zijn armen nam en haar onder de grootste opschudding en verontwaardiging de trap opdroeg naar de hoge zitplaats van Soemana.

,,Gij mijn rani, schone Aradi!"

,,Laat los, laat los! Prins Soemana, help! O, Oeshas, red mijn kostbare kleed! Kijk, het is nat en vuil, en mijn bloemen!" riep ze half schreiend uit. Asoka glimlachte, het tegenspartelende meisje gemakkelijk in zijn armen klemmend.

,,Laat los!.... Uw rani wil ik niet zijn!" gilde ze boos.

,,Waarom niet? Ik ben de sterkste, en de sterkste zal raja zijn en de rani kiezen."

,,Ik wil niet, omdat gij lelijk zijt!" siste Aradi. ,,De kroonprins is veel schoner dan gij!" Ze had haar scherpste wapen gevonden tegen den onstuimigen jongeling. Men zag het Asoka niet aan, hoe het hem griefde. In zijn wilde ziel schrijnde een teer gevoel voor de bekoorlijke dochter van den hogen minister. Maar hij wist, dat zij prins Soemana genegen was.... tenminste gevoelig voor zijn verliefde blikken. Asoka nam op de bank plaats. Soemana, gekleed in een prachtig moesselinen overkleed met bloemen van goud en edelstenen versierd, vluchtte voor het natte monster, dat lomp zijn bekoorlijke spel brak.

,,Aradi is mijn rani!" riep Asoka triomferend.

,,Nooit!"

,,Maar ik bemin u, mijn Aradi," en zijn stem werd weker dan hij wenste.

,,Ik u niet!"

,,Gij bemint prins Soemana, Aradi?"

,,Ja den kroonprins," beet ze hem kwetsend toe.

,,Omdat hij kroonprins zal zijn?"

,,Omdat hij schoon is!"

,,Wat noemt mijn bekoorlijke nymf schoon?" spotte Asoka, maar in zijn spot mengde zich spijt.

,,Juist het omgekeerde van den wilden Prins."

„Bedoelt gij innerlijk of uiterlijk?"

„Beide!"

„Uw belediging gaat ver, schone Aradi."

„Minder ver dan uw lompheid! Wie waagt het anders dan gij, mijn kostbare kleed van „morgennevel" uit Kashi zo te bezoedelen, mij aan de lachlust van mijn vriendinnen en den kroonprins bloot te stellen! Ik verfoei u!"

„Vergiffenis, Prinses."

„Ik vergeef u niet!"

„Ga dan tot prins Soemana.... wie weet...." Hij liet haar los.

Asoka was met een paar sprongen bij het boord en schoot met een vaart in het water, zwom met forse slagen om de boot, dan naar de wal en verdween in het park.

Hij merkte, dat achter hem de vrolijkheid verdwenen was. Stilte volgde zijn dolle daad. Toen hij echter nog eens een blik wierp op de vijver, zag hij, hoe Aradi naast Soemana op de hoge zetel van de boot plaats nam.... zoals een enkele maal maharaja Bindoesara met een zijner rani's.... Spel! Hij begreep, dat zijn daad de kansen op Aradi's liefde nog verminderd had, en zijn gelaat verstrakte.

„Zeg mij, mijn Goeroe[1]), wat is de geheimleer der Veda? Gij onderweest mij de heilige hymnen der Rigveda, de srauta- en grihia-soetra's en de Arthasastra. Ik ken dus de goden en de offeringen, die ze eisen, de werken, die ik moet doen voor mijn lichamelijk en geestelijk heil en ook de plichten van den koning.... Mijn leertijd spoedt ten einde. Ik wens nu de geheimleer te kennen."

„Gij zelf, o, Prins, hebt een grote verering voor Siva."

„Zeker, mijn Goeroe. Siva is de heer van alle kennis, hij leerde de Richi's wijsheid, kunst, muziek, hij is de heer van het heelal, die zetelt in zijn glinsterend Himalaya-paleis en bestuurt door zijn machtige manas[2]) de wereld en de hemelen; hij is de heer van de dood, de verwoestende kracht van het al; hij is de tamasie, de god van de ondergaande zon, en

[1]) Leraar.   [2]) Geest.

8

de stier, van dood en doding.... dat ziet mijn oog elke dag, dat licht op mij aan uit alles, wat gij mij leerdet, klaar en doorzichtig als de helle nacht.... Siva-Roedra.... Siva is de grote Goeroe, de schepper en de vernietiger.... Agni noch Brahma noch Varuna spreken tot mij door hun werken, maar Siva!.... Wilt gij mij in de geheimleer inwijden, mijn Goeroe?.... Was mijn grootvader Chandragoepta een Soedra?.... Dan zou ik het ook zijn...."

„'t Is een stekende scheldnaam, die zijn vijanden of.... belanghebbenden bedachten. Ze waren niet ongenegen hem, den veroveraar, als raja te erkennen, als hij maar van zijn minderheid tegenover hen overtuigd was. En.... de Brahmanen van Magadha en Madhjadesa noemen elk Soedra, die niet tot hun tweemaal geboren leden der drie varna's[1]) behoren. Misschien hebben ze ook wel Soeta bedoeld, dat is: het zaad van Kshatriya en Brahmanin. Hun nijd greep waarschijnlijk naar de scherpste slangenbeet...."

„Leer mij dus het geheim van de Veda, mijn Goeroe."

Koelika streek langzaam zijn hand over de ogen en tuurde langs de grote weg, die van Patalipoetra zuidwaarts naar Gaya liep. De regentijd verstreek; Aswina, de eerste herfstmaand, was voorbij, de zon van Karttika[2]) versmolt de nevelen.

„Als een ontloken lotosvijver ligt het geluk over de aarde. De lach der mensen en de blijde roep der dieren schatert door velden en bossen. Al wat leeft schudt regen en stof van zich af. De palmenwaaiers beven in hernieuwde kracht. De accasia gloeit in rode pracht, de sala spreidt zijn bloesems uit of het een jonge Brahmane was. Wat is de stuwing, die alles uit het niet te voorschijn drijft, o Prins.... Wat is die kracht?"

„Het leven, mijn Goeroe."

„En het leven?"

„Dat is.... het bewustzijn.... neen, meer."

„Dat is Brahma, dat zijt gij, dat ben ik, o Prins."

Asoka dacht lang na.

---

[1]) Casten.   [2]) October.

„Brahma is leven.... gij zijt leven.... ik ben leven...."
„Neen, Brahma is de geestelijke kracht, die in alles wat leeft, zich aan ons ontvouwt, de kracht, die de werelden schept en onderhoudt en weer in zich opneemt, om zich steeds opnieuw te ontvouwen voor onze zinnen. Atman is de tere rest, als al wat uiterlijk is, van ons afvalt; het is ons ware, innerlijke wezen, ons eigen zelf, onze ziel. En het diepe weten, de leer van de Geheimleer is, dat Brahma en Atman één onverbrekelijke eenheid zijn. De vormen, planten, dieren, mensen, goden, het is alles maya, begoocheling, misleiding. Het wezenlijke is Brahma, is Atman, de Al-God en -Geest. Wie Brahma wil kennen, kan hem slechts in zijn eigen zelf, zijt atman ervaren. Brahma.... Atman.... dat zijt gij: Tat tvam asi.... Aham brahma asmi, ik ben Brahma.... Brahma atman aikyam, Brahma en Atman is één.... Het is de eenheid der dingen, o Prins:

„Men noemt het Indra, Varuna en Mitra,
Agni [1]), den schoongevleugelden hemelvogel;
Velerlei noemen wat slechts één is, de Richi's,
Men noemt het Agni, Yama, Matarisvan",
zegt Dirghathama als slot van zijn „Eenheidslied." [2])

„Siva dan...." aarzelde Asoka.
„Is Atman."
„Brahmaan, Kshatriya...."
„Is Atman."
„Vaisja.... Soedra....?"
„Is Atman."
„Slangen, offerdieren, soedra-hond?"
„Atman, die in alle levende vormen van de natuur zich ontvouwt, en die wij alleen in ons eigen zelf vinden en voelen en kennen kunnen."
„Mijn Goeroe, wat scheidt dan u en mij van het meest verachte wezen, den Soedra.... erger, den Tshandala?"
„Maya!"
„Maya?.... Dus in wezen zijn wij allen één!"

---

[1]) Vuurgod, die de offers naar de goden voert.   [2]) Rig-veda 1. 164.

„Eén in Atman."

„Hoe kan men de wereld.... mij.... uit deze misleiding verlossen?"

„U-zelf door weten, studie; de wereld behoort niet verlost te worden, die moet zich zelf verlossen, of de verlossing is waardeloos, o Prins.... Menselijke macht berust op maya. De mens grondt zijn bestaan op zelfzucht, dus op maya."

Koelika keek hem aan, maar Asoka's gelaat verried niet de heftige ontroering, die Koelika's verklaring bij hem wekte.

„'t Is of gij plotseling met Soerya's[1]) zomerlicht een duistere wereld voor mij overstraalt, mijn Goeroe. Zijn licht verblindt."

„Wie eens misschien de ivoren troon van Magadha zal beklimmen en het leven van millioenen in zijn handen houden, moet dat weten."

„Hoe durft ooit iemand, die het gelooft, hoe durf ik dan nog rechten, doden!" Een blinking van geluk glansde in Koelika's ogen.

„'t Is Siva-Brahma, die u de weg zal wijzen, o Prins; uw eigen atman, dus Hij zelf berecht, als de grote Goeroe, Siva, u ten troon verheft." Asoka peinsde lang.

„Wie zal na Bindoesara maharaja zijn, Soemana of ik?" vroeg hij na een zwijgen, dat Koelika niet verstoorde.

„Maharaja Bindoesara zal dat zelf beslissen."

„Mijn hoogvereerde Vader, keizer Bindoesara, is wijs en streng. Yama[2]) spare hem nog lang voor Aryavarta."

„Soerya zij geprezen, die deze lichtstraal in uw harte, in uw atman schoot, o Prins."

Asoka beklom de Kale Berg, zijwaarts van de grote weg. Zijn klare blik uit donkere ogen vloog als Soerya's licht over 't wijde landschap aan zijn voet, over Sona en Ganga, over Patalipoetra[3]) ginds, waar Bindoesara rechtte, wijd over 't wazig land, waar eindeloos ver Himalaya, Siva's huis, 't begrensde, naar Takshasila en Sindh en Oeggajini....

---

[1]) Zonnegod.   [2]) God van de dood.   [3]) P. lag in de samenvloeiïngshoek van Son en Ganges.

Koelika stond stil op de weg. Lelijk.... lelijk!.... Kracht
en leven straalde uit elke spier, waar schitterende ogen een
wil verrieden, te machtig misschien voor de jonge en onge-
breidelde geest. Wat spookte er in dat frisse leven? Was 't
ijdelheid en zelfzucht, die naar de kroon wilde grijpen:
Bindoesara's vrees? Of ontevredenheid met alles wat voor
zijn klare blik rondom hem deinde? Hij vroeg altijd....
uitte weinig, wat hem beroerde. Hij drong met heldere manas
in de Veda-wijsheid, maar of hij geloofde of ongerijmdheid
zag, zijn Goeroe wist het zelfs niet. De Maharaja volgde met
angst in zijn ziel, wat den wilden Prins bewoog, dreef, wanneer hij met vuur de wapenen beoefende of overmoedige op-
merkingen maakte over regering en wetten....

Koelika klom hem langzaam na. Asoka was diep verloren
in zijn wilde, stormende gedachten. Moeizaam bereikten ze
de top.

,,Laat ons terug gaan, o Prins, Roedra's donkere vluchten
Maroets[1]) dringen op Magadha aan." Asoka hijgde diep de
vochtig-geurende boslucht in. Plotseling keerde hij zich tot
Koelika:

,,Zal Soemana ooit in staat zijn, die zelfzucht neer te
slaan.... in toom te houden zelfs, mijn Goeroe?"

,,Minister Sadhava zegt, dat Soemana's oprecht Brahma-
nen-geloof hem elke moeilijkheid zal helpen overwinnen."

,,En wat zegt gij, mijn Goeroe?"

,,Mij past geen oordeel, omdat ik partijdig zou zijn."

,,Gij ontwijkt, mijn Koelika. Heeft Magadha.... heel ons
schone Indra-land krachtige koningen nodig als Chandra-
groepta en Bindoesara?"

,,Ja, o Prins."

,,Zal Soemana een krachtige raja zijn, zelf regeren, of zullen het zijn ministers doen?"

,,Ik mag hier niet oordelen."

,,Zal ik, Asoka.... de wilde prins, Indra-land kunnen
regeren?"

---

[1]) Wolken, zonen van Roedra, stormgod.

„Ik ken U meest door mijn gevoel, o Prins, en dat zegt:
ja.... De regen nadert, hoort ge 't niet in de verte? Hij
komt met zwaarder ruisen nader uit de oceaan. Siva slingert
zijn bliksems reeds van ver.... Ze rommelen als legerscharen
op ons toe."

„Elke bliksemschicht is een gelukkige, die in Brahma vaart,
atman.... dus.... die tot Atman wederkeert, mijn Goeroe."

„Er is gevaar op deze hoge plaats, o Prins. Wie Roedra-
Siva tart, dien treft hij met zijn vurige pijlen."

„Siva doodt niet zijn meest toegewijden vriend.... zijn
eigen zelf.... Atman! Dood mij, Siva, als gij mij onwaardig
keurt, maharaja van Indra-land te zijn!...."

Prins Asoka bleef staan, zijn gelaat was rustig, als door
niets beroerd....

Roedra schoof een zware diep-grauwe wolkenbank van de
oceaan tergend langzaam omhoog over het land van Magadha.
Koelika rilde bij de aanblik.... de prins stond onbeweeglijk.
Vayoe [1]) boog plotseling de palmvederen tot de grond, bulderde langs de kale takken van een paar jackbomen, klaterde
zijn tam-tam door de bamboe-bossen en schudde de statige
vijgebomen op hun tientallen luchtwortels. Als een donker,
loodblauw gordijn gleed de onweersbank over hun hoofden.
Een regenwal naderde klaterend. De Goeroe viel ter aarde en
smeekte Indra's, Roedra's en Siva's bescherming voor hem
en den Prins, maar Asoka stond roerloos op de top van de
Kale Berg. Het leek of zijn oog drong door de zware regen-
stromen en spiedde over het grote rijk van maharaja Bindoesara. Felle bliksemschichten noch balderende donderslagen
vermochten een vezel van zijn harde gelaatsspieren te bewegen. Siva zelf.... tussen de losgebroken elementen....
richtend de bliksems, striemend de bomen, dieren, rotsen met
zijn slagen onder oorverdovend gebom, gehuil, geratel, terwijl
de wolken hem besproeiden met de hemelmelk: de wereld-
olifant....?

Koelika hief zich op.... Bewondering.... ontzag....
groeide als het oerwoud in de regen, toen hij Asoka zag staan,

[1]) Windgod.

13

nog even onbeweeglijk, in dezelfde houding, borend zijn geestesoog door regenwal en bliksemschicht, of hij Indra-land in al zijn eindeloze uitgebreidheid bande met zijn blik....

,,Hij, die als een goede menner zijn rossen,
De mensen als aan teugels leidt,
Vast van hart en toch het snelst der snellen,...." [1])

Het onweer trok af, de regen dunde, druppelde na....

,,Siva heil!"

Koelika boog diep voor den Prins. Toen daalden ze weer af naar Gaya.

2. DJIVAKA'S OFFER.

,,Soerya zendt zijn warme stralen op uw doornatte kleed, o Prins."

,,Daar woont een Vaisja, mijn Koelika. De offerhutten van Siva, Brahma en Varuna [2]) druipen nog van de regen; men zal het offer brengen deze nacht.... Kom, laat ons verse melk vragen en droge kleding. Wie de goden offers brengt, zal allicht een ruime gastvrijheid beoefenen."

In Koelika flitste een vreemde gedachte: die jongeling.... incarnatie.... van Siva? Was Krishna geen wagenmenner.... Indra krijgsman?.... Siva, die door zijn manas, zijn yoga, de natuur leidt en richt.... ,,Siva doodt niet zijn eigen zelf.".... Waarom geen vrees, waar elk wezen vreesde.... die diepe rust, waar al wat leefde trilde? Die ogen, hel en klaar als Soerya's licht! Ze schouwden, alsof ze 't al doordrongen!

De Goeroe, vervuld van al die wondere, ijlend-fantastische, vedische godsdienst-beelden.... moest met eerbied opzien naar den Prins, die in zekerheid en kalmte schreed naar het Vaisja-huis.

Koelika begroette den boer.

---

[1]) Sivasamkalpa der Vajasaneyi-Samhita.   [2]) Koning van t' heelal.

„Treedt het huis van Djivaka binnen, Heren. Het ontvangen van gasten is het eeuwig vruchtdragende offer aan Prajapati."

„Svaha[1]), mijn Djivaka. Mogen u vele zonen geboren worden."

„Dank u, Heer. Ik vervul reeds jaren trouw de veertig sacramenten, die Gautama den Vaisja oplegt. Mijn huwelijk met Rohini geschiedde onder leiding van den Brahmaan Narada. Mijn huis is gebouwd op zwarte grond en Vatospati werden de hymnen gebracht. Dag aan dag breng ik de ver- schuldigde offers.... Helaas, de grabhalambhana-ritus[2]) verzekerde Rohini geen zwangerschap.... geen zoon werd mij geboren. Deze nacht wil ik een groot offer brengen: een soma-offer, een zuiver witte koe en een zwarte ram voor Siva."

„En denkt gij een zoon te verwerven door uw offer?"

„Narada zegt: De Brahmaan, die het weet, in diens macht zijn de goden.... als ik het offer en het offerloon in over- eenstemming breng met het belang van de zaak."

„En welk is het offerloon?" vroeg Asoka.

„Ik heb Narada zoveel beloofd, als hij nodig vindt."

„Dat is meer doelbewust dan verstandig."

„Ik moet zonen, ten minste één zoon hebben, Heer. Wat is een Vaisja zonder zonen. Wie zal de offers brengen, als Yama[3]) mij roept, en ik tot mijn voorouders ben gegaan?"

„Maar de goden zijn afhankelijk van het offer, niet van het offerloon."

„Weet gij dat zeker, Heer?"

„Als de mantra's op nauwkeurige wijze gezegd, de samhita's juist gezongen, de vereiste offers gebracht, de altaren goed gebouwd zijn, volgens de voorschriften, dan zullen de goden uw wens moeten vervullen."

„Maar als de priesters geen voldoende loon krijgen, bren- gen ze het offer niet op de juiste wijze."

„Ge kunt ze toch dwingen!" meende Koelika.

Djivaka dacht lang na. Asoka wachtte in spanning, tot welk besluit de Vaisja zou komen.

---

[1]) Heil.   [2]) Voor de ontvangenis.   [3]) God van de dood.

„Ik zal met Narada spreken! En ik nodig de genadige heren uit, bij het offer tegenwoordig te zijn."

Asoka knikte.

„Onze kleding is doorweekt, Djivaka. Kunt gij ons aan betere helpen?"

„Aan betere niet, Heer. Uw kleding is van zeer fijne stoffen. . . . aan drogere wel."

Hij haastte zich naar binnen en keerde weldra terug met twee overkleden.

„De stof is fijn en zacht, Djivaka."

„Rohini weefde ze zelf, Heer, en maakte het ene kleed voor een Brahmaan, het andere voor mij."

„Zij zou den Keizer een kleed kunnen weven, Djivaka."

„De goden, Heer, als ze een zoon haar gaven!"

Asoka koos het Vaisja-kleed en voelde er zich heel wel in. Hij liep het erf op, om te zien, wat Sanaya, de adhvaryoe, deed. Die keek naar hem, den vermeenden Vaisja, niet om. Hij construeerde met grote nauwgezetheid het vierkant altaar in de Siva-hut, berekende, mat, hermat 't verloop der lijnen en de hoogte en murmelde bij elke volbrachte berekening en meting de toepasselijke verzen. Narada, de Brahmaan, ging alles nog eens plichtsgetrouw na. Djivaka naderde hem in ootmoedige houding.

„Welk offerloon wenst ge, Heer?"

„De helft van uw koeien en één handvol goud."

Djivaka schrok. „Hoe zal ik dan voortaan mijn landhuur aan den Raja betalen, Heer?"

„Ik heb er ernstig over nagedacht, hoe ik door dit offer de gunst der goden zal bepalen, mijn Djivaka. Als hotar heb ik gekozen Soedhana, die wijd in 't rond bekend is, om zijn gedegen kennis van de Rigveda, de verzen zonder de geringste fout opzegt en altijd de juiste betoning treft. Daar kan geen der goden weerstand aan bieden. Asita zal de samans zingen. Een beter zanger is er niet in Djamboedvipa[1]). Mijn adhvaryoe Sanaya heeft zelfs in Takshasila gestudeerd, om te weten, hoe hij elke hoek, elke cirkel, elk vierkant en

[1]) Indië.

16

verveelvoudiging daarvan juist moet construeren. En waarom zijt ge juist bij mij gekomen, om mij de gehele leiding toe te vertrouwen? Toch zeker niet, omdat ik tot de onwetende Brahmanen behoor! Het loon moet zijn zoals door mij is vastgesteld. Anders kan ik onmogelijk deze offers brengen en de gebeden opdragen. De goden zullen zich ontslagen achten van hun plichten tegenover mij, als gij niet het offerloon wenst te betalen, dat gij volgens mijn berekening schuldig zijt."

„Mag ik het goud betalen, Heer?" vroeg Asoka, die naderbij getreden was.

„Wie zijt gij? Ge zijt een Vaisja, zie ik, als uw kleed mij niet bedriegt. Wie is uw vader, wie is uw moeder?"

„Duizenden Brahmanen ontvingen reeds de vrome gaven uit mijn Vaders hand. Mijn Moeder is ook een Aryi.... Wees dus niet ongerust, Brahmaan."

„Het verheugt mij jongeling, dat gij zulk een vromen vader hebt en dat Djivaka zo rijke vrienden bezit. Maar het spijt mij, dat ik u moet teleurstellen: Ik heb het offerloon te laag bepaald. Ge weet toch, dat het in overeenstemming moet zijn met uw bezit. De goden zullen het offer niet aannemen, omdat gij hoger kunt betalen. Twee volle handen goud moet gij mij geven, mijn Djivaka. Voor minder ben ik niet zeker van mijn macht over de goden."

Djivaka boog in deemoed. Asoka keerde de twee zijn rug toe en liep de weg op naar Gaya. Een vreemd klagend klankenspel weerklonk. Hij luisterde. Een ravanastron [1] .... een weke, tere melodie zong door de bomen: wondere, meeslepende muziek.

„Wat is dat?" vroeg hij een Brahmaan, die voorbijging, maar hooghartig voor zich zag en op de vraag niet achtte.

„'t Is ongepaste muziek," antwoordde een Vaisja.

„Wat noemt gij ongepast?"

„De melodie, die hij speelt, hoort bij Vasanta [2] en 't is nu toch Hemanta [3]. Wie durft Hindola en Sriraga tegelijk verstoren! Bovendien Djivaka houdt zijn grote offer om een zoon, dien de goden hem tot heden onthielden. Geen vrome

---

[1] Soort viool.   [2] Lente.   [3] Winter.

Vaisja benadeelt zo'n ernstig en kostbaar offer. Misschien speelt Sasarman opzettelijk zijn zondige, storende melodieën in wilde lente-rhythmen. Men zegt, dat hij en Rohini elkaar wensten, maar haar vader wilde Djivaka als schoonzoon, want Sasarman verspilt zijn tijd bij de ravanastron. Zijn velden leveren niet de helft van andere, zijn koeien en geiten

„Maar Djivaka geeft zijn rijkdom weg aan dure offers," zijn mager als de bomen hoog in de bergen, en Djivaka is vlijtig, zuinig en rijk."

waagde Asoka. „'t Gevolg is, dat beide verarmen."

De Vaisja keek den prins met ontstelde blikken aan.

„Doe boete voor die boze woorden: Roedra, Varuna en Vayoe zullen u anders al hun zegeningen onthouden, die een Vaisja behoeft! Daarvoor loont hij met vreugde de heilige Brahmanen; Sasarman versmaadt ruw de heerlijke gaven van Sita.[1])

Weer luisterde Asoka naar het spel van Sasarman.

„Zulke muziek kan de goden niet welgevallig zijn, hij speelt ze voor Rohini, ik twijfel er niet aan, en daarvoor krijgt hij de hellestraf. Een Vaisja, die liefde-zangen speelt voor de vrouw van een ander, pleegt daarmee reeds overspel."

„Ook als men hem die vrouw ontstal?"

„Rohini's vader en de Brahmanen hebben het huwelijk van Djivaka ingezegend en dus is het heilig."

„Ook als Djivaka geen zoons verwekt?"

„Zeker, dan kan Djivaka immers zoons laten verwekken."

„En dat is geen overspel?"

„Neen, zo willen het de goden. Zo wil het Manoe."

Asoka liep in de richting van Sasarmans hoeve.

„Gij speelt zondige muziek, Sasarman."

De Vaisja keek verschrikt op. Toen lachte hij.

„Ik ken geen zondige muziek, Vaisja. Ze komt uit het diepst van mijn ziel, uit mijn atman, die volgens de Oepanishads deel is van den groten Atman. Wat van den atman is, is van Brahma."

---

[1]) Akker-godin.

„Laat dan de zangen horen van Bhairava en die voorgeschreven zijn voor de avond."

Weer lachte Sasarman en nu luid. „Wat de Brahmaanse offerpriesters voorschrijven, raakt mij niet."

„Gij zondigt opnieuw. Welke Vaisja durft zo spreken over de heilige Brahmanen."

„Zo heilig, dat ze rijk leven van de moeilijk vergaarde oogsten, die de vrome Vaisja's met hun bloed betalen."

„Waarom werkt gij niet?"

Asoka's klare blik verhinderde een ruw antwoord.

„Ik hard werken, om er de Brahmanen mee te mesten! Hahaha! Die mij mijn bruid ontstalen! Djivaka was rijk.... daar was meer van te plukken.... dus moest hij de man van Rohini worden.... De Brahmanen hebben het bevolen. Rohini werd op hun bevel met angstige zorg bewaakt, door haar vader, broers, buren.... Hebt ge nooit opgemerkt, dat rijke Vaisja's de lievelingen der Brahmanen zijn?.... Als de bladluizen van de witte mieren? Was ik een Kshatriya geweest en had ik de behandeling der wapenen gekend, ik had haar geroofd en allen gedood, die mij weerstonden."

„Ook voor den Raja behoort gij te werken."

„Hij krijgt van mij zijn juiste deel."

„Maar het is te klein."

„Mijn grond geeft niet meer," lachte Sasarman.

„Moet gij Rohini's offer verstoren?"

„Djivaka's offer! Het feest der Brahmanen! Djivaka is bijna arm van al de offers, en hij meent, dat hij er een zoon van de Brahmanen voor kan kopen. Als hij arm is, geen feesten meer! En het zieleheil van Rohini en Djivaka deert hun niet!"

„Speelt gij niet met uw eigen zieleheil, Sasarman?"

„Laat mij als tijger wedergeboren worden.... ik zal niets eten dan Brahmanen.... of als cobra.... ik zal vergif in hun voeten bijten.... of als muskiet.... ik zal ze de koorts in hun bloed prikken.... of...."

„Rohini wenst een zoon."

19

„Djivaka wenst een zoon! En de Brahmanen wensen hun buik vol soma en offervlees. Dat is de ansa[1]) van hun hebzucht-zang."

Sasarman greep opnieuw zijn ravanastron.

Asoka luisterde ontsteld. Hoe kon een Vaisja zich zo vergeten! Hel.... eindeloze wedergeboorten in de laagste wezens.... Of was dat alles ook maya! Tat tvam asi.... Was deze Vaisja dan niet geest van den Algeest.... evengoed als de heiligste Brahmaan?

Toen fluisterde hij: „Ge zijt onvoorzichtig, Vaisja!"

„Brahmanen zijn onbarmhartig. Rohini was mijn en ze hebben haar mij ontnomen, ontstolen om hun buiken, hun geldzak, hun veestal...."

Asoka keerde naar Djivaka terug. Juist kwamen Narada's leerlingen, om het offerloon weg te voeren, vóór het offer plaats vond. Narada ging met Djivaka mee naar de vee-omheining, om zelf de koeien uit te zoeken. Met starre ogen zag Djivaka zijn geliefde beesten na, spijtig, maar haastig mompelde hij enige gebeden, om de zondige gedachten te niet te doen. Hij moest één zoon hebben — al zou het zijn ganse have kosten. Toen haalde hij het goud uit de geheime bewaarplaats en reikte het den Brahmaan toe.

„'t Is schriel gemeten, Djivaka."

„Rohini heeft het zelf genomen, Heer."

„Ga gij dan nu en meet 't met uw eigen handen na."

„Twee handen vol, Heer!"

„Gij weet dat ik uw handen bedoelde."

„Heer, er is bijna niet meer."

„Uw rijke bloedverwant wil u toch lenen."

Djivaka wachtte even. Durfde hij vragen? Maar het offer moest gelukken! Aarzelend kwam zijn verzoek er uit:

„Heer, zweer eerst het tanoenaptram."[2])

Hoog richtte Narada zich op:

„Hecht de Vaisja meer aan zijn goed dan aan zijn karman?

---

[1]) Grondtoon.   [2]) Belofte, het belang van den Yajamana (opdrachtgever) redelijk te dienen.

Wantrouwt gij uw priesters?"

„Ik wil een zoon, Heer!" zei Djivaka bevend.

Met gebogen hoofd ging hij heen en keerde met het verlangde goud terug.

Toen legde Narada onder het aanroepen van Agni plechtig de eed af....

De maan rees in serene pracht boven de wouden van Rajagriha en wierp haar witte licht over de offerplaats, verblankt door een zwak bemerkbare nevel, die na de regen in de bossen hing. Djivaka leidde Rohini in de kring van verwanten en vrienden, die waren gekomen om Djivaka's offer begeerlijker te maken voor de goden en zich te goed te doen aan de resten. Het was een ondraaglijke ramp, dat Rohini onvruchtbaar bleek, zelfs geen dochter waardig scheen te zijn. Djivaka wilde een zoon! Zou zij straks een tweede vrouw naast zich moeten dulden.... boven zich? Of zou hij haar dwingen een anders zoon te ontvangen.... als dit offer geen gevolg had? Haar offers aan de goden waren steeds dubbel zo groot als die van haar varna [1])-genoten. Hoeveel bijzondere offers had zij bovendien niet gebracht aan Siva, als god van de vruchtbaarheid. Nooit vergat ze Sita in haar gebeden. Met grote zorg hield zij de veertig sacramenten, bewaarde ze haar huis rein; geen ongepoetste metalen vaten werden ooit gebruikt en zij zelf vernietigde de gebakken vazen en potten, die ze nodig had voor melk, ghee en boter. Wanneer ze maar kon, onthaalde ze haar gasten, Brahmanen en andere Aryers, op alles wat hun hart begeerde. Niemand was zo gastvrij als Rohini, wanneer men tot haar kwam.... Maar de zegen, die zij wenste, bleef uit. Maand na maand, jaar op jaar bracht teleurstelling.... Waarin had zij dan gezondigd?....

De Hotra riep met luide stem Varuna, Indra, Siva, Agni en meerdere goden van de drie werelden: hemelen, lucht en aarde op naar het offerfeest van Djivaka en nodigde hen uit, hun plaats in te nemen op het heilige koesha-gras, met liefde verzameld, zorgvuldig uitgespreid om de offerplaatsen. Een rilling ging door de Vaisja's, omdat de goden thans in hun

[1]) Caste.

21

onmiddellijke nabijheid waren. . . . maar de Brahmanen bleven onberoerd, omdat ze dagelijks met hen verkeerden. Onzichtbaar zaten ze aan, de Deva's, die neerdaalden uit hun lichte oorden, om te genieten Djivaka's gaven, Rohini's reine vaardigheid. Hoe zouden ze kunnen ontkomen aan Narada's sterke offerdienst. . . . Dwingen zou hij hen met machtige hand, gesteund door zijn karma. Hun honger en dorst zou hij stillen met soma en offervlees, maar dan zou hij ook eisen, wat de offeraar had beoogd. Asoka verliet het gezelschap. Koelika wilde hem tegenhouden, zei, dat Narada eerst met Rohini zou spreken. De Prins wenkte met de hand en verdween, dwaalde naar de plaats, waar Rohini zou biechten.

Narada naderde Rohini en voerde haar op enige afstand van de offerplaats.

,,Zult gij naar waarheid biechten, Rohini, en niets verzwijgen, wat de leider van Djivaka's grote offer behoort te weten?"

,,De volle waarheid, Heer, en niets zal ik verzwijgen, wat gij wenst te weten."

,,Welnu dan, durft ge met een zuiver en gerust hart ten offer gaan?"

,,Zeker, Heer."

,,Zijt ge u geen zonde bewust?"

,,Neen, Heer."

,,Doet ge alles wat ge kunt voor een gelukkige ontvangenis: offers, gebeden, aalmoezen, gastvrijheid voor de Arya's?"

,,Zeker, Heer, alle veertig sacramenten."

,,Gelooft ge, dat Djivaka of gij de schuld draagt van uw onvolkomen huwelijk?"

,,Dat weet ik niet."

,,Ik weet, dat Sasarman u als vrouw begeerde. . . . Begeerdet gij hem ook?"

,,Ja, Heer."

,,Houdt gij hem thans buiten het huis van uw man? Als een vrouw een man heeft en omgang houdt met een ander, begaat zij een fout tegen Varuna."

,,Hij blijft buiten Djivaka's huis, Heer."

22

„En buiten uw hart?"

„Heer, Sasarman zingt zijn ziel uit in de ravanastron. Ik kan mijn oren niet sluiten. Hij roept zijn teksten door de bossen. Mijn verstand vermag ik niet tot bewusteloosheid te doemen."

„Gij behoort slechts aan één man: Djivaka?"

„Ja, Heer. Geen doodzonde zou ik ook willen bedrijven!"

„Doet uw man alles, om een zoon te verwerven? Zoekt hij geen andere vrouwen? Geeft hij het offerloon, dat bij zulk een belangrijk offer past?"

„Heer, ik weet niet wat mijn man doet, als ik niet bij hem ben, noch ken ik zijn rijkdommen. Maar ik geloof, dat hij een rechtschapen mens en echtgenoot is."

„Zo het offer ook nu niet lukte, zou hij dan nog groter offer wensen te brengen?"

„Dat weet ik niet, Heer."

„Tracht het te weten en het mij mee te delen."

„Ja, Heer."

„Hebt gij in vorige levens zonden bedreven, waarvoor gij thans moet boeten, daar immers de goden u zonen onthouden?"

„Heer, hoe zou ik het kunnen weten! Het nieuwe leven dooft immers de herinnering aan het vroegere!"

„Hebt ge nooit een wijze bezocht, die u kon inlichten of verklaren, waarom u geen zoon geboren wordt?"

Rohini snikte.

„Heer, niets heb ik nagelaten, nacht en dag gebeden, trouw de veertig sacramenten van den Vaisja verricht. Thans brengt Djivaka een kostbaar offer.... voor een zoon."

„Zijt gij heilig overtuigd, als het offer geen gevolg heeft.... dat het uw zonden uit een vorig leven zijn, mijn Rohini, waarvoor gij boet?"

„Heer, gij zijt een wijze Brahmaan, ik moet het dus geloven, wanneer gij het zegt. Ik zelf ben mij geen zonden bewust."

Plotseling wiegde een oneindig teedre zang door de nacht. Het was of de nymphen van Bhairava zweefden over de velden

23

der Vaisja's en dansten onhoorbaar in Chandra's stralen. De poetra's[1]) met hun bharja's[2]) vlijden zich in de jonge rijsthalmen en luisterden naar Sasarmans liefde-lied.

„Sluit uw oren, Rohini, als gij het offer niet waardeloos wilt maken. Neem uw plaats weer in en volg trouw het offer...." Toen stak Narada zijn vuist uit naar Sasarman. „En vervloekt zijt gijt, verstoorder van de eeuwig-heilige offerdienst. Yama omstrikke uw valse nek, alsof gij een offerdier waart." Rohini kromp ineen....

Ook de Brahmanen uit wijde omtrek gingen opgewekt naar Djivaka's hoeve. Zij namen de voorste plaatsen in, want zij alleen waren gerechtigd de beste resten van de offerdienst te nuttigen. Zij praatten en lachten om de geestigheden, die gezegd werden en deden verontwaardigd over den vedelaar, die het offer te niet wilde doen. Luide lieten zij horen, welke vreselijke straffen hem wachtten in de hel en in nieuwe geboorten.

Daar liet Asita, de Oedgatar zijn samans[3]) galmen uit de offerhut en overstemde luide het zwakke snaargeluid in de verte. Eerbiedig mompelde men zijn instemming met de heilige zangen van den Hotar en verheugde zich, dat de storende, heiligschennende geluiden ginds onderdrukt werden door de machtige zangen van den offerpriester. De Adhvaryoe, die de drie vuren had ontstoken en de vlammen met zijn „Svaha" begroette, plengde thans in de heilige lepels de door Rohini met grote zorg driemaal geperste soma in de gloed en schonk het aan de goden, op het koesha-gras verenigd, murmelend steeds, aan wie hij het eerbiedig aanbood. De Brahmanen wachtten op de gaven en de Vaisja's luisterden in stomme, huiverende aanbidding voor de aanwezige goden, naar de onverstaanbare, klankrijke veda-teksten. Toen het offer was afgelopen, boden Djivaka en Rohini den Brahmanen soma. Ze dronken met gulzigheid de vurige drank. Nu was Sasarmans stem hoorbaar in de verte. Hij zeide enige verzen uit de Rigveda:

---

[1]) Zonen van de raga's = toonaarden.   [2]) Hun verloofden.
[3]) Zangen.

24

„Menigvuldig is onze zin,
Verschillend, wat de mens zich wenst:
Gebroken rad de wagenmaker, gebroken been de dokter,
De priester hem, die soma perst —
Soma strome Indra toe!"

Narada kende het Rigveda-vers, maar in de mond van den
leek maakte het hem boos. Hij toonde het evenwel niet en
ging voort met de dienst. De Adhvaryoe haalde de offerdieren en bond ze aan de paal. De soma gaf hem kracht voor
het zware werk, dat hem wachtte. Rohini keek met angstige
ogen naar de witte koe, haar lievelingsbeest, door Narada
aangewezen voor het offer. De geiten mekten vreesachtig om
de vele mensen en de vreemde vuren. De Hotar riep opnieuw
de goden aan, hun plaatsen in te nemen voor het vuur op
het heilig koesha-gras. De Adhvaryoe greep naar zijn strikken, elke handeling met yajoes[1]) voerend. En dier na dier
werd onder wanhoopsbrullen, hijgen, spartlen d'adem afge-
knepen: Niets mocht verloren gaan van het slachtoffer, geen
droppel bloed. De priester kende zijn vak. Djivaka murmelde
gebeden, Rohini voelde diepe smart om haar lieve beesten,
maar onderdrukte die met geweld, omdat de priester het
nodig vond. De mantra's[2]) van den Oedgatar weerklonken en
vervulden de genodigden met groot verlangen naar het vlees:
de Brahmanen kregen tong, nek en schoften, romp en poten,
de man van het lendenstuk, de vrouw van de buik.... Men
smulde, behalve Rohini, die met moeite een stukje vlees naar
binnen werkte. Brahmanen dronken soma bij de maaltijd,
soma, waarvan geen Vaisja mocht proeven. De vrolijkheid
schoot hoger uit, naarmate Chandra voortspoedde op haar
baan met lachend, vol gezicht.

Ha, die offerschender! Weer raast zijn stem door de nacht:
„Zoals de priesters 's nachts bij zoete soma zitten,
Rondom het volle vat, en delibereren,
Zo viert gij, kikvorsen heden ook de dag."

. . . .

----

[1]) Offerspreuken.   [2]) Veda-liederen.

„Ja, priesters zijn het, die, van zoete soma vol,
Het grote jaargebed met veel rumoer begaan."
„Komt Vaisja's, wie grijpt den schender van het offer, den
spotter met de heilige Brahmanen, en bindt hem en voert hem
morgen naar den koning?"
Enige Vaisja's sprongen op, stormden naar het huis van
den gevloekten ketter en bonden hem. Morgen zouden ze hem
aan het gerecht te Patalipoetra overleveren. De offering werd
voortgezet, de soma verminderde als water in de hete zomerzon, het vlees als hagel in Soerya's stralen.
Rohini's hart kromp ineen bij het horen van Sasarmans
vermetele Rigveda-verzen. Ze vermocht nauwelijks de proces-
sie om de offerplaatsen mee te volbrengen. Dit offer kon geen
zoon haar geven!.... Welke god zou dit ontheiligd gebed
verhoren! Narada zag haar ontsteld gelaat en naderde haar.
„Geen zondaar kan het offer van mijn priesters storen, Djivaka.
De macht van hun gebed is groter dan die der goden."
„Uw woorden zijn heilig, Narada"....
Gulzig aten Brahmanen en andere Arya's. Vet droop van
hun handen en kin. En met grote slokken slempten de leden
van de hoogste varna de soma in en benevelden hun brein.
Ze prezen met lallende tongen het offer.
„Dat de Vaisja's niet meer offeren! Het ware slechts voordeel. De goden zullen ze vergeten, als ze niet scheutiger zijn
met dieren en soma."
„Narada is niet gauw tevreden. Hij moet het offerloon verminderen, dan wordt het offer groter," waagde Pindola in
gestuwde mededeelzaamheid.
„Hoe duurder hoe begeerlijker," fluisterde Jamana. „Als
het te goedkoop wordt, stellen ze er geen prijs meer op."
„In elk geval is het voor u niet goed, mijn Pindola. Gij
wankelt, terwijl gij nog nauwelijks een droppel soma hebt
geproefd," blies hem een ander in het oor.
„Rohini zou van mij nog best een zoon ontvangen, als
Djivaka tenminste de schuldige is, dien de goden straffen,"
meende Pindola.
Deze gedachte verwekte onderdrukte vrolijkheid bij de

26

Brahmanen, die het gehoord hadden, maar Pindola keek, overtuigd van zijn bewering, peinzend in de lichtdoorglansde verte.

„De Kamasoetra[1]) zou u vrijspreken en schuldeloos stellen," oordeelde Moeda, die even belust was op schandaaltjes als op soma.

„Beter is het, haar de middelen der Kamasoetra te leren, waardoor Djivaka's kracht verhoogd wordt," merkte een ander ernstig op.

„Ik zal haar die morgen verschaffen. Dat bezoek kan ik vrij brengen, want Vatsyayana zegt.... als het maar om andere redenen geschiedt."

„Drinkt uw soma en houdt u stil," siste Tjitaka boos, „moet ge Djivaka's offer doen mislukken of de Brahmanenstand nog meer neerhalen dan tegenwoordig toch al gebeurt? Is het niet ergerlijk genoeg, dat een Vaisja ginds het waagt de priesters te bespotten, terwijl wij het heilig offer opdragen aan de goden? Gij draagt zelf de schuld met uw voze praat!"

„Maar de soma doet mij meer zeggen dan gewoonlijk, meer zelfs dan ik wil," bracht Pindola moeilijk uit.

Opnieuw een onderdrukt gelach.

„Dan behoeven we het een Vaisja ook niet meer kwalijk te nemen, dat hij zich niet beheerst, als de Brahmanen met zich zelf spotten," fluisterde Djala boos.

„Wie is laatst bij Drona op bezoek geweest, om dezelfde diensten te bewijzen?" vroeg Moenda spottend.

„Dat bespreek ik niet in vergaderingen, waar ook andere varna's[2]) aanwezig zijn."

Asoka was onmerkbaar tot dicht bij de Brahmanen doorgedrongen en had met zijn scherp gehoor het gehele gesprek gevolgd. Eindelijk vroeg hij:

„Zouden de eerwaarde Brahmanen mij een vraag willen beantwoorden. Ik geloof, dat gij allen wijs zijt en de wetten kent, want Manoe zegt: Zoveel mondenvol als een onwetend man inslikt op een offering aan de goden of de voorvaderen,

---

[1]) Heilige liefdeleer.   [2]) Casten.

zoveel roodgloeiende spaken, speren of ijzeren ballen moet de gever van de maaltijd inslikken na zijn dood.... En die ellende zoudt gij Djivaka toch niet willen aandoen."

„Wie zijt gij? Kent ge de Richi's, jonge Vaisja? Want Manoe zegt ook: Zoals een boer geen oogst krijgt, als hij het zaad in onvruchtbare grond heeft gezaaid, zo krijgt de gever van offervoedsel geen beloning, als hij het geeft aan een man, die onbekend is met de Richi's."

„Ik ken de Veda's, eerwaarde Brahmanen."

„Welnu dan: vraag!"

„Wat is het offer?"

„De dieren, zegt Yanjavalkya," krijste Pindola.

„En de soma!" spotte Jamana, die den Vaisja brutaal vond.

„En de offerpriesters dan?" vroeg Asoka. Koelika hoorde angstig toe. Hij vreesde, dat zijn pupil gevaarlijke dingen zou zeggen.

„Dat betreft niet het offer maar de juiste opdracht."

„En de genodigden?"

„Zij werken mee door hun aandacht. Luister maar en werk zó mee, anders zou Djivaka spijt kunnen hebben, dat hij u mee heeft genodigd. Neem dus uw plaats weer in! Dat is beter dan steeds uw zetel te verlaten," voegde Moena hem uit de hoogte toe. Het was hem opgevallen, dat de jonge man meermalen zijn bank verliet. Maar Asoka stoorde zich niet in 't minst aan de hooghartige antwoorden van de Brahmanen.

„En de genodigde leden van de hoogste varna?"

„De Brahmanen zijn het altaar voor de resten der offergaven, jongsnavel."

„Meer niet?"

„Meer niet."

„Moeten zij niet uit dankbaarheid voor de genoten gastvrijheid trachten, de voor het offer meest gunstige stemming te bevorderen?"

„Dankbaarheid past enkel en alleen den offeraar."

„Waarom offeren de Arya's dan steeds minder, eerwaarde Brahmanen?"

„Het zijn de ketters, die de niet-geleerde Arya's meer en meer op dwaalwegen voeren: de volgelingen van den Sakyamoeni [1]), de Jaïns, de Ajivikà's, de loslippige sanyasins [2]) en vanaprastha's uit de woudkluizen, die de geheimleer verkondigen aan mensen, voor wie ze niet bestemd is."

„Die ketters kennen de Brahmanen niet," merkte Asoka dubbelzinnig op.

„Dat is een lichtstraal in het brein van een Vaisja," zei de ander bits.

„Niets kan dus de goede werking van het offer verstoren, als het offerloon betaald, de soma en de dieren juist zijn geofferd, de resten van het offer door Arya's zijn genoten, al naar de varna?"

„Neen."

„Nog minder kan een Rigveda-vers het offer verstoren?"

„Neen, daarvoor zijn de geopenbaarde boeken te heilig."

„Dan is Sasarman dus niet schuldig. Hij kòn het offer niet storen; de verzen, die hij zei, waren geopenbaard."

„Maar ontijdig, in elk geval ongepast bij Djivaka's offer."

„Kan een Veda-tekst ooit ongepast zijn?"

„In de mond van een ketter! Evenmin als het gepast is voor een Vaisja, meedelende vragen te richten tot de Brahmanen!"

„Vindt gij het dus zondig van den heiligen Yajnavalkya, die Naceketoe als brahmacarin aannam, hoewel de knaap erkende, dat zijn moeder niet wist, wiens zoon hij was, omdat zij in verschillende huizen gediend had!"

„Stoor het offer niet langer met zulke zondige vragen, jonge Vaisja!"

„Ik dank de heilige Brahmanen voor hun vriendelijke bereidheid, mij te antwoorden," besloot Asoka. Toen wendde hij zich af en de Brahmanen keken hem met verontwaardigde blikken na.

---

[1]) Boeddha.
[2]) Mannen in 't laatste der vier levensstadia: Brahmacarin, huishouder, vanaprastha (woudkluizenaar) en sanyasin (zwerveling zonder thuis).

29

„Wie is die eigenwijze Vaisja?" vroeg één aan Koelika.

„Wie zijt gij? Wie ben ik? Wie waart gij in een vorig leven? Wie was hij in een vroegere incarnatie.... Kan het ook Siva zijn?" vroeg plotseling de Goeroe, die nog maar steeds moest denken aan het gebeurde op de Kale Berg.... „Siva is door den Hotra opgeroepen tot het offer en hem is een plaats aangeboden op het heilige koesha-gras. Siva weet dus al wat hier geschiedde. Was Krishna niet wagenmenner van Ardjoena? Waarom zou die jongeling niet Siva zijn in het kleed van een Vaisja! Kan hij van het koesha-gras opgestaan zijn en in den jongen Vaisja gevaren? Zaagt gij de blik zijner ogen? Siva is de god der vruchtbaarheid maar ook de god van leven en dood."

Koelika's woorden brachten grote opwinding onder de begerige en nog meer bijgelovige Brahmanen, die heftig onder elkaar fluisterden. Het gedrag van den Vaisja kwam hun zeer ongewoon voor. Welke Arya van lagere varna dan zij durfde zo zelfbewust op te treden tegen Brahmanen en dat nog wel bij een belangrijk offer! En zijn ogen! De vreemdeling had gelijk! Zulke ogen zagen zij nooit. Zwart schitterend, ja, ja! Daar sprak een godenwil uit.... een wereldwil, Siva! In opwinding vertrok het gezelschap. Sommige Brahmanen wankelden op hun benen en zwaaiden met hun lichamen, vet van offerresten. Een dodelijke angst maakte zich meester van hen, die met Asoka hadden gesproken. Allen prevelden Vedaspreuken en prezen Siva hoog, dat hij aanwezig wilde zijn bij dit grote offer. Koelika keek ze grimmig na en wachtte op Asoka.

De Prins had zich naar Sasarman begeven. De Indische volle maan belichtte de plek, waar hij lag. Twee krachtige Vaisja's bewaakten hem en murmelden angstig de toepasselijke gebeden, om zich de demonen en kobolden van het lijf te houden, die zonder twijfel moesten rondzweven bij dit zondige huis. Asoka naderde geruisloos en trad toen plotseling in het volle licht; de Vaisja's rilden. Eerst toen ze den vreemden Vaisja, die ook bij het offer aanwezig was, herkenden, achtten ze hun leven gered. Zwijgend keek Asoka ze aan.

30

„Terug!" riep hij daarna met forse stem. De Vaisja's weken ontzet achteruit tot de ingang van Sasarmans erf.

„Zo!" Ze bleven onbeweeglijk staan.

„Sasarman, gij waart onvoorzichtig," sprak hij zacht.

„Ja, Vaisja."

„Ik wil u het leven redden. Ik heb u nodig. Ge weet: de Brahmaanse rechtbanken zijn genadeloos, wanneer het verstoring van de offers betreft."

„Heer, maak mijn banden los."

Asoka wierp zijn kleed af, sneed vlug de banden door.

„Wie zijt gij, Heer?"

„Eens zult gij het weten. Tart voorlopig de Brahmanen niet meer en wacht, tot ik binnen enige dagen tot u kom."

De Prins sloeg het Vaisja-kleed weer om zijn schouders en naderde de beide wakers.

„Ga naar uw huis en laat Sasarman met rust."

„Narada zal ons weten te treffen, Heer."

„Siva wil niet, dat Sasarman gestraft wordt. Zeg hem dat."

Angstig om zich kijkend verwijderden de Vaisja's zich. Elk geritsel in de bomen, elke maneplek, die zich bewoog, elk dier, dat in de stille nacht zijn liefde- of strijdkreet liet horen, verschrikte hun met bijgeloof doordrenkte zielen. Asoka liep peinzend naar Djivaka's erf terug, waar Koelika hem met ongeduld verwachtte.

„Mag ik mijn gasten het nachtverblijf wijzen," zeide Djivaka, die naderbij trad.

„Moge uw offer rijke vruchten dragen, Djivaka," zei Koelika.

„Dank u Heer.... als het maar niet verstoord is door Sasarman."

„Ik ken een wijzen Brahman, Djivaka. Menig kinderloze Arya wendde zich tot hem, en door zijn grote wijsheid en kennis redde hij hen van een zoonloos bestaan."

„Waar woont hij, Heer?"

„Trek over de Ganges, waar Padmavati ligt, loop dan rechtuit door het arekapalmenbos en ge komt spoedig in de woudkluis van den heiligen Sayana. Hij zal u goede raad geven; want hij is bedreven in alle Veden, ook in de Atharva en in de Kamasoetra."

„Op welke dag en welk uur, Heer?"

„Vóór nieuwe maan, als Savitri[1]) de purperen poort van Oeshas doorschrijdt."

„Dank u, Heer."

De jonge prins strekte zich uit op zijn eenvoudig leger en sliep. De Goeroe, zelf gevangen in het wild-phantastische geloof van het land, kon de slaap niet vatten. Wat leven was den wilden Prins toebedeeld? Wie was hij vóór zijn geboorte? Zou een godheid een mensenbestaan waardig keuren voor vermeerdering van zijn karma? Asoka.... wil, bandeloze kracht nog. Was hij, Koelika, goeroe van dien Prins, of was hij goeroe zelf, „de grote Goeroe"[2]) en hij arme Brahmaan, wijze! een leerling slechts?....

Vroeg de volgende morgen stookte Rohini het heilig vuur en verrichtte de Agni-hotra, de morgenplenging. Met zorg maakte ze de maaltijd gereed, waarvan de goden het eerst bediend werden, hun toegevoerd door Agni, den beminden vuurgod. Bij de bereiding vergat ze geen enkele spreuk, die Djivaka van de Brahmanen had geleerd. Djivaka had goed onderricht genoten en kende alle Srauta[3])-riten uit zijn hoofd. In Djivaka's huis mocht niets vergeten worden, schuren van het vaatwerk, bakken van potten, melken — hoe had het haar deze morgen pijn gedaan, haar liefste vee te missen.... maar ze had haar leed verdreven door gebeden en Veda-spreuken — onderhoud van het heilig vuur en alle veertig sacramenten, die een Vaisja behoort te vervullen, elke dag, elke maand, elk jaar.... Wat zonde zou zij hebben bedreven in een vorig leven? Narada was een geleerde priester: die moest het wel weten! Ze zuchtte diep,.... prevelde onmiddellijk een Veda-tekst als boetedoening.

„Wat zucht onze jonge gastvrouw zwaar," zei Koelika, die juist binnentrad.

„Geëerd zijt gij, onze gast.... ja, ik zucht, Heer. Niet

---

[1]) De rijzende zon.   [2]) Siva.   [3]) Huiselijke.

omdat ik ontevreden ben, ook niet omdat alle riten, die Djivaka trouw wenst te volbrengen, mij zwaar vallen. Maar Narada zegt, dat, als ons grote offer niet geeft, dit een gevolg is van een zware zonde, in een vorige incarnatie bedreven.... Kunnen al die kostbare offers, blijmoedig gebracht, ons dan niet helpen?"

„Gautama zegt: Wie door de veertig offers is geheiligd, maar de acht goede eigenschappen mist, zal niet verenigd worden met Brahma en de hemel niet bereiken. En dat is meer."

„Welke goede eigenschappen, Heer?"

„Medelijden, verdraagzaamheid, vrij van toorn, zuiverheid, vriendelijkheid, volbrengen van goede daden, vrij van gierigheid, vrij van begerigheid. Vasishtha zegt: Zoals de schoonheid van een vrouw geen vreugde geeft aan een blinde, zo brengen ook de vier Veda's en de zes anga's en de offers geen zegen aan hen, die te kort schieten in de goede eigenschappen."

„Narada zegt, dat slechts de offers, goed opgedragen aan de goden, van kracht zijn, al het andere is ketterse praat; een Vaisja doet beter, zijn oren te sluiten voor zulke zondige gedachten.... gij zijt ook een Brahmaan, Heer?"

„Zeker, Rohini, maar Sayana is de wijste Brahmaan, dien ik ken. Laat Djivaka hem raadplegen."

Asoka, verfrist door diepe slaap, begroette Rohini nu ook.

„Keren we naar Patalipoetra terug, mijn Goeroe."

„Zoals ge wenst, Heer."....

3. DE BOOG GANDIWA.

Op de drukke Koningsweg, die naar het paleis van den Maharaja leidde, snelde Tishia, Asoka's volle broer, hun tegemoet.

„Asoka, boden uit Takshasila melden, dat er een opstand uitgebroken is in het verre westen van Vaders rijk!"

„De goden mogen de ellendigen genadig zijn, Tishia."

„Dat zullen ze niet, want die volken wonen aan de andere zijde van de Sarasvati, Asoka. Ze zijn vervloekt, zegt onze goeroe. Binnen enige dagen gaat er een legerafdeling heen, om ze te straffen."

„Ik dacht wel, dat daar iets broeide. De Yavana's [1]) stoken er altijd en er wonen vele halfwilde volken. Vader zal ze naar Yama zenden, vrees ik, en gij, mijn Koelika?"

„Het is geen geluk, geboren te worden in die onheilige streken"....

Asoka begaf zich onmiddellijk naar de Zenana [2]).

„Zijt ge reeds terug, mijn zoon?" vroeg Soebhadrangi, zijn moeder. Ze was een Brahmane met fijne gelaatstrekken en een paar heldere, scherpe ogen, levendig en beweeglijk, in tegenstelling met haar kalme, rustige houding, die vertrouwen inboezemde.

„Ja, mijn Moeder; hoordet gij reeds van Takshasila?"

Gopali, Soemana's moeder mengde zich in het gesprek: „Soemana zal zeker de opstandelingen onderwerpen."

„Dan mag de prins wel een paar Brahmanen meenemen," merkte Soebhadrangi scherp op, „die zouden hem kunnen inlichten, wat de goden wensen."

„Zijn daar geen naga's [3]) en Dasyoe's [4]), Soebhadrangi?" vroeg Hara spottend. „Ik vrees, dat prins Soemana het niet overleeft."

„We weten, Soebhadrangi, dat gij liever een ander als plaatsvervanger van Zijne Genade zaagt gaan. En Hara helpt u trouw mee wensen. Maar Soemana is de oudste zoon, de kroonprins. Daaraan kan Varuna zelfs niets veranderen."

Gopali stond met een felle beweging op en verliet met trots gebaar het vertrek. Toen pas brak de storm los over Soemana's hoofd. De Maharaja kon evengoed Soemana in de hoofdstad laten, als zijn goeroe's er maar heen gingen. Ze mochten hem wel tien van de schoonste hofdanseressen mee-

---

1) Grieken.   2) Vrouwenvertrekken.   3) Slangen.
4) Demonen.

geven, anders bleef hij bij de dochters der Kosali's achter: de schoonste vrouwen van Aryavartha.

„Beter was, dat de Maharaja prins Asoka stuurde," meende Hara, Bindoesara's jongste vrouw.

„Dan gaan de opstandelingen vanzelf wel aan de haal," vond Jalini dubbelzinnig. Zij was Bindoesara's schoonste maar minst aanzienlijke rani.

Asoka keek haar zwijgend aan. Jalini bloosde en wendde haar ogen af.

„Het zou ook niet prettig voor u zijn, Jalini, als Soemana wegging," bitste Hara.... in de Zenana fluisterde men, dat Soemana haar soms bezocht in de nacht....

In de raadzaal besprak keizer Bindoesara met zijn ministers en raadgevers de opstand. Vooraf had hij het heilig vuur laten ontsteken door den poerohita[1]) en de gebeden laten zeggen. Zijn magiër had na zeer omslachtige riten hem gemeld, dat de opstand in Takshasila zich gevaarlijk liet aanzien en dat slechts krachtig ingrijpen de toestand kon redden.

„Takshasila is een onrustige stad. Ze ligt te dicht bij Bactrië en Iranië. Ik vrees, dat de opvolgers van den Macedoniër er de hand in hebben. Wat zegt gij er van, Aroeni?"

„Uwe Genade late ze duchtig de macht der Maurya's voelen!"

De anderen beaamden dit.

„En wie zal het leger aanvoeren, Oedra?"

„Soemana is de oudste prins, Uwe Genade."

„Soemana is niet zelfstandig en dapper."

„Gij kunt enige oudere raadgevers mee laten trekken, die zijn geest leiden tot wijsheid en kracht."

„Wie zal een leger goed leiden, die enkel afhankelijk is van zijn raadgevers?"

„Soemana is de kroonprins, Uwe Genade. Hij heeft er recht op, dat gij hem kiest," meende Arada, een fanatiek Brahmaan.

„Ik zal bepalen, wie kroonprins is, Arada," merkte Bindoe-

---

[1]) Huisgeestelijke.

sara scherp op. „Dat is mijn recht. En ik vind het beter, dat Soebhadrangi's oudste zoon de legerleiding op zich neemt."

„En als het hem gelukt, Uwe Genade? Dan staat de overwinnaar met een overwinnend leger in de Pendjab, een overwinnaar, die geen opvolger zal zijn.... dat is meer gebeurd, o Maharaja. De Nanda's hebben er het gewicht van gevoeld." [1])

Bindoesara schikte onrustig op zijn troon heen en weer.

„Gij vergeet, Arada, dat mijn vader Chandragoepta handelde als zelfstandig aanvoerder van een eigen leger en niet op bevel van een regerenden Raja."

„Ook met een regerenden Maharaja kan een brooddronken prins, die geluk heeft in de krijg, gevaarlijk worden. Hoe werd Ajatasatroe raja?"

De herinnering aan dezen paricide maakte grote indruk. Bindoesara zat stil op zijn troon, dacht even na.

Nu liet Khallataka, de oudste en aanzienlijkste minister, zich horen:

„Soemana is de oudste prins, hij voelt nog niet de ernst van het keizerschap. Maar waarom zou hij geen goede raja kunnen worden? Hij heeft eerbied voor de Veda's en de wet. Kan men dat ook van Asoka zeggen?"

„Niemand beweerde nog, dat hij er geen eerbied voor heeft. Een legeraanvoerder kan met Veda en wet geen opgestaan volk bedwingen."

„En een leger, Uwe Genade!"

„Het is voor mij juist de vraag, of Soemana ook een leger kan leiden. Wie naar het westen gaat, moet enkel en alleen zijn gedachten bij de hoogst ernstige zaak hebben en zich niet laten afleiden door zijn persoonlijke.... aangelegenheden. Soemana toont niet de minste belangstelling voor het leger, wapenen, wapenoefening, paarden, olifanten, bestuur van het rijk, terwijl hij toch de oudste is!"

„Maar juist omdat hij uw oudste zoon is, o Keizer."

„Ik zal sturen, wien ik het geschiktst acht. De Arthasastra

---

[2]) Chandragoepta stond op tegen de Nanda's en vermoordde ze.

36

geeft alleen mij daartoe het recht.... Breng Soemana's goeroe hier, Djala."

Met grote eerbied naderde Widoe het hoge gezelschap.

„Richt u op, Widoe. Wie moet naar uw inzicht legeraanvoerder zijn naar Takshasila? Gij kent beter dan iemand mijn oudsten zoon."

„Gij vraagt mijn oordeel, o Maharaja. Uwe Genade heeft mij opgedragen, prins Soemana te leiden. Hij is de kroonprins. Kautilya zegt, de heerschappij zal als een voorrecht van den oudsten zoon worden erkend. Prins Soemana moet dus ook legeraanvoerder zijn."

„Ik ken de Arthasastra even goed als gij, Widoe. Denkt gij, dat hij in staat is die taak tot een goed eind te voeren?"

„Maharaja Bindoesara heeft vele grote mannen aan zijn hof, die den Prins als raadgevers goede diensten zouden kunnen bewijzen."

„Raadgevers, raadgevers! Ik zend geen raadgevers naar Takshasila, maar een leger met een legeraanvoerder! Als ik hem stuur zonder raadgevers?"

„Dan is de verantwoordelijkheid ook voor u, o Maharaja."

„Zullen de Maurya's regeren en legers aanvoeren, of de raadgevers?"

„Soemana is zo verstandig steeds naar goede raadgeving te luisteren."

„Gij ontwijkt, Widoe.... Ik vraag niet naar de geschiktheid van de raadgevers maar naar die van mijn zoon.... Gij kunt gaan.... Breng Koelika hier, Djala."

Koelika trad rustig binnen.

„Wie moet legeraanvoerder zijn naar Takshasila, mijn Koelika?"

„De keuze is volgens de wetten van het land geheel aan u, o Maharaja. Uw wijsheid verzekert een goede keus."

„Zeg uw oordeel."

„Vergeef mij, o Maharaja, dat ik Kautilya als autoriteit aanhaal. De Arthasastra zegt: Wanneer hij, dat is de Maharaja, een zoon van op de voorgrond tredende flinkheid bezit, vertrouwe hij hem de plaats van legeraanvoerder of kroonprins toe."

„Wie is die zoon?"

„Asoka, o Maharaja."

„De wilde Prins?"

„Die wildheid is het gevolg van zijn levenskracht, borrelend sterker dan Roedra's Maroets in regentijd."

„Dezulken gaan onder door de vrouwen," antwoordde de Keizer, die Koelika's antwoord wel bevroedde, maar het aan zijn raad wilde laten horen.

„Prins Asoka is vooralsnog onverschillig voor de vrouwen. Hij heeft bovendien het geluk, weinig bekoring voor vrouwen te bezitten, wier liefde meestal uitgaat naar schoonheid gepaard aan macht en rijkdom."

„Drinkgelagen, spel!"

„Bekoren hem niet."

„Jacht."

„Welke grote koning beminde niet de jacht?"

„En als hij Takshasila tot rust brengt en een overwinnend leger naar Patalipoetra terugvoert en zijn eerzucht, tot opperste weelde gevoed als Djamboedvipa[1]) na regentijd.... wie zal dan den ongebonden prins keren in zijn waan?"

„Slechts één vereert hij met diep ontzag: den heiligen Maharaja."

Bindoesara dacht lang na; niemand bewoog zich. Koelika zweeg eerbiedig.

„Welke raadgevers heeft hij nodig?"

„Geen. Hij heeft de moed van Siva, de schranderheid van Genesa[2]) en het leven zal hem wijsheid leren, waarvoor hij even toegankelijk is als de blauwe lotos voor Soerya's stralen."

„Uw gunstig oordeel wordt u ingegeven door de liefde voor uw pupil, mijn Koelika."

„Mijn liefde is slechts voor hem, die wijsheid hoger stelt dan zinnestreling en dode vorm, o Maharaja."

„En als hij toch raadgevers meekrijgt?"

„Hij laat zich wegen wijzen, maar kiest zijn eigen weg."

---

[1]) Indië.   [2]) God der wijsheid met een olifanten-hoofd.

„Is uw getuigenis waar? Vrij van eigen wensen?"

„Waar als van een eerlijk getuige voor het hof van Brahma, waar als prins Asoka zelf, o genadige Maharaja.... Vrij van eigen wensen niet. Ik wens werkelijk, dat de keus op hem valt."

Bindoesara trachtte door te dringen in zijn geest, nam hem scherp op.

„Gij kunt gaan, Koelika"....

„Vergun mij één opmerking, o Maharaja," begon Khallataka. „Wie de dode vormen niet eert, zal ook de gangbare wetten van het land niet eren, die ook dode vormen zijn. En dan is Uwe Genade afhankelijk van de luimen van een hartstochtelijk overwinnaar."

„In het andere geval van de luimen of.... belangen van de raadgevers," antwoorde Bindoesara scherp. Khallataka boog. Hij wist al te goed, dat de Maharaja gelijk had.

„Geen woord mag over deze beraadslaging worden gesproken. Thans hef ik de vergadering op."

Allen wierpen zich voor den heiligen Maharaja neer als erkenning van zijn oppermacht. De Keizer verhief zich van de ivoren troon en verliet de zaal....

„Hebt ge niemand toegelaten in de nabijheid, Djala?"

„Geen mens, zelfs geen papegaai of priesterkraai, o Maharaja."

De Keizer ging naar zijn particuliere vertrekken. Daar liet hij den spion Girika komen.

„Wel, Girika, wat hebt gij te melden?"

„De Prins is met zijn goeroe de grote weg naar Gaya opgewandeld, door een onweer overvallen, heeft in een geleend Vaisja-kleed een offering bijgewoond van den Vaisja Djivaka, die geen zoons had, heeft een anderen Vaisja bezocht, die vedel speelde en Veda-teksten zei en later het offer stoorde, waarom hij door de Vaisja's werd gebonden. De Prins heeft dien Vaisja de banden losgesneden en hem de vrijheid hergeven en gezegd, dat hij de Brahmanen niet meer moest tarten. Vervolgens hebben de Prins en zijn goeroe de nacht doorgebracht in het huis van den offeraar en zijn heden naar

Patalipoetra teruggekeerd. Ik heb hen verschillende keren laten passeren. De goeroe sprak over de geheimleer en de Oepanishads."

„Waar was de Prins gedurende het onweer?"

„Op de top van de Kale Berg."

„Op de top?"

„Ja, o Maharaja. De goeroe trachtte den Prins te bewegen, de gevaarlijke plaats te verlaten. Hij scheen het niet te horen, keek recht voor zich uit, onder stroomende regen en wilde donderslagen, onbeweeglijk, tot het onweer overdreef."

„Volg hem streng, ook deze dag".....

„Maskarin.... wat hebt gij te melden?"

„Prins Soemana heeft gisteren de hetere Prakriti bezocht, in gezelschap van andere jongelingen. Ze hebben veel gedronken en gespeeld. De Prins is de nacht over in het huis van Prakriti gebleven, vanmorgen teruggekeerd en heeft de lessen van zijn goeroe gevolgd. Thans vermaakt de Prins zich in het park"....

„Ga naar het park, Maskarin"....

„Is Sayana gekomen, Sari?"

„Ja, o Maharaja. Hij wacht uw bevelen."

„Laat hem binnen."

Na een eerbiedige begroeting nam de wijze op een erezetel plaats.

„Hoe gaat het in de woudkluis, mijn Sayana?"

„De ene dag is gelijk de andere, o Maharaja. Wij beleven er slechts de zorgen om het geestelijk voedsel. De welvaart in uw grote rijk maakt het ons gemakkelijk, een eenvoudig maal te verwerven. En de Vaisja's vermeerderen hun heil door gaven aan de kluizenaars."

Bindoesara bracht Sayana op de hoogte van zijn moeilijkheden: Gopali's of Soebhadrangi's zoon, wie moest legeraanvoerder zijn?

„De goeroe's, die ik Uwe Majesteit zo vrij was aan te bevelen, behoorden de prinsen ook tot mij te voeren, naar uw wens. Soemana is verschillende keren bij mij geweest. Hij is iemand zonder eigen mening, behalve waar het zijn....

40

genoegens betreft. Overigens doet hij willoos, wat de Brahmanen van de Brahmanenhof hem raden. Prins Asoka wenst mij voorlopig niet te bezoeken."

„Waarom niet?"

„Koelika zegt: de Prins meent, dat hij nog te weinig bedreven is in de Veda's en de Arthasastra van uw Vaders groten minister Kautiliya, om met mij te kunnen spreken. Hij heeft er bovendien geen behoefte aan, omdat Koelika hem alles geeft, wat hij wenst. Tenslotte heeft hij geen tijd, zijn vrije uren in de woudkluizen door te brengen. Koelika houdt mij steeds op de hoogte van zijn werk en vraagt mij dikwijls raad."

„Men noemt hem den wilden Prins."

„Ik weet het, o Maharaja. De jeugd wil uitrazen: of in genoegens, of in kracht of in onweerstaanbare zucht tot weten. Rampzalig wie het eerste, gelukkig wie het tweede, gezegend wie het laatste kiest."

„Gij kent het gevaar, dat altijd raja's bedreigt.... ook van hun zonen, mijn Sayana. Maharaja Ajatasatroe doodde zijn vader, Ajatasatroe's zoon doodde hem op zijn beurt, en diens zoon bezondigde zich aan dezelfde misdaad...."

„Soemana is geen gevaar voor u, maar zij die hem leiden."

„En de overwinnaar van het westen?"

„Dat hangt bij Soemana van zijn raden af."

„Daarvan wens ik niet afhankelijk te zijn!.... Asoka?"

„Het zou een ingrijpend besluit zijn, o Maharaja. Kautiliya zegt: Behalve in geval van nood zal de heerschappij als een voorrecht van den oudsten zoon worden erkend."

„Dat noodgeval is hier aanwezig. Kautiliya of Chanakiya zegt ook: Als de Raja een zoon van op de voorgrond tredende flinkheid bezit, vertrouwe hij hem de plaats van legeraanvoerder of kroonprins toe."

„Asoka is niet geliefd bij de Brahmanen, Uwe Genade."

„Waarom niet, mijn Sayana, waarom niet?"

„Hij handelt slechts naar eigen oordeel en.... goedvinden."

„Dat is voor mij een reden, juist hem te benoemen, als ik

41

zeker ben van zijn toewijding. Onderzoek zijn gevoelens ten opzichte van mij en het keizerschap. Ik kan dat slechts u toevertrouwen, Sayana, dien ik als den wijste in mijn rijk eer."

„Asoka trad nooit mijn kluis binnen, o Maharaja."

,Ik stel het als voorwaarde voor zijn benoeming."

„Gehoorzaamheid aan den groten keizer van Magadha en het heil van Indraland nopen mij, uw gebod te aanvaarden, o Maharaja".... Sayana vertrok.

„Waar zijn mijn ministers heengegaan, Bhava."

„Minister Oedra is met minister Arada naar zijn huis gewandeld. Minister Aroeni nam een bad. Kala zocht zijn eigen paleis op evenals minister Khallataka."

„Wie bespiedt Oedra en Arada?"

„Samoedra, Genadige Maharaja."

„In het eerste deel van de nacht hoor ik, wat zij besproken hebben in het huis van Arada."

Verschillende berichtgevers werden nog ontvangen. Toen ging de Keizer naar de Zenana, nadat hij door vertrouwde wachters de vertrekken der koninginnen had laten onderzoeken.... Macht behoudt men slechts door wijze voorzichtigheid.

Soebhadrangi was zeer opgewonden, maar liet het Bindoesara niet merken.

„Wien zendt mijn Heer als legeraanvoerder naar Takshasila?"

„Mijn besluit is nog niet gevallen, dierbare Soebhadrangi. Laten staatszaken uw heerlijke rust niet verstoren."

„Gij weet even goed als ik, waar het om gaat. Durft gij Gopali's zoon een zo belangrijke taak toevertrouwen?"

„Wij zullen trachten met wijsheid te kiezen."

„Gij hebt mij meermalen gezegd, dat Asoka de vereiste eigenschappen van een raja had. Of zegt ge het alleen om mij te vleien, Heer? Gij weet beter dan ik, dat Soemana leeft voor zijn genoegens. Uw bloeiend rijk viel uiteen als de bloemtuil van de areka-palm en stierf als haar stam, als gij niet de staatsmanswijsheid had, die het eindeloze Indra-rijk bindt met banden, sterk als armenzware lianen. Wenst gij het over

42

te leveren aan iemand, die slechts verlangen heeft naar vrouwen, drank en spel, geen wil dan die zijner raden? Wat moet er van Aryavartha worden, wat van zijn vele volken?"

„Het verheugt mij, mijn Rani, dat gij even als ik zorg hebt voor mijn rijk. Als dat alleen u beweegt, mijn onovertroffen koningin, zult gij mijn besluit billijken en.... afwachten. Waar verblijft uw oudste zoon?"

„Hij is naar de legerplaats gegaan, waar hij in ontplooiing zijner krachten zijn krachten sterkt. Hij paart aan gezondheid van geest gezondheid van lichaam, o Maharaja. Ik dank Siva, dat hij u een zoon schonk als Asoka, gesproten door uw kracht uit mijn lichaam"....

De Maharaja schreed door de zuilengalerij en beval een slavin, de kamer van Gopali te openen. In de nis stond een wachteres, die verantwoordelijk was voor 's Keizers veiligheid. Zij boog het hoofd tot de grond, ten teken, dat zij alles in orde had bevonden.

Gopali groette den Maharaja onderdanig, maar haar gelaat was strak en haar ogen keken vol verwachting naar den heerser.

„Wat is er, dat mijn trotse Rani bedrukt?"

„Heer, de Zenana schijnt te menen, dat mijn zoon geen legeraanvoerder zal worden."

„Vrouwen behoren niet te oordelen over regeringsmaatregelen."

„Is Soemana kroonprins, Heer?"

„Den kroonprins wijs ik aan, Gopali met uw lotosogen. Soemana is mijn oudste zoon. Als hij de eigenschappen bezit van een wereldheerser, zal hij kroonprins zijn. Heeft hij ze niet dan zal ik een ander moeten zoeken."

„De lelijke zoon van Soebhadrangi meent thans reeds, dat hij heerser van Indraland kan worden," viel Gopali driftig uit.

„Lelijk naar het uiterlijk of lelijk naar zijn ziel, mijn Gopali? Het eerste zou de vrouwen van mijn rijk verschrikken, het laatste mij, den huidigen heerser over Indra's volken."

„Zijn ziel ken ik niet, al noemt men hem den „wilden Prins". Hij is zwijgzaam als de houten stier in Siva's offerhuis.... Soemana is schoon en waardig als een vorst; de goeroe's prijzen hem om zijn gehoorzaamheid en het brengen van vele offers. De Brahmanen eert hij als de goden. Voor den Soedra rilt hij van afschuw. Zijn Vader vreest hij als de olifant den mahaut. Wat wenst ge nog meer van een kroonprins?"

„Uw oordeel is treffend juist, o schone Rani. Wat zegt Jalini van hem?"

Een grote verlegenheid maakte zich van Gopali meester. Met angstige blikken onderzocht ze, wat de ogen van den Maharaja mochten verraden.

„Jalini mag zelf oordeelen over mijn zoon, als gij dat wenst, o Maharaja."

„Waar is uw zoon op dit ogenblik, mijn Gopali?"

„Hij is in het park en vermaakt zich met de prinsessen en haar vriendinnen, Heer," zei de rani aarzelend.

„Een prins, die aanspraak maakt op de troon, moet werken, mijn Gopali. 's Nachts ruste hij.... Rustte onze zoon deze nacht wél? In de slaap verzamelt de prins en vooral de kroonprins de krachten voor zijn reeds ernstige dagtaak."

Gopali wendde haar gelaat af. Wat wist de Maharaja?.... Wat.... wist.... hij niet! voegde zij er bitter aan toe. Met zorg trachtte ze alles, wat de Maharaja misprees in haar zoon, te verbergen.... zonder gevolg. Hij bleek altijd alles te weten....

„Genoegens zijn ook den kroonprins toegestaan, o Heer."

„Passende genoegens, zeer zeker! Varuna zegene u, dierbare Rani. Mijn werk roept mij thans weer...."

De statie-olifant wachtte den Maharaja voor de poort van het paleis. Gewapende wachteressen verbeidden de komst van hun Heer. Een zware gongslag kondigde zijn nadering. Onmiddellijk traden slanke meisjesfiguren naar voren en hielpen den machtigen heerser op het rijdier. Lange witte kleden met blauw en geel, de kleuren van de pauw, dekten het zware lichaam. Daarover lag het tuig, rijk met gouden plaatwerk versierd en kwistig ingelegd met rijen edelstenen, die uit alle delen van Bindoesara's rijk naar zijn schatkist stroomden. De mahaut zat op de schoft van het beest gehurkt, zijn haak in de hand, gelaat en lichaam onbeweeglijk, wachtend op zijn Heer. Twee soldaten leidden het dier. Rijen ruiters zetten de weg af, waarlangs Bindoesara reed, achterovergeleund in zijn purperen palankijn, blinkend van helle glinsterstenen. Het volk was toegestroomd, om den hogen heerser te aanschouwen, den heiligen Maharaja: Brahmanen, Kshatriya's, handwerkers van Patalipoetra, staatsbeambten, vrouwen en kinderen. Men strooide bloemen op de weg en boog tot de aarde voor hem, die Magadha in rechtvaardigheid regeerde.... Elk was overtuigd van zijn goddelijkheid.... hoe zou hij anders tot zo grote macht zijn geboren in deze incarnatie....

Statig schreed de olifant voort; een sterke lijfwacht begeleidde den Keizer naar het legerkamp aan de boorden van de Hyranyabahoe, de Son....

4. HET KEIZERLIJKE WOORD.

Asoka en Koelika hadden zich lang te voren naar het kamp begeven. De goeroe was meer Asoka's vriend dan zijn leider. In gestrekte draf reden ze voort. Men keek den wilden Prins met schuchtere eerbied na. Brahmanen vertelden ernstig, dat hij den Maharaja veel zorg gaf, Kshatriya's, dat hij in alle wapenen den beste overtrof. Hij was een echte nakomeling van Chandragoepta.... Chandragoepta, die niets ontzag, die onder de Nanda's oproer verwekte in Patalipoetra, maar vluchten moest, toen men de samenzwering ontdekte, die Alexander den Macedoniër ontmoette en na diens dood het westen veroverde en daarna de troon van Madhjadesa en Magadha. Geen wonder, dat de kroonprins angst had voor den lelijken prins met zijn donkere, schitterende ogen in het grove, spierige gezicht.

Plotseling zag Asoka een man in het kleed van een boeteling met een zware stok in de hand de weg oversteken. Hij

45

moest ongeveer bij hen zijn, als ze voorbijdraafden. Met verbazing merkte de jonge prins, wien weinig ontging rondom hem op de weg, dat de asceet doorliep, zich vlak voor de passerenden liet vallen en onderwijl de stok vooruitgooide, juist tussen de poten van het paard. Het dier struikelde en rolde over de grond. Asoka vloog een eind door de lucht en werd opgevangen door een Soedra, die toesnelde. Met beheerste handigheid en juiste bewegingen behoedde hij Asoka voor een gevaarlijke val. De Soedra viel zelf en bezeerde zich hevig. Asoka was niet geschrokken, kwam op zijn voeten terecht, sprong op den boeteling toe en greep hem in de nek.

,,Waarom die stok, ellendeling?''

,,Het was een ongeluk, Heer.''

,,Gij liegt; ge zaagt ons aankomen.''

,,Heer, ik zweer, dat ik het niet met opzet deed.''

Asoka riep enige soldaten. ,,Breng hem naar de pijnbank.... En gij.... Soedra, treed in mijn dienst, als bijzondere wachter. Hoe heet gij?''

,,Revata, Heer.''

,,Revata, ik verwacht u morgen, als Oeshas Soerya de poort opent, in het park''....

De asceet jammerde luid, toen de soldaten hem wegvoerden. Voor het gerechtshuis met pijnigingswerktuigen riep hij:

,,Vervloekt.... Lamba....''

,,Wie is Lamba?''

,,De deurwachter bij de ganika [1]) Prakriti, Heer,'' stotterde de man.

,,Haal Lamba uit het huis van Prakriti!''

Spoedig was ook Lamba bij het gerechtshuis.

,,Waarom hebt gij dien ellendeling op mij afgestuurd?''

,,Heb ik niet gedaan, Heer. De bedrieger wil zich zelf vrijpleiten!'' zei Lamba kalm. Lamba vreesde Mara [2]) noch zijn demonen en voelde zich tegenover Asoka veilig, omdat hij zich door den kroonprins beschermd wist.

---

[1]) Courtisane.   [2]) Duivel.

„Voer ook hem naar de pijnbank."

Lamba verbleekte....

„Waarom hebt gij dien ellendeling op mij afgestuurd?"

„Heer, hij liegt."

„De eerste pijniging!"

Lamba liet zijn beulen begaan, maar weldra jammerde hij:

„Laat af...."

„Ga door," beval Asoka kalm.

„Heer, Prakriti...."

„Prakriti kent mij niet. Pijnig verder."

„Heer, de vrienden van prins Soemana!"

„Pijnig door! Met de seizen nu en zwaar!"

Onder hevige kreten brulde Lamba:

„Houd op! Ik zal spreken. Laat de anderen heengaan, dan zeg ik het u."

„Koelika en ik. Ik wens een getuige."

„Goed.... Prins Soemana.... Heer.... bood mij.... een grote som.... als ik.... u kwetste.... meer niet.... Ik heb dezen magiër.... gehuurd, Heer."

Asoka greep driftig een ijzeren staaf en sloeg den magiër neer in zijn woede.

„Sluit Lamba op! Koning Bindoesara zal hem berechten. Kom, mijn Goeroe."

Asoka en Koelika reden thans naar het legerkamp. Op de oefenbaan renden twee bekende karrevoerders met een driespan om het hardst. De achterste sloeg onbarmhartig op de paarden los, maar vermocht niet zijn tegenstander in te halen.

„Met slaan verkrijgt men iets uit een mens, niet uit een dier, Sela. Kom hier, ik rijd uw kar," riep Asoka.

Koelika trachtte den prins te overreden, zulk een ongewone proefneming niet te wagen.

„Beangst u niet, mijn Goeroe. Ik rijd zo goed als Sela, alleen op andere wijze." Hij stapte naar de paarden, gaf elk een stukje kristal-honing, klopte de nekken der snuivende dieren, fluisterde ze vriendelijke woorden toe, nam de teugels en stapte in de kar. Men geloofde, dat de prins de paarden toverformules uit de Atharva-veda in de oren

blies. Koelika moest aan Siva denken. „Als.... hij...."
„Klaar, Sagka, nu wij! Honderd panas als gij het wint."
In volle eenheid stoven de paarden langs de baan en Asoka
liet Sagka ver achter zich. Gejuich steeg op, en Sagka boog
diep voor den Prins, toen ze uitgestapt waren.

„Daar Sagka, honderd panas. Onthaal al uw vrienden.
Hier zijn uw prachtige paarden, Sela."

Koelika had eerst met angst, dan met verbazing naar zijn
leerling gekeken. Toen zag hij, met welk een kalme blik de
prins zijn dieren beheerste, hoe alle soldaten met eerbied den
„wilden Prins" groetten. Dat was natuurlijk.... Zij voelden
Bindoesara als een god, maar Asoka als een soldaat, hoger,
knapper dan zij, die altijd wist, waar zij faalden. Nog sterker
kwam dit uit in het olifanten-park, waar een mahaut een der
dieren met woede mishandelde, omdat het weigerde een kar
voort te trekken, die een vreselijk lawaai veroorzaakte, als ze
bewoog. De olifant draaide in hevige angst om de ongewone
klanken voor het voertuig heen en weer.

Asoka rukte den mahaut de haak uit de hand en wierp
die weg. Toen naderde hij het dier en legde vertrouwelijk zijn
arm om de slurf.

„Span af!"

„Kom," en met zachte drang voerde Asoka de olifant
een eindje terzijde.

„Span nu een beleerden olifant voor de kar en rijd een
poos heen en weer." De mahaut deed zwijgend, wat Asoka
beval. Het angstige dier schrok eerst nog, maar Asoka bleef
rustig bij hem, gaf hem nu en dan een stukje suiker. Lang-
zamerhand wende het dier aan de schrikgeluiden. Eindelijk
werd het opnieuw voorgespannen en Asoka leidde het een
eindje. Het schrok niet meer en schreed voorwaarts of het
jaren gewend was aan het nagebootste oorlogstumult.

„Gebruik naast de kracht het verstand van den olifant,
want een olifant heeft meer manas in de vinger van zijn slurf
dan een karnak in zijn hoofd en haak samen." De mahaut
viel aan Asoka's voeten. Toen gingen ze verder.

„Hoe weet gij deze dingen, o Prins?"

„Ik ken de dieren beter dan zij, mijn Goeroe, omdat ik ze meer bemin dan.... zelfs mijn meeste broeders. Zij zijn naïef en onschuldig en schuldeloos."

Asoka reed naar het kamp van het voetvolk. Ook hier werd hij met gejuich begroet: hij was zeer gezien bij de ruwe krijgslieden, om zijn ernst in het beoefenen van al hun wapenen. En in kracht, lenigheid en de totale beheersing van zijn spieren stak hij boven allen uit.

Een zware gongslag daverde over de legerplaats: de Maharaja in aantocht! De dagelijkse inspectie, die Bindoesara slechts in de uiterste noodzaak naliet. In een ogenblik was het aanzien van het kamp veranderd. De krijgers zochten haastig hun plaats en werk. Duizenden stonden langs de weg en statig ging de stoet door de onbeweeglijke krijgermassa's. Bij de plaats, waar de Prins zich bevond, liet Bindoesara stilhouden.... Asoka naderde zijn Vader en groette hem met eerbied.

„Mijn zoon, waarvoor oefent gij u zo scherp?"

„Dat is niet gemakkelijk te zeggen, mijn Vader.... omdat ik een dadenloos leven niet kan verdragen.... mij bewegen moet en het heerlijk vind, mij lichamelijk in te spannen.... maar ook.... omdat ik weten wil, welke krachten er werken in het grote Maurya-rijk...."

„Waarom wil mijn zoon dat weten?"

„Het kon immers zijn, dat een andere Maurya niet in staat was, Uw wereldrijk te beheersen, als hij geroepen wordt.... dan zal ik misschien moeten of willen...."

De Maharaja was een ogenblik in gepeins verzonken. Dan zei hij plotseling:

„Laat de boog Gandiwa brengen.... Het is de boog, die Arjoena[1]) van Varuna ten geschenke kreeg. Wie deze boog kan spannen en afschieten, kan ook Indra's rijk besturen."

Asoka wist heel goed, dat de legende zei: *„Zal* Indra's rijk besturen." Hij begreep, dat Bindoesara zich door de proef-

---

[1]) Figuur uit de Mahabharata.

neming niet wilde binden, en toch in zijn wankelmoedigheid enige steun zocht.

De boog, hier door Chandragoepta gebracht, werd zeer zorgvuldig bewaard in het arsenaal van den Keizer. Toen men het heilige voorwerp had gehaald, overhandigde men het op Bindoesara's bevel aan Asoka. De Prins draaide het om en om. Hij voelde enige verlegenheid: Wie zou zo'n geweldige boog kunnen spannen! Hij dacht niet meer aan de verre strekking, die de Keizer aan zijn schot zou toekennen. Het was voor hem een vraag van kunnen of niet kunnen, gemengd met grote nieuwsgierigheid. Hij trok aan de pees, maar die overhalen!.... De gehele omgeving zag met belangstelling zwijgend toe. Geen of hij hechtte aan deze proef een ernstige betekenis: de heilige boog, de vereerde, machtige keizer van geheel Aryavarta, de ,,wilde Prins".... Het gelukte den krachtigen jongeling niet, het wapen te spannen, ondanks de grootste moeite. Toen riep hij in hevige opwinding: ,,Twee zware stenen!".... Daar legde hij de uiteinden van de boog Gandiwa op, greep de pees, stampte met een forse trap op het weinig buigzame hout, juist in het midden, trok tegelijkertijd met aanwending van al zijn kracht de pees aan en spande.... het gelukte. Het luide gejuich van de hem omringende krijgers deed hem ontwaken uit zijn hevig gerichte gedachten. Bindoesara had met ingehouden adem toegekeken. Thans pas, nu het Asoka gelukt was, drong het tot hem door, welke gewaagde proef hij had genomen.

,,Wat zal ik schieten, mijn Vader?"

,,Neem een veroordeelden dief of moordenaar.... Welke spreuk uit de Artharva-veda heeft mijn zoon de kracht gegeven, Gandiwa te spannen?"

,,Spreuk?.... Géén, mijn Vader!.... Ook zal ik niemand doden, die zich niet mijn of mijn Vaders vijand toont."

,,Ginds is een schijf.... schiet! Bepaal zelf de afstand."

Onder de kreet ,,Siva" vloog de zware pijl midden door de roos.

,,Dat was een meesterschot, mijn zoon! Welk wapen bemint ge het meest, volgeling van den groten Arjoena?"

50

„De chakra, mijn Vader. Welk doel wenst gij en welke afstand?" Maar de Maharaja was zelf zo geschokt door het schot met Gandiwa, dat hij geen verdere bewijzen voor Asoka's wapenkunst begeerde.

„Elke worp met de chakra is u toegestaan, mijn zoon. Mijn tijd is voorbij. Mijn bezigheden dringen.... Kom heden in het tweede deel van de nacht bij me."

Asoka bleef in diep gepeins staan, zodat Koelika eindelijk de opmerking waagde: „'t Wordt tijd, o Prins."

„De woorden van den Maharaja waren onvoorzichtig, mijn Goeroe.... Stel, ik koos Soemana.... als doel.... Ik haat hem...."

Koelika verbleekte. „Dat is een vreselijke gedachte, o Prins!"

„Daarom spreek ik ze uit tegen u, mijn Goeroe.... want nu heeft ze ook haar kracht verloren.... al zou de uitvoering mij groot voordeel brengen.... Elke worp.... met de chakra.... is u toegestaan."

„Die gedachte is gevaarlijk, o Prins. Ga mee naar den wijzen Sayana."

„Goed! Mijn denken is verward, en misschien behoef ik zijn raad."

Ze reden rechtstreeks door naar Padmavati en lieten zich daar over de Ganges zetten, die nog hoog was. Door een areka-palmenbos bereikten ze de woudkluis van den wijzen Brahmaan: een woning van bamboe en timmerhout, met een tegen de zon beschermde veranda. Sayana zat peinzend neer, terwijl oude geschriften voor hem lagen.... Hij had de twee eerste levensstadia doorlopen: brahmacarin en huisvader, had toen de woudkluizenarij gekozen met enige andere Brahmanen, om zijn verdere leven in eenzaamheid met zijn gedachten over het zieleheil van anderen en zich zelf als vanaprastha voort te zetten. Bindoesara vroeg vaak zijn wijze raad. Sayana zag van verre Koelika naderen met een jongen man en begreep, dat prins Asoka hem vergezelde. Onmiddellijk stond hij op en liep gastvrij de beide bezoekers tegemoet.

„Storen wij u in uw overpeinzingen, mijn Sayana?"

„Koelika is mij altijd welkom en het verheugt mij nog meer, tevens zijn pupil eens te mogen ontvangen." Na een hartelijke begroeting zei Koelika:

„Prins Asoka zou graag met u spreken, mijn Sayana, omdat zijn geest onzeker is wat betreft zijn karman." Koelika vertelde nu het geval met Lamba en ook met de boog Gandiwa.

„Vindt ge het zo aanlokkelijk, o Prins, een groot rijk te regeren? . . . . In angst te zitten voor elken vijand in en buiten het land. . . . in en buiten het paleis zelfs? . . . . Wat geeft al die rijkdom, die macht, die roem, met tevens het gevaar, dat ge er uw karman mede bederft, als ge er geen goed gebruik van maakt. . . . van uw rijkdom, uw macht, ... de kennis van de wetten, die er leven in de vele volken."

„Of mijn karman er mee verhoog, wanneer ik een goed gebruik maak van mijn macht, o wijze Sayana."

Sayana keek hem verrast aan. . . . . ,,Dat is zeker de andere mogelijkheid."

„Keizer Bindoesara is een krachtig vorst, en de welvaart hangt in grote, geurige trossen aan de boom van staat. Siva en Varuna mogen hem genadig zijn. . . . maar als Soemana raja wordt van Magadha. . . . is het uit met de Maurya's. Dat verdraag ik niet, o wijze Sayana! Moet aan een vrouwenjager en Brahmanen-werktuig. . . . speler en. . . . sluipmoordenaar het leven, de welvaart, het geluk van een wereld worden toevertrouwd? Of zal het Huis van de Pauw met zo'n. . . . raja besloten worden? . . . . vallen? . . . . Dat wil ik niet!"

„En uw Vader Bindoesara?"

„Zo lang hij Maharaja is, zal ik hem gehoorzamen. Maar geen sluiper op de troon van Magadha!. . . . Geloof mij, o Sayana, ik ben niet zeker van mijzelf. . . . of ik Soemana haat om zijn aanslag op mij, om zijn kroonprins-onwaardig gedrag, of. . . . omdat hij mij in de weg staat."

„Geen mens, o Prins, handelt naar één enkelvoudige gedachte. Stel, dat niet uw broeder maar uw Vader de vier door u genoemde slechte eigenschappen had. . . . zoudt gij hem dan haten?"

52

„Onmogelijk hierop een antwoord te geven, o wijze Sayana: bij keizer Bindoesara is alles, hoor goed, alles ondergeschikt aan het belang van de volken en de staat en het huis der Maurya's."

„Uw antwoord is minder philosofisch dan wel practisch. Ga echter van mijn veronderstelling uit."

„Ja, dan zou ik hem haten."

„Zoudt gij hem ook doden — dat was immers uw eerste gedachte met die chakra — en zelf de ivoren troon beklimmen, zoals voor u vele Indische vorsten deden?"

„Neen, omdat hij mijn Vader is."

„Maar Soemana is uw broeder."

„Half-broeder! Die moet nog maharaja worden en.... bezit werkelijk de eigenschappen, die ik noemde."

„Nogmaals: gij antwoordt practisch, niet philosofisch. Dus: uw broeder."

„De Maharaja heeft mij onvoorzichtiglijk elke worp met de chakra toegestaan. Geen Indisch vorst van eer breekt zulk een gelofte. Ik zou hem dus kúnnen doden.... Ik heb Koelika gezegd: zodra ik de gedachte uitgesproken had, was ze ook reeds verre van mij."

„Maar als uw Vader hem op de troon van Magadha plaatste?"

„Ik zou mij hevig verzetten. Ik zou dit rustige, welvarende Indra-land niet door een.... ongeschikten raja laten nemen, al is hij mijn broeder. Ik heb de overtuiging, dat hij niet, ik wel raja zal kunnen zijn."

„Is dat geen hovaardij?"

„Neen, o wijze Sayana. Misschien heb ik die overtuiging meegenomen uit een vorige incarnatie.... Keizer Bindoesara moet een legeraanvoerder hebben naar Takshasila. Ik weet, dat ik het moet zijn, want als de Maharaja Soemana stuurt, geldt niet diens oordeel, maar dat van de Brahmaanse raadgevers."

„Gij weet, o Prins; ook ik ben een Brahmaan en zou dat in Soemana kunnen waarderen."

„Als uw oordeel zich zó richtte naar het belang van uw

varna dan was het mij van geen waarde.... en mijn gang naar uw kluis vergeefs, o Sayana."

Sayana glimlachte.

„En als hij u stuurt, mijn Prins?"

„Ik zal zelf oordelen en beslissen."

Sayana knikte....

„Keer terug naar Patalipoetra en vertrouw, dat een rechtvaardig vorst ook in deze zaak rechtvaardig zal zijn."

„Mag ik den wijzen Sayana een vraag doen?"

„Hoe meer gij vraagt, hoe liever ik het heb."

„Hangt het gelukken van een offer af van het offerloon?"

„Zij, die hun levensonderhoud hebben door offeringen, beweren het."

„Dat antwoord is meer philosofisch dan practisch, mijn heilige Sayana. Ik wenste natuurlijk uw oordeel." Sayana lachte vriendelijk om het gevatte antwoord.

„Ik ben vanaprastha, mijn Asoka, heb als leerling mijn goeroe gediend, in Takshasila gestudeerd, heb daarna mijn gezin gesticht en offer op offer gebracht.... Thans weet ik, dat een wezenlijk offer slechts symbool mag zijn. Siva is de heer van kennis. Wanneer gij kennis verzamelt, is dat een offer aan Siva. Siva is de gever van zoons. Wanneer gij zoons voortbrengt, offert gij aan Siva. Siva is de heer van de dood. Wanneer gij doodt, offert gij aan Siva. Maar Siva is ook de heer van het leven. Weet dus, wanneer gij moet doden, wanneer leven geven, opdat het offer welgevallig zij. Want het offer is van de geest."

„Maar millioenen in mijn Vaders grote rijk offeren dieren, stichten altaren, betalen hun kostbare offeringen aan de Brahmanen!"

„Wie geen symbool verstaat, offert dieren en zijn goederen. Maar dat offer zal hem nooit verhinderen, naar de aarde terug te moeten gaan, om opnieuw zijn karma te verbeteren. Slechts hij die weet, dat Brahma enkel in ons zelf te kennen is, en in wijsheid ervaart, dat wij één zijn met hem, die zal uit dit bestaan verlost worden."

„Waarom moet men verlost worden?"

54

„Omdat de wereld maya is, verblinding. Wie dat weet, heeft geen dieroffer nodig. De vergaring van kennis is zijn offer."

Asoka keek een tijd lang ernstig voor zich uit.

„Maar lang heeft de mensheid nodig, van deze wijsheid doordrongen te worden," ging Sayana voort.

„Lang heeft de mensheid nodig, zich te ontworstelen aan hen, die voordeel trekken uit deze verblinding!" antwoordde Asoka scherp.

„Nooit zal ze zich daaraan ontworstelen, want kennis vergaren is moeilijk.... offers brengen is licht en dus.... menselijk. Deze toestand zetelt in de hebzucht enerzijds, in de gemakzucht anderzijds van den gemiddelden mens."

„Gij denkt dus, dat ten eeuwigen dage dieren gesmoord moeten worden, soma-offers geplengd en zware offerlonen betaald?"

„Of het moet.... gij kent reeds mijn inzicht. Of het gebeuren zal?.... Zie, mijn daadkrachtige Asoka.... zolang er mensen zijn, die met eigen begerig hart tot de goden gaan, zullen er priesters gevonden worden, die met begerig hart hen ontvangen."

Dit was een gedachte, die Asoka lang bijbleef en vaak zijn handelingen zou bepalen; ze gaf plotseling vorm aan zijn gepeins van jaren.

Sayana ging met hen mee. In Patalipoetra liet hij zich bij den Maharaja aandienen, vertelde hem, wat hij gehoord had....

In het tweede gedeelte van de nacht trad Asoka bij den Maharaja binnen.

„Zet u daar neer, mijn zoon, ik wil met u spreken. Ik heb besloten, dat gij de veldtocht tegen Takshasila zult leiden."

Asoka was diep geroerd, boog zich voor zijn Vader en raakte met het voorhoofd de zoom van zijn kleed.

„Gij weet, wat dat betekent.... Dat ik mijn oudsten zoon ter zijde stel.... voor zijn jongeren broeder.... Het is een belangrijke opdracht, mijn Asoka. Tracht de zaken in Takshasila op de beste manier te schikken. Van de wijze, waarop gij ze uitvoert, zal misschien veel voor uw verder leven en voor Indra-land afhangen.... Hoeveel soldaten hebt ge nodig?"

„Zo weinig mogelijk, mijn Vader."

„Zo weinig.... mogelijk?"

„Ja, een klein leger kan zich veel sneller bewegen. En bovendien zijn de Iraniërs waarschijnlijk de oorzaak van de opstand en zij, die met hen heulen. Dus zijn de bewoners van Takshasila min of meer onschuldig. Het lijkt mij niet moeilijk, met hen tot een vergelijk te komen."

„Maar ge zult zeer strenge straffen moeten toepassen."

„Een wilde olifant kalmeert men lichter met een duimdik kristal-suiker dan met tien grote haken."

„Zij zullen denken, dat wij ze vrezen."

„Ik verwacht, mijn Vader, dat ze ons de wijsten zullen vinden. Ze kunnen weten, dat het leger van Bindoesara, den verslager der vijanden, het hele westen: Kashmir, Gandhara, Rajpoetana, Oudh, met Beloetshistan en Bactriana zonder slag of stoot onder de voet kan lopen, als hij het verkiest."

Bindoesara was getroffen door de practische en.... wijze opmerking, gaf er zich rekenschap van, dat Asoka's voorstel geheel in overeenstemming was met zijn wens, ingegeven door zijn vrees. Asoka wachtte kalm af, wat zijn Vader zou beschikken.

„Maar een legeraanvoerder, een Maurya-prins kan niet zonder een leger komen."

„Geef dan zoveel soldaten mee, als gij denkt, dat voor de eer van de Maurya's noodzakelijk is, mijn Vader."

„Maak alles zelf in orde. Kies, wie gij mee wilt nemen. Morgenavond wacht ik uw besluit, mijn zoon, en verneem ik, welke maatregelen gij hebt getroffen. Ik houd morgen een grote jachtpartij en zal het dus aan u overlaten. Een sterke afdeling opzieners gaat nog heden vooruit, om de gehele weg in orde te laten maken en.... Lamba zal ik berechten."

Asoka schrok op. „Mijn Vader.... het spijt mij.... Hoe weet gij dat...."

„Wie een rijk als het mijne regeert, moet alles weten, wat er gebeurt. Ik lever mij niet over aan de willekeur van mijn

56

onderdanen, ministers noch familie.... Wees gij ook in Takshasila op uw hoede.... men schijnt u te vrezen.... dus zijt gij niet veilig. Besteed veel zorg aan de bescherming van u zelf. Dat is voor raja's en prinsen geboden, vooral als ze door den Maharaja op vertrouwensposten worden geplaatst. Men heeft mij van zeven kanten gewaarschuwd, — ik zeg u dat bij dezen — dat ik niet veilig ben voor den „wilden Prins".

Asoka stond met een schok overeind. „Wie, mijn Vader!"

„Wat geeft het, of ik het u zeg. De boodschappers waren alle onderdanen, die voortdurend bespied werden. Ik wist dus onmiddellijk wat hen bewoog. Ik behoor te weten, wat mijn vijanden beogen, meer nog.... wat mijn vrienden willen. Gij neemt mijn taak in Takshasila over. Handelt gij niet als ik, dan is uw leven bedreigd als het mijne, maar niet beschermd."

„Wie bedreigen het, mijn Vader?"

„Uw broeder Soemana is een beschermeling van de Brahmanen en hij heeft vele vrienden in Patalipoetra. Het zijn voor mijn sterksten zoon niet de welwillendste mensen."

„Ja, mijn Vader."

„Kies dus vertrouwde troepen. Ik weet, dat ze u eren als krijger en prins. Bescherm in de eerste plaats u zelf, dat is uw naaste plicht: ge gaat voor mij. Denk aan de spreuken van de Atharva-Veda, die u behoeden tegen sluipmoord, vergif, slangen, demonen en alles, wat een raja belaagt en.... ook zijn plaatsvervanger. Houd uw oren en ogen wijd open voor alles rondom u, als de lotos voor de plannen der weergoden."

„Zijn er demonen, mijn Vader?"

„Twijfelt gij dááraan?"

„Koelika is vast overtuigd van hun aanwezigheid.... Maar ik heb midden in de nacht het park doorkruist.... weer en weer.... niets.... Het park is bij nacht als het park bij dag, slechts Soerya's licht ontbreekt. Demonen bestaan in de hoofden van onwetende priesters en bijgelovige dwazen als.... mijn broeder Soemana, geloof ik. Tegenwoordig moet

57

ik veel over deze dingen denken naar aanleiding van een gesprek met Koelika.... En nu onderzoek ik ernstig alles, wat mij niet geloofwaardig voorkomt.... Voor alle vreemde verschijnselen heb ik steeds een natuurlijke oorzaak kunnen ontdekken. En tegen gevaarlijke mensen en de gevaarlijke natuur kan men zich wapenen."

„Verwerf uw eigen mening over wat het leven u biedt. De Maurya's laten hun onderdanen vrij in hun godsdienstige overtuiging, als ze slechts de wetten van het land eerbiedigen. Ware dat niet het geval geweest, Koelika zou nooit uw goeroe zijn geworden."

Asoka dacht even na.

„Gij hebt gelijk, mijn grote Vader, ik heb daaraan nooit gedacht. Mijn hart is vol dankbaarheid voor alles, wat gij mij gegeven hebt, vooral voor de vrijheid, de weg te zoeken, die ik moest gaan."

„Ik ben steeds weer overtuigd, dat gij die vrijheid kondet verdragen. Gij zijt onder een gelukkig gesternte geboren, zoals een Ajivika mij bij uw geboorte heeft verklaard. Van uw geboorte-sponde zijn de boze geesten geweerd met alle middelen, die mij en uw Moeder ten dienste stonden. Van uw eerste stond af heeft ze u trouw bewaakt en geleid.... Koelika was haar keus, nadat ze eerst Sayana had geraadpleegd. Dank dus haar.... Het is mijn tijd."

Asoka viel aan de voeten van zijn Vader en drukte nogmaals zijn voorhoofd op de zoom van zijn kleed. Bindoesara richtte hem op en leidde hem tot aan de deur....

5.   DE CHAKRA-WORP.

Asoka trad met langzame tred de galerij door, die met vergulde pilaren grensde aan het park. Toen schreed hij diep in gedachten naar het hoofd van de paleiswacht, die hem zeer vriendelijk gezind was.... Hij begreep niet de onvoorzichtigheid van zijn Vader: een vrije worp met de chakra....

Soemana was een hindernis voor hemzelf.... maar ook voor den Maharaja.... Bah, was de lafaard hem een chakra waard?.... Hij fluisterde Nata toe: ,,Als ik met prins Soemana het park inga, loopt gij vooruit. Denk aan het witte kleed en onze afspraak."

Vervolgens liep hij met rasse schreden naar Soemana's verblijf. Hij zou hem rekenschap vragen voor de aanslag van Lamba en den magiër en vooral: zich ontlasten van de onrust na zijn Vaders onvoorzichtigheid. Hij vond den Prins niet, nam zijn scherpste chakra en wachtte op de galerij. Het was windstil, een enkele wachteres, die haar voet verplaatste, kolika's, die hun heldere tonen door de zwoele lentenacht zongen, snorrende kevers en de hoge geluiden der vleermuizen verrieden het uitberstende leven in de rust van de nacht. De Maharaja ontving thans zijn berichtgevers, die hem elke gewichtige gebeurtenis meldden in zijn grote rijk en met nieuwe opdrachten in stilte weer werden weggeleid.... Niets ontging de scherpe geest van zijn Vader: overal liepen de draden van zijn allesomvattende organisatie, onzichtbaar en sterk, tot in de verste uithoeken van Aryavartha. De wetten waren zijn wil, en waar geen wet was, gold zijn bevel.... Hoe kon één mens zo'n grote mensenmassa regeren!.... ,,Dandanita," de kunst van straffen!" zei Chanakiya[1].... doodstraf desnoods.... en toch veiligheid, als men de wil des Keizers deed.... Zonder die wil moest het gehele gebouw ineenvallen.... en Soemana had geen wil...." De raja, die niet in staat is, zijn raj te besturen, wordt door zijn onderdanen gemeden, als de moerassige oevers der rivieren door de olifanten".... Chandragoepta, Bindoesara.... Soemana.... middagzon en glimworm.... De gedachte aan de chakraworp verontrustte hem. Dat wilde hij niet meer! Zich zelf zou hij tonen, dat hij dat niet wilde. Alleen met dien lafaard in het park! De scherpe chakra in de hand, met het heilige recht van den Maharaja, te doden, wien hij verkoos!.... en ,,Weet wanneer gij moet doden, wanneer leven geven", ...van Sayana....

[1] Of Kautylia, minister en wetgever van Chandragoepta.

Een grote rust daalde in zijn ziel, als het blanke licht van Chandra [1]) in de lotosvijvers van het geheimzinnige park.... Het was geen „diefstal aan den kroonprins".... Het Maurya-recht op de ivoren troon!.... Siva zal hèm zenden, die zware werken onderneemt.... Koelika zegt „Tat tvam asi".... Dat zijt gij.... Soemana zal Hij wegvagen, zooals Siva's bliksem den Vritra. [2])

Na lang wachten hoorde hij zachte voetstappen in de richting van Soemana's verblijf. Hij liep er kalm maar toch bijna onhoorbaar naar toe. Soemana bleef achterdochtig staan en keerde zich om. Asoka zag, hoe hij schrok.

„Gij schrikt als een schuwe antilope, Soemana."

„Wat wenst ge van mij?"

„Loop met mij door het park. Chandra verlicht het, of het dag was."

„Ik ga des nachts niet in het park, verkies er des daags te zijn."

„En 's nachts bij Prakriti? Gij gaat nu met mij mee!"

Soemana keek zijn jongeren broer schuw aan. „Gij kunt met mij meegaan, als ge mij wenst te spreken." Soemana wilde zich haastig verwijderen, omdat zijn angst groeide, maar Asoka hield hem nadrukkelijk tegen.

„Dat wil ik niet! Kom, dappere prins.... of zal ik Lamba halen, om u te beschermen tegen lastige demonen?"

„Waarvoor het gevaar zoeken.... het is de tijd van boze geesten," ontweek Soemana.

„Ook van de goede geesten. Ik moet u spreken, het lijdt geen uitstel, dus gaat ge mee." Soemana liep eindelijk angstig met Asoka het park in. Zijn blik was gevallen op de blinkende chakra in zijn broers hand.

Een witte pauw, ineengedoken onder de takken van een tala-boompje, deed hem opschrikken.

„Wat zoekt gij hier in de nacht?"

„Mijzelf.... en gij zult mij helpen.... Ge kijkt angstig naar mijn chakra.... Ze is ook gevaarlijk! De Maharaja

---

[1]) Maan (godin).   [2]) Een demon.

heeft mij een worp toegestaan naar mijn eigen verkiezing.
En het woord van den Maharaja is heilig.... Zal ik....
Lamba, uw vertrouweling, het hoofd van de romp scheiden,
of een ander, die mij in de weg staat?.... Beef toch niet zo!"
Vlak naast hen klonk een rauwe kreet, die Soemana door
merg en been drong.

„Ge hebt weinig tegenwoordigheid van geest, Soemana.
't Is toch slechts een pauw, die schrok van onze schreden!"
Maar Soemana keek met wijd-opengesperde ogen naar een
witte gedaante, die vóór hem als uit de bodem oprees. Met
een angstige schreeuw zonk hij op de knieën en strekte sme-
kend de handen naar de verschijning uit. Asoka greep hem
vast, trok hem omhoog en naar het spook: een wit overkleed,
hangend aan een boomtak.

„Waar is uw moed, kroonprins?" spotte de ander. Toen ze
verder wandelden, hoorden ze een zware plons in de vijver
en hulp-geroep.

„Red dien drenkeling! Een kroonprins behoeft toch heilige
wil!" Toen het geplas in het water heviger werd, zonk Soemana op den grond, kreunend als een aangeschoten reebok.
Maar plotseling klonk ook nog het gesis van een slang en
nu vloog hij overeind en zette het op een lopen. Asoka liet
zijn prooi niet los, greep hem in de nek en dwong hem, stil
te staan.

„Wat.... wenst ge.... van mij?" hijgde hij.

„Ik wilde weten, wie mijn chakra-worp waard was. Gij zijt
het niet!.... Nog één vraag: Wie moet legeraanvoerder zijn
naar Takshasila?"

„Dien de Maharaja kiest, gier bij mijn Vaders troon!"

Asoka lachte. „Rust dan uit van uw vermoeienissen en
droom zacht, kleinzoon van den dapperen Chandragoepta,
zoon van Bindoesara, den verslager der vijanden. Ik ga naar
het westen. Dat was mijn boodschap."

Soemana keek hem verbluft aan, dan haastte hij zich naar
het paleis....

Asoka luisterde nog naar de kolika, die zijn helle klanken
van de talipootpalm door het nachtelijk park schalde....

Heerlijk! Maar heerlijker het gevoel, dat hij zich zelf beheerste.... Elke worp met de chakra!.... De lafaard! Hij stak het wapen bij zich.

Maar in Soemana was een machteloze woede, die op onbarmhartige wraak zon....

Bij de eerste zonnestralen liep Asoka naar het park.

„Revata, gij zijt op tijd". De Soedra boog diep. „Waarom waagdet gij voor mij uw leven?" Revata keek den prins onderzoekend aan.

„Mag ik de waarheid zeggen ondanks alles, o Prins?"

„Niets liever dan dat."

„Ik hoor scherp als een antilope en zie juister dan een gier; ik zwerf steeds door de stad en weet veel, omdat ik zwijg, wat ik weet. Zo heb ik ook ervaren, dat de Brahmanen een gevaar voor u zijn, omdat ze den luchthartigen prins Soemana als troonopvolger wensen. Maar ik haat de Brahmanen, omdat ze den Soedra als een dier in mensengestalte prediken.... Ik zag, hoe de magiër u een ongeluk bereidde en vermoedde, dat de Brahmanen hem zonden, of.... prins Soemana. Toen sprong ik onmiddellijk toe, om u te redden, o Prins."

„Waarom?"

„Men zegt, dat gij rechtvaardig zijt, ook tegen Soedra's."

„Wie?"

„Elk, die niet gelooft in de hovaardige waan van de offerpriesters, o Prins."

„Gij waagt veel, door mij dat te zeggen."

„Ik mocht de waarheid spreken, Heer."

„Revata, gij zult mij vergezellen op reis naar het verre westen," zei Asoka, „maar zwijg er over en tracht mij van dienst te zijn."

„Ik breng Siva een offer, o Prins!"

Met het geoefende oog van een intelligent, lichamelijk en geestelijk sterken jongeman, gesteund door zijn nooit falende belangstelling voor alles, wat de regering van zijn vaders rijk en het leger betrof, zocht Asoka zijn troepje uit: een twintigtal snellopende olifanten, evenveel karren, alle geheel bemand en zwaar bewapend met tot het uiterste door hem zelf geoefende mannen, een honderdtal uitmuntende ruiters met de beste paarden en enige honderden sterke en lenige voetsoldaten. Als aanvoerders en officieren koos hij slechts mannen, die hij persoonlijk kende en vertrouwde. Allen waren vereerd, dat Asoka hen waardig keurde voor deze tocht. Hij had de naam onbarmhartig maar strikt rechtvaardig te zijn; zijn invloed in het leger van ruwe krijgslieden was groot, door zijn weergaloze dapperheid en zijn belangstelling, zijn eenvoud. Hij sprak weinig, maar wanneer hij zijn oordeel gaf, voelde ieder dat als juist. Hij was de daad zelve, geen vermoeienis scheen hem te erg, geen eenmaal gesteld einddoel hem onbereikbaar. Zo vormde zich legende op legende over den Prins, den wilden Prins, die met paarden en olifanten kon spreken en ze met een paar toverwoorden tot grote krachtsinspanning en onvoorwaardelijke gehoorzaamheid wist te bewegen. De pijlen stuurde hij met zijn felle ogen, de chakra trof, waar hij haar wenste in te snijden. Tegen zijn zwaard was geen ander bestand.

Het gerucht van de aanslag op den Prins was door de stad en het legerkamp gegaan als een ijle rook door de bossen: elk speurde het, niemand wist, vanwaar het kwam: Een magiër had met zijn toverstaf zijn paard doen struikelen, maar als een Richi [1]) was de Prins door de lucht gevlogen en op een Soedra neergedaald, en de Soedra was plotseling in een Kshatriya veranderd. Het paard was ongedeerd gebleven, en zijn goeroe was in aanbidding voor den Prins neergevallen, maar de Prins had den magiër met één blik uit zijn oog neergeveld.... Met zo'n legeraanvoerder ging men de overwinning te gemoet! Sela en Sagka vertelden, dat de paarden hinnikten uit eerbied, als ze Asoka bespeurden en de olifanten bogen hun kop en staken hun slurf op van vreugde, als prins Asoka's stem weerklonk.

Juist toen Asoka klaar was met de keuze van zijn troep, kwam Koelika in snelle draf op hem aan.

---

[1]) Dichter en zanger van geopenbaarde hymnen.

„Mag ik u even lastig vallen, o Prins," fluisterde hij hem toe. „Sasarman is deze morgen gevangen genomen en naar Patalipoetra gevoerd. Hij wordt beschuldigd, een heilig offer te hebben gestoord en is voor de rechtbank van Brahma veroordeeld, door de wilde gerechtsolifant te worden gedood. Straks is ook Djivaka naar de gevangenis gebracht. Hij wilde een bezoek brengen aan den wijzen Sayana, is door de afzetting van de keizerlijke jacht gegaan. Dat kost hem zijn leven: daar staat de doodstraf op."

„We moeten beiden redden, mijn Goeroe."

„Sasarman is niet meer te redden. Djivaka misschien, als de genadige Keizer hem het leven schenkt."

„Kom mee, Koelika, onmiddellijk! Naar de rechtplaats!"

Beiden snelden te paard naar Patalipoetra en kwamen verhit op de rechtplaats aan. In een zware palissade was een olifant ingesloten, die men voor enige weken had gevangen. Het dier liet zich niet temmen, zodat het aangewezen werd, veroordeelden te doden. Ieder, die binnen de palissade verscheen, werd met woede door den kolos aangevallen en onder zijn zware poten vermorzeld. Toen de prins en zijn goeroe naderden, ontstond plotseling een gefluister onder de toeschouwers, die de terechtstelling bijwoonden. Asoka liep naar voren, tot vlak bij de palissade. De toeschouwers gingen schuw ter zijde. Hij wachtte een ogenblik en dacht er over, Sasarman eenvoudig in vrijheid te stellen, maar hij zag er van af: Een vonnis van het hof van Brahma! En Brahmanen in de uitoefening van het recht te verhinderen, werd als een groot vergrijp tegen de wetten van het land beschouwd. Asoka vond het minder wijs, thans een dergelijke beschuldiging op zich te laden.... Toen hoorde men een luid gerucht bij de ingang: een wild verzet van den Vaisja. De ruwe gerechtsdienaren grepen den veroordeelde aan, anderen openden de toegang tot de rechtplaats en Sasarman werd met kracht de ruimte ingegooid, waar de „beul" hem wachtte. Het palenhek sloot zich. De olifant hief een luid getrompet aan, de slurf zwaaide met kracht omhoog, omlaag, de kleine ogen van het logge beest bliksemden. Toen stapte hij met stampende voorpoten op zijn slachtoffer toe, de slurf door behouds-instinct hoog opgericht. Sasarman stond bevend op, wachtte met vaalbleke wangen zijn onvermijdelijke dood.... Asoka greep de chakra, mat met koele blik de afstand tot het dier en onhoorbaar sneed de flijmscherpe, blinkende schijf de lucht en trof de woedende olifant in zijn gevoeligste en meest kwetsbare lichaamsdeel, de slurf. Hij stond stil, een donkere bloedstraal spoot vooruit, een wilde kreet ontsnapte het dodelijk gewonde monster. Wankelend op zijn poten liep het een paar passen terug en stortte toen neer. Een ongekende opwinding maakte zich meester van de toeschouwers. Velen gingen in hun angst op de vlucht, omdat ze Asoka's daad voelden als een ongeoorloofd vergrijp tegen den almachtigen Maharaja. Anderen hieven een oorverdovend gejuich aan. De Prins snelde, gevolgd door zijn goeroe naar de ingang van de rechtplaats.

„Open!" De dienaren vlogen met door schrik verwrongen gezichten naar de zware balken-poort en openden die wijd.

„Kom, Sasarman!"

Sasarman scheen uit een droom te ontwaken, strompelde verdwaasd naar den Prins, herkende dan plotseling den Vaisja, die hem van zijn banden bevrijd had en viel eerbiedig voorover aan zijn voeten.

„Sta op, Sasarman. Prins Asoka heeft zijn belofte gehouden. Keer zo spoedig mogelijk terug naar uw hoeve en wacht op mij. Ik heb u binnenkort nodig."

Sasarman, of een zware last van hem was afgewenteld, liep met snelle pas in de richting van Gaya....

Een wild gerucht vloog door Patalipoetra: — weinigen der aanwezigen hadden de ware toedracht gezien — Prins Asoka had met een bliksemende straal uit zijn ogen den gerechtsolifant gedood. Verschillende toeschouwers hadden de vurige stralen, die naar het beest schoten, gezien. Toen opende hij met een zwaai van de arm de zware palissade en liet den door een wonder geredden Vaisja er uit. De Prins had echter den Vaisja plotseling laten verdwijnen, en niemand wist waarheen hij gegaan was. De jonge sage drong ook door tot de Brahmaanse ministers Oedra en Arana, die met hun sterk varna-

65

gevoel voor prins Soemana werkten. Ze begrepen, dat door dit voorval de kansen van den kroonprins stegen. In de ministerraad bracht Arana met ernstig gelaat onmiddellijk het geval ter sprake.

„Heeft Uwe Genade gehoord, dat prins Asoka het oordeel van het Hof van Brahma te niet heeft gedaan, de gerechts-olifant gedood en een ter dood veroordeelden Vaisja in vrij-heid gesteld?"

„Ik heb het gehoord," erkende de Keizer peinzend.

„Zal de machtige Maharaja dulden, dat zo de wetten van het rijk worden vertreden? Vreest Uwe rechtvaardige Majes-teit niet, dat het volk van Magadha in grote ontevredenheid zal geraken, vooral als het hoort, dat juist deze prins met de legerleiding naar Takshasila wordt belast?"

Bindoesara dacht even na. Toen liet hij een dienaar komen en gebood, prins Asoka in de ministerraad te doen verschijnen. Hij begreep uit de ernstige gezichten van Oedra en Arana hun bedoeling....

„Heeft mijn zoon het vonnis van het Hof van Brahma te niet gedaan?"

„Ik heb een onrechtvaardig vonnis rechtgezet, mijn Keizer."

Hij vertelde, hoe hij er getuige van was geweest, dat Sasar-man geen offer had verhinderd, zoals de aanwezige Brah-manen zelf hadden erkend en dat hij slechts geopenbaarde verzen uit de Rig-Veda had opgezegd. Oedra werd onrustig en vroeg:

„Heeft de doorluchtige Prins de gerechtsolifant gedood?"

„Wie, o Oedra, is Heer van Magadha en van alle rijken in Aryavartha?"

„De genadige Maharaja Bindoesara."

„Is zijn woord wet?"

„Zeker, o Prins," antwoordde Oedra.

„Kan elke onderdaan van den Maharaja zich beroepen op zijn woord?"

„Ja."

„Ook ik?"

„Natuurlijk, o Prins."

66

„De Maharaja heeft mij in het legerkamp elke worp met de chakra toegestaan, die ik verkoos te doen. Weet gij, hoge minister, wat dat woord van den heiligen Maharaja betekent? De ministerraad zal mij moeten toegeven, dat ik er geen misbruik van heb gemaakt. Als.... gij mijn doel waart geweest.... of een ander?"....

De ministers keken alle naar den Maharaja.

Bindoesara glimlachte bijna onmerkbaar. Hij wist, dat de Prins tegen Koelika den Maharaja onvoorzichtig had genoemd. Het gaf hem gerustheid, dat Asoka hem op deze wijze van zijn woord ontlastte.

„Dat is waar, en mijn woord is het woord van den gezalfden keizer van Aryavartha. Elke beschuldiging tegen den aanvoerder van het leger naar Takshasila is dus ten onrechte. Gij kunt gaan, mijn zoon."

„Mag ik nog een genade van mijn hogen Vader vragen?"

„Spreek."

„Een Vaisja, Djivaka genaamd, heeft ondanks vele kostbare offers geen zoon. Mijn Goeroe ried hem aan, den wijzen Sayana te bezoeken. Hij heeft op reis daarheen, zonder het te weten, de afschutting van de keizerlijke jacht geschonden, waarop de doodstraf staat. Djivaka verleende onlangs mij en mijn Goeroe volle gastvrijheid. Ik vraag nu Uwe hoge Majesteit genade voor dezen braven Vaisja."

„Het gerecht zal zijn gang gaan, mijn zoon. En daarna zal ik overwegen, of ik hem begenadigen kan." De Maharaja wenkte en Asoka vertrok.

's Avonds berichtte hij den Keizer, welke troepen hij had uitgezocht.

„Dat is een te geringe macht, o aanvoerder van mijn leger." De Keizer speurde scherp, wat voor indruk zijn opmerking op den zoon maakte, maar Asoka bleef blijkbaar onberoerd.

„Voor mijn doel groot genoeg, mijn hoogvereerde Vader. Mocht ik gedwongen zijn oorlog te voeren, dan zal ik Uw verdere steun inroepen."

„Ik zal elk van de vier afdelingen iets vergroten: vijf van

mijn beste olifanten, vijf karren, twintig ruiters, honderd voetsoldaten naar mijn keuze."

Asoka begreep, dat daaronder de spionnen van zijn Vader zouden zijn, om de daden van den zoon na te gaan.

„Ik begrijp mijn voorzichtigen Vader geheel en verheug mij zeer over zijn besluit." Bindoesara keek hem aan.... Zou hij werkelijk begrijpen?.... In elk geval stelde het antwoord hem tevreden.

„Bovendien geef ik u tien vertrouwde slavinnen mee, die de opdracht hebben, voor uw eten en tent te zorgen, mijn zoon."

Een lichte glimlach golfde een ogenblik door Asoka's trekken.... De Maharaja had hem gevreesd, dat wist hij: Hoe was Ajatasatroe raja geworden! Asoka vermoedde dus, wat deze „vaderzorg" betekende. Hij wist te veel van de geschiedenis van de raja-hoven.... een zoon, die te gevaarlijk werd voor den Keizer.... Hoe dan ook, dit middel ware zeker te simpel.... tegen hem!

„Ik dank mijn Vader voor deze zorg, aan mij persoonlijk besteed."

Het verbaasde Bindoesara, dat Asoka al zijn maatregelen, die hij scheen.... te begrijpen, met zoveel wijsheid opnam. Hij had den wilden knaap altijd gevreesd, hem dag aan dag laten bespieden. En hoe vaak de argwaan, hem ingeblazen door hoge ministers en priesters, hem had verontrust, altijd, als hij met hem sprak, verdween zijn achterdocht.... maar hij wenste zeker te zijn; geen kansen op misrekeningen!

„Welke raadslieden denkt gij mee te nemen?"

„Koelika.... en Sayana, als die zou willen."

„Neen, Sayana gaat niet mee, maar Koelika is een kalm en wijs man."

De Keizer stond op en omhelsde zijn zoon.

„Ik dank de goden, die mij Asoka als zoon hebben geschonken."

„En ik dank Siva, den Heer van leven en dood, die mij als zoon van keizer Bindoesara liet geboren worden, mijn Vader"....

68

6. ROHINI'S VERTWIJFELING.

De tweede dag na het grote offer was Rohini bezig met zorg het vaatwerk van de hoeve te zuiveren. Wanneer het niet zonder smet was, zouden de goden, die van alle voortbreng-selen het eerste offer ontvingen, het niet willen aannemen.

En zij moest zoveel aan karma[1]) verzamelen, dat ze haar den begeerden zoon gaven.... Nu was Djivaka naar den wijzen Sayana gegaan. Wat kon zij nog meer doen? Djivaka was goed voor haar, verweet haar nooit, dat ze hem geen zonen baarde. Zou haar onveranderlijke liefde voor Sasarman het beletsel zijn? Kon zij haar ziel, haar lichaam veranderen? Sasarman zorgde er voor, dat zij hem nooit vergeten kon. Zijn ravanastron deed haar ziel meetrillen in de geheim-zinnige melodieën, die hij er aan ontlokte. Maar nooit zou ze de geboden overtreden van de Brahmanen en Djivaka.... nooit.... Liever een andere vrouw naast zich dulden, die Djivaka misschien zonen zou schenken, omdat ze vóór haar geboorte niet zo zondig had geleefd.... Als zij, Rohini, stierf en wedergeboren werd, moest haar karman groot zijn, en de goden zouden haar dan hun zegeningen niet kunnen onthouden. In haar vorige leven, waarvan zij niets wist, had ze zwaar gezondigd, beweerden de priesters; in dit leven zouden haar goede werken ver de tekortkomingen overtreffen, daaraan wilde zij haar hele leven wijden.... Wanneer keerde Djivaka terug?.... Als hij eens niet terugkeerde?.... Weduwe zonder zoons! Dan was alles uit! Dan kon geen rite haar meer redden! Dan zou het gehele dorp haar veraf-schuwen, omdat dan pas bleek, welk een grote straf zij ver-diende voor haar zonden in vorige levens,.... zonden.... die ze niet kende.... Ze viel wanhopig neer op een bank bij de ingang van Djivaka's huis.... Haar veerkracht was gebroken, ze kon niet meer strijden, als Djivaka niet terug-

---

[1]) Nieuwe incarnatie wordt bepaald door karma (eig. werken) in de vorige.

keerde.... Dat zou de maat van haar rampen vullen tot de
boord.... Kwam hij nu maar!....

Pindola behoorde tot de Brahmanen, voor wie elke geestelijke arbeid stenen en zinnelijke genietingen brood was.
Geen huwelijksplechtigheid, geen offering, geen naamgeving,
brahmacarin-wijding, of andere feestelijkheid werd er gehouden, die hij niet opluisterde door zijn aanwezigheid. Wie
Brahmanen nodig had om zijn karman te verhogen, aalmoezen of offerresten aan de hoogste varna-genoten wilde
geven om de goden gunstig te stemmen, vond in den vol-
bloedigen, zinnelijken Pindola een willig werktuig. Als offerpriester dienst doen vermocht hij niet, maar zijn heilige buik
vullen, beschikbaar stellen op elk feest, was zijn grootste
genot. En de Vaisja's uit de omgeving hadden humor genoeg,
om het „ledig offervat" altijd mee te nodigen: de grootste
en beste stukken van wat het heilig vuur aan vlees en offer-
koeken en soma spaarde, kwam toch in de magen der Brahmanen terecht. En er was geen dankbaarder gast dan Pindola.
Hij was diep geroerd door de opofferingsgezindheid van
Djivaka en Rohini, die een zoon wensten. Hij had met welgevallen naar het mooie vrouwtje gekeken en kon niet begrijpen, dat de goden háár de hoge gunst weigerden....
Vaak had hij van hun gaven genoten.... hij had een zwak
voor de eenvoudige Vaisji. Hij zelf had drie zoons en gezonde.... jammer, dat de goden ook haar niet een schonken.... Elke Aryer wist: Brahma zelf zegt: „Mijn goden
zijn de Brahmanen; ik ken geen wezen, dat u gelijk komt,
o Brahmanen, door wier mond ik eet." „Het heelal is in de
macht der goden, de goden zijn in de macht der gebeden;
de gebeden zijn in de macht der Brahmanen; dus zijn de
Brahmanen onze goden." ....Rohini was de schuldige,
meenden allen.... maar indien Djivaka eens de zondaar uit
vroegere geboorten was? Pindola's vrouw had haar grote
succes mede te danken aan de wortel van kekisikha en
poetramjiva, fijngewreven en gemengd in melk van een éénkleurige koe.... dat hielp zelfs voor onvruchtbare vrouwen.

70

Hij zou Rohini zelf het middel brengen. Djivaka was heden naar Sayana gegaan om raad, maar híj wist het beter.... drie zoons had hij verwekt....

Rohini sprong op, toen ze hoorde, dat iemand Djivaka's huis naderde. Ze meende vol vreugde, dat haar man terugkeerde; verlegen trad ze Pindola tegemoet, toen ze bemerkte, dat ze zich had vergist.

,,Djivaka is op reis, Heer...."

,,Dat weet ik, Rohini. Ik moet u spreken." En zijn ogen rustten met welgevallen op de bloeiende, jonge vrouw. ,,Het offer kon verdorven zijn door den godenschender Sasarman. En ik zou het zo jammer vinden, als uw kosten en moeite vergeefs waren geweest.... Ik zelf heb bij mijn vrouw groot succes gehad met wortel van kekisikha en poetramjiva, gemengd en fijn gewreven in melk van een éénkleurige koe. Hebt gij een éénkleurige koe, Rohini?"

,,....Ja, Heer...."

,,Haal dan de melk. Ik zal u helpen mengen. Drink het en gij zult uw hoogste wens vervuld zien. Haal het, Rohini."

Aarzelend en verlegen begaf Rohini zich op weg en keerde met de melk terug. Pindola hielp haar. Voorzichtig raakte hij soms even haar hand, of legde de zijne vertrouwelijk op haar rug. Geen enkele beweging van zijn gelaat verried, wat er in hem bruiste.

,,Rohini, mij zegenen de goden met zoon op zoon.... als gij mijn vrouw waart, zou er geen sprake van zijn, dat de buren u met medelijden aankeken. De trots van de moeder zou vlammend als een heilig offervuur Agni strelen.... Rohini, mijn middel is onfeilbaar.... tenminste voor mij.... Djivaka mist misschien de kracht.... arme Rohini. Kijk, klaar.... drink nu.... zo, strek u een poosje op het rustbed uit".... Hij sloeg zijn arm om Rohini's middel en drong haar met zachte drang voort. De aanraking van de Vaisjavrouw deed hem alle voorzichtigheid en koel beraad verliezen.... Rohini verzette zich licht, want ze durfde den heiligen Brahmaan nauwelijks weerstaan, maar ze was door haar verdriet, ongewild slechts aanleiding tot nieuwe

71

pogingen van Pindola, die zich niet meer liet terugwijzen.

„Heer, ben ik zondig geweest in een vorig leven?"

„Men zegt het, Rohini.... Ook Djivaka kan...."

„Heer, als ik moet boeten om mijn vorig bestaan, wil ik in dit leven niets doen, wat de goden zou kunnen ontstemmen. Dan zal mijn volgende incarnatie.... misschien gezegend worden.... Ik houd mij streng aan de veertig sacramenten der Vaisja's."

Pindola luisterde in zijn opwinding nauwelijks naar haar woorden. Hij sloeg zijn armen om haar ronde vormen. Een sterke walging maakte zich van Rohini meester.

„Heer, ik duld niet langer, dat ge mij aanraakt. Ik dank u voor uw goede raad en zal ze opvolgen, maar ik wil niets, wat Djivaka niet wenst."

„Vaisja-vrouw.... gij versmaadt een Brahmaan! Weet wat gij doet. Als ik, een Brahmaans priester, u vervloek, verwijzen de goden u naar de hellen. Medelijden met een zoonloze vrouw dreef mij naar u toe."

Rohini verbleekte, voelde toch het onrecht van den man uit de hoogste varna.

„Ook een priester is gebonden door de wetten." Rohini rukte zich los en ging voort:

„Heer, verlaat thans het huis van Djivaka, anders moet ik mijn toevlucht zoeken bij onze buren en zeggen, dat gij mij bezoekt in Djivaka's afwezigheid."

Pindola hijgde woedend. „Wat zullen ze geloven, Rohini, bij uw buren, dat gij mij of dat ik u...."

Rohini viel wanhopig op een bank neer. Pindola naderde haar weer.

„Menige Vaisja-vrouw zou Varuna danken, dat een Brahmaan haar uit een toestand van de ergste onvolkomenheid verloste.... Luister, men fluistert Sasarmans naam naast die van u."

„Sasarman heeft voor mij afgedaan. Hij betreedt nooit Djivaka's huis."

„Mijn getuigenis kan u volkomen ontlasten."

„Ik heb het niet nodig, Heer."

72

„Kijk eens, Rohini", hij wilde opnieuw zijn arm om de mooie vrouw slaan.

Een luid geschreeuw klonk in de verte. Sasarman! Wat wilde hij? Als hij krankzinnig werd? En bij haar verscheen? En Pindola trof hem dan hier! ....Terwijl Djivaka op reis was! Angstig, vaalgrauw wachtte zij haar noodlot af. Ze hoorde ook andere stemmen, luid, boos.... het was een gevecht! Zouden de Brahmanen toch.... Ze smeekte alle goden om hulp voor haar zelf en Sasarman en Djivaka. Dan snelde ze naar de grote weg van Patalipoetra. Ze wilde vluchten voor Pindola, haar ouders opzoeken, al wist ze, dat die haar zouden terugsturen. Toen ze de weg naderde, zag ze gerechtsdienaren. O Siva! O Varuna! O Indra! Een zoontje van haar buurvrouw Vaidehi kwam op haar af.

„Rohini, Sasarman wordt naar Patalipoetra gebracht. Narada heeft hem aangeklaagd, omdat hij uw offer verstoorde en met zijn zondige muziek de omgeving verpest, boze demonen lokt. De Maharaja zal hem ter dood veroordelen voor het hof van Brahma."

Rohini zonk neer, haar voorhoofd in het stof: „O Sita, bewaar Sasarman."

Ze schreide....

„Rohini, Rohini, vaarwel voor dit leven!" Ze keek op en zag, hoe Sasarman meegesleurd werd, meedogenloos, ruw, achter een paard gebonden. Naar Patalipoetra.... in de dood....

Zwaar drukte het leed op haar leven. Nooit meer zou ze zijn liefde vernemen in de smachtende zangen van de ravanastron.... Nu begreep ze pas, hoe onmisbaar ze voor haar waren. Rohini ging het huis niet binnen, begaf zich naar het vee, om het te verzorgen en daarna wilde ze de tuin bewerken. Ze liet Pindola aan zijn lot over, achtte zich ontslagen van de plicht den Brahmaan gastvrijheid te verlenen.

Enige uren later kwam Vaidehi zelf ontdaan bij haar.

„Arme Rohini. Djivaka...."

„O Sita!.... Zeg mij, Vaidehi.... wat is Djivaka.... zeg, zeg ... geen eind komt er aan mijn rampen ... zeg ..."

„Djivaka is door de jachtafschutting van den Maharaja gelopen...."

„Verder, verder...."

„Gevangen genomen.... geen god kan hem meer redden.... de doodstraf staat op dat vergrijp".

Rohini was geslagen. Ze had geworsteld, haar hele huwelijk door, met haar ellendig noodlot. Een wilde jaloersheid beving haar vaak, als ze er aan dacht, dat alle gehuwde vrouwen zoons voortbrachten en zij eenzaam, beklaagd, minderwaardig, gestraft voor onbekende vergrijpen in vorige levens, de angsten voor niet of onvolkomen gebrachte offers dag aan dag, ja uur aan uur moest doorstaan. Veracht als moeder zonder zoons, als weduwe, moest ze verder leven, verguisd door vrouwen, die onachtzamer dan zij de veertig sacramenten nakwamen, maar.... zoons hadden.... hun man behielden.... Vaidehi liet haar alleen.... Die had ook angst en afschuw voor Rohini's ongeweten zonden!.... Kon zij maar sterven met Djivaka! Geen offer.... geen duizend offers hadden haar bewaard voor het grootste leed.... de grootste vernedering van de Arya-vrouw: ....weduwe.... zonder zonen!

Ze snelde naar huis.... Pindola was verdwenen. Vlug maakte ze zich gereed om uit te gaan. Naar haar Vader wilde ze om raad! Ze had geen moed meer. Ellendig, ziek van smart liep ze langs de weg.... De Vaisja's keken schuchter naar de zondares, groetten haar niet.... niemand richtte een vriendelijk woord tot haar. Ze werd immers klaarblijkelijk door de goden gestraft.... Een klein meisje wilde naar haar toelopen.... de moeder haalde het met angstig gezicht snel naar huis terug: Wie zó door Varuna en Indra werd gestraft, moest wel een zeer zondig vorig leven hebben geleid!....

„Vader.... Djivaka is gevangen...."

„Ik heb het gehoord.... Wilt ge nu hulp van mij?.... Het is de straf voor uw eigen zonden!"

„Welke zonden dan, mijn Vader?"

„Vraag mij dat! Gij kent uw vorig leven niet eens; zou ik het dan moeten kennen?" Rohini snikte.

„Wat moet ik.... doen, mijn Vader?"

„Keer naar huis terug, wacht af, wat andere zonden nog op u gewroken worden."

„Laat haar deze nacht bij ons blijven," smeekte de moeder. „Wij kunnen misschien haar noodlot verzachten."

„Noodlot? Wat is noodlot? Dat wat ge in een vroeger bestaan hebt misdreven; dat is noodlot! Wilt gij op ons huis de straffen laten neer komen, die zij verdiend heeft? Gij zijt slechts een dochter, die nooit geluk, wel ongeluk kan brengen.... Keer naar Djivaka's huis terug en wacht af!"

Rohini keek haar vader zwijgend aan, het was of de waarheid niet tot haar wilde doordringen. Langzaam sloeg ze, zonder om te zien naar haar ouderlijk huis, de weg in naar Djivaka's hoeve, slechts half bewust van wat ze deed. De schemering viel snel in en hulde huizen en bossen in een onheilspellend donker.... Angst? Had ze angst voor boze geesten? Kwam maar een tijger, een cobra, een python, die haar doodde.... snel, zonder aarzelen! Maar.... als Djivaka's schim teruggekeerd was naar de hoeve! Djivaka's ziel.... die haar natuurlijk ook vervloekte om haar onvruchtbaarheid.... haar zou kwellen, pijnen, dwingen tot ramp na ramp, haar zou verschrikken, verschijnen als wrekende schim, haar opjagen van haar legerstede, verjagen uit zijn hoeve.... O Varuna.... zond Siva slechts één bliksemstraal.... en nam haar weg uit dit ellende-leven! Of moest ze verder haar noodlot dragen? En hield het met dit leven op? Of bracht het volgende nieuwe plagen!.... Angstig keek ze om zich heen, als ze ritselen hoorde in de bladeren, een wit bloeiende boom een kwelgeest haar leek, een snorrende kever een wegschietende schim.... Djivaka.... Was zij de schuld van zijn ongeluk? Dan moest hij zich nu immers wel wreken! Was hij nu reeds om haar, of wachtte hij haar op de hoeve?.... Ze dorst niet binnentreden, dorst niet buiten blijven! Elke zenuw van haar lichaam beefde. Ze kon zich niet voortbewegen, zij kon niet stil staan.... Wat.... hoorde.... ze daar!.... De ravanastron!.... Goden! Ze stortte neer.... verloor haar zinnen.... Werd ze gek?....

Sasarman?.... De schim van Sasarman, die zijn geliefd
instrument niet derven kon!.. Die haar nabijheid.... niet
derven kon? Wat klagende melodie! Wat innige liefde-
zang.... voor haar? Nu was alles uit! Hier de wrekende
Djivaka, ginds de wanhopige Sasarman! Waar moest zij zich
bergen voor die beide rustloze zielen? Kwam nu maar de
zoete dood! O heilige golven van de Ganges!.... Als een
zalige roes kwam het over haar. ....Dat was de redding! De
schim van Sasarman zou haar leiden: samen zouden ze de
goden smeken om vergeving voor vroegere zonden. Samen
zouden ze gaan, waar nieuwe geboorte hen wachtte. Half
waanzinnig ijlde ze naar Sasarmans huis.... Licht?....
Was daar licht in Sasarmans hoeve! Ze stiet de deur open....
de ravanastron zweeg plotseling.

,,Rohini!"....
Rohini steunde stom tegen een zware bamboepaal van de
ingang. Sasarman wierp zijn instrument neer, vloog op haar
af, nam haar in zijn armen, en willoos liet ze zich meevoeren,
niet wetend, of het haar jeugdvriend of zijn ziel was, die haar
wegdroeg.

,,Rohini.... komt gij tot mij! O rani van mijn hart....
komt gij tot mij.... die dood zich waande? O Lotos van
mijn koningsvijver.... Ik ben gered!"

,,Gered, Sasarman.... zijt gij het zelf?" Haar handen
gleden over zijn armen, zijn borst, zijn gezicht...." Geen
schim? Leeft uw lichaam? Sasarman...."

,,De wilde Prins der Maurya's heeft me gered, de Vaisja,
die met Koelika Djivaka's grote offer bijwoonde."

,,Was dat prins Asoka?.... Varuna zegene hem!....
Djivaka is gevangen.... gedood.... hij heeft de afzetting
van de keizerlijke jacht verbroken."

,,Djivaka dood?".... Een wilde vreugdekreet schalde
door de hoeve. ,,Rohini.... dan blijft gij bij mij. Ik ga in
dienst van Prins Asoka.... Gij gaat mee."

Rohini voelde zijn armen om haar klemmen. Zijn kussen
brandden op haar lippen. Hij hield haar vast, of hij haar
nooit meer los zou laten. Een heerlijke roes kwam over haar.

76

Ze voelde zich weer veilig, veilig bij den geliefden man, die haar niet verachtte, geen enkel verwijt voor haar had. O Sita, zou er nog geluk voor haar kunnen bestaan? Ze snikte, liet zich geheel gaan en ontving Sasarmans liefde als een heilige gave der goden. Hielden nu alle rampen op?

„Mijn Rohini zijt gij nu.... mijn vrouw.... Gandharva-huwelijk. Geen Brahmaan zal het inzegenen en durven mis-prijzen. Nooit laat ik u weer gaan. Zelfs de dood zal ons niet meer scheiden." Rohini glimlachte, sloeg beide armen om zijn hals.

„Mijn lieve Sasarman.... Is nu alle bitterheid weg?"

„Ja!.... En een zoon wil ik u geven. Prins Asoka neemt ons mee uit deze door de Brahmanen vergiftigde streken!"

Rohini bleef die nacht bij haar teruggevonden geliefde.... den man, dien zij zelf koos.

De volgende morgen kwamen ze overeen, dat zij naar de hoeve van Djivaka zou terugkeren, om het vee te ver-zorgen.

„Wat de hebzuchtige priesters nog overgelaten hebben! Wat geeft een offer! Als onze wensen vervuld worden, hebben de soma-slempers het bereikt, zo niet dan ligt de schuld bij de offeraars in dit, of als ge zeer braaf leeft, in een vorig leven. Dan kunt ge immers evengoed niet offeren, zoals ik."

Rohini keek hem verschrikt aan.

„Ik zou graag weten of ze zelf in het offer geloven," ging Sasarman voort.

„Waarom.... doen ze het dan, mijn vriend?"

„Offerloon.... soma.... het beste vlees, rijke geschenken van de werkers, de Vaisja's."

„Ik ben zo bang, dat ge zondige dingen zegt, en dat nieuwe straf zal volgen, mijn lieve Sasarman. En ik wil.... u be-houden."

Sasarman omving haar met zijn nu ongebonden liefde. Elke hinderpaal was verdwenen.

„Ik heb alle offers vervloekt, de Brahmanen gescholden, hun hebzucht aan ieder verkondigd, die nog naar mij wilde horen. Alle Vaisja's uit het dorp schuwen mij meer dan de

77

pest.... en mijn straf?.... Rohini!.... Iets heerlijkers
konden de goden mij niet geven!"
Rohini was geneigd, Sasarman te geloven. Zou het mogelijk zijn?
„Maar de goden dan, mijn geliefde?"
„Ik wilde ze wel danken, als zij mijn Rohini tot mij terug-
gevoerd hebben. Maar ik voel meer behoefte, om prins Asoka
als mijn steun te zien."
Rohini lachte blij, de zachte glans in haar ogen gaf haar
gelaat een zeldzame bekoring. Ze spoedde zich naar Djivaka's
hoeve, verzorgde zijn dieren en zijn huis. De Veda-spreuken,
anders met grote ernst bij elke handeling opgezegd, drongen
zich ook nu in haar geest onophoudelijk naar voren, maar ze
wilden niet over haar lippen. De plengingen verrichtte ze
bijna gedachteloos, of zonder geloof in haar goede wer-
kingen.... Wie niet offerde, had het niet slechter in de
wereld.... Integendeel.... Kara, haar buurvrouw kwam
slecht de veertig sacramenten na.... ze had acht zoons.
Rohini verzuimde er nooit een enkele en kreeg er geen....
Sasarman had op alle wijzen gezondigd tegen de geboden
der priesters, en hij werd juist door den wilden Prins gered.... Wat moest zij nu? Voortgaan als vroeger?.... Ze
kon het niet meer.... al haar vrome overpeinzingen kwamen
haar vreemd.... nutteloos.... dwaas.... erger: onwaar
voor. Steeds weer begon ze de spreuken en Veda-teksten op
te zeggen als vroeger, ze behandelde het vee, het vaatwerk....
als vroeger.... en toch anders. Ze voerde de Agnihotra uit
als voorheen.... uit gewoonte, uit vrees.... niet uit heilig
geloof nu, niet uit vriendelijke gedachte meer voor de
goden.... Ieder zou haar de schuld geven van Djivaka's
dood, om zonden die ze niet wist. Ze voelde thans hun verwijt
als de grootste onrechtvaardigheid. Kon men zondig wezen,
zonder dat men het wist?.... Zij had Sasarman nu: Satyavat, de waarachtige.... ze had hem lief en hij haar....
ondanks alle vroegere zonden.... Groter geluk kon hun niet
geworden. Ze zouden weggaan, ver weg, naar Patalipoetra!.... Buiten de verachting van haar dorpsgenoten....

78

Was prins Asoka een wilde Prins?.... Voor hen was hij beter, liever geweest dan de goden....

Ze hoorde iemand op het erf. Wie kon dat zijn.... Pindola.... Sasarman? Hij zou hier niet komen.... Zij wilde geen schandaal in Djivaka's huis. Rohini ging kijken. Ze greep de deurpost vast.... Was dat Djivaka? Ze sloot haar ogen.... Als het eens Djivaka's schim was? Wanhopig staarde ze weer in de richting, vanwaar hij kwam....

,,Rohini!.... De god van de huiselijke haard zij gezegend.... O Agni.... o Siva.... o Varuna.... Ik ben vrij.... ter dood veroordeeld.... door het hof van Brahma, maar de Maharaja heeft mij genade geschonken.... Rohini, wat is er?.... Zijt gij niet verheugd, dat ik terug ben?.... Ik heb den wijzen Sayana gesproken...."

,,Djivaka.... men heeft mij bericht, dat gij gedood waart...."

,,Ter dood veroordeeld, ja, maar nu ben ik weer vrij, de Maharaja.... Wat staat gij daar verslagen.... Verheugt ge u niet, dat ik terugkeerde en u niet als een verachte weduwe achterliet?"

,,Ik dacht, dat gij dood waart.... Toen ben ik naar het huis van mijn Vader gegaan.... Hij wilde mij niet ontvangen, uit vrees, dat ik ook hun slechts rampen zou brengen.... Vaisja's schuwden mij.... kinderen mochten mij niet naderen. Ik vreesde nog het meest uw schim.... Zou die zich niet op mij wreken? De angst maakte mij waanzinnig.... ik wilde dood zijn als gij. Ik durfde uw huis niet naderen.... Toen hoorde ik Sasarmans ravanastron. Maar men zei mij, dat ook hij terechtgesteld was. Ik hoopte, dat zijn geest mij misschien beschermen zou tegen alle benauwenis. Maar Sasarman was in vrijheid gesteld.... en ik ben deze nacht bij.... hem gebleven...."

,,Hebt gij in het huis van een vriend overnacht!"

Rohini zonk neer op een bank, weende wanhopig en knikte....

,,Weet ge, dat geen Arya een vrouw mag terugnemen, die een nacht in het huis van een vriend verblijft.... slet!"

„Ik meende, dat gij dood waart.... Djivaka. Niemand wilde mij helpen!"

Djivaka greep haar en gooide haar de deur uit.

„Bij mij komt ge niet weer binnen. Ik zweer bij alle goden, dat gij mijn vrouw niet meer zijt. De hel zal uw zondige ziel opnemen, slechte vrouw! Ik zal een andere zoeken, die beter weet, wat een Aryi past."

Rohini stond op, diep beledigd. Ze wilde zich verdedigen, maar Djivaka nam een stok. Toen vluchtte ze naar Sasarman.... Sasarman lachte, lachte.

„Nu zijt gij vrij, Rohini. Niemand kan ons meer beletten, bij elkaar te blijven. Verstandige Brahmanen zeggen, dat elke daad een offer is. Wij zijn getrouwd, liefde-huwelijk: Gandharva! De priesters haten het, omdat daarbij niets voor hen is te smullen, geen aalmoezen worden gegeven. Maar Manoe dwingt hen, het goed te keuren. Nooit gaat ge meer weg uit mijn huis. Waar ik woon, daar woont gij. Voortaan zult ge mijn huis besturen, mijn Rohini."

„Ja, Sasarman.... zo goed ik kan."

„De gek, u weg te zenden! Kama[1]) zal onze liefde zegenen."

De volgende dag in de vroege morgen hield prins Asoka stil voor Sasarmans hoeve. Zijn paard dampte van de snelle rit.

„Sasarman."

„Wat wenst ge, Heer?" vroeg Rohini.

„....Rohini ....gij hier!" vroeg de Prins verschrikt. Sasarman naderde nu ook, boog zich diep voor den Prins.

„Gezegend zijt gij, Heer. Treed mijn huis binnen." Hij vertelde Asoka wat er voorgevallen was.

„Sasarman, gij zijt aangenomen voor het keizerlijke park: Opzichter van de aanplantingen en de vijvers.... Maar gij zijt tevens in mijn geheime dienst. Alles wat in en om het park gebeurt, behoor ik te weten. En nu nog eens: Haat gij de offerpriesters?"

---

[1]) Liefdegod.

„Als de tijgers en de cobra's, Heer!"

Prins Asoka legde hem uit, waarom hij hem had aangenomen. Hij waarschuwde hem, dat hij gevaarlijke tegenstanders kreeg: Soemana, de Brahmanenhof, ministers, de meeste vrouwen uit de zenana van den Keizer, die zich node bij het besluit van den Maharaja zouden neerleggen.

„Neemt ge de betrekking aan, dan verbindt gij u met uw leven aan mij. Weet dus, wat gij doet."

„Nooit zal ik vergeten, o Prins, dat gij mij voor de poten van den gerechtsolifant hebt weggesleurd. Als ik u van dienst kan zijn, zal mij niets te zwaar zijn.... Rohini en mij.... ons leven voor u."

„Zweer mij dan, dan ik u vertrouwen kan, dat gij voor mij Satyavat, de waarachtige, zult zijn!"

„Ik zweer het, o Prins. De grootste pijniging van de hel moge mijn deel worden, als ik u niet trouw dien. Siva moge mijn lichaam verbranden met één straal uit zijn oog, Heer, als ik u niet trouw dien. Rohini is het liefste wat ik op de wereld heb. Yama moge mij haar ontnemen, Heer, als ik u niet trouw dien."

„Morgen vroeg meldt gij u bij Nata, het hoofd van de parkwacht. Wees in alles voorzichtig en verraad nooit, dat ge in mijn dienst zijt."

„Nooit, Heer!"

Rohini onthaalde den gast op blanke melk uit zuivere vaten, brood, boter en vruchten. Toen keerde Asoka naar Patalipoetra terug.

„Is het niet gevaarlijk, Satyavat.... tegen al die machtige heren...."

„Als ik gedood was en wedergeboren als tijger, had ik ze alle opgegeten. Dat was nog gevaarlijker. Ik wil werken voor prins Asoka."

„Maar prins Soemana!"

„Als hij een vriend is van de Brahmaanse offerpriesters, is hij mijn vijand."

„Ik vrees de Brahmanen.... Vroeger leken ze mij de redders van de hel.... nu vrees ik ze als de cobra's onder het bladerdek, waarop ik loop.... En uw varna?"

„Varna? Die hebben de priesters uitgevonden, om de Vaisja's uit te knijpen als de soma-pers de vruchten.... Hebt ge wel eens gehoord van den Sakyamoeni? Van Boeddha?"

„Ketters?"

„Ja, scheldnaam van de priesters, omdat hij leerde, dat elk mens een mens is. Wie vertellen, dat de Brahmanen uit het hoofd van Brahma zijn geboren en de Soedra's uit zijn voeten! Zij zelf. Dat de offerresten moeten verdwijnen in de magen van de offerpriesters? Dat bij huwelijk, geboorte, naamgeving, brahmacarin-wijding geschenken moeten worden gegeven aan de Brahmanen? Zij zelf, Rohini. Offeren, offeren, tot we nauwelijks genoeg over houden voor ons eigen bestaan! Als bij die feesten bittere dranken, vlees van een stokoude koe ,stokslagen uitgedeeld moesten worden, ik wed, dat de goden ze dan voor de paria's en Soedra's, desnoods voor de Vaisja's bestemden! Prins Asoka maharaja na Bindoesara, dat is onze enige redding. Wat een durf! Den gerechtsolifant doden! Een vonnis van het hof van Brahma te niet doen! De soma-slempers...."

Rohini legde hem de hand op de mond.

„Stil, mijn Satyavat, zeg geen woord kwaad meer van de Brahmanen.... Denk aan de waarschuwing van prins Asoka.... Beledig ze niet.... Dat is gevaarlijk!"

„Gij zijt een slimme vrouw, Rohini. Bij Siva, gij hebt gelijk. Help mij tegen die heiligen!"....

„Zo, mijn Satyavat."

„Waarom noemt ge mij Satyavat?"

„Dat is: de waarachtige, Prins Asoka gaf u die naam."

7. DE DUISTERE MACHT.

Asoka's benoeming tot legeraanvoerder bracht grote ontsteltenis en verontwaardiging onder de priesters, die de Brahmanen-hof van Bindoesara's paleis bewoonden....

De gantha[1]) riep de wijsten bijeen, om te beraadslagen.
„Het is een ernstige zaak, geëerde Brahmanen," besloot
Richika, de hoofdpriester van de Brahmanen-hof, zijn verklaring. „Wat moet er gebeuren, om de hoogste varna in
Brahma's rijk, welks raja ons beschermt, te beschutten tegen
een prins, die ongevoelig is voor de openbaring van de Veda,
die een vonnis van het Hof van Brahma te niet doet. Thans
legeraanvoerder, morgen kroonprins! De goden zullen Aryavartha vervloeken, Soerya zal het verschroeien, de pest het
ontvolken! Het volk zal de goden verzaken! Geen offer meer
brengen aan Brahma, Varuna en Brahispati! De edele Soemana, die de Brahmanen eert, die het heilige geloof heeft
ingedronken als de lotosbloem Soerya's licht, wordt ter zijde
gesteld! De wijze Soemana, voor wien de raad van de heilige
priesters wet is, blijft in Pataliapoetra, en de wilde Prins zal
de bevelen des Keizers uitvoeren. Schaft gij raad, geleerde
en wijze Brahmanen."

Het duurde lang, voor de raadgevingen in kille felheid door
de raadzaal dreigden:

„Beter is het den ongehoorzamen prins heimelijk uit de
weg te ruimen. Zo zegt Bharadvaja."

„Heimelijke moord is een wreedheid, zo zegt Visalaksja.
Het ware goed, zo Indra de krijgstocht deed mislukken en
den prins sneuvelen."

„Zo de inwoners van het vervloekte Takshasila met den
prins afrekenden, treft de Brahmanen geen blaam."

„Goed ware dat de troepen het vertrouwen in hun aanvoerder verloren. . . . als ezels balkten en honden jankten bij
zijn uittocht, want dat zijn boze voortekenen."

„Als het paard voor zijn kar struikelt of het zwaard valt,
gelooft niemand meer aan de goede uitslag van de krijgstocht."

„En als vele kwelduivels en slangen op hun weg verschijnen. . . ."

„Als een man van angstwekkend voorkomen de straten van

---

[1]) Grote gong.

83

Patalipoetra doorkruist en bedelt aan de deuren, wordt het volk beangst en smeekt den Maharaja, een anderen aanvoerder, Soemana, te benoemen."

"Men moet hem tot spel, drank, geslachtelijke uitspattingen verleiden, want als de prins in een weeldeleven verstikt, zal hij de kracht missen, zijn werk ten uitvoer te brengen. Dan zal de Maharaja den wijzen prins Soemana kiezen. Zo leert Vatavyadhi."

"Spionnen moeten hem verleiden, den Maharaja te doden en als hij toestemt, den Maharaja op de hoogte brengen van zijn snode plannen."

"De vertellers, aan wier lippen de hoorders hangen als de lianen aan de ceders in de dzjungel, moeten de soldaten en den prins doen inzien, dat hij slecht, zondig handelde, den kroonprins te verdringen". . . .

"Ik dank u allen voor uw wijze raad; wij zullen de geschiktste Brahmanen aanwijzen, die genoeg voor hun varna voelen en genoeg geest bezitten, om de stutten der goden te beschermen tegen de wrange vrucht van een machtige boom," besloot de hoofdpriester.

Toen de vergaderden de zaal verlieten, verscheen een Vaisja in de deuropening.

"Wie zijt gij?" vroeg men verschrikt.

"Satyavat, Heer, opzichter van de parken van den Maharaja. Welke bloemen wenst de eerwaardige Richi in de tuin van de Brahmanen-hof?"

Satyavat werd bij Richika toegelaten.

Dezelfde dag trokken verschillende Brahmanen uit, om de belangen van de goden met zorg te dienen.

's Avonds deelde de Maharaja Asoka mee, wat op de vergadering in de Brahmanen-hof verhandeld was. Asoka waagde het niet te zeggen, dat hij het reeds wist, omdat hij wenste, dat Satyavat zo onafhankelijk mogelijk voor hem zou kunnen werken.

"Werp ze uit! Vandaag ik, morgen gij, als ze een gevaar in u zien."

"Heil aan Indra, dat hij den jongen Asoka nog niet als

raja laat heersen over Madhjadesa. Als ik enige Brahmanen uitroei om deze reden, beramen de anderen hun plannen nog meer in duister. Mijn berichtgevers vernemen alles wat besproken wordt in de Brahmanen-hof. Dat is mij liever voor mijn veiligheid. . . . . Voorkom het kwaad."

„Wat doet gij, mijn Vader, om hun plannen te verhinderen?"

„Morgen, voor uw intocht, verdwijnen alle honden en ezels uit de straten van de stad. . . . zonder meer. Ik hoor, dat gij voor uw eigen veiligheid Sela en Sagka bij uw kar wacht laat houden; dat is goed."

„Mijn Vader!"

„Gij beheerst u goed, uw gelaat was vrij van enige roering. . . . uw stem niet. . . . Laat niemand noch aan uw gelaat noch aan uw stem ooit blijken, wat ge verzwijgt, zelfs wat ge zeggen wilt. . . . Slangen zult ge wel niet vinden op uw pad. . . . Vertrouwde ambtenaren zijn reeds op weg naar Takshasila om mogelijk verkeerde invloeden van de Brahmanen, die onder Devaka hedenmorgen vertrokken, te niet te doen. . . . Wat drank, spel en vrouwen betreft. . . . dat zal ik aan u zelf overlaten. . . . De Brahmanen hebben heden wijdingswater uit de vervloekte rivier Karamasa [1]) in plaats van uit de heilige Ganges gehaald, om de zegening van den Poerohita tot verdoeming te maken. Vannacht laat ik de vaten ledigen en opnieuw vullen met heilig water uit de Ganges en ze daarna bewaken door mijn krijgslieden. . . . Wat uw aanslag op mij betreft. . . . ik ben al zovaak voor u gewaarschuwd, mijn zoon, dat mijn beveiliging vooral tegen hen is gericht."

„Ik dank u, mijn grote Vader, dat gij zoveel vertrouwen in mij stelt. . . . Waarom straft gij niet de samenzweerders tegen uw keizerlijke besluiten!"

„Er zijn Brahmanen naar de geest als Sayana, Koelika en zoveel andere edele, wijze mannen, en Brahmanen naar hun buik. . . . bij ons is het niet veel anders. . . . Sayana haat de

---

[1]) Rechterbijrivier van de Ganges.

offerpriesters niet minder dan gij of ik, maar de andere be-
invloeden sterk mijn volken. Sayana leeft in de woudkluis en
denkt over de Veda's, de Brahmana's, de Oepanishads, zo
doen de edelste Brahmanen. Dat is ook hun hoogste en ver-
hevenste doel: zij werken aan hun verlossing. Richika en zijn
soortgenoten werken onder het volk en staan altijd met grote
gevoeligheid klaar voor hun materiëel bestaan, hun offers,
offerloon.... hun buik.... hun varna.... laten we zeggen
voor het heil van Indra-land. De Vaisja's en zelfs de rijke
Soedra's dingen naar hun gunst, om de goden gaven af te
dwingen, groter dan hun inzet: beveiliging tegen droogte,
overstroming, aardbeving.... De prijs is hun niet te hoog.
Kan ik dat volk zijn offerpriesters en daardoor het gevoel van
rust ontnemen, nodig voor hun werk, dat mijn land schraagt?
Zolang de Maharaja de priesters beheerst, beheerst hij zijn
volk. Beheers ze dus! De wijsheid der Sayana's stelt den
Maharaja in staat, de Richika's te verachten; maar hij heeft
ze te binden, want zij en niet de Sayana's beïnvloeden mijn
onderdanen."

„Of gij moest het volk winnen en daarna de Richika's van
u werpen."

„Een fantastisch volk, omringd door vele gevaren, overstroming, aardbeving, pest, zoals het mijne, zoekt zich steeds
weer nieuwe priesters, die ook weer hun bestaan.... en meer
vragen.... en ge zijt evenver."

Asoka dacht na.

„En als die nieuwe priesters dan Sayana's zijn?"

„Die peinzen in de woudkluizen."

„En als dan die priesters hun bestaan van den Maharaja
ontvangen, kan hij eisen, dat ze het volk leiden tot goedheid
en waarheid."

Bindoesara keek den prins enige ogenblikken aan.

„Kunt gij de wereld omwenden, mijn zoon, als een blad
van de heilige Veda? Wat gij daar zegt, raakt haar vaste
bodem, waarop ze is gebouwd."

„Kent gij iets, mijn alleswetende Vader, dat in beginsel
niet streeft naar volkomenheid? Elke vrucht, elk kind, elk

geboren dier, een stad, een land, een volk! Wat achteruitgaat of stilstaat, gaat tegen dat eeuwige beginsel in."

„Waarom?"

„Wat tegen dat beginsel ingaat, vernietigt zich zelf, wat er zich trouw aan betoont, bevordert zich zelf."

„Wie leerde u deze dingen?"

„Koelika, die zich op Sayana beroept. Maar Sayana heeft gelijk. De offering van dieren is een streven naar eigen wel, dus vernietiging, die van Sayana, de symbolische offering, is een streven naar volkomenheid."

„Geen raja mag zich blind staren op het laatste, mijn jonge wijsgeer, en vergeten de verborgen macht van het eerste."

„De rust en welvaart in uw wereldrijk bewijzen uw alom-vattende, practische blik, mijn geliefde Vader, maar.... een volgende raja ziet de dingen misschien weer op een andere wijze, streeft weer verder."

„Ga dan, mijn zoon, bewaak uw leven eerst, besluit in wijs-heid en voer uw besluiten uit met onweerstaanbare wil. De reis naar het westen is lang en vermoeiend en niet zonder gevaar. Leer vooral dàt in de komende maanden op weg naar Takshasila onderkennen en trotseren."....

Toen Asoka vertrokken was, zuchtte de Maharaja diep. Zou de krijgstocht gelukken.... met zo'n klein leger.... tegenwerking van de Brahmanen.... verleiding.... macht .... Waarom verheugde hij, de heilige Maharaja, zich, dat het leger.... gevaarlijk klein was!....

De Brahmaan Garga lichtte prins Soemana in over de maatregelen, die getroffen waren, om Asoka's zending te laten mislukken.

„Gij ziet, o Prins, hoe bezorgd de Brahmanen-hof is, om den rechtmatigen zoon van den Maharaja in zijn edel streven te steunen."

„Maar mijn Vader steunt den hebzuchtigen, recht- en goden-schendenden zoon," riep Soemana, hees van woede.

„Wie een groot doel najaagt, handelt niet in overhaasting, o Prins."

87

„Maar hij kan te laat komen! Zullen de Brahmanen dulden, dat een wilde prins een wilde raja wordt? Zal de Brahmanenhof vermolmen en de edele priesterschaar verstrooid worden als de bloesemweelde van de lente? Dulden de goden van Aryavartha zulk een smaad?"

„Bindoesara is heilig en krachtig en beheerst zijn grote rijk nog lang."

„En als een woesteling grijpt naar de keizerlijke macht! Hoe wilt gij, heilige Brahmanen dat voorkomen?"

„Wij wensen u, den rechtmatigen kroonprins, als opvolger met al onze macht, ... en die is groot, o Prins, bedenk dat wel!"

„Welk middel? Ik wens het te weten!" riep Soemana.

„Sj, sj, o Prins, de cederwanden van het blanke paleis luisteren naar al uw woorden."

„Zeg mij dan het laatste middel!" krampte Soemana's stem.

„Er zijn tal van middelen: de goden gaven cobra's hun gif, den trouwen soldaat zijn dolk, den kok zijn kruiden, den opstandigen hun moed, den Brahmanen hun overredingskracht. . . . Wij zullen een juiste keus doen. . . ." fluisterde Garga zó zacht, dat Soemana hem nauwelijks verstond.

„Hoe lang zal de onrust mijn slaap verdrijven, mijn levensgenot vergallen, de haat mijn geest verstompen?"

„Sj, sj, wie maharaja wil worden, beheerse zijn daden," merkte Garga scherp op. „Vertrouw op ons en onze wijze besluiten, o Prins."

Soemana wierp zich onwillig op zijn rustbank; in zijn ogen was de onrust van den miskende, de haat van den geslagene, de begerigheid naar de rijkdom en macht van den beheerser van Indra-land. Hij sprong onbeheerst weer op en riep Garga toe:

„Ik wens het uiterste, mijn Garga, meld dat den heiligen Richika. Of de goden helpen mij, òf zij vernederen mij. Wat willen de Brahmanen?"

Garga had angstig de hand opgeheven tegen zijn luide stem. Toen boog hij diep en met tevreden gemoed, omdat 's Prinsen verlangen hun wil dekte en tevens. . . . hun schuld afwentelde.

„Geen god is bestand tegen het brahma der Brahmanen, o Prins.... Het leger vindt overal onze varna op zijn weg," fluisterde Garga.

Satyavat bracht juist bloemen en Maskarin leunde tegen de cederwand.

Als een blanke lotos uit de donkere wateren van de heilige vijver, zo rees het paleis van Bindoesara op uit de boomgroepen van het keizerlijk park. Een vurige bol, door Oeshas in kille morgennevelen afgekoeld, opdat niet haar stralen Aryavartha verschroeiden, steeg Soerya uit de verre oceaan omhoog, en zijn rode schittering zette heel het paleis in gloed. De gouden pilaren blonken in diepere kleuren, de torens rankten met tere lijnen op in het donker blauw van de hemel, waartegen de sterrelende edelstenen der Maurya's blonken. Kunstige bloemen van esmerald, berylsteen, en karbonkel en zilveren vogels speelden hun verven in het blanke gedaver van het paleis, dat weelderig gebouwd van cypres-, teak- en cederhout, getint was in glinsterend wit, zodat de zonnestralen in hun kaatsing trilden over park en stad. Een grote galerij, begrensd met forse natuurstammen, door kunstige handen gekerfd, gebeeldhouwd en beslagen met fantastische dieren in zuiver zilver en goud, opende zich naar de grote schaduw-bomen van het park....

Een talrijke mensenmenigte bewoog zich op de brede paleisweg. De heilige Maharaja zelf zou afscheid nemen van zijn troepen, en de Poerohita zou ze wijden met water uit de heilige Ganga; Brahmanen uit de Hof zouden hun heilwensen meegeven op de tocht.... Kinderen, jongelieden en meisjes, elastisch wiegend op lichte tred, mannen en vrouwen in de vrucht der jaren en grijsaards hadden hun helder wit en rood feestkleed aangelegd. Zachte moesseline-sluiers wapperden in de frisse morgenwind. In de openingen der huizen en op de daken hadden de bewoners en hun vrienden post gevat.

Een rilling voer door de rijen. De krijgers maakten baan voor het leger. Een zwaar en dof tam-tam in de verte, vermengd met schel gefluit en schetterend gillen van de oorlogsschelpen, verkondde de nadering van de soldaten. Plotseling werd de aandacht afgeleid door krijgers, gewapend met zware knotsen, die elke hond op de paleisweg dood sloegen.

„Berg weg dat lijk, anders is de volgende klap voor u."

Angstig sleurden de eigenaars de dode honden weg. Een merkwaardig aantal ezeldrijvers vertoonde zich overal. Maar onmiddellijk voegden zich twee soldaten bij elk van hen en lieten ze onzacht uit de straten verdwijnen. Zodra een ezel neiging vertoonde, zijn onheilspellend „ia" in de opgewekte vrolijkheid te mengen, daalde een knots op het dier neer. Met grote nieuwsgierigheid eerst, dan met pret en spotternij volgde de straatjeugd de zich naarstig wegspoedende ezeldrijvers, tot het naderend zware dreunen van de dole allen naar de optocht riep: Eerst een rij van sterk ten oorlog uitgeruste olifanten, de slagtanden van gevaarlijke weerhaken voorzien, torsend drie zwaargewapende krijgslieden en een drijver. Hun zware tred deed de bodem dreunen. Dan volgden de ruiters, metaal-gepunte speren in de vuist, de schilden hangend aan hun zij. Met vier oorlogspaarden bespannen strijdkarren ratelden achter deze, begeleid door de voetvechters met grote bogen. Asoka zelf reed de eerste kar; Sagka en Sela schreden ter zijde van de paarden, om in te grijpen als er gevaar voor den aanvoerder dreigde. De prins hield wantrouwig de weg in het oog. Een regen van bloemen daalde van alle zijden voor zijn paarden neer: een vriendelijke zegenwens van Patalipoetra, die den aanvoerder van Bindoesara's leger meegegeven werd op zijn lange weg naar het verre westen. Asoka wist tussen al die lachende, vrolijke mensen de offerpriesters en hij zag, hoe een boeteling uit de rijen toeschouwers naar voren trad; een zware wandelstok omklemde zijn verweerde hand. De Prins vreesde een nieuwe aanslag en vastbesloten, niet weer door een betaalden schurk van Soemana in gevaar te geraken, wendde hij met snelle ruk zijn vierspan recht op den statig voortschrijdenden boeteling af. De paarden steigerden onder Asoka's hand hoog omhoog en schoten toen rap vooruit. De menigte vloog verschrikt uiteen en de boeteling, afgesneden van de anderen, stak met

90

wilde vaart de weg over. Asoka wendde vlug de kar en stuurde toen snel op den vluchteling aan, die in angst tussen de volksmassa aan de overkant verdween, onder spot van de omstanders. Toen stapten Asoka's paarden weer rustig voort in de rij, snuivend, kopschuddend, hinnikend in korte opwinding. De Prins stond met vaste zekerheid in zijn kar en overzag kalm de menigte. De omstanders, die met verbazing het kunststuk hadden aangekeken, werden stil, zochten een verklaring. Een spion uit Takshasila? Gestoken in een boetekleed? Een boze kobold? Een grote bewondering voor den niets-ontzienden Prins beving hen. Na weinige uren liet hun fantasie rijder en paarden zweven boven de weg en den groten menner mennen met blik en wijsvinger.... Den bozen geest, dien niemand terugzag, had hij vernietigd met één straal uit zijn felle ogen.... de paarden gehoorzaamden hem als een god....

Voor het paleis, onder de galerij, verzamelden zich de aanzienlijken van de hoofdstad. Aan weerszijden van den Maharaja op zijn met goud beslagen troon, voor de wijding daar geplaatst, schaarden zich de ministers, de dertig leden van de zes panchayats [1]) in de residentie en hoge staatsbeambten. De vrouwelijke paleiswachteressen, gewapend met sterke bogen, stonden in vele rijen achter de troon. Ter zijde, aan de weg, de rani's met haar slavinnen, de prinsen, prinsessen en genodigden. Aan de andere zijde priesters uit de Brahmanen-hof, stil en plechtig, biddend.... geen wist, wat ze baden.

„Voor zo'n legertje gaat de kleinste raja in Indië niet op de vlucht!" lachte Garga Richika in het oor.

„Eén wesp jaagt soms een paard in doodsangst naar de dzjungel," peinsde Richika.

Op een stellage voor de galerij stond de Poerohita. De olifanten schaarden zich in twee rijen en Asoka stuurde zijn kar met vaardige hand tussen de geweldige dieren door tot vlak voor de troon. Op hetzelfde ogenblik schoot een vlucht

---

[1]) Bestuurscolleges.

blauwe duiven van het park de lucht in. Bindoesara wist, dat dit door geheel Patalipoetra als een uiterst gunstig voorteken zou worden beschouwd. De groep Brahmanen keek met lede ogen het schouwspel aan, maar uit alle andere groepen rezen blijde juichkreten op.

De offervuren brandden reeds en zonden hun vlammen naar de stralende hemel. De priesters, die voor den Maharaja de tanoenaptram hadden gezworen, noodden Agni, den vuurgod uit, hun gaven te voeren naar de goden en zongen de mantra's. Toen de plechtigheid geëindigd was, beklom de poerohita de stellage, nam een grote kwast en besprenkelde Asoka's paarden en kar met heilig Ganges-water. Toen daalde de jonge aanvoerder van zijn voertuig en wierp zich aan de voeten van den Maharaja. De Keizer sprak de toepasselijke Atharva-Veda-spreuken over zijn zoon uit, hief hem op van het tapijt en omarmde hem.

„De goden en hun wijsheid mogen u begeleiden op uw tocht naar Takshasila, mijn zoon. Bewaak met uw manas uw lichaam en geest, opdat gij uw plicht vervullen kunt tegenover mij, den Maharaja van Indra-land."

„Mijn grote Vader, wat ik doe, doe ik alleen voor uwe genadige Majesteit."

De Poerohita ging door met het wijden van de olifanten, de karren, de ruiters en de voetsoldaten. Intussen nam Asoka afscheid van de rani's, eerst van Soebhadrangi, die stralend tussen de andere vrouwen van den Keizer stond. Toen bewees hij de overige rani's de verschuldigde eerbetuigingen.... Gopali en Jalini waren in de binnenvertrekken van het paleis gebleven. Soemana's moeder voelde de keus van den Maharaja als een krenking, en Jalini troostte haar....

Tussen de vrouwen bemerkte Asoka Aradi. Ze lachte wat verlegen.

„Gij hebt mij vergeven, schone Aradi," fluisterde hij haar overmoedig toe.

„Zeker, o Prins, met mijn moesseline-kleed legde ik ook mijn zondige drift ter zijde."

Een gouden glimlach blonk Asoka tegen.

92

„Als ik terugkom, zal uw glimlach tot lach zich plooien."
„Natuurlijk, dappere aanvoerder van Bindoesara's leger!"
Aradi's zwoele tint verfde zich dieper.

Toen wendde Asoka zich plotseling af. Hij wist, wat de
mooie dochter van den minister bewoog.... De schone bloesem van de lotos wendt zich de opgaande zonne toe....
Als de vlinder in de nacht van het woud verzonk haar beeld
in zijn ziel.... Maar in Aradi's hart vlamde de wrok tegen
den lompen, lelijken prins, die door zijn eerzucht Soemana's
toekomst in gevaar bracht, opnieuw op. Ze haatte hem meer
dan ooit....

Met onvermoeibare toewijding regelde Asoka de overtocht
naar de andere zijde van de Ganges. Hij wilde in de kortst
mogelijke tijd Takshasila bereiken. Alle voetsoldaten moesten
tot hun verbazing plaats nemen op karren, olifanten en paarden. Toen zette de stoet zich in beweging met een snelheid,
die men bij het leger niet kende. Asoka leidde de stoet met
Koelika.

„Enige maanden, meent mijn Vader...."
„Als alles gunstig verloopt, o Prins."
„Ik wil in één maand de torens van Takshasila zien, mijn
Koelika!"
„Uw wens is onredelijk. Geen leger kan dat volbrengen."
„Als het leger het niet kan, zal ik er alleen zijn. Takshasila
kan, als het wil, evengoed dit leger weerstaan, als mij alleen."

Koelika keek hem aan. Asoka's blik gleed over zijn kleine
legermacht en hij glimlachte.

Daar de wegen in goede toestand waren gebracht, rukte
het leger snel op. Een voorhoede reed elke dag onder Sagka
vooruit, richtte de kampen in op vrij korte afstanden, waar
een bosje zonder onderhout, een grote vijgeboom of een
banyan tot rusten noodde: Het was een intens rusten en weer
snel voorwaarts spoeden, tot de zon de kim naderde. Waakzaamheid voor goede slaap, geregelde maaltijden, zuiver
drinken en verkoelende baden voor mensen en dieren hielden
de troep in uitstekende toestand. Ondanks de snelle tocht
kende men geen vermoeidheid....

Het leger was de Sarajoe en vervolgens de Goemti overgetrokken en volgde nu de grote weg, die van Kashi over Pratishthana[1]) in noordwestelijke richting over Kawnpoer en Mathoera naar Indraprastha[2]) leidde. In een ruimte, waar het oerwoud een eind terugweek van de weg, had de voorhoede een kamp ingericht. De invallende nacht van het woud liet de legerplaats nog ongemoeid. De vuren stuwden hun vlammen, die het gespitte wild omlekten, flakkerend omhoog, en de rook steeg bijna loodrecht op tegen de hoge bosrand van machtige, met bloementrossen overladen doeabango's, eeuwig-groene saalbomen en katechoe's, waartegen de waaiers der palmyra's of de sterrepluimen der cocospalmen zich in fijne lijnen aftekenden. Nauwelijks zagen de olifanten de vuurgloed door de bladeren schemeren, of ze staken hun slurven omhoog en trompetten vrolijk de rustplaats en de voedering tegen, onmiddellijk beantwoord door het gehinnik der paarden. Mens en dier verblijdden zich in de heerlijke kalmte van de avond, die zacht uit de onbewogen natuur opsteeg naar de fluwelen hemel.

„Is er een waadplaats in de nabijheid, Sagka?"

„Zeker, o Prins."

Vlug werden lasten en tuig afgenomen en allen snelden naar het zijriviertje van de Goemti. Het koele water verfriste en reinigde de verhitte lichamen. Versterkt keerden allen naar het kamp terug. Asoka en Koelika deden zich intussen te goed aan het eten, door Bindoesara's slavinnen bereid, maar de bereidsters moesten eerst zelf van de spijs gebruiken.

Toen kwamen ook de troepen hun deel aan rijst en vlees opvragen, nadat ze de dieren gevoederd hadden. Zo wenste het Asoka.

„Sagka, verdubbel de wachten, opgesteld aan alle toegangswegen van de kampen. Geen onvoorziene gebeurtenissen!"

De troepen lagen in schilderachtige groepen verspreid over het veld en genoten van de rust; de slavinnen hadden haar werk verricht en zaten voor haar tent. Asoka en Koelika on-

---

[1]) Nu Alahabad.   [2]) Nu Delhi.

derhielden zich met Viradha, een geheimen bode van Satyavat, toen een wacht meldde, dat een Brahmaan in een zwart kleed het kamp naderde.

„Stuur hem weg!" meende Koelika.

„Laten we op deze schone avond maar eens horen, wat hij heeft te zeggen."

Even later stond plotseling een Brahmaan in een zuiver wit kleed voor hen. Het scheen, of hij uit het niet te voorschijn was getreden. Revata evenwel zag, hoe hij met één greep zijn zwarte kleed had afgeworpen, waardoor het leek, alsof hij uit de grond oprees. De indruk overbluffte echter de manschappen; er ontstond een plotselinge stilte en een gedrang naar den priester.

„De goden mogen hen beschermen, die hun plicht tegenover den Maharaja trouw vervullen, o dappere Prins en legeraanvoerder."

Asoka begroette den priester koel.

Revata had zijn zwarte mantel opgeraapt en omgeslagen, zodat hij tegen het bosdonker onzichtbaar was. Toen schreeuwde hij luid: „Heil prins Asoka!"

Allen keken verbaasd, merkten niets. Kalm legde Revata de mantel af. Algemeen gelach. De ban was gebroken.

„Wanneer gij het wenst, o Prins, wil ik uw krijgers een aangenaam uur bezorgen, door hun uit mijn grote kennis te verhalen."

De priester sprak zo luid, dat de soldaten hem alle verstonden en van hun instemming luide blijk gaven.... waarop hij gerekend had.

„Gij ziet, dat ge niet ongelegen komt," merkte Asoka op.

In korte tijd legerden de krijgers zich rondom den Brahmaan. Ook de slavinnen, die schuchter naderden, kregen verlof te luisteren, omdat Asoka wist, dat voor den Indiër geen genot gaat boven dat, wat een goede verteller biedt.

„Gij zijt hier in het land van de Koerava's en Pandava's. Gij wenst dus waarschijnlijk te horen van de grote oorlog uit de Mahabharata."

„Oude kost, Heer!" brulde een ruiter.

„Nala en Damayanti."

„Zijn reeds lang een gelukkig paar, Heer," spotte een ander. „Iets nieuws!"

„Santanava's vreeselijke eed wil ik u verhalen, dappere krijgers."

„Oude kost! Vertel iets nieuws van strijd en moed en heldendaad," liet zich een ruwe krijgsman horen, begerig als alle bewoners van Indra-land naar fantasie en opwinding door wondervolle verhalen. „Kent ge niets anders dan die oude praat? Ga dan slapen! Onze dromen zijn van meer belang!"

De Brahmaan lachte listig en scheen diep na te denken.

„Welaan dan, uit het land der Kosala's vertel ik u, dat onder Manoe's wijze wetten bloeide....

Luister ... Pasenadi regeerde in grote rechtvaardigheid...

Hij vertelde nu een levendig verhaal van raja Pasenadi, die twee zonen had: Poeroe, vroom en gehoorzaam aan de Brahmanen, en Trisankoe, een ongelovige krijgsman, een gevaar voor zijn vader en den kroonprins, omdat hij onrechtmatig naar de troon streefde. Pasenadi ging in zijn angst raad vragen bij den heiligen Ajamidha, een Brahmaan, waarzegger en door zijn yoga een machtige tovenaar. Ajamidha en zijn schone dochter Nanda bonden de strijd aan tegen Trisankoe. Ajamidha verscheen aan het hof van Pasenadi als waarzegger en voorspelde Trisankoe, dat hij zich driemaal aan de voeten van Poeroe zou werpen en dan ellendig sterven. Trisankoe lachte hem uit, maar in de loop van het verhaal boog hij zich werkelijk aan de voeten van den tovenaar, die zich telkens in andere gedaante aan den prins voordeed. En als Trisankoe dan opstond, nam de Brahmaan gauw de gedaante aan van den krooprins Poeroe. De laatste keer meende Trisankoe, dat Nanda zijn broer de giftbeker had gereikt, maar het bleek, dat zij hemzelf het vergif had laten drinken, dat hij voor Poeroe had bestemd. Poeroe huwde Nanda uit dankbaarheid, dat Ajamidha en zij het volk van Kosala voor een zo grote ramp hadden bewaard. Zo had Ajamidha het bedongen....

Het verhaal werd door den verteller zo brutaal duidelijk en met zo'n overtuiging voorgedragen, dat bijna ieder begreep, wat hij bedoelde. De soldaten waren verontwaardigd en gaven dan ook geen enkel blijk van instemming, wachtten, wat prins Asoka zou doen. Asoka had in zijn blanke kleed rechtop het verhaal van den Brahmaan aangehoord, geen ogenblik zijn scherpe ogen van den verteller afgewend. Ook nu roerde hij zich niet, als wachtte hij, dat de verteller voort zou gaan. De priester keek hem uitdagend aan, zweeg. Het heftig fluisteren van de toehoorders verstomde, toen de wilde Prins met klare stem hem toeriep:

,,Verder, Brahmaan!''

,,Er is geen verder, o Prins.''

,,Dan verstaat gij uw kunst slecht. Ga achteruit! We hebben een beteren verteller!'' Hij gaf een teken, en uit het woud trad de rijzige figuur van Koelika te voorschijn in het lange priesterkleed. Onmiddellijk vatte hij het verhaal weer op.

,,Maar Ajamidha was een valse tovenaar, die zijn macht ontleende aan den duivel Mara. Trisankoe boog niet voor den kroonprins maar voor den bedrieger, die enkel als doel had: een grote beloning en een rijk huwelijk van zijn dochter Nanda. Trisankoe's dood was onrechtvaardig, want Poeroe was een onbeduidende prins. Hij verspilde zijn goed en dat van zijn vader aan de offerpriesters en bovendien was zijn vlees zwak. Hij beminde de vrouwen, het spel en sterke dranken. Hij had geen eigen wil, geen innerlijke kracht tegen de verleiding, geen grootheid van geest, om de gaven, die de goden hem hadden geschonken, aan te wenden tot geluk van de volken van Kosala. Hij was slechts een speelbal van zijn goeroe's, de Brahmanen. Trisankoe was een krijger, hij beminde zijn volk en de soldaten.... Vertel mij, gij krijgslieden van den heiligen Maharaja Bindoesara: Is het een schande, krijger te zijn?''

,,Neen!'' bulderde de schaterende kreet, herhaald door de echo van de dzjungel.

,,Welnu, Trisankoe offerde niet met vlees en bloed van dieren. Zijn offer aan de goden was zijn inspanning en ijver. Hij streed, en zo diende hij Siva, omdat strijd het grootste offer is aan Siva; hij stond vroeg op, als Poeroe uitsliep van

97

zijn geile feesten, en offerde daardoor aan Oeshas; hij verheugde zich over Soerya's licht, en offerde daardoor aan Soerya. Maar zijn grootste offer was dat aan Brahma: het weten. Hij studeerde de Veda's, omdat hij wenste te weten, welke weg de mensen van Kosala moesten bewandelen. Niet de prins, die zijn eigenbelang en zijn zinnen dient, brengt verlossing voor het land, maar wie werkt zoals de heilige maharaja Bindoesara. Ajamidha was een verblinde tovenaar, in wiens strikken Pasenadi en Poeroe waren gevangen. Hij wilde de regering in zijn voordeel leiden. Zelfs zijn dochter misbruikte hij voor zijn hebzucht. Daarom wenste hij haar uit te huwen aan den zwakken kroonprins. Trisankoe nu had veel geleerd van de geneeskunst bij Ajamidha. Hij kende dus het tegengif van het vergif, dat hem was toegediend, want niemand mocht — op straffe van de dood — in Kosala gif bereiden, waarvan hij het tegengif niet kende. Zonder dat iemand het merkte, dronk hij het in. En toen de Brahmaan en zijn dochter zijn lijk dachten te vinden, wachtte hen de levende prins op met een vlijmscherpe chakra in de hand. Beiden wierpen zich aan zijn voeten."....

Een grote vrolijkheid maakte zich meester van de krijgers, die rondom Koelika geschaard lagen. De Brahmaan wilde zich verwijderen, maar niemand liet hem door.

„Ik wierp mij dus niet aan de voeten van den kroonprins, riep Trisankoe uit, maar voor een verrader en bedrieger!.... Laat Agni's lijkenvuur u ter helle doen varen. Eén worp met de chakra en de tovenaar viel. Gij, Nanda, gaat mee naar den Raja als getuige. Toen hij evenwel bij Pasenadi binnentrad, stierf de Raja van schrik. Onmiddellijk liet Trisankoe den kroonprins gevangen nemen, beklom de troon van Kosala en regeerde met wijsheid en macht zijn volk."

Een wilde instemming echode tegen de stille reuzen van de dzjungel, sprookjesachtig verlicht door de flakkerende vuren. De Brahmaan richtte zich hoog op en trok zich met langzame pas terug in het woud. Asoka beval nu rust. Een dubbele wacht werd uitgezet, want hij wantrouwde den priester....

Na Prayaga[1]) liep hun weg door Pankala, de bloementuin van de Doab, waar de kwelgeesten van de dzjungel een grotere voorzorg eisten van den aanvoerder. Bloedzuigers, muskieten, mieren, kevers en scorpioenen, vleermuizen en hagedissen kwamen in angstwekkende massa's op het kamp af, gelokt door het vuur en levend beweeg van mens en dier. Met dunne moesseline-doeken liet Asoka de tenten voor mensen en dieren afsluiten, omdat hij over dag de grootste inspanning eiste. Van de wachten vroeg hij onophoudelijk oplettendheid. Elke stoornis moest hem gemeld worden. Eens op een nacht wekte Sagka hem.

,,Veel slangen komen op het kamp af, Heer," fluisterde hij angstig.

Asoka schoot overeind: ,,De gehele wacht, Sagka. Tien man in de richting van Indraprastha[2]), tien in die van Kashi. Zoek de vijf bospaden af. Vuren hoogop. Geen geraas. Laat de slangen doden."

Met nauwkeurigheid en in stilte werden de bevelen uitgevoerd. Enige tijd later werden eerst vier mannen het kamp ingesleept en vervolgens werd de verteller voorgebracht.

,,Wat voert u opnieuw in de nabijheid van het kamp, Heer?" vroeg Asoka koud.

De Brahmaan zweeg en keek den prins brutaal in de ogen.

,,Gij antwoordt niet, hooghartige Brahmaan! Uw knechten weten misschien beter, waarvoor gij hier zijt."

Maar ook de andere gevangenen gaven geen antwoord.

,,Pijnig met vuur".... Een werd aangegrepen, gebonden en met de voeten bij het vuur gelegd, steeds dichter. De zolen schroeiden, een ondragelijke pijn maakte de tong los.

,,Nieuwsgierigheid, Heer."

,,Dat is een vals getuigenis. Pijnig heviger." ....Een wild steunen gromde door zijn keel.

,,Ik zal spreken, Heer!" De priester liet echter een zacht geluid horen, en de gepijnigde kromp ineen.

---

[1]) Alahabad.   [2]) Delhi.

„Verwijder dien priester!" Tien handen grepen den trotsen Brahmaan en sleurden hem weg.

„Spreek thans de waarheid!"

„Vier kisten met slangen moesten wij voor den priester in het kamp loslaten, Heer."

„En gij vreesdet niet mijn wraak?"

„De priester zei, dat we vals getuigenis mochten afleggen, om een Brahmaan te beschermen. Zo'n getuigenis is de spraak der goden."

„En vreest gij geen straf der goden?"

„De Brahmaan zei, als we koeken en melk offerden aan Sarasvati, we volledig de zonde van welwillende leugen en bedrog boetten."

„Waar zijn de kisten?"

„Ginds, Heer." De bewijsstukken waren spoedig gehaald en de andere knechten bevestigden de woorden van den eersten getuige. Toen werd de priester teruggebracht.

„Wat wildet gij met die slangen?".... Een hooghartig zwijgen.

„Antwoord!" Maar de mond bleef onverstoorbaar gesloten.

„Ik laat u doden!"

„Ik ben Brahmaan!" Een grote woede maakte zich van de krijgers meester.

„Pijnig!"

De Brahmaan verdroeg de hevigste pijn, terwijl zijn gelaat niet de minste aandoening vertoonde en zijn ogen brutaal op Asoka gevestigd bleven.

„Sla hem op zijn gezicht en maak de brandmerken klaar."

Een hevige slag deed hem duizelen.

„Waarvoor dienden de slangen?"

„Slangen op uw pad voorspellen ongeluk.... en verschrikken uw dappere soldaten," spotte de priester.

„Gij wildet het dus doen voorkomen, alsof de goden de slangen op ons pad stuurden.... Antwoord! Brandmerken van een misdadigen Brahmaan is geoorloofd."

„Gij zijt geen rechter!"

100

„Ik ben legeraanvoerder en dus rechter in het leger. Antwoord!"

„....Ja."

„Ge hoort het, soldaten. Het was slechts het brutaal bedrog van een mens. Hij denkt met een paar kisten slangen de krijgers van keizer Bindoesara te verschrikken! Priester Devaka wil voor god spelen." Devaka schrok.

„Schrik niet, priester Devaka. Ik ken alle Brahmanen uit de Hof van mijn Vader, dus ook u. Verzamel met uw vijven de dode slangen in de kisten!"

De vier knechten pakten de dode beesten aan, Devaka verroerde zich niet.

„Ik raak geen lijken aan."

„Bindt tien slangen om zijn armen, hals en benen en jaag hem met stokslagen de weg op naar Patalipoetra, de anderen naar Indraprastha."

Enige tijd later was het kamp weer in rust....

8. GEVAARLIJKE BEKORING.

De tocht ging nu ongestoord verder. Men rustte 's nachts in amra-bossen, tussen de luchtwortels van vijgebomen of op open plekken in de dzjungel. Koelika vertelde in de kampen vertellingen uit de Mahabharata, want hier was het land, waar Koeroe's en Pandava's hun dodende oorlogen voerden. Met vriendelijkheid werd het leger begroet door de bevolking, want Bindoesara had de schatplichtige vorsten met klem bevolen, het leger behulpzaam te zijn op zijn verre tocht. In hun kostbaarste gewaden reden ze den Maurya-prins te gemoet, boden verversingen aan en geschenken. Maar Asoka, die de invloed van de Brahmanen vreesde, maakte zo min mogelijk gebruik van hun gastvrijheid. Wel reed hij door de steden altijd op zijn statie-olifant met de geduchte kentekenen van de Maurya's. En het leger schreed voort in oorlogsorde, klein maar sterk en aaneengesloten in felle pas. Even voor

Mathoera stak hij de Djoemna over en daar wachtte hem de raja op met een grootse optocht van schitterend uitgedoste olifanten en rijpaarden. De hoofdrani was gezeten onder een baldakijn, met glinsterende edelstenen bezaaid; schone dansmeisjes, die altijd een grotere vrijheid van beweging hadden dan de andere vrouwen, behoorden tot het gezelschap. Na een omslachtige begroeting sloeg men de weg in naar het oude Mathoera. De Raja liet den zoon van den machtigen beheerser van Aryavartha zijn vreugde en toewijding betuigen. Van alle zijden stroomden de inwoners toe en strooiden bloemen op zijn weg. Men had hem pas over een paar weken verwacht. In de hal van het raja-paleis stonden de rani's, de zoons en dochters, de poerohita en de hoge ambtenaren, om het leger te ontvangen.

Asoka onderzocht nauwkeurig de kampplaats voor zijn leger. Een Brahmaan wenste den Raja te spreken. Het was Devaka, die met het hoofd in zijn kleed verborgen, achter in de zuilenhal wachtte....

,,Prins Asoka is een waardig nakomeling van Chandragoepta en Bindoesara. Zijn leger ligt hem het naast aan het hart," merkte de Raja op.

,,Zijn enige steun! Vasishta zegt: Geen jongere zoon kan raja worden, terwijl de oudere broeder leeft."

,,De heilige Maharaja beslist in dezen, en ik zal den Prins met zorg bewaken. Als hem een ongeluk overkomt aan mijn hof, vaagt Bindoesara mijn raj [1]) weg, als een storm de bloesemtooi in Vesanta [2])."

,,Ik vraag niet, dat hem een haar gekrenkt zal worden, hoge Raja. Asoka's doortastendheid en eerzucht zijn echter bekend, en geloof niet, dat uw wil en wens nog meetelt, als hij opvolgt."

,,Men zegt, dat prins Asoka veel geestkracht bezit, en dat alleen hij na Bindoesara het grote rijk besturen kan. Een krachtig bestuur is een geluk voor Aryavartha."

,,Wie regeert het rijk? De onveranderlijke wet of de Maharaja?"

---

[1]) Rijk.   [2]) Lente.

„De Maharaja, die de wet eerbiedigt en.... ze handhaaft, Heer."

„Prins Soemana, eens maharaja, zal de wetten eerbiedigen, want hij is wijs, omdat hij de Brahmanen als de hoogste varna, als de hoogste wijsheid en heiligheid eert."

„En Prins Asoka, Heer?"

De Brahmaan keek voorzichtig om zich heen en zei toen zacht:

„Die heeft een teveel aan geestkracht; hij zal geen rekening houden met de wensen en meningen van anderen. Hij is aangetast door de geest van de nieuwe tijd, die alles wil vervlakken, die alle mensen als delen van één godheid beschouwt. Het is de geest van den kettersen Sakyamoeni [1]). Waar blijft de heiligheid van het offer, als hij maharaja wordt, waar de eerbied voor onze varna en voor uw varna, o Raja? Gij handelt overeenkomstig de bevelen van den Maharaja.... Ieder zal u prijzen, als gij den Prins onthaalt op wijn, muziek, dans.... en vrouwen.... Hij is een jonge vorstenzoon en bemint dus de feestvreugde."

„Een Brahmaan durft mij die raad geven!"

„Prins Soemana, uw volgende maharaja, zou het misschien weigeren, omdat het zondigen ware tegen de Brahmaanse wetten."

„De Maharaja zal het mij zeer euvel duiden, als ik zijn legeraanvoerder afhoud van zijn plicht."

„Zijn plicht is, Soemana als kroonprins te erkennen. Kies uw schoonste dansmeisjes uit.... de Prins is jong en vurig.... geef ze hem mee als vriendelijkheid op reis naar Takshasila, als hij ze prijst.... schenk zoete betoverende dranken.... dat minnen de krijgers."

„Gij speelt een gevaarlijk spel, Brahmaan! Vrees den keizer van Aryavartha, Heer!"

„Gij zijt geen kindermeisje of Veda-leraar voor de wilde prinsen van Aryavartha! Of.... kiest de Raja van Mathoera de zijde van de Soedra's tegenover de wil van de machtige

---

[1]) Boeddha.

Brahmanen!" Devaka sprak zo dreigend, dat de raja inbond.

,,Neen, Heer.... Welnu: zeg gij het Koli; zij is schoon als Oeshas in de morgen, en haar danskoor als zij."

,,Ik heb nog een tere kwestie.... Uw dochter Madri is zeer schoon, o Raja."

,,Ik dank Brahispati, die haar mij schonk, Heer."

,,Zij zou een goede vrouw zijn voor den zoon van den Maharaja en misschien in staat, den wilden Prins in kalmer banen te voeren.... op de weg der Veda's. Brahispati heeft haar uitverkoren, om den Prins tot beter inzicht te brengen. Zij kan steeds van onze hulp verzekerd zijn."

,,Madri is jong en schoon, maar tot zo iets groots niet in staat, Heer."

,,Daarom zullen de priesters haar steeds ter zijde staan."

,,De prins van Mayoela werft om haar hand, en hun verloving is aanstaande."

,,Hier geldt het belang van de Brahmanen en dus Aryavartha. Als deze prins der Maurya's gehoorzaam is aan de wetten van het land, zal hij misschien onderkoning van Takshasila worden.... en Madri ware zijn vrouw."

De Raja dacht even na.

,,En als ik weiger mijn dochter te geven aan dezen Prins, Heer.... om hem aan de Brahmanen te verraden."

Scherp viel Devaka uit:

,,Dan hebt gij.... en uw dochter de vloek van goden en Brahmanen.... en den volgenden Maharaja te verwachten.... en hun wraak! Bedenk dat wel, Raja van Mathoera. De goden beheersen honger en pest en cholera.... als de Brahmanen u vloeken, o Raja! De Brahmanen zullen nooit dulden, dat tegen de wetten van Manoe en de geopenbaarde Veda's wordt gezondigd. Wie het enig goede weigert, dat den heiligen priesters is geopenbaard, is zondiger dan de Tshandala, en zal ruggelings vallen in de diepste hel. Hij wordt wedergeboren als de ellendigste Soedra-hond! Bedenk wat gij doet en bereid Madri voor op haar plicht! Eens zal prins Soemana u rekenschap vragen!"

,,Waarom vervloekt gij Asoka dan niet, Heer?"

„Hem zullen wij vervloeken, als hij zijn hand uitstrekt naar de macht, die niet van hem is. Bedenk: de goden willen, dat gij en de schone Madri het gelukkige Aryavartha bewaren voor grote rampen."

Revata, die ongemerkt het gehele gesprek had aangehoord, volgde den priester naar Koli. . . .

„Koli, hoe schoon zijt gij! Ge zoudt een hogen prins kunnen bekoren."

„Heer, gij vleit mij. Overigens bekoort men gemakkelijker een groven Asoera dan een beminnelijken Rama."

Devaka lachte, om de danseres genoegen te doen.

„De Raja wenst, dat gij den Prins in uw liefde-beelding vangt. Toon hem in uw dansen alle heerlijkheden der vrouw."

„Als mijn danskunst daartoe niet in staat was, o priester, dan zou ik liever een Vaisji zijn."

„Ik wil zien, tot welke uitdrukking der liefde Siva u uitverkoren heeft."

„Heer, men zegt, dat hij. . . . een incarnatie van Siva is."

„Eerder van den lelijken Asoera, dien Bhima versloeg," merkte de Brahmaan scherp op.

„Ja, ja!. . . . Hij is lelijk als Siva, de god van de dood, wilskrachtig als Siva, de god van het leven, scherpzinnig als Siva, de god van alle kennis, Heer. Zo heeft men mij gezegd."

„Wild is hij als Ravana [1])!" bitste de priester.

Koli lachte overmoedig. Zij kende de verachting voor de kunstenaars. . . . maar ook hun invloed.

„Ik zal hem verleiden, Heer en vangen in mijn liefde-dans.". . . .

Vele genodigden uit Mathoera, getooid met schatten van goud en edelstenen, wandelden in het park of rustten op de banken aan de lotos-vijvers. Bloemen en guirlanden vervulden de ontvanghal met geur en kleurenpracht. Slavinnen sproeiden kostbaar rozenwater uit Iran en strooiden sandel uit Barygaza. Ook Brahmanen bewogen zich tussen de gasten en vertelden

[1]) Koning van Lanka, vijand van Rama.

op bevel van Devaka verhalen van den wilden Prins en den wijzen Soemana.

Toen Asoka en Koelika op de statie-olifant naderden, — Revata droeg de parasol van het keizerlijke huis —, snelden allen toe. Ook prinses Madri. De Raja had haar Devaka's wens overgebracht en zij had zich hevig verzet. Toen haar vader haar ten slotte gebood te gehoorzamen, begreep ze, dat slechts prins Asoka zelf de beslissing in handen had. Hoe was deze Prins? Ongenaakbaar.... trots.... woest.... wild.... of was dat priesterpraat? Als echte Kshatriyi had zij minachting voor de eigengerechtigde priesters. En Devaka haatte ze, omdat hij haar geluk wilde verwoesten. Zij vreesde evenwel zijn vervloekingen en zijn invloed op de goden.

„De schone Madri wenst den legeraanvoerder van den Maharaja te zien?"

„Ja Heer. Men ziet zelden een Maurya in onze streken. En deze Prins vooral...."

„Waarom, als ik u mag vragen."

„Heer, de Prins is drie weken vroeger hier dan mijn Vader hem verwachtte; mijn broeder Saka zegt, dat hij met zijn leger door de lucht kan vliegen.... In Patalipoetra steeg hij eens met zijn paard omhoog, toen een tovenaar hem wilde doden."

„Ik woonde lang met hem in Patalipoetra, maar zag nooit zulke wonderen van den Prins, die slechts krijgsman was.... Dus kan hij geen heer der drie rijken zijn. Van zijn broeder Soemana, den kroonprins, die een gunsteling der Brahmanen en der goden is, kon men zoiets verwachten.

„Niemand ziet alles wat in een grote stad gebeurt.... Hij doodde een olifant met de stralen uit zijn ogen."

„Ja, dat hoorde ik ook, maar het was de gerechtsolifant, dien hij doodde met een vlijmscherpe chakra!" Madri keek hem ongelovig aan.

„Hij heeft Ardjoena's boog Gandiwa gespannen en afgeschoten, en men zegt, dat hij daarom Keizer van Aryavartha wordt."

„Geen mens kàn ooit Ardjoena's heilige boog afschieten, ook prins Asoka niet." Madri lachte.

106

„De Maharaja heeft het hem zelf bevolen! Mijn Moeder zegt, dat Prins Asoka wel een incarnatie van Siva is...." Ze keerde zich van den priester af; ze wilde Asoka zien. De priester verwijderde zich beledigd....

Asoka zette zich voor de blanke zuilenhal naast den vorst neer. Revata plaatste zich zwijgend met de keizerlijke parasol achter zijn Heer en fluisterde hem toe, wat hij gehoord en gezien had. Een tovenaar zou optreden met een aapje, dat waarzeggen kon.... steeds „neen" schudde.

Spoedig verscheen nu de tovenaar in een groot zwart kleed en met een wijde, witte hoofddoek. Hij trok op de grond, onder een prachtige schaduwrijke banyan op enige afstand een grote cirkel. Niemand mocht binnen de cirkel komen, op gevaar onmiddellijk dood neer te storten.

Asoka en Koelika volgden met beleefde belangstelling de verrichtingen van den tovenaar. Het hoge gezelschap had meer oog voor den sprookjes-prins der Maurya's, die door hun krijgsverrichtingen en hun geweldige macht als met een auriool omgeven waren: Heersers van de Himalaya tot ver over de Vindhya's, van Brahmapoetra tot wijd over de Indus. En van dezen Prins ruisten de wonder-verhalen door de dzjungel, alsof vlinders ze fluisterden van bloem tot bloem, jakhalzen ze huilden door de nachthuiverende wouden, de heilige bomen, hun reuzenkruinen schuddend, ze voortlispelden door de dorpen, of er stil van droomden in lichte zwart-schaduwende manenachten: Siva....! Doordringend monsterden zijn felle ogen de aanwezigen....

Aller aandacht werd nu getrokken door de aankondiging, dat de tovenaar een zwart aapje, kunstig uit ebbenhout gesneden, met schitteroogjes van smaragd, het leven in zou blazen. Ieder kende verhalen van ontwakend leven in dode stoffelijke dingen.... niemand zag het ooit.

Een leerjongen liet het prachtig stukje snijwerk zien aan prins Asoka, die het zeer nauwkeurig bekeek. Met tal van spreuken, die onder lang gemurmel aan de goden werden opgedragen, vergezeld van fluitspel en zachte trommelslag, keerde de tovenaar zich nu naar het ene dan naar het andere vuur, steeds het houten aapje koesterend in zijn handen. Asoka bespiedde hem met argwanende ogen. Geen beweging ontging hem. Leven!.... kon een mens dat wekken uit dood hout? De Raja vroeg iets aan den Prins, maar antwoordende liet Asoka den tovenaar niet los met zijn scherpe blik. Een vreemd-klagende melodie beefde door de lucht. De toeschouwers voelden zich wiegen op de bedwelmende zang. Alleen Asoka en Koelika, getraind in hun waarheidszoekende denkklaarheid, verzetten zich tegen de beneveling hunner zinnen. Dat voelde de tovenaar, en naar Asoka scheen hij de toestand der anderen af te meten. Asoka en Koelika voelden die eindeloos terugkerende melodie als een sterke vermoeienis. Afgemeten klonken de lijzige woorden met onnoembaar vreemde klank op het rhythme van de toerti[1])-wijs, begeleid als door een zacht onderaards gerommel van de nágoear[2]).

,,Geesten.... om.... mij.... dalen.... op.... de.... takken van.... de.... banyan," dreinde de stem voort.

Zijn ogen richtten alle blikken op het aapje.... getroeteld in zijn hand bij de heilige vuren.... Dan ineens wenkte hij alles uiteen met wijd armzwaaien. Asoka bukte zich een ondeelbaar ogenblik voorover.... Koelika zag, dat de fakir bliksemsnel met een greep in zijn zwarte kleed reageerde.... en een poos later hield hij een levend aapje omklemd, zwart met smaragd-groene oogjes knipperend tegen het licht. Hij reikte het den leerling over, die het naar Asoka bracht. De Prins bekeek het diertje van alle kanten. Niets angstig nestelde het zich in zijn handen.

,,Uit het geestenrijk, Heer. Het spreekt de waarheid, als gij hem vraagt," sprak de knaap.

Asoka bedacht zich geen ogenblik. ,,Zullen de Takshasilanen mij overwinnen?" vroeg hij met vaste stem, zo luid, dat elk hem verstond, en een glimlach speelde om zijn lippen.

,,Neen," schudde het kopje.

,,Kan ooit iemand, zelfs de sterkste, mij, den overwinnaar, verdringen?"

---

[1]) Soort fluit.   [2]) Trom.

„Neen."

„Braaf!" Een klontje suiker was het loon.

Opschudding.... dan plotseling daverend handgeklap.... De voorstelling was geëindigd. De tovenaar verdween met rijke geschenken naar het krijgerskamp van Asoka, waar Sela Devaka's toeleg evenzeer deed mislukken.

Jonge slavinnen boden de gasten dranken, heerlijke, in ghee gebakken koeken, vruchten in suiker.

In Devaka woedde de spijt....

De zetels van Asoka, den Raja, de rani's, de ministers, werden nu opgesteld in de zuilenhal. Onderwijl naderde Asoka prinses Madri en groette haar eerbiedig. Alleen Revata volgde hem met de keizerlijke parasol.

„Gij zijt de schone prinses Madri, dochter van den Raja van Mathoera?"

Madri boog diep voor den bewonderden Prins.

„Ja, o machtige aanvoerder van Bindoesara's leger."

„Gij zijt gelukkig, Prinses: dochter van een rijken raja, en het heerlijke Mathoera als woonplaats.

„Geluk behoeft nog iets anders dan rijkdom en een schoon paleis, o Prins."

„Wat wenst de gezegende Madri dan nog meer? Bedenk, dat de goden hen straffen, die ontevreden zijn met de incarnatie, hun gegeven."

Verlegenheid verdiepte de teer-zwoele kleur van haar jeugdig gezond gelaat.

„De goden hebben mij meer gegeven dan ik misschien verdiend heb, o Prins."

„Omzwermen niet de prinsen van Kosala, van Ayodhya, van alle rajs om Mathoera de schoonste prinses van Indraland?"

Bekoorlijk glimlachend, haar slanke gestalte even met tot haar voorhoofd opgeheven handen vooroverbuigend, zei ze verlegen: „Ik voel mij gelukkig, o Prins, dat een machtige Maurya mij die eer waardig keurt."

„Uw schoonheid, Madri, zou een Maurya verlokken, zelf zijn geluk te beproeven."

Ze aarzelde even. Dan zei ze:

,,Mag ik prins Asoka de schoonheden van het park wijzen?"

,,Niets liever, schone Madri."

Langs een steil oplopende weg voerde zij hem naar de top van een heuveltje, vanwaar men vrij blikte over de stad, het dal van de Dzjoemna en de gevaarlijke dzjungel van de Doab. Madri's ogen, zachtglanzend als Chandra's licht, gluurden zo onbevangen in de zijne, of hij, dien de meisjes van Patali-poetra verafschuwden om.... zijn lelijkheid van gelaat.... en geest, haar bekoorde.

,,Heer, hier kan niemand ons beluisteren."

,,Wat.... wenst de Prinses van Mathoera mij te zeggen, dat geen vreemde oren mogen vernemen?"

,,Vader is.... gehoorzaam aan de Brahmaanse priesters, en nu wil Devaka...."

,,Devaka, zegt gij...."

,,Devaka wenst, dat ik erg vriendelijk voor den Maurya-prins zal zijn, en de Raja wenst het dus ook."

Asoka's blik verstrakte zich. Verlegen ging ze voort:

,,Men zei mij, dat gij zeer lelijk.... waart" — Asoka glimlachte — ,,.... is niet waar.... maar.... ik houd heel veel van een prins van Mayoela en hij.... van mij. Devaka beveelt, dat ik de goden moet dienen, en zij willen, dat ik den Maurya-prins zal trouwen.... opdat de priesters steeds zullen weten, welke plannen de wilde Prins.... beraamt ten schade van den wijzen prins Soemana."

Asoka keek haar aan met koude blik.

,,Denkt gij, op deze wijze uw oogmerken te dienen, schone Prinses?"

,,Wilt gij, dat ik hem gehoorzaam zal zijn?.... Ik wens u niet te trouwen, omdat ik geen spionne voor Devaka wil zijn en geen verraad wil plegen tegen Siva en de Maurya's, en bovendien...."

Asoka was niet zeker, of ze waarheid sprak of.... Devaka ook thans diende.

,,Hoe heet uw geliefde prins, schone Madri?"

,,Prins Kala van Mayoela.... Kala zegt: een Kshatriya-vrouw verraadt geen Kshatriya of raja, of raja-zoon aan de Brahmanen."

Asoka had thans zijn kalmte geheel herwonnen. Was ze waar.... of sluw? Had ze ten slotte evengoed een afschuw van hem als de meisjes aan het hof van Patalipoetra? Daarover wenste hij nu zekerheid; hij wilde weten, hoe Devaka hem dacht te bestrijden.

„Welk een weelde van schoonheid, de Doab, o Prinses."

„Heerlijk is Siva's wereld, o Prins."

„Maar in het struikgewas verbergt zich de tijger, in de moerassen het muskieten-leger...."

Madri begreep hem. „Welk bewijs wenst gij, o Prins, dat ik de waarheid spreek?" vroeg ze teleurgesteld....

Asoka dacht even na. Dan gebood hij:

„Omhels mij, prinses Madri!"

Bevend naderde zij den wilskrachtigen Maurya, verlegen, blozend.... Toen sloeg ze de armen om zijn hals en kuste zijn beide ogen. Asoka kon nauwelijks de neiging weerstaan, haar slanke lijf te omvatten.... maar dan.... was zijn proef waardeloos. Hij dwong zich tot kalmte. Ondanks zijn sterke getroffenheid voelde hij, dat haar kus vriendelijk was en vrij van liefde, maar ook van dwang.

„Die vind ik het schoonste, meest ware en..... vertrouwen-wekkende in u, o Prins." Ze lachte hem bekoorlijk toe bij al haar verlegenheid. „Gelooft gij mij nu?"

Een ongekend zacht gevoel kwam plotseling in hem op voor het arme, zwakke Prinsesje, geslingerd als het werd tussen de tegenstrijdige belangen van al die wrede mannen: hij-zelf, de geliefde Kala, de angstige Raja, de niets ontziende Devaka.... Vertrouwen-wekkende ogen.... Hij zou haar helpen!

„Is prins Kala hier?"

„Ja, o Prins."

„Breng mij dan nu tot hem." Hij vroeg haar veel over haar jongen geliefde, en Madri prees Kala in zó vurige woorden, dat Asoka niet meer twijfelde, noch aan haar noch aan de oprechtheid van den prins. Toen ze beneden kwamen meldde

Revata, dat de Brahmaan zeer voorzichtig de andere zijde van de heuvel beklommen had.... Asoka schrok: Luisterde hij hun gesprek af? De priester was een tegenstander, dien hij niet moest vergeten....

In prins Kala trof Asoka een van de ronde Kshatriya-zonen, die in hun diepste innerlijk trouw zijn aan hun varna en de protsige, overheersende priesters minachten. Asoka trachtte hem voor zijn leger te winnen....

In de zuilengalerij vroeg hij: ,,Zoudt gij, o Raja, kans zien, prins Kala aan mijn legerafdeling te verbinden?"

,,De Prins is een jongere zoon van den Raja van Mayoela, die dus later afhankelijk zal zijn van zijn oudsten broeder. Kala zal daarom waarschijnlijk graag uw aanbod aanvaarden."

,,Mag ik op uw voorspraak rekenen?"

,,Graag.... Ziet gij.... bijzondere eigenschappen in dezen jongen Kshatriya?"

,,Een trouwen mahamatra [1]) van den Maharaja."

,,Gij schat hem wel hoog, o Prins.... Hij wenst mijn dochter Madri tot vrouw."

De Raja trachtte tevergeefs uit te speuren, wat Asoka van haar dacht.

,,Prinses Madri is ongeschikt voor wat de priester Devaka van haar eist."

De Raja schrok hevig, Asoka merkte het niet, scheen de kring van genodigden af te zoeken. ,,Prins Kala wordt geen Raja van Mayoela dus, maar misschien wel een groot man in Aryavartha, uw dochter waardig.... Mag ik hem uw toestemming meedelen?" Asoka wist, in welk een lastige positie hij door zijn verzoek den Raja bracht, maar ook, dat hij twee invloedrijke geslachten in het westen aan zich bond.

,,Het verheugt mij vooral, als ik u daarmee genoegen kan doen, o Prins."

,,Verzoek prinses Madri en prins Kala hier te komen," beval Asoka aan een dienaar....

---

[1]) Hoogste ambtenaar, minister bijv.

„Prinses Madri en prins Kala, ik wens u geluk met uw verloving."

Verbazing.... Dan buigt Madri diep.... kust de zoom van Asoka's kleed en fluistert: „Dank u, mijn Prins." Ze zoekt zijn ogen, maar Asoka wendt zich tot Kala. Het feest wordt kort onderbroken en de verloving bekend gemaakt. Achter de rijen staat de priester, nauw in zijn overkleed gehuld, het gelaat grotendeels bedekt. De ogen bliksemen in woede over het blijde toneel voor hem, en in hem gromt een vloek, die Madri niet vermoedt, maar wel Revata, die ongemerkt de nabijheid van den priester heeft gezocht....

De Raja geeft het teken, dat de feestelijkheden moeten worden voortgezet. Een tere muziek zet in: de vina, zacht en helder-vol, donker weerklinkend, begeleid door het als ver verwijderde rhythme van de tam-tam. De serinda mengt haar fluwelen klank in het kleurenspel.

Dan verschijnt een danseres, haar omberkleurig lichaam alleen door zuiver wit, wolkig moesseline omfloerst, als wil het de zeldzaam mooie vormen verschemeren. Onhoorbaar, als bewogen door rhythme en klanken, zweeft ze de grote kring der feestgenoten binnen. Haar houding, haar armen, handen, gelaat, haar voeten en tenen zelfs drukken een oneindig verlangen uit: volbloeiende jeugd, die in nauw bedwongen opwinding zoekt, wat ze niet kent, en in onderbroken, snelle gangen plots vraagt, wat ze niet weet, dan wanhopig neerzinkt, dof en onbevredigd.

Een andere danseres verschijnt, als rijke prins gekleed.... Bewondering — door vina en serinda in stijgende, evenwijdige melodie opgevoerd, — in onweerstaanbaar liefdeverlangen, geluidloos voortschrijdend, strak de verheerlijkte ogen richtend naar de ontroostbare. Donkere melodieën.... trillen schrijnend door de menigte, die hevig meeleeft.... De prins nadert, wijkt; de handen strekken, buigen, in wild begeren, de vingers spreken verafgoding, de voeten aarzeling, het lichaam hevige opwinding, de ogen pijn. De schone danseres rijst, deinst en weert hem af, vlucht in haastig wijken. De minnaar volgt in wanhoop, bereikt haar

113

niet, omdat haar vaardige hand hindernissen rijzen doet, die hem stuiten.... In wanhoop zinkt hij neer, onder het rommelend, schokkend rhythmisch bommen van de dole, de godentrommel. Schelle karna fluit door de stilte.... de tam-tam gromt een vaste maat, een schelphoorn kondigt hel den krijger aan, die met zekere tred en wiekend wuiven van zijn armen en handen nadert: woeste soldaat in raja-kleed.... Een en al verbazing.... in zijn trekken en houding.... Hij schrijdt sterk neigend voort naar de verblindend schone bruid.... Schrik en deinzing voor zijn geweld.... Hij nadert, zij wijkt.... opwindend spel van grijpen en afweren, van liefde-dronkenheid en afschuw. De tam-tam wekt schokkend den sprookjesprins.... opstaan.... in heftige naijver snellen naar de andere twee.... werpt zich met wild en schoon gebaren tussen hen.... de krijger sleurt hem weg.... dreigt.... nadert begerig weer de schone.... Ontvoeren wil hij haar naar de dzjungel.... Gandharva! [1].... De mede-minnaar nadert opnieuw.... geeft zijn geliefde niet prijs.... Hevige liefde-strijd in volmaakte uitbeelding.... Zwaarder kamp in heftig gebaren.... Rijen nymfen rijgen aan, ...naakte schoonheid, verborgen in ragfijn Kashi-moesse-line.... omgeven nauw de bruid.... vormen omwalling van verblindende pracht.... heftig bewegen.... weren.... verbergend gindse strijd voor de angstige prinses.... Een klaterend rinkelen van de talan.... groeiende opwinding.... De strijd is geëindigd.... De Prinses moet beslissen.... uiting van schrik, afschuw, angst, onwil door de rijen der blanke nymfen.... Ze weren af.... stralende schoonheid van vormen en beweging.... Wanhoop van de bruid.... angst en mededogen rondom.... de serinda klaagt.... toerti en fluit smeken.... de bruid speurt hulpeloos rond.... wil in hevig gebaren prins noch krijger.... Niets bant haar blik.... tot ze onverwacht.... Asoka in het oog krijgt.... een glimlach van geluk.... omstraalt de wanhoop.... een

---

[1] Huwelijk, waarbij als enige ceremonie de bruidegom zijn bruid neemt.

114

smachtend vleien in al haar bewegingen.... Haar goddelijke gestalte dringt zich op met overweldigende bekoring.... met alle middelen, die de natuur haar schonk.... of zij aan de kunst ontwrong.... Haar glimlach smeekt.... bidt.... Zij biedt Asoka haar naakte schoonheid.... haar lichaam.... haar grootse, natuurlijke bezit: de koninklijke vrouw.... als hij haar redt.... De zusterschaar van danseressen nadert, smeekt, bidt met haar mee, in streng gesloten figuren.... verleiding in felle vorm.... klopt aan zijn jonge kracht....

Koli weet het: Asoka kijkt met bewonderende blikken naar de uitbeelding van eeuwige, jonge liefde.... een machtige neiging besluipt hem.... hij wordt meegesleept.... denkt niet aan verzet.... hij voelt als allen voelen!.... De volmaakte danskust omstrikt hem, schakelt alle vooropgezette afweer uit.... geniet in volle overgave.... drinkt de schoonheid in.... van vormen, bewegingen, beelding, muziek, sfeer....

Maar zomin als Bindoesara, toen hij Asoka waarschuwde, of Devaka, toen hij op alle wijzen Asoka trachtte te beïnvloeden, zo weinig denkt Koli aan de gerichtheid van Asoka's geest, die met scherpte elke factor van zijn leven onderkent in het verband van zijn streven. Hij denkt er zelfs niet aan, Devaka's plannen, die hij immers van Revata wist, ook maar enige ruimte te geven. Hij gaat zijn weg, ondanks hemzelf en moet lachen om Devaka's fanatiek en onnozel werken. Koelika kijkt nu en dan met angstige blikken naar zijn leerling.... Koli merkt met haar fijn vrouwelijk gevoel van uitgeleerde coquette, dat haar kracht faalt. Ze rekt haar armen naar Asoka uit en haar vingers schijnen te smeken, haar lichaam in meer wulpse houding naar hem over te buigen.... een oogwenk.... Zij evenals Koelika ziet zijn vrije, onbevangen blik. Koelika is gerust: wat is het graan tegen den maaier, de bloesempracht tegen de lentestorm, het woestijnzand tegen de moesson....

Koli valt machteloos neer.... Het eindeloze verdriet heeft haar gedood.... Een treurmelodie, zacht, somber, geleidt elke beweging van diepe smart, die het droeve slot verant-

115

woordt. Zelfs nu drukt haar houding een bekoring en verleiding uit, die diepe indruk maakt op de gasten. Velen schreien en buigen zich in medelijden neer. Met een beweging in lijnen van de hevigste droefenis neemt het koor der danseressen bezit van de ongelukkige prinses en in vol-schone, onhoorbare aftocht, waarbij prins en krijger zich in weedom aansluiten, wordt de dans-pantomine geëindigd. Het rhythme van droefheid in dole en tam-tam sterft weg, onder het hartbrekend melancholisch steeds zwakker klagen der serinda en hoger, weke uitdeinen der vina.... Dan breekt een luide instemming los....

Asoka zoekt met zijn ogen prinses Madri; ginds staat ze met haar verloofde.... Een roerende glimlach blinkt hem tegen.... Welk geluk heeft hij afgesneden!.... Weg.... Dan voelt hij troostend het volle recht van zijn leid-ster: Een ander het geluk ontnemen, dat hij toch niet bemachtigen kan.... dat is te kort doen aan de waarheid, een wijken voor de zinnen.... Soemana.... Devaka....

,,Dat was een dans-schoonheid, zoals ik het zelfs aan het hof van Patalipoetra niet zag, o Raja."

,,Ik voel mij zeer vereerd door uw vleiende woorden, o machtige legeraanvoerder. Sta mij toe, mijn beste danseressen uwe Hoogheid aan te bieden."

Geen glimlach verraadt Asoka's weten, dat dit aanbod moest volgen.

,,Mijn dank is meerder dan alle wateren van de Ganges in regentijd, o edelmoedige Raja. Vergun mij evenwel ze voorlopig als sieraad aan uw hof te laten. Ze zouden mij misschien hinderen in mijn plichtsvervulling tegenover mijn geliefden Vader."

Koli komt nu naar den Prins, buigt zich diep en kust zijn kleed. Asoka staat op, om enige beleefde woorden tegen de kunstenares te zeggen....

,,Aan wien hebt gij, schone Koli, wel gedacht, bij het volvoeren van zo'n wondere, uitdrukkingsvolle dans?"

,,Aan u, o Prins," begint Koli haar spel opnieuw met haar meest verlokkende glimlach.

116

„Waart ge zo bekoord door mijn schoonheid?" Geen spot-
lach verschijnt op zijn gelaat.

„Zeker, hoge Prins."

„Of.... dacht ge misschien aan Devaka?"

Verward en geschrokken schokt de mooie danseres op. Wie
heeft haar ontmaskerd? Asoka glimlacht nu....

„Doe mij, den gast, een genoegen, en beeld nu de haat uit,
grote kunstenares. Dat lijkt mij meer overeenkomstig Devaka's
ware gevoel en zal een nog schonere kunst geven," zegt hij
onbewogen.

„Dat ligt buiten mijn kunnen, o machtige legeraanvoerder."

„Ik kan het nauwelijks geloven van een zo door de goden
begenadigde kunstenares als gij zijt, mijn Koli. Bovendien
schonk de Raja mij zijn beste danseressen en behoort ge mij
thans toe. Gij inspireert mij uw en Devaka's haat of.... ik
geef u als offer.... aan mijn krijgers over!"

Koli verbleekt en trekt zich terug....

Een onderaards gerommel van de dole kondigt haar nieuwe
komst, een hevig sissen beklemt de adem van de toeschouwers.
Even later verschijnt de danseres in een grauw-zwart gevlekt,
lang, aangesloten kleed, dat ook haar armen verhult.

„De Cobra!"

Langzame, scherpe tonen, chromatisch aaneengerijd in gril-
lig betoonde rhythmen stijgen trillend op tot de hoogste stemmen. De tam-tam bromt een zwellende, onheilspellende
zang.... Schuifelend, gebogen, in wiegende beweging haar
bovenlichaam opheffend in nijdig schokken langzaam weer
rijzend, met wilde zetten voorwaarts strekkend, dan wijkend,
nadert ze meer en meer Asoka's zetel.... Daar zinkt ze neer,
rekt zich naar den Prins uit, haar bliksemende, trotse ogen
steeds op hem gericht, in kalme, bijna trage golvingen haar
lenige lichaam kronkelend en nu en dan haar hoofd en borst
opheffend, achteruitspierend en met plotse schok, als in grote
geprikkeldheid vooruitschietend naar de hoge gasten....
Haar hoofd, in de schemer een cobra-kop gelijk, waarin men
de gifttand zich verbeeldt. Het rommelen vervloeit, of in de

117

naga [1])-stad, diep onder de bodem van Mathoera's paleis een naga-leger zich verwijdert in onbekende duistre verten.... de „cobra" ligt gestrekt, de kleine rustige golvingen bewegen statig het slanke slangenlijf.... Dan klinkt een vreemde melodie; een onnavolgbaar rhythme geeft een angstige spanning, of alle wereldse wet verbroken wordt.... In doodstilte, waarin elk de adem stokt, richt het vreeswekkende monster zich op.... grijpt Asoka met zijn ogen en laat hem niet meer los. Onder zijn huid bolt zich langzaam de nek tot brede wallen op.... het schild.... in helder wit.... spreidt over 't nachtgrauw zijn geheimzinnige tover uit. Het schoon gelaat, ontzet door wraak, verkrijgt een uitdrukking van niets ontziende haat.... De ogen flikkeren en loeren naar den Prins, die met intense belangstelling elke beweging van de slang, elke stemming van de gruwzaam vreemd gedempte muziek in zich opneemt. De borst van de dzjungel-kobold buigt achterover, het hoofd gestrekt naar den prins.... de ogen, onafwendbaar, boren zich in zijn blik. Dan met één schok springt het hele lijf vooruit en de cobra-kop, de ogen, de flikkerende haat omvangt hem, terwijl de muziek in heftige opwinding tamt en bromt en sist.... Nu zinkt alles ineen, plotseling.... de gruwzame stilte van de dood.... Een koor van cobra's, met opgezette schilden glijdt aan, schokt de bovenlichamen naar Asoka toe. Het rommelt weer diep in de aarde: de dommel van de naga-stad, sissend, zacht en zachter begeleidend de schone Koli, als ze schuifelend over het gladde mozaïek-werk van de vloer zich terugtrekt met haar zusters in de haat....

Revata naderde den Prins ongemerkt, nam de parasol en fluisterde een kort bericht.

„Bescherm haar, Revata!"

Koelika's blikken hechtten zich in stomme verbazing aan zijn leerling. Wiens incarnatie voer in dezen Prins!.... Siva?.... Daar brandde een roeping in hem, sterker dan elke zinsbekoring, dan elke machtsontplooiing.... heilige

---

[1]) Naga = slang.

atman.... de sara, essentie van de geest, zich ontvouwend in alle leven van Aryavartha.... De mensheid snakte naar den verlosser.... die haar zou leiden uit de maya dezer wereld, uit het meedogenloze zwepen van de egoïste offerpriesters naar de vuren, uit het heilloos wurgen van de ellendige, willoze, stuiptrekkende offerdieren, uit de tovercirkel van het vals geloof, dat verdeelde en toch behoorde te verenigen de ontvouwingen van denzelfden Atman, Brahma, den Algeest van de wijde werelden. De mensen sleepten hun angstbestaan voort in een land van overvloed en schoonheid.... Waar is die verlosser?.... Hij?

Madri en Kala kwamen naar Asoka toe.

,,Kala zal u vergezellen naar het westen, hoge Prins.... Zult gij hem beschermen?''

,,Ik beloof u, schone Madri, dat ik hem voor u zal bewaken, alsof het voor mij zelve was!''

,,Uw ogen — ze wachtte even — zeggen mij, dat gij nooit een belofte breekt, o Prins,'' fluisterde ze ontroerd. Dan boog haar tere gestalte nog eens voor hem neer, en als strelend nam ze zijn kleed in haar hand en kuste het zacht.... Haar blik drong diep in Asoka's hart.... Hij keek haar ernstig aan en zei zacht: ,,Denk aan Devaka's wraak, mijn Madri!'' Ze lachte.

Hij vroeg Koelika, of Kama, de god der liefde, het hem niet euvel zou duiden, dat hij een vrouw als Madri had afgewezen.

,,De zuivere liefde van die twee is een heerlijker offer aan den liefde-god, o Prins.''

,,En mijn offer een nietswaardige ontkenning....''

,,Het hoogste dat bestaat, Heer: het offer aan het offer zelf!''

Bij wassende maan hield de Raja een offerplechtigheid, onder leiding van zijn poerohita voor het welslagen van Asoka's krijgstocht. Na afloop fluisterde de Prins den Raja toe: ,,Bewaak deze nacht Madri met de uiterste zorg: de wraak van dien offerpriester is grenzenloos en zonder mededogen.''....

De volgende morgen stond het leger reisvaardig, om op te trekken naar Indraprastha. De Raja deed den zoon van zijn machtigen Keizer uitgeleide. Asoka zou door Mathoera op de statie-olifant rijden. Bindoesara wenste, dat overal de macht van de Maurya's zou blijken door de symbolen, die Asoka meevoerde: de statie-olifant, de keizerlijke parasol, die voor deze tocht in het bijzonder geheiligd waren met vele Atharva-Veda-spreuken.... Asoka talmde: hij verwachtte Madri, die afscheid zou nemen van Kala! Juist wilde hij bevel geven, de reis voort te zetten, toen een slavin in de grootste opwinding zich naar den Raja spoedde, zich wanhopig aan zijn voeten wierp.

„Sta op Cinca, welke rampspoedige tijding brengt gij?"

„O, machtige Raja.... prinses Madri.... is in een dood-slaap.... verstijfd...."

Asoka duizelde. „Devaka!" wilde hij roepen, maar door een plotselinge heesheid was zijn woord bijna onverstaanbaar. Dan snelde men naar het paleis. De Poerohita was bij het lijk, onderzocht met nauwkeurigheid de doodsoorzaak.... niets was te bespeuren....

„Waar is Devaka?" vroeg de Raja ontsteld.

„Gisteravond laat vertrokken, genadige Raja."

„Waarheen?"

„Niemand weet het, o Raja," antwoordde de Poerohita, „zelfs ik niet."

De Raja van Mathoera boog het hoofd. „De straf der goden...."

„De wraak der priesters, Raja!"

„Dat is hetzelfde.... o Prins."

„Voor u, niet voor mij, noch voor prins Kala, naar ik meen."

Een plechtige lijkdienst werd gehouden. Toen het lijk van Madri naar de brandstapel werd gevoerd aan de Dzjoemna, vormde zijn leger een treur-wacht bij de verbranding. Devaka's blinde volgelingen zouden voelen, dat deze zaak den Prins niet onverschillig liet.... Toen de Dzjoemna de as van Madri ontving, om het naar de heilige Ganges te

120

voeren, speelde de muziek een dreigend zware melodie, die gonsde over de Doab en het dal; en de dzjungel kaatste de onheilverkondende gromstem van de goden-trommel terug over de stad, en de schelphorens gilden 's Prinsen misnoegen scherp door de bomen en de woudkluizen, zodat een rilling voer door de met priesterbanden gebonden geesten....

9. DEVAKA'S STEM KERMDE DOOR HET WOUD.

Tegen de middag vertrok Asoka, stil. Het zware stappen der oorlogsolifanten deed de huizen dreunen, de karren ratelden, de paarden stampten, de troepen schreden op Asoka's bevel met gebogen hoofden door de treurende stad. Prins Kala zat met Sela op de tweede olifant. Geen woord was over zijn lippen gekomen, geen trek verried zijn diepe smart en de opstand in zijn wezen. Buiten de stad, in de dzjungel, werd het leger in korte tijd bereid gemaakt voor de snelle mars.

„Waar denkt gij, o Prins, dat Devaka thans schuilt?" verbrak Kala voor het eerst het stilzwijgen.

„Devaka schuilt niet, hij reist vooruit naar Indraprastha, om mij of mijn vrienden andere rampen te bereiden; als het kan: mijn zending te doen mislukken."

„Sta mij toe, dat ik het hem belet...."

„Devaka is een listige, felle tegenstander, zonder gevoel, zonder genade."

„Ik ducht geen gevaar van zijn kant."

„Hij voert geen strijd van den Kshatriya, wel van den niets ontzienden en geen enkel middel verachtenden offerpriester."

„Dan is hij niet tegen onze wapenen opgewassen. Tegenover zijn list en brutale valsheid stel ik onze brute kracht."

„Ik wens hem geen nieuw slachtoffer toe te voeren."

„En uw zending voor den heiligen Maharaja?"

„Uw haat maakt u onvoorzichtig."

„Een Kshatriya telt niet zijn eigen leven, zoals een offerpriester, die dat van een ander niet telt."

121

,,Ik beloofde Madri.... u te bewaken, alsof het voor mij zelf was...."

,,Voor háár.... Dan zijt gij thans ontslagen van uw belofte, o Prins...."

,,Wat wenst gij te doen?"

,,Alles bestrijden, wat zich op uw weg stelt."

,,Kent hij de weg naar Indraprastha? [1])"

,,Als de weg in mijn Vaders park."

,,Ik wil u voor mijn leger behouden, mijn Kala."

,,Waarom? Gij kent mij nauwelijks!"

,,Beter dan iemand.... Zij vertelde mij veel van u; zij was waar als de sneeuw van de Himalaya. En wat haar meer lief was dan aanzien en grootheid, is het mij ook."

Kala was bewogen. Asoka zocht Koelika op.

,,Devaka is een te gevaarlijke tegenstander voor den Prins."

,,Als ik hem een sterke lijfwacht meegeef...."

,,Devaka's kracht ligt niet in zijn spieren of wapenen, maar in zijn meedogenloze list en.... priestermacht.... Wien wilt gij hem meegeven als raadgever?"

,,Revata is listiger dan Devaka."

,,Deze Kshatriya zal geen Soedra naast zich dulden."

,,Wat is een Soedra, mijn Koelika?"

,,Gij weet, o Prins, dat de uitspraak der offerpriesters — een dier in mensengestalte — ver van mij ligt.... maar een raja-zoon verdraagt geen Soedra als raad."

,,Laat hem dan zonder raad gaan, maar hij zal, als hij Devaka treft.... ook Revata in zijn nabijheid vinden. Ik wens, dat gij bij mijn leger blijft."

,,Zoals gij wilt, o Prins."

,,Reis ons vooruit, Kala, ik geef u Sagka met tien ruiters mee.... Luister verder naar de raad van mijn bekwamen vriend Revata.".....

's Nachts was Devaka vertrokken uit Mathoera. De wassende maan gaf hem overvloedig licht. Aan het hof van

---

[1]) Nu Delhi.

Indraprastha minde men soera [1]) uit suikerriet, koren, honing en wijnen. Men leefde er een dierlijk liefde-leven.... men had er schone vrouwen, die geen rem kenden in haar begeren.... Daar zou de trotse prins vallen.... Was Asoka een Santanava, dien men den vreselijke noemde, omdat hij zwoer, nooit een vrouw te zullen huwen of kinderen te verwekken, opdat Satyavati maar de vrouw van zijn geliefden Vader zou worden?.... Of een oude sanyasin, die van alle genietingen van de wereld afstand had gedaan, om zich te kunnen verenigen met Brahma? Dwaasheid! De macht wilde hij ontroven aan Soemana, en hij, Devaka, was door de Brahmanen-hof gekozen, het boze opzet van den wilden Prins te verhinderen.... Wie hem weerstreefde zou hij vloeken, doden, slingeren in de hel! De Brahmanen-hof in Patali-poetra, hij in het westen, zou den tijger temmen, die.... het bloed wilde drinken van de hoogste varna....

Laat kwam hij in de hermitage, waar de bekende Veda-leraar Asita woonde. Asita's brahmacarins vereerden den ouden Brahmaan als een god, wiesen zijn voeten, maakten zijn legerstede in orde, onderhielden het heilige vuur, zochten brandhout, koeshagras en wortels uit de dzjungel en leerden de Veda's. Zij verzorgden ook den gast en voerden zijn paard naar de vee-afschutting. Devaka zette zich bij Asita op de veranda, die blonk in het maanlicht.

„Laat reist de Brahmaan Devaka langs de Keizersweg."

„Een groot gevaar bedreigt de Brahmanen van Arya-vartha.... Kunt gij uw leerlingen wegsturen, mijn Asita?"

„Zoals mijn gast dat wenst. De leerlingen mogen overigens weten, wat ik weet, geëerde Devaka.".....

„Maar niet, wat ik u ga zeggen.".... Asita wenkte met de hand en de leerlingen vertrokken.

„De Maharaja zendt een legertje naar het opstandige gebied van Takshasila, niet onder den wettigen kroonprins, maar onder zijn jongeren zoon Asoka."

„Wat bewoog den Maharaja, prins Asoka te sturen?"

„Op de Brahmanen-hof gelooft men, dat Bindoesara zijn

[1]) Sterke drank.

wilden zoon vreest. Asoka is een van die ontembare krijgers, een gevaar voor zijn koninklijken vader.... en de Brahmanen."

„En de kroonprins?"

„Is een groot vriend van de hoogste varna."

„Dus niet krijgshaftig."

„Misschien.... maar de raad van wijze Brahmanen staat hem ten dienste, terwijl prins Asoka zijn eigen weg gaat. Als hij maharaja wordt na Bindoesara — wat de goden mogen verhoeden — breekt een slechte tijd aan voor onze varna.... voor de mannen, die de wil der goden kennen en weten te bepalen en leiden. Wij dulden geen inbreuk op de wetten van Aryavartha. Soemana zal later maharaja worden!"

„De Maharaja heeft een poerohita en ik meen, dat mijn vriend Sayana een van zijn raden is."

„Sayana leest oude handschriften, overdenkt ze in zijn woudkluis aan de andere zijde van de Ganges en ziet niet, wat er in Patalipoetra gebeurt."

„En.... wat verlangt Devaka dan?"

„Dat de zending van Asoka mislukt. Onderwerpt hij Takshasila, dan zal het moeilijk zijn, hem ter zijde te stellen."

„Als de opstandelingen overwinnen, breekt een grote oorlog uit: dood, verwoesting.... hongersnood.... pest.... in de Pendjab...."

„Als prins Asoka maharaja wordt, zal de invloed van de Brahmanen snel dalen! Gij zijt ook Brahmaan."

Lang keek Asita in het blanke licht van de wassende maan...

„Wat verlangt Devaka van mij?"

„Dat gij Asoka's leger ophoudt. Hoe later in Takshasila, hoe beter."

„Wanneer is prins Asoka hier?"

„Morgen, vermoed ik."

„Morgen! Onmogelijk! De wegwerkers van den Maharaja zeiden, dat het nog meer dan een halve maand duurde."

„Hij was heden in Mathoera."

„Dat noem ik een leger aanvoeren.... Wie is zijn raadsman?"

124

„De onbetekenende Brahmaan Koelika, leerling van Sayana."

„Hoe verlangt gij, dat ik het leger zal ophouden?"

„Moet ik dat een bewoner van de dzjungel leren?....
Gij hebt kruiden, leerlingen, Vaisja's, misschien zelfs onreine
jagers of herders tot uw beschikking. Gij kunt.... ziekte veroorzaken onder de paarden en olifanten.... of mensen....
als de goden dat nodig vinden!.... De goden wensen den
wilden Prins niet, Asita, omdat hij hen verwaarloost."

„Weet dan, Devaka, dat ik u niet zal helpen. Gij zijt op
de verkeerde weg. Wee het volk, welks priesters hun zelfzuchtige wil als de wil der goden verkondigen. Gij verlangt
steeds. Wat is het lot van den verlangende? De terugkeer tot
een aards bestaan. Weet gij, Devaka, wat een nieuw aards
bestaan ù zal brengen? Wie zonder verlangen, van gestild
verlangen, zelf zijn verlangen is, diens levensgeesten trekken
niet uit, maar Brahmaan is hij, en in den Atman gaat hij op.
Als alle hartstocht verdwijnt, die in 's mensen hart nestelt,
dan wordt wie sterfelijk is onsterfelijk; reeds hier krijgt hij
het Brahma.... Devaka.... Als de Maharaja Asoka uitzendt, is dat mede op Sayana's raad. Sayana was reeds een
wijs man, toen hij met mij in Takshasila studeerde, toen
Devaka een kind was. Ik bemoei mij niet met de zaken van
den Maharaja, die in wijsheid het eindeloze Indra-land be-
stiert en de goede Brahmanen eert. Hij is volgens de Arthasastra de enige, die heeft te beslissen, wie hem zal opvolgen,
wie kroonprins zal zijn. Denkt gij, dat ik de heilige wetten
van den heiligen Maharaja schend? Hoe weet gij, dat de
goden willen, wat gij wilt! Hoe weet gij, dat de raad van
den wijzen Sayana verkeerd was en dat Bindoesara de slechtste
keus deed door prins Asoka als legeraanvoerder te kiezen?"

„Hij schaadt de varna der Brahmanen!" siste Devaka.

„Wilt gij of Bindoesara of Sayana of Koelika dat uitmaken?"

„Wij! Omdat we weten, dat Soemana de Brahmanen gehoorzaamt en dus wijs regeren zal!"

„Welke Brahmanen?" vroeg Asita koel, „de Richika's of
de Sayana's?"

„Brahmanen, die weten, hoe men een land regeert, zonder hun varna te schaden."

„Kshatriya's zullen het land regeren, Brahmanen de Aryers de godenweg wijzen, Vaisja's de aarde bewerken en Soedra's dienen.... Zo beschikten het de.... Brahmanen."

„Maar de Brahmanen zorgen, dat de beschikking uitgevoerd wordt."

„Daarvoor dient de poerohita. Wanneer prins Asoka een leerling van Sayana tot raadsman heeft, kunt gij er niets tegen hebben, Brahmaan."

Devaka zweeg. Zijn woede belette hem, zijn gedachten te ordenen. Asita stoorde hem niet, wachtte....

„Wijs mij mijn bed, Asita."

„Zoals ge wenst."....

Een donkere gestalte verliet zijn schuilplaats in de onmiddellijke nabijheid.

Asita's brahmacarins meldden de volgende morgen vroeg, dat Devaka's paard dood in de omheining lag. Asita schrok.

„Ga naar den Vaisja Lamba en vraag, of hij een Brahmaan met zijn ossekar naar Indraprastha kan brengen."

„Tot mijn grote spijt vond men uw paard dood in de vee-afschutting, Devaka."

„Dood?" Devaka keek den Brahmaan met wantrouwende ogen aan. „De Brahmaanse gastvrijheid betreft ook de eigendom van den gast, Asita."

„Wat meent ge, Devaka?" vroeg de kluizenaar rustig.

„Gij vindt het misschien van groter belang voor uw karman, den legeraanvoerder van den Maharaja, den Soedra Asoka, te steunen in zijn streven, dan den Brahmaan Devaka."

Asita keek hem lang recht in de ogen, draaide hem daarna de rug toe.

„Doe uw godsdienstige plichten, gebruik uw maaltijd en verlaat de hermitage. Een ossekar wacht u reeds op de weg, om u naar Indraprastha te voeren." Toen ging Asita naar de veranda en verloor zich in zijn heilige geschriften.

Enige tijd later nam Devaka afscheid. Asita keek niet op,

nam geen dank aan, wenste hem geen goede reis. Een brahmacarin bracht Devaka naar de ossekar.

In de late namiddag draafde prins Kala met zijn lijfwacht het erf van de hermitage op. Asita liep verheugd zijn nieuwen gast tegemoet.

„Mijn prins Kala! Kunt gij mijn hermitage nog vinden? Wat een vreugde u te zien!"

„Dank u, Heer, mijn vreugde, den heiligen Asita te ontmoeten, is zeker niet minder groot."

„Hebt ge een zending, dat gij soldaten meevoert? Of mag ik u mijn gastvrijheid aanbieden?.... Ge zijt vermoeid."

„Ik behoor bij prins Asoka's leger. De Brahmaan Devaka tracht zijn zending te schaden." Kala vertelde, wat er in Mathoera gebeurd was. Asita sloeg zijn arm om den vroegeren leerling.

„Is de wraak dan niet aan den Raja van Mathoera?"

„De Raja meent, dat de goden Madri en hem gestraft hebben. Prins Asoka heeft aan mij overgelaten, den Brahmaan gevangen te nemen en te berechten."

„Dood geen Brahmaan, mijn Kala. De Brahmanen zullen u dat nooit vergeven. Uw leven duurt misschien nog lang. En.... haat geneest men niet door haat."

„Devaka is geen haat waard en geen vergeving, even weinig als een hongerende tijger. Hij moet onschadelijk gemaakt worden, al heb ik Prins Asoka moeten beloven, den misdadiger niet te zullen doden."

„Dan is het goed. De jonge legeraanvoerder lijkt mij verstandiger, dan Devaka meent." En nu vertelde Asita den Prins, wat er in de hermitage was voorgevallen.

„Ik zal hem onmiddellijk achtervolgen, vader Asita."

„Kom eerst binnen met uw krijgers, mijn Kala, verkwik u een weinig in mijn kluis. Devaka is op weg naar Indraprastha en ontloopt u niet. Hij is u nog geen halve dagreis voor en reist met een ossekar."

Na zich versterkt te hebben en gebaad, trok Kala verder....

Devaka had oponthoud gehad. Terwijl de ossen vrij snel

opschoten, overdacht de priester, wat hem in Indraprastha en Takshasila te doen stond. Toen hoorde hij boven het getrappel van de voortijlende dieren en het gerommel van de oude kar iemand den Vaisja Lamba aanroepen. Lamba stoorde zich niet aan den jongen man, die armzwaaiend ter zijde van de weg week. Devaka richtte zich op, gebood Lamba, de ossen in te houden.

De voetganger kwam haastig naderbij. Toen hij evenwel den Brahmaan zag, werd hij blijkbaar verlegen. Devaka nam hem scherp op: een krachtige, levensvolle gestalte, jong, met mooi, zinnelijk gelaat; een blos verfde zijn lichtbruine wangen dieper.

,,Wat wenst ge?"

,,Ik wilde vragen, mee te rijden, Heer.... maar ik wist niet, dat een priester in de kar zat."

,,Waar gaat gij heen?"

,,Naar.... Takshasila, Heer."

,,Voor studie?"

,,Ja, Heer." Devaka merkte zijn aarzeling en verlegenheid.

,,Gij zijt brahmacarin?"

,,Ja, Heer.... geweest." Devaka sprong uit de kar en liep een eindje met hem de weg terug.

,,Bij wien? Wie zijt gij? en waarom zijt ge weggegaan, voor uw studie eindigde?"

De jonge man keek angstig naar den strengen Brahmaan.

,,Heer, mijn naam is Sakoeni, ik was vier jaar brahmacarin bij den ouden Brahmaan Dhaumya." Devaka zag hem enige tijd strak in de ogen.

,,Gij hebt gezondigd, Sakoeni, ik weet het."

,,Ja, Heer."

,,Vertel het mij. Bedenk: een vals getuigenis aan een Brahmaan! Wie vals getuigenis geeft, wordt zwaar door Varuna's boeien gebonden en is hulpeloos gedurende honderd bestanen."

,,Ja, Heer.... De heilige Dhaumya.... werd ongeveer een jaar geleden sterk getroffen door de schoonheid van een jonge Vaisji.... en dwong haar vader, ze hem als vrouw

128

te geven.... Kama dreef een ongeoorloofde liefde in mijn hart, Heer, voor de mooie Sari.... en ik merkte spoedig, dat ze niet ongevoelig was voor mijn onweerstaanbaar, zondig gevoel.... Ik heb gestreden.... het roofde mij mijn nacht- rust, maar het belette mij niet, mijn werk te doen; dat deed ik met woede, om mijn onrust te verdrijven.... Ik hield mij aan de regels voor den brahmacarin, droeg het haar in een knot, vergat nooit staf en gordel. Mijn kleed was van vlas of een huid. Nooit gaf ik mij over aan vermaak en pleizier, Heer, nooit at ik vóór mijn meester. Ik stond het eerst op, haalde met vreugde brandstof uit de bossen voor de heilige vuren. Elke avond wies ik de voeten van mijn meester en bracht hem naar bed, voor ik mij zelf ter ruste legde.... Maar Kama, de liefde-god bracht mij ten val. Ik kon mijn gevoel voor Sari niet meer bedwingen. Onder het leren der heilige Veda's kon ik haar beeld niet van mij jagen.... als ze zelf niet om ons was.... Kama's macht dreef mij steeds tot haar en ik voelde, dat zij mij ook lief had.... In mijn dromen wás ze mijn geliefde. Ik had toen het huis van mijn goeden meester moeten verlaten, hem moeten zeggen, waarom ik ging.... Ik maakte mijzelf wijs, dat mijn gevoel voor Sari wel zou verdwijnen, als ik maar trouw de plichten van brah- macarin vervulde. In werkelijkheid wilde ik geen afstand doen van haar. De verzen van de Veda's weigerden in mijn hoofd te varen. Ik tuchtigde mij zelf soms tot bloedens toe, als mijn zondige liefde mij al te zeer plaagde.... Kama ver- blindde mij, leren wilde niet meer.... Eindelijk bekenden wij elkaar onze liefde. De heilige Dhaumya scheen niets te merken.... en zo werden wij steeds onachtzamer.... totdat mijn meester mij op zekeren nacht in haar armen vond, Heer...."

,,Schender van een goeroe's bed [1])!" riep Devaka veront- waardigd uit.

,,Ja, Heer.".... Sakoeni boog diep neer voor den priester.
,,Dat is een doodzonde!"

---

[1]) Ergste zonde van een brahmacarin (brahmaan-leerling).

„Ik weet het Heer. Dhaumya heeft mij weggejaagd. Hij wilde mij niet aanklagen, omdat ik overigens altijd mijn plichten had vervuld. Nu durf ik niet tot mijn Vader gaan. Ik hoorde, dat in Takshasila oproer is uitgebroken. Daar ga ik heen, Heer. Niemand kent mij in het westen."

„De goden zullen nooit uw schanddaad vergeven."

„Neen, Heer. Ik zoek daarom het vervloekte land aan de andere zijde van de Sarasvati."

„. . . . Tenzij een heilige Brahmaan uw voorspraak wordt."

„Heer! Wat zou ik kunnen doen, om voor die zonde te boeten?"

„Onvoorwaardelijke gehoorzaamheid aan de Brahmanen. Tegen elke inbreuk op de Brahmaanse wetten strijden, op leven en dood desnoods. Elken Brahmaan beschermen tegen ketters en zondaars. Dan kan ik misschien uw zonde ongedaan maken."

Sakoeni sprong op uit zijn boetvaardige houding.

„Heer, alles zal ik doen, wat gij beveelt."

„Ik ga ook naar Takshasila, maar mijn leven is niet veilig. Ik duld geen inbreuk op onze wetboeken en elk, die er dus tegen zondigt, is mijn vijand. Daardoor loop ik steeds gevaar. Bescherm mij."

Devaka lichtte hem verder in, nam Sakoeni daarna snel met het gewone ceremoniëel aan tot zijn leerling.

„Thans zijt gij mij onvoorwaardelijke gehoorzaamheid verschuldigd. De goden kunnen u slechts op mijn voorspraak ontlasten van uw vreselijke zonde, Sakoeni."

„Ja, Heer." Beiden stapten in de ossekar, en voort ging het weer in de richting van Indraprastha. Sakoeni nam zo weinig mogelijk plaats in, om den Brahmaan niet te hinderen.

Prins Kala reed door, zolang het licht hem in staat stelde, de sporen van de ossekar te volgen. Toen zocht hij een hermitage, om te overnachten, en pas de volgende middag kreeg hij eerst Revata, toen zijn vijand in het oog. Hij naderde snel en dwong Lamba, stil te houden.

„Kom uit uw wagen, Devaka." . . . . De Brahmaan verroerde zich niet, maar herkende prins Kala en begreep, wat hem dreef....

„Grijpt hem!" Devaka stond weldra te midden van de soldaten.

„Wie is uw reisgenoot?" Devaka antwoordde niet.

„Wie zijt gij, brahmacarin?"

„De Brahmaan Devaka heeft mij toegestaan, in zijn kar mee te rijden."

„Kendet gij Devaka?"

„Niet vóór ik hem gisteren ontmoette."

Lamba werd nu teruggestuurd, Sakoeni moest zijn reis te voet vervolgen, en Kala leidde den Brahmaan langs een olifantenpad de dzjungel in, ver van de Keizersweg. Omringd door het woeste oerwoud, gebood Kala halt te houden in een kleine ruimte, waar wilde dikhuiden hun maaltijd hadden gebruikt. Daar liet de Prins Devaka aan een boom vastbinden, elk der ledematen en zijn hoofd met aparte banden van ossenleer.

„Ik weet alles, wat gij in Mathoera hebt uitgehaald, Devaka: gij luisterdet gesprekken af van prins Asoka, gij bewerktet Koli, gij zettet den Raja naar uw hand, Devaka; alleen wil ik thans weten, waarom prinses Madri moest sterven.... en wie haar heeft gedood."

„Ik ben Brahmaan en laat mij niet ondervragen door een Kshatriya."

„De legeraanvoerder van den Maharaja heeft mij bevolen, u gevangen te nemen en te berechten."

„Zou de legeraanvoerder dat niet liever zelf doen?"

„Gij weet, wie ik ben, en nu, antwoord! Een legeraanvoerder kent geen medelijden of eerbied, zelfs niet met een Brahmaan, als hij een gevaar is voor het leger."

„Omdat Madri zich verzette tegen de goden."

„Wie doodde haar op bevel van de goden?"

Devaka zweeg halsstarrig. Kala herhaalde zijn vraag dringender, zonder antwoord te ontvangen.

„Sla hem zijn linker been stuk."…. Devaka liet niet het minste geluid horen. De ruiters stonden onbewogen.

„Wie?" Geen antwoord. „Nu zijn rechterarm."

„Weet, dat de ellendigste straffen u wachten in de diepste hel, Kshatriya-honden. Mijn vloek zal u treffen in dit leven en in honderd volgende!"

Devaka's bevende stem kermde door het woud, maar de krijger-harten schenen voor dezen priester ongevoelig als de bomen in het rond.

„Mijn mannen laten zich niet door de praatjes van een moordenaar weerhouden. Sla toe.".... Devaka uitte geen kreet, maar verloor zijn bewustzijn. Kala wachtte bedaard, tot de priester weer bijkwam. Toen zei hij met ijzige stem: „Nu zijn rechterbeen.... of wenst gij te spreken?"

„Ik zelf, ellendeling!" beet Devaka hem toe. Zijn gelaat verwrong zich onder mateloze woede en pijn. „De goden.... wilden een schuldig.... offer.... en gij zijt het volgende.... Gevloekt zijt gij.... Gij allen zult sterven voor Takshasila en wedergeboren worden als onreine Tshandala's en Soedra-honden in duizend geboorten.... Brahmanen-moordenaars."

Enkele krijgers verbleekten en weken.

„Bindt hem zijn mond toe, die vals is als de bek van een cobra. Verlos u zelf eerst, voor ge aan ons begint, vrouwen-moordenaar!"

Kala onderzocht de banden en gebood allen, naar de Keizersweg terug te keren. Zij keken niet meer naar Devaka om....

Even later dook Sakoeni uit het bos op, maakte voorzichtig alle banden los, ondersteunde den kreunenden Brahmaan, legde hem behoedzaam op het mos, bond langs de stukgeslagen ledematen met de uiterste zorg eindjes hout, nam Devaka toen op zijn rug en droeg hem, telkens rustend, naar de Keizersweg. Met inspanning bereikte hij een kluizenarij, waar de priester de nodige verpleging vond. Devaka begreep, dat Asoka hem ver achter zich zou laten, wist ook niet, wie nu zijn plaats moest innemen.... De bewoners van de kluizenarij bleken trouwe onderdanen van Bindoesara of.... vreesden hem. Sakoeni wijdde zich geheel aan zijn nieuwen

132

meester, die slecht in zijn gedwongen werkeloosheid berustte.

Des avonds berichtte Sakoeni hem, dat Asoka's leger voorbij getrokken was. Devaka gromde een vreselijke vervloeking. Ten slotte besloot hij, Sakoeni met een zending naar Takshasila vooruit te laten gaan, al zou misschien geen raja of Brahmaan zich storen aan de bevelen van een leerling, waar het geheime maatregelen betrof tegen den gevreesden aanvoerder van Bindoesara's leger. Asoka zou de gevaren van het hof in Indraprastha ontgaan....

Asoka vernam die avond van Revata, dat Devaka door zijn jongen leerling bevrijd was....

10. HET VERSTOORDE OFFER.

In Indraprastha werd men door Asoka's komst volkomen verrast. Het leger ging naar den nagaraka [1]), ambtenaar van Bindoesara. De Prins wist, dat de raja een Kshatriya was, die zich weinig met het bestuur van zijn land bemoeide; alleen de belastingen trachtte hij binnen te halen, om er een weelderig leven van te leiden. Drank en vrouwen verslapten den schatplichtigen raja, en hij liet het bestuur liever over aan Bindoesara's beambten. Toen Sakoeni bij hem kwam en Devaka's verlangen overbracht, antwoordde hij:

„Prins Asoka heeft mijn volle gastvrijheid."

„Devaka wil, dat gij hem binnenhaalt, o Raja."

„Wie al binnen is, kan men niet meer binnen halen, zeg dat uw Heer."

„De Maharaja is niet gunstig gestemd voor wie zijn zoon niet de verschuldigde eer bewijst."

„De Maharaja heeft mij niet ingelicht over zijn komst."

„De goden willen, dat gij prins Asoka de genietingen van uw hof aanbiedt."

---

[1]) Stadshoofd.

„Mijn poerohita heeft daarover niet gesproken. Ik ken dus de wil der goden niet, mijn jongen."

Sakoeni begreep, dat hier voor hem niets viel te bereiken en reisde zo spoedig mogelijk door naar Takshasila....

Asoka won alle inlichtingen in, die hij nodig had, regelde een snelle berichtgeving met Patalipoetra, ondervroeg scherp enige sthanika's[1]) en den leider van de vreemdelingen-afdeling, maar vernam, dat men ginds waarschijnlijk nog niets van zijn komst wist. Hij sloeg vriendelijk het aanbod van gastvrijheid af: hij werd voorzichtiger naarmate hij het eind van zijn tocht naderde. Dezelfde dag volgde hij de kortste weg, die weliswaar het noordelijkste deel van de Indische woestijn sneed, maar weinig rivieren had, die hem te lang ophielden. Als hij eerst over de Satadroe gekomen was, kwam hij in de vruchtbare Pendjab....

„Wilt gij niet een offerdienst houden, alvorens het westen te betreden, op de linkeroever van de Sarasvati? Laten wij de goden niet verwaarlozen."

„Mijn offer is mijn arbeid, mijn Koelika. Dat is volgens Sayana het meest volkomen offer. Den god van de dag offer ik door de dag te gebruiken, den god van de krijg door mij met grote nauwgezetheid voor de krijg uit te rusten, Siva, door al wat leeft te steunen, al wat de dood verdient te doden...."

„En uw offer wordt tot heden gunstig aangenomen, mijn Prins. Uw snelle beslissingen zijn een voortdurend offer aan de goden."

„Maar als ik in de stilte nadenk, mijn Koelika, aarzel ik soms, wat leven moet, wat niet...."

„Siva, de god van leven en dood, zal uw geest richten, o Prins, en uw daden zegenen...."

„Misschien...."

Sneller dan tot heden trok de krijgsmacht voort. De bossen dunden tot de Sarasvati, maar toen de grens van het heilige Indra-land en „het vervloekte Westen" overschreden was,

---

[1]) Sub-prefect over een stadskwartier.

minderde de plantengroei onrustbarend. Vooral de olifanten verdroegen de reis door de zandige vlakten slecht. Asoka's zorg voor de dieren groeide met de bezwaren. Elke waterloop of plas werd benut voor besproeiing en baden van de beesten, ondanks het tijdverlies.... Als men vooruitging reed hij langs de rijen; speurde elke fout en liet ze herstellen: mens en dier deelden gelijkelijk in zijn nooit falende zorg, vooral nu de eindeloze zandvlakte zich grenzenloos voor hen uitstrekte. Maar zijn gedachten woelden als immer.

,,Wat is Indra-land zonder mensen, mijn Koelika.... de mensen geven het waarde.... Wat is een Maharaja zonder het levend beweeg der Aryers.... en de Mletsha's [1]) in zijn dzjungel, rivieren en weiden? Schoonheid is slechts, waar schoonheid gevoeld wordt, grootheid, waar grootheid aanschouwd wordt, vreugde waar vreugde dringt in de harten der levende wezens, vertrouwen, waar vertrouwen gestort wordt in de ziel.... Waar geen aanschouwende geest is.... is geen schoonheid.''

,,Gij dringt dieper door in het wezen der dingen dan menig geleerde door jarenlange studie in de eenzame woudkluis, mijn Prins.''

,,Gij vleit mij, Koelika. Vaak denk ik, dat ten slotte de mensen alleen waarde geven aan de raj. Wat hebben de schatten te betekenen, die in de schatkamers van mijn Vaders paleis zijn opgestapeld! Hoe meer waarde men hecht aan goud, edelstenen, en andere kostbaarheden, hoe meer men zich beperkt in zijn geest, hoe ontoegankelijker men is voor de waarheid.... Koelika: hoe minder waarde men hecht aan den mens, hoe meer men zich zelf beperkt in zijn geest — hoe hoger men ze acht, hoe ruimer onze eigen gedachten zich ontplooien.... Het is, geloof ik, niet licht, mijn Koelika, te doen, wat de goden van een maharaja verwachten....''

,,Wie het als licht beschouwt, ware beter gevaren in het lichaam van een krokodil, mijmerend in de stille vijver onder de warme zon van Indra-land, o Prins.''

---

[1]) Inboorlingen.

„Waarom wensen de Brahmanen van Patalipoetra dan een prins Soemana op de ivoren troon?"

„Eens hebben de Brahmanen de Kshatriya's vernietigd, door de hulp van Soedra's en Mletsha's niet te versmaden. Die machten dreigen hun nu over het hoofd te groeien. Met Soemana denken zij hun oude invloed te herwinnen en het zondige heden te bezweren. De Maurya's eren de Brahmanen, maar verdragen geen inbreuk op hun verkregen macht en rechten: ze regeren en dulden geen macht naast zich.... Asoka wordt nog meer gevreesd dan Bindoesara. De Brahmanen wensen de oude toestand terug, toen zij beschikten."

„Terugkeren tot het oude, om het zondige heden, is het opnieuw scheppen van de mogelijkheden, waaruit het heden voort kan komen."

„Maar de offerpriesters, die Soemana wensen, menen, dat Madhjadesa [1]) de wereld is. Hun goden beheersen die wereld. Zij beheersen door hun gebeden, riten en offers de goden, dus zijn zij de meesters van de wereld."

Asoka's gezicht verstarde, zijn donkere huidkleur werd bleker. Lange tijd sprak hij geen woord. Ze reisden voort langs hun moeilijke weg.... Twee dagen later bereikten ze de Satadroe, de eerste van de vijf stromen. Aan de andere zijde was het vruchtbare Indus-gebied, waar wijde korenvelden zich drongen tussen de deinzende donkere stammen van de dzjungel, waar de weiden meer voedsel boden dan men behoefde. In en om de dorpen zwoegden de boeren. Hier was het land open voor het westen, voor handel en verkeer met volken, waarin de Helleense cultuur was doorgedrongen, met Grieken, Egyptenaren, Perzen, Syriërs. Door Chandragoepta was de westerse invloed binnengehaald: in de bouwkunst, met vreemde ambtenaren, de handel, die vreemde waren en vervloekte kunstvoorwerpen bracht onder de Aryers. Ontevredenheid en ongeloof.... Vreemde gezanten leefden aan het hof van de Maurya's en brachten er vreemde inzichten. Daarom vervloekten de priesters wat uit het westen

---

[1]) Indraland.

kwam: Indische Woestijn en Sarasvati werden de door de goden gezette grenzen, en de Brahmanen versterkten ze met hun grondige haat. Aan de andere zijde van de Sarasvati woonden de goddeloze Dasyoe's, mensen zonder Brahmanen, zonder Veda's. Bindoesara ontzag de Brahmanen nog, maar wie zou zijn opvolger zijn?

De aankomst in Pankanada [1]) maakte mens en dier gelukkig. De olifanten, paarden en ossen konden beter verzorgd worden, de krijgers genoten de bescherming van het woud. Ze spotten met het vervloekte westen, waar boze luchtgeesten en zwarte Dasyoe's woonden, heilige naga's en slangenraja's werden aanbeden. Dat het land ginds in opstand was, verontrustte hen weinig: Prins Asoka was hun aanvoerder, dat gaf hun vertrouwen. Ze zouden nu van rivier tot rivier trekken en kregen het bevel, meer dan anders op hun hoede te zijn, steeds hun wapenen bij de hand te hebben, hun voorkomen zo krijgshaftig mogelijk te doen zijn en stipt elke opdracht uit te voeren. Asoka zelf kleedde zich thans met zorg als een hoge Maurya-prins, legde kostbare versierselen aan en een hoofddoek met vele edelstenen. Hij wapende zich zwaarder dan anders en zijn chakra's werden opnieuw geslepen. Over alles heen droeg hij een donker overkleed. Terwijl het leger de rivier overstak naar Paroeshni, wenste de jonge aanvoerder zelf te onderzoeken, hoe de bevolking van Pankanada tegenover de opstand stond. Revata zou hem vergezellen. Twee nederzettingen waren ze doorgereed. In het eerste gaven de boeren geen antwoord op Asoka's vraag, waar de weg naar Takshasila was. In de tweede vertelde men hem in vrij verstaanbaar dialect, dat hij moest terugkeren naar de Keizersweg.

,,Is het veilig in Takshasila?".... De boer haalde de schouders op.

,,Men zegt, dat er opstand is uitgebroken," polste hij verder.

---

[1]) Lagere Pendjab.

„In de steden moet men iets te doen hebben."

„En de boeren?"

„Werken op het land van den Maharaja en storen zich niet aan de zonden van de stedelingen."

„En als de ambtenaren te veel belasting vragen?"

„De Maharaja bepaalt zelf, hoeveel."

„Komen hier nooit krijgslieden?"

„Jawel, zij bemoeien zich echter niet met de boeren. Dat verbiedt de Maharaja streng."

„Maar ik zie geen boeren op hun land."

„Zij verbranden het lijk van den ouden Kasaka, en zijn jonge vrouw wordt mee verbrand."

„Waar?"

„Ginds bij de rivier."

De boer wees hem de weg, en in daverende galop schoot Asoka in de aangewezen richting. Dicht bij de rivier, die haar gele golven naar de Indus stuwde, was een brandstapel opgericht. Er naast lag onder een witte wade het lijk van Kasaka. Priesters hielden een dodendienst, zeiden hun mantra's, zongen hun heilige zangen, en bereidden de offers aan de goden. Meer naar de kant van de dzjungel, waar Asoka naderde, stond een jonge vrouw, omringd door donkere gestalten van boeren en den hoofdpriester, die haar met sterke aandrang tot iets trachtte over te halen.

„Ik wil niet!" was steeds het antwoord der mooie, jonge vrouw, wier kleding er op wees, dat haar man zeer welgesteld was. Een kort mantelvormig jak sloot strak om haar welgebouwde buste en bovenarmen, maar liet de fijne ronding van haar schouders en de sierlijke benedenarmen onbedekt. Haar slanke middenlijf, was bloot, diep bronskleurig, en de fraai geborduurde rok, achter lang, van voren ver boven haar knieën, liet haar krachtige voeten en fraai gevormde benen vrij, die in de nauwsluitende rok tot de weelderig uitrondende heupen waren te volgen. De hals, edel van lijn maar iets gedrongen, droeg een hoofd, treffend door zijn goede verhoudingen. Haar grote, zachtglanzende ogen, overschaduwd door lange, zwarte wimpers en fijn gebogen smalle wenkbrauwen, haar kinderlijk bekoorlijke kin en de dunne, iets gebogen neus, de weke, rode lippen. . . . dat alles moest wel in staat geweest zijn, de lust van den veel ouderen Kasaka te wekken. Ook haar houding was gaaf en bekoorlijk. De lange, afhangende hoofddoek lag losgeraakt op de grond. De angst schokte haar lichaam, waardoor ze nu ineenkromp dan krachtig zich strekte en haar armen in afkeer naar den priester wendde. Asoka begreep onmiddellijk, wat men van haar wilde. Hij kon ook vrij goed het gesprek volgen, in het Gathi-dialect gevoerd.

,,Kasaka wenst u mee op weg naar zijn vaderen, Gopa.''

,,Maar ik wil niet levend verbrand worden! Ik wil niet en durf niet!''

,,Weet, Gopa, dat de dood van den echtgenoot de straf is voor uw eigen vorige leven, dat gij hebt te boeten.''

,,Mijn Vader heeft mij verkocht en wist, dat Kasaka oud was en veel eerder zou sterven dan ik. Zij en gij, priester, hebt mij gedwongen. En nu moet ik ook nog levend verbranden, omdat mijn man stierf? Ik wil niet! Ik wil niet!''

,,Kasaka heeft te bevelen, niet gij!''

,,De levende Kasaka, niet de dode!''

,,Alle leden van onze gemeenschap zullen u vloeken, gij zult geminacht en verguisd worden, als gij langer uw plaats wilt behouden in ons midden. De mannen zullen geen blik meer op u werpen, de vrouwen u schelden en doemen tot de grootste vernedering, weduwe!''

,,Alles liever dan levend verbranden!''

,,Vergezelt gij uw man met Agni's vleugelen naar het hemelse rijk, dan zal uw nagedachtenis geëerd worden, zolang uw herinnering leeft. Geen weduwe zult gij zijn, maar de hemelse bruid van Kasaka.''

,,Het is niet mijn schuld, dat ik weduwe ben. Vader verkocht mij en ik heb met alle kracht, die in mij was, Kasaka verzorgd, vertroeteld, bewaard voor elk onheil. Ik heb zijn oude lichaam gesteund, dat geen ongeluk hem treffen zou, want ik heb gehoord, Heer, dat gij dubbel betaald zult worden voor de lijkdienst, als ik mee verbrand word.''

„Een vrouw, die haar man ongehoorzaam is, staat gelijk met een publieke vrouw."

„Ik heb mijn man gehoorzaamd tot zijn laatste zucht."

„Gopa, als een boze demon zal hij u volgen bij elke stap, die gij doet, u kwellen en verschrikken, u het leven ondragelijk maken, en niemand van ons allen zal een hand uit steken, om u te beschermen."

„Ik vraag uw bescherming niet. Laat mij gaan!"

„Gopa, neem uw plaats in naast uw man; Agni wacht u, om u te voeren naar beter oorden dan deze."

De priester wilde haar zacht meevoeren naar de brandstapel, maar Gopa verzette zich wanhopig.

„Geef haar iets te drinken! Hier Gopa, drink, om kalmer te worden en rustiger te overdenken, wat gij behoort te doen, drink Gopa."

Gopa dronk.... een verdovende drank, maar bij de volgende slok spuwde zij het vocht weer uit en weigerde verder te drinken.

„Gij vergiftigt mij, priester, gij vermoordt mij! Help! Moordenaars!"

„Kom mee, onredelijke vrouw, gij verzet u heviger dan een offerdier."

Gillend en schreeuwend trachtte Gopa zich te ontworstelen aan de handen, die haar van alle zijden aangrepen.

„Zingt luid uw gebeden! Sla de trommels, speel op de schelphorens!" riep de priester verontwaardigd. Een oorverdovend kabaal rees op uit de troep, die de lijkdienst bijwoonde. Machteloos, verslappend in haar weerstaand, werd ze meegesleept, elke angstkreet overschreeuwd en overbomd. De priester ging voor en de anderen volgden met de weerloze vrouw, in haar doodsangst en verdoving zwak nog tegenspartelend in de zware knuisten der boeren. De dzjungel weerschalde van de allesoverstemmende geluiden. Toen ze Gopa ophieven, neerlegden en wilden vastbinden naast het lijk van Kasaka, rilde een laatste, woeste kreet, met de kracht, die de wanhoop haar gaf, boven het geschreeuw der bidders en het dreunend donderen der trommen uit, gillend, hel:

„Siva.... God.... red mij.... van die moordenaars!"
Asoka had met klimmende verontwaardiging de ontstellende plechtigheid aanschouwd. Bliksemsnel gingen zijn gedachten: ingrijpen?.... zich bloot stellen aan priesterhitsing.... mens- en goden-onterende-dienst.... plicht van den legeraanvoerder.... hebzuchtige priesters.... onrecht aan die dappere vrouw.... zijn naam in Pankanada.... Nooit! Dat wilde hij niet! Hij gooide zijn mantel af en in zijn glanzend prinselijk gewaad joeg hij zijn paard midden in de verdwaasde deelnemers aan de dodendienst, die angstig uiteenstoven.

„Wat wenst gij, Gopa?"

Gopa zat rechtop, streek het losgeraakte haar uit de ogen. „Heer.... Siva.... ik wil niet verbrand worden.... met mijn gestorven man." Toen barstte ze in hevig snikken uit.

„Wie durft in het rijk van den machtigen, heiligen Maharaja Bindoesara deze vrouw doden, tegen haar wil?" bulderde Asoka. Hij greep zijn blinkende chakra in zijn hand, besloten elk te treffen, die nog een hand naar haar dorst uit te steken.

Niemand zei een woord. De boeren wierpen zich ter aarde, vouwden hun handen samen en bogen hun hoofd neer, voor Siva, die zelf neergedaald was van de berg Meroe.

„Sta op, Gopa." Snel liet ze zich van de brandstapel glijden en naderde schuchter den Prins.

Hij reikte haar de hand: „Stijg op!".... Met de lenigheid, haar ras eigen, wierp ze zich vóór den Prins op het paard. Asoka zag nog met één oogopslag, hoe de priesters samenhokten en heftig fluisterden. Dan dreef hij zijn paard aan tot volle galop en verdween in het oerwoud, snelde voort, tot hij het leger reisbereid vond op de weg. Revata had zijn mantel opgeraapt en volgde....

Asoka droeg de zorg voor Gopa aan een paar slavinnen over, die haar in een der karren meevoerden en trachtten haar overspannen zenuwen tot rust te brengen....

De priesters meer geneigd in Asoka een geilen Kshatriya te zien dan Siva, spraken hun vreselijke vervloeking over

141

den rover uit. Onmiddellijk zonden ze een brahmacarin naar een troep Khasa's in de dzjungel, die bekend waren om hun krijgshaftigheid en roofzucht, om hen te waarschuwen, dat er iets te verdienen viel.... De hotar beloofde een grote beloning, als ze den Kshatriya straften en Gopa terugvoerden. De zwarte krijgers, krachtige en lenige figuren, als vergroeid met hun paarden, snel in hun bewegingen, volgden begerig de aangeduide richting en begrepen, dat het spoor naar de Keizersweg leidde. Van de boeren vernamen ze, dat werkelijk een Kshatriya met een vrouw voor zich op het paard, gevolgd door een dienaar, die richting gekozen had....

Toen ze Asoka's leger inhaalden op hun snelle paarden, begrepen ze, dat van een openlijke strijd geen sprake kon zijn. Hoogstens zouden ze met list de vrouw kunnen bemachtigen. In een stormachtige vaart naderden ze de achterhoede van het leger, keerden dan plotseling terug. Dit herhaalden ze enige keren, zodat een grote nieuwsgierigheid werd gewekt. Spoedig wisten ze nu, in welke wagen Gopa verborgen was. Het leger trok evenwel rustig en ongestoord verder. Asoka scheen nauwelijks te bemerken, dat een troep zwarte ruiters hen volgde. In een van de ondoordringbaarste gedeelten van de dzjungel, waar de weg smal werd, klonk plotseling het sein „halt". De ruiters keerden zich om en gingen met gevelde lansen op de Khasa's af, die wilden vluchten, maar achter hen was de weg versperd door een tiental olifanten en een sterke ruiterafdeling, die Asoka ongemerkt een zijweg had laten inslaan. De Khasa's keken elkaar met verdwaasde ogen aan. Asoka besteeg met Revata, die de parasol droeg, de statie-olifant en naderde de verschalkte ruiters.

„Wat wensen de dappere krijgers? Wie is uw hoofdman?.... Gij? Wat wenst ge van Bindoesara's legeraanvoerder?"

„Niets, Heer. Ik, Sangala, ben de hoofdman van deze Khasa's"

„Waarvoor houdt gij het keizerlijke leger op?"

„Heer, Gopa, de vrouw van Kasaka, is gestolen, toen ze zich wilde offeren aan Agni. Wij wensten haar terug te voeren en den rover te straffen."

142

Asoka liet de kar komen, waarin Gopa zat.

„Ziehier, zoekt gij deze vrouw, bijna vergiftigd door de priesters?"

„Ja, Heer."

„Is zij een slavin?"

„Neen, Heer. Ze is een vrije Aryi."

„Wenst haar man haar terug?"

„Neen, haar man is gestorven."

„Is er een broeder van Kasaka, die haar als zijn vrouw wenst aan te nemen?"

„Neen, Heer."

„Wie kan haar dan dwingen, terug te keren?"

„Niemand, Heer."

„Gopa, wenst gij terug te keren naar de brandstapel aan de Pishna, om met uw gestorven man te worden verbrand?"

„Neen.... neen.... Heer!"

„Haar krijgt ge dus niet, Sangala, omdat zij weigert. Verder wilt gij mij straffen. Ik nam Gopa mee. Ik ben prins Asoka, thans legeraanvoerder en dus opperste rechter in Pankanada, aangesteld door den Maharaja. Ik beslis over u, die een vrije Kshatriya-vrouw dacht te ontvoeren, om haar te laten doden. Leg uw wapens af, allen.... Zo.... Hier, deze van uw krijgers heeft de grootste haardos. Hang hem met zijn haarbos aan uw pijl, Sagka."

Sagka plaatste den zwarten Khasa tegen een zware boomstam, week twintig passen achteruit, spande zijn boog en schoot dwars door de haarbos de pijl in de boom vast.

„Zo, Sagka.... dat was een prachtig schot."

Toen greep de Prins een chakra, suisde die door de lucht en sneed de hele haartoest van den Khasa weg, zodat hij weer vrij was.

„Wilt gij tegen ons strijden?"

„Neen, o Prins."

„Ga dan terug naar de priesters, die u zonden en zeg hun, dat Gopa niet verbrand wenst te worden, en dat ik, de tijdelijke opperrechter van de Pendjab mij niet laat straffen. Geef de doorgang vrij, mijn soldaten."

143

Asoka's mannen weken ter zijde.

„Mag ik iets vragen, edele Prins?"

„Spreek."

„Wilt gij ons in uw leger opnemen?"

„Om ons te verraden aan de opstandige Takka's?"

„Heer, gij moogt eerst onze trouw beproeven. Wij zijn zelf Takka's of Khasa's en vertellen hun, dat gij een rechtvaardig rechter zijt, die geen onrecht zal dulden in Pankanada."

„Goed, stijg van uw paarden.... Zo.... kniel neer op de weg, buig het hoofd in het stof naar het verre oosten, waar de heilige Maharaja woont, en zeg mij nu na: „Ik dien den Maharaja van Aryavartha.... in Patalipoetra.... Bindoesara, tot aan mijn dood.... Elk woord van verraad.... dat ik ooit spreek.... elke daad van verraad.... die ik ooit pleeg.... betaal ik vrijwillig met mijn leven."

Allen zeiden de eed woord voor woord na.

„Zo.... te paard, gij rijdt vóór mijn ruiters."

Het leger zette zich weer in beweging, nadat Asoka de wapens der Khasa's zorgvuldig in een kar had laten bergen....

„Is het wel voorzichtig, een troep vijandige opstandelingen in het leger op te nemen?"

„Zeg gij het, Koelika. Gij weet: ik handel altijd naar onmiddellijke ingeving. Ik heb daaraan niet gedacht.... Als ik gefaald heb, begrijp dat goed.... zijn zij het slachtoffer."

„In dat geval hebt gij uw plicht gedaan tegenover uw Vader, den Maharaja."

„Ja."

Asoka's leger trok nog drie der rivieren van het Vijfstromenland over en toen de Zoutbergen, die zich van de Indus uitstrekken tot waar de Sinara de zuidelijke uitlopers van de Himalaya verlaat. Ze vormen de zuidgrens van de grote kom, waarvan Takshasila het midden innam. Even voor ze Çakala bereikten, zei de Prins:

„Ik geloof, mijn Koelika, dat ik de Khasa's volkomen kan vertrouwen en hun de wapenen teruggeven. De bevolking van Çakala behoort tot de Khasa's, en de Takka's zullen het on-

144

aangenaam vinden, ongewapend, dus als krijgsgevangenen, door Çakala te trekken. Ik wil hun die schande niet laten ondergaan voor hun eigen stamgenoten."

„Ik vertrouw op uw natuurlijk, juist inzicht, o Prins. Maar bij verzet van de bevolking zouden ze ons zeer gevaarlijk kunnen worden."

Asoka overwoog even. „Het moet, mijn Koelika."

Bij de laatste rustplaats voor Çakala reed Asoka naar de zwarte ruiters.

„Stijg van uw paarden, mijn Khasa's."

Met één sprong stonden allen naast hun dieren, keken nieuwsgierig den aanvoerder aan.

„Haal uw wapenen."

„Heer.... onze wapenen?.... Ontslaat gij ons uit uw leger?'

„Neen, Sangala, ik wil u als mijn trouwe soldaten be- schouwen, en die behoren gewapend te zijn."

Met samengevouwen handen vielen de Takka's op hun knieën en bogen het hoofd diep neer voor Asoka. Sangala naderde hem, kuste de zoom van zijn kleed.

„Nooit zal uw vertrouwen in de Khasa's beschaamd wor- den, edele Prins Asoka." Toen wendde hij zich tot de troep.

„Neem uw wapenen terug, voor prins Asoka en den Maharaja!"

Koelika zag met verbazing de verandering in hun houding.

„Ik geloof, dat gij goed hebt gezien, o Prins."

„Ik hoop het, mijn Koelika."

11. DE FAKKEL VAN DE OPSTAND.

„Bindoesara Amitraghata[1]) heeft het sterkste leger van de wereld," merkte een der ministers op in de nieuwe raad van de bloeiende handelsstad Takshasila.

---

[1]) Verslager der vijanden.

„Maharaja Bindoesara wordt oud," meende Virata, de na-komeling van een verwonnen, vroeger machtig raja-geslacht, die de bewoners der stad tot daden had gedreven. Hij beoogde herstel van zijn raj, meer dan de rust van Takshasila.

„Maar zijn zoon, de kroonprins?"

Virata glimlachte. „Als Bindoesara's oudste zoon komt, hebben we geen soldaten nodig. We nemen een legertje van schone meisjes uit Kosala. Die overwinnen hem zeker."

„De toestand is te ernstig om er mee te spotten. Onze on-rustige Takshasilanen kunnen Bindoesara's beambten doden, opgezweept door u en de Bactriërs, die slecht verdragen, dat Indische vorsten de landen regeren, die vroeger aan hun Griekse heren behoorden. Het leger uit Patalipoetra zal komen! En wie zegt, dat de keizer niet den wilden Prins stuurt!"

„Dat doet hij zeker niet. Als prins Asoka de Pendjab ver-overt, zal hij Patalipoetra bedreigen, zoals zijn grootvader Chandragoepta deed. En als toen zullen de westerlingen niet ongenegen zijn, de protserige oosterlingen te vernietigen. Den wilden Prins stuurt hij niet."

„Gij waagt veel, Virata!"

„Niet, als Syrië helpt. De Grieken oorlogen beter dan de krijgers uit de Ganges-vlakte. Denk aan den Macedoniër."

„Was het niet Seleukos, die voor een geschenk van vijf-honderd olifanten zijn Indische landen moest overlaten aan den eersten Maurya en bovendien zijn dochter als tegen-geschenk geven?"

„Chandragoepta, ja! Dien zat de wildheid van de westelijke Himalaya in het bloed. En Bindoesara wordt oud! Nu is het tijd! Nu! Of heb ik tevergeefs de fakkel van de opstand naar Patalipoetra uitgestoken! Hebben de Takshasilanen voor tijd-verdrijf de ambtenaren uit Patalipoetra, die het westen ver-achtten, maar niet onze kostbaarheden, de nek gebroken? Aryers, kooplieden, geleerden, Soedra's, allen wensten zich van hen te ontdoen. De Takka's in de hoge Pendjab hebben ons voorbeeld gevolgd."

„En Virata is er niet onschuldig aan."

„Ik haat de Maurya's! De Khasa's zullen ons helpen. Syrië

146

nog en we kunnen de oosterlingen weerstaan. Nu is het de tijd!"

„Helpt Syrië? Vertrouwt gij de Bactiërs [1]? Haalt gij met de Grieken niet de leeuw in de runderafschutting? Mij is liever een Maurya in de verre hoofdstad Patalipoetra dan de Iraniërs binnen onze stad. De opstand is een dwaasheid geweest. We kunnen nu een strafzending van den Maharaja verwachten.... of een overheersing van de Grieken. Wat moet er van onze welvaart terecht komen?"

„Gij overweegt slechts het belang van de handel," verweet Virata den minister.

„En gij dat van uw geslacht, maar de rots van Takshasila is geen berg Kalydasa en gij zijt geen Siva, dien nog nooit iemand overwon."

„Wie heeft de rust hersteld, handel en verkeer weer op gang gebracht, de belastingen billijk geregeld, het leger gevormd, de Takka's aan onze zijde gebracht? Zeker, ik stak de fakkel van de opstand uit naar Patalipoetra. Wilt gij als laffe jakhalzen in het woud janken? Ik meende, dat de Takshasilanen, wier karavanen trekken naar de gehele wereld, die in hun hoofdstad een beroemde hogeschool hebben en een vrijer oordeel over godsdienst en regering dan Patalipoetra, de gedweeë onderworpenheid misten van de oostelijke stammen. Ik benoemde u allen tot ministers, Takshasilanen, en verwacht uw steun. De ambtenaren van den Maharaja wisten hun heer verre en vreesden niet zijn straffe hand. Wij zullen zelf op de belastingen toezien, in plaats van ze te laten verdwijnen in de schatkamers van de begerige mannen uit Patalipoetra."

Op dat ogenblik werd Nanda aangediend, een als koopman gekleed spion van Virata. Virata sprong verrast op.

„Breng binnen!.... Zijt gij reeds terug, Nanda?"

„Ja, Heer, mijn kameel loopt snel, was slechts geladen met lichte moesseline uit Kashi en edelstenen van Singala [2]."

„Welke boodschap?"

---

[1] Volken onder Griekse bestuurders.   [2] Ceylon.

„Voor een maand zou prins Asoka uit Patalipoetra vertrekken met een leger van alle vier wapenen."

„De wilde Prins!" Ontzetting voer door de vergadering.

„Ja, Heer. Onderweg achterhaalde ik een brahmacarin,
Sakoeni, die door een zekeren priester Devaka uit Patalipoetra naar Takshasila werd gestuurd, omdat hij zelf gewond
was. Devaka had dringende berichten."

„Waar is Sakoeni?"

„Hij reisde minder snel dan ik, Heer."

„Hoe groot is Asoka's leger?"

„Sakoeni zegt: het is slechts een kleine troep ruwe krijgers.
En het zal voor Takshasila licht zijn, leger en aanvoerder in
één slag te vernietigen of gevangen te nemen."

„Wie zal het koord van de dood nemen en het slaan om
zijn eigen nek!" mengde een der ministers zich in het onderhoud.

Virata stoorde zich niet aan de opmerking.

„Wanneer zal Asoka hier zijn, Nanda?"

„In Indraprastha vertelde men, dat prins Asoka een incarnatie van Siva is.... Hij kan dus hier zijn, wanneer hij wil,
door de lucht, als hij het verkiest. Van hem vertelt men wondere verhalen: Hij doodde de sterkste olifant van Patalipoetra
met een straal uit zijn oog.... hij laat de bliksem vallen
naar zijn wil.... een tovenaar, die hem wilde verderven, liet
hij met een wenk van zijn hand spoorloos verdwijnen en in
de hellen terecht komen.... Priester Devaka maant Takshasila, om Asoka en zijn leger met één slag te vernietigen. Dan
wordt prins Soemana gezonden, die een beschermeling der
goden is. Prins Asoka is wreed als een Rakshasa, ongeduldig
als een cobra."

„Soemana is een beschermeling van de Brahmanen, bedoelt
de priester Devaka zeker. En Takshasila mag voor hen de
aap in de broek lijmen. Beter is, dat de Brahmanenhof van
Patalipoetra met zijn duizend offersmullers zijn eigen rijst
roostert."

„Gij wilt dus liever Takshasila door een wilden Prins laten
verwoesten!"

148

„Wie één honigbij met een stok wil slaan, krijgt de hele zwerm aan zijn neus. Zet haar liever een pot honing voor de snuit!"

„Een koopman heeft liever een vuile hand dan een gat in zijn zak met edelstenen!"

„Een Kshatriya bewaart gemakkelijker een enkele poort met zijn zwaard, dan een hele stad met zijn verstand!"

Men hoorde bij de ingang van de raadzaal enige driftige stemmen. Een yogi was ongemerkt door het park tot bij de raadzaal van Virata's paleis doorgedrongen. Ongestoord had hij de beraadslagingen kunnen volgen. Nu sprong een wachter op hem toe, sleurde hem weg.

„Ik moet Virata spreken!" riep Revata tegensparteland.

„Hier, grijp! Een spion!"

„Dit is toch het paleis van Virata? Zeg hem, dat een boodschapper van Sakoeni hem dadelijk moet spreken. Het heil van Takshasila hangt er van af."....

Revata mocht binnenkomen. Hij hief de samengevouwen handen op en boog zich diep voor den opstandeling Virata.

„Heer, Sakoeni, de brahmacarin van Devaka laat u weten, dat Asoka's kleine leger met snelheid nadert. Wilt gij den Prins weerstaan, rust dan een geoefend leger uit, want Asoka is een krijger met meer dan aardse macht en hij kent noch vrees noch genade."

„Hoe weet Sakoeni dat?"

„Van den priester Devaka."

„Is Devaka te vertrouwen?"

„Hij haat Asoka heviger dan hij Soemana eert."

„Wiens gedachten door haat worden beheerst, is niet te vertrouwen," zei een van de ministers.

„Devaka mag zijn eigen kokosnoten van de hoge stam plukken!"

„Heer, ik heb mijn zending volbracht. Vergun mij, dat ik in vrede deze plaats verlaat."

Revata spoedde zich onverwijld en nu ongehinderd voort, de Keizersweg op.

De Prins zonder genade! Hem, Virata, zou hij eerst verderven: Roosteren den leider van de opstand.... of levend villen.... of verbranden, te beginnen met zijn voeten....

„Takshasila's leger is tien maal groter dan dat van den wilden Prins!" barstte Virata uit.

„Gij weet, Virata, dat in Patalipoetra honderd maal meer staan te trappelen, om onze koopstad te plunderen en dan weg te vagen uit de Pendjab! Een woedende slang houdt men zijn blote voeten niet voor de bek!"

„Welke schatten zullen voldoende zijn, om de woestheid van den Maurya-prins af te kopen!" riep Virata bitter.

„Beter het gouden dak van het paleis offeren dan de stenen fundamenten!"

„Ik ga liever naar de Bactriërs dan me door den Maurya te laten ontvellen."

„Dan zeggen wij hem, dat de gevaarlijkste opstandeling gevlucht is en de heidense Grieken wil binnenhalen in Indra-land!" merkte een der ministers cynisch op.

„Liever zoudt gij mij als zwarte bok aanbieden aan den geïncarneerden Siva, zodat gij zelf niet als offer behoeft te dienen," beet Virata van zich af.

De oudste minister nam nu het woord:

„Edele Virata, gij bracht Takshasila tot rust. Geef thans de rustige stad aan den Maharaja terug. Keizer Bindoesara zal u erkentelijk zijn. Wie de ambtenaren doodde, mag de ge-volgen ondervinden of vluchten. Ze hebben nog over-vloedig de tijd; in minder dan twee of drie maanden kan een leger van Patalipoetra onze stad niet bereiken. Als prins Asoka Takshasila vernietigt, verwoest hij een schatkist van den Maharaja. En wie doodt de koe, als hij melk wenst, wie steekt het bos in brand, als hij timmerhout van node heeft! Met Takshasila zou hij de wetenschap, die van hier uit heel Indra-land verlicht, vernietigen. Ons leger is niet zwak, maar een ellendige rat, als dat van Bindoesara een olifant is. Laten wij afwachten, wat Sakoeni ons meldt. Ik ken Devaka niet, hij is een Brahmaan uit de hoofdstad. We kunnen den Maha-raja immers vragen, ons Soemana als onderkoning te zenden: de Brahmanen van Patalipoetra achten hem blijkbaar den wijsten man, om ons land te besturen. De regering van onze stad heeft waarlijk wel wat wijsheid nodig."

Vimalamitra's woorden vonden instemming.

„De wilde Prins lacht om uw woorden, Heer! Als we Asoka met zijn paar krijgers vernietigen, zal een oude Maurya of een door zinnelusten bevangen kroonprins weinig tegen ons uitrichten, zo Antiochos ons met een leger helpt."

„Wie lokt den leeuw in zijn runderkooi, edele Virata? Bedenk dat hij zijn klauwen ook naar den meester van de kooi kan uitslaan."

„Wie een wilde olifant? Als gij hem binnenlaat, zal ik hem moeten temmen, of onschadelijk maken.". . . .

Een jammerende, weeklagende mensenmassa!. . . . Zwaar grommen van de dole. . . . angstkreten. . . . Nieuw oproer in Takshasila?. . . . Virata verbleekte. . . . De ministers wachtten zwijgend af. . . . Een dienaar. . . . wierp zich onstuimig aan Virata's voeten. . . .

„Heer. . . . Prins Asoka Vardhana. . . . de woeste Maurya uit Patalipoetra. . . . staat met een leger op de weg naar Çakala. . . . een oorlogskar, begeleid door krijgslieden komt naar het paleis. . . . gevolgd door duizenden stedelingen."

Virata maakte een beweging of hij wilde vluchten.

Het gedaver en gehuil naderde zijn woning. . . .

„Laat de boden van den Prins binnen," beval Vimalamitra rustig. Even later verscheen Koelika, gevolgd door prins Kala, in de raadzaal.

„Wie is de bevelhebber van Takshasila?" vroeg Kala bars.

Virata stond op.

„Takshasila is in opstand tegen den Maharaja. Prins Asoka beveelt u, vóór de vierde kala een afvaardiging te sturen, die hem de stad aanbiedt," meldde Koelika.

„Hoe groot is het leger van den Prins, Heer?" vroeg Virata spottend.

„Zo groot als hij verkiest. Als gij weigert, stampt hij een millioenenleger uit de grond van de vruchtbare Pendjab."

„Zeg den Prins, dat de regering van de stad vóór de be-

paalde tijd bij prins Asoka zal verschijnen, Heer," zei Vimalamitra kalm.

„Prins Asoka zal wachten, tot de vierde kala is verstreken."
De afgezanten vertrokken. Een ogenblik pijnende stilte door
de éne gedachte: Hoe kwam de Prins zo gauw voor de
stad!.... Angst.... In één maand met een leger van Patalipoetra voor de rots van Takshasila!.... Dat was een onmogelijkheid.... onbegrijpelijk.... tenzij....

„Nanda heeft niet te boud gesproken, ministers van Takshasila. Wilt gij krijg?.... Tegen den kleinzoon van Chandragoepta?.... En u de woede van den Maharaja op de hals
halen?"

„Vimalamitra, wat moeten wij doen?"

„Zeg hem, dat de stad zich aan zijn bevelen onderwerpt.
Voer veel meer kostbaarheden mee, dan den ambtenaren zijn
ontnomen. Wat er schoons en edels in Takshasila is, leg het
aan de voeten van den legeraanvoerder. Roep het volk op,
om te offeren aan den Prins. Beveel den geleerden van de
hogeschool, den Maharaja aanhankelijkheid te betuigen.
Werpt u voor hem in het stof van de Keizersweg.... dan
zal ik hem duidelijk trachten te maken, dat wij geen opstand
voerden tegen den Maharaja, maar tegen zijn hebzuchtige
ambtenaren."

De ministers keurden Vimalamitra's voorstel goed. Toen
stapte hij naar buiten en hief zijn hand op naar de volksmassa, die voor Virata's paleis zijn groote angst uitkreet.

„Luistert, inwoners van het rijke Takshasila. Virata en zijn
ministers willen de stad overgeven aan Prins Asoka. Brengt
uw offers, om hem goedgunstig te stemmen, opdat hij onze
stad en zijn inwoners spare. Haalt kostbaarheden en brengt
ze hier! Wij zullen ze hem met vele andere aanbieden. Laat
uwe dochteren bloemen plukken en strooien op de weg, waar
hij langs zal gaan."

Ontspanning.... juichende aftocht.... Grote troepen
straatvegers reinigen de weg van de stad af twee en een halve
yodjana's ver.... Bloemenguirlandes worden getrokken van
huis tot huis.... Een in natuurlijke drang ontstane optocht

152

richt zich naar Asoka's legerkamp. Een angstige onrust rilt door de rijen. De statigheid van de ministers met Virata aan het hoofd kan die niet verbergen, noch de plechtigheid van de witte gewaden der geleerden, die blinken in de zon, noch de praal der rijk met edelstenen en goud getooide aanzienlijke kooplieden en krijgers, hun vrouwen en dochters, haar jeugd als schoonste sieraad dragend. Het is of de snel-ontwikkelde legenden, ver als morgendauw opgetrokken uit de Ganges, naar het westen zijn gewaaid en verkild door de ondoorgrondelijkheid van de Himalaya, langs de dichte mensenrijen waren, die zich scharen onder de palmen langs de weg, fluisterend, angstig uitkijkend naar den gevreesden gezant van den machtigsten Maharaja.... een jongeling.... woeste krijger.... Heer van aarde, lucht en licht.... als een wijdwiekende roofvogel onverwacht neergedaald bij hun schone stad.... zijn prooi.... Wiens wil het lot van Takshasila zal bepalen.... de wilde Prins!

„Wie zullen de offers zijn?" vraagt Sanata, een rijke koopmanszoon, als de optocht statig voorbijtijgt.

„Wie de opstand verwekte!" fluistert zijn vriend Kantala en hij knikt naar de kop van de stoet.

„En wie de slaven?"

„Misschien wordt hij getroffen door de schoonheid van onze meisjes, daar vooraan met haar manden vol bloemen.... Ach zie.... Soerati.... Als hij haar ziet, is hij verloren: lotoskoningin tussen de lotosbloemen.... haar blik, haar gang, haar gratie.... neen, mijn Prins...."

„Als het prins Soemana was! Die nam haar en al de andere mee als krijgsbuit en vergat zeker de opstandigheid van onze stad."

De andere jongemannen lachen stil, maar dat zelfs trekt de verontwaardigde blikken van de omstanders. „We zijn hier voor een ernstiger zaak, dan gij schijnt te begrijpen, jonge knapen," zegt een oude priester.

„Heer, weet gij, of Prins Asoka het gelaat van een verbeten boeteling meer mint dan dat van den vrolijken Takshasilaan?"

„Gij kwetst met uw spot allen, die hier met angst in het

hart wachten, wat er over de stad en zijn bewoners zal worden beschikt."

„Geen spot, Heer, vertrouwen van de jeugd in den jongen Prins, die rechtvaardig en waar moet zijn als Siva. Wij jongeren eren den dapperen Prins, die met een klein leger komt en dus vertrouwen heeft in het westen."

„Ha, de geschenken, Kantala.... zie hoe alles Soerya's stralen opvangt en verspreidt.... ze schitteren in gouden en koperen vazen.... vol edelstenen!.... Kijk.... gespleten diamanten, staven berilsteen in gouden houders gevat.... esmerald en opaal.... topaas als blanke honing.... agaat en ioon.... welk een pracht!"....

„En die schotels, gebeiteld uit schitterend violet amethist en de donkerrode daar van granaatsteen, en bekers van gloeiend karbonkel...."

„Daar.... die grote schaal.... de slaven kunnen ze nauwelijks dragen.... van diep rood sarda met zilveren voet.... en ginds een van roserode socon.... gevuld met parelen van Singala[1]) en kostelijke jaspis."

De halzen rekken zich, als de onnoemelijke rijkdommen voorbij hen bewegen.

„Dat geeft den Takshasilaan vreugde.... Wat rijke weelde!"

„En hoop.... wie weet, of de wilde Prins, door zoveel schoons en edels bekoord, niet afgeleid wordt van mogelijke wraakgedachten," fluistert Kantala.

„De Takshasilanen zijn goede kooplieden," meent Sanata lachend, „Die twaalf kerels ginds dragen fijne chowries: de blankste yakstaarten, die de Himalaya geeft. Wuif den Prins koelte toe.... zal hem verfrissen na de lange reis!"

„En zijn licht vlammende drift blussen...."

Een sterke troep krijgers sluit de optocht en de spanning stijgt. Zelfs de verachte inboorlingen, die hun plaats hebben gekozen op geruime afstand achter de andere toeschouwers, voelen de dreiging en zwijgen....

---

[1]) Ceylon.

154

„Asoka komt niet om Takshasila te vernietigen, Virata.
Zijn leger is te klein."

Virata schrikt op uit zijn woedende overpeinzingen. Het is
niet zijn wil, te buigen voor de Maurya's.... Deze laffe onderwerping en smeking om lijfsbehoud kan hij nauwelijks
verdragen, omdat ze zijn hoop en herstel der raj vernietigen.

„Gij geeft hem met zijn onbetekenende krijgsmacht de gelegenheid, ons op de meest oneervolle wijze neer te slaan,
Heer," barst Virata bitter uit.

„Takshasila kan slechts wel varen bij een krachtig vorst.
Een zwakke raja in Patalipoetra is voor ons zo slecht als een
raja op de maan."

„Gij preekt als de kikvors, die raja is van de gracht, tegen
de maraboe. Wij willen geen Maurya, geen zwakke, geen
sterke. Mij vindt hij tegenover zich."

„Is Takshasila of uw raj de inzet van dit dobbelspel, mijn
Virata?"

„Mijn leven!" heest Virata.

„Dan speelt gij lichtvaardig."

Asoka's legermacht ten oorlog uitgerust.... Hij fel op
den groten statie-olifant Dakada.... Revata, drager van de
keizerlijke parasol, het heilig teken van den Maharaja....
De minste krenking van dit embleem zal Bindoesara's sterke
leger in beweging zetten.... Over de beschermende stalen
platen 's Keizers rijkste statie-kleed: gouddraad op hel blauw,
waarin het veldteken der Maurya's, de pauw, gewerkt. De
Prins in wit glanzend overkleed en zijden hoofddoek uit China
met glinsterende edelstenen, evenals Siva de vlijmscherpe,
schitterende chakra in de hand.... Karren met vurige, glad
gepoetste paarden.... dreigende oorlogsolifanten.... krijgers, zwaar gewapend.... onheilspellend.... De aanvoerder
wacht rustig de optocht af, die de rots van Takshasila neer-
daalt langs de Keizersweg.... De ministers vallen op hun
knieën, vouwen hun handen en buigen hun hoofden diep neer
voor den Maurya-zoon.... Vimalamitra groet met korte
buiging.... Virata staat rechtop....

„Edele en hoge Prins, de tijdelijke regering van Takshasila heeft mij, Vimalamitra, als oudsten minister, opgedragen, u onze onderwerping aan te bieden. Gedurende lange tijden deden de ambtenaren, uit Patalipoetra hierheen gestuurd, om de rechtmatige belastingen te innen voor den heiligen Maharaja, hun plicht; maar de laatste jaren schroomden zij niet, steeds meer te vragen, niet voor den Maharaja maar voor hun eigen schatkamer. Als iemand van ons zich verzette, werd hij met onverbiddelijke hand gestraft. De bewoners van Takshasila zenden hun karavanen tot ver in het land der Grieken. Onze handel maakt onze stad rijk, en gaarne betalen wij den Maharaja de vastgestelde cijns van de kostbare handelswaren. Maar we verzetten ons er tegen, tweemaal zoveel te betalen aan de ambtenaren. Velen van Bindoesara's trouwste onderdanen werden gemarteld, gedood of gevangen gezet, om ze te dwingen, de schatkisten der inners te vullen met schatten, waarvan niets den Maharaja bereikte. Het volk van Takshasila duldt van oudsher slecht onrechtvaardigheid, o hoge Prins. Zo is het ten slotte opgestaan, heeft zijn wrede bestuurders gedood en zelf de regering der stad gevormd, en orde en rust hersteld. Thans bieden we u, machtigen legeraanvoerder van den groten Maharaja, graag onze stad en opnieuw gehoorzaamheid aan de rechtvaardige wetten van het grote Indra-rijk aan. Onderdanig komen wij u onze eerbied betuigen en smeken om een regering, zoals de wijze Maharaja het zonder twijfel bedoeld heeft."

„Waarom misdadige opstand, bewoners van Takshasila, en niet, als uw recht, de ontrouwe ambtenaren aangeklaagd bij den rechtvaardigen Maharaja?"

„Elk, die er van sprak, werd onverbiddelijk gestraft, o Prins. Bovendien verzekerden de ambtenaren, dat de Maharaja toch nooit de verachte Pendjab in bescherming zou nemen tegen zijn dienaren uit Madhjadesa. Wie onverrichterzake uit Patalipoetra terugkeerde, zou aan de vreselijkste wraak van de beheersers in het westen overgeleverd zijn...."

„Gij hebt wel een gering vertrouwen in mijn groten Vader getoond!"

156

„De angst voor de niets ontziende regeerders was groter dan het vertrouwen in den hogen Maharaja ver in 't oosten, o Prins, zoals de Takshasilanen meer door angst voor de naga's en dasyoe's dan door eerbied voor Brahma worden gedreven."

„En.... vreesde men niet de gerechte straf van den Maharaja, Vimalamitra?" Asoka bemerkt, hoe de andere Takshasilaan met moeite zijn drift verbergt.

„Hoe groot is wel uw leger, aanvoerder?" mengt hij zich plotseling in de onderhandeling.

Asoka kijkt den vermetelen Kshatrya streng in de ogen. Virata!....

„Zo groot als ik verkies, Virata.... Gij hebt de fakkel van de opstand naar Patalipoetra uitgestoken!.... Hoeveel steun hebt gij bij de Syriërs en Bactriërs gevraagd, Virata?.... Daarnaar zal ik de sterkte van mijn leger bepalen." Virata zwijgt verbluft. „Gij wildet mij en mijn leger vernietigen, Virata! Dacht ge, dat gij dan den Maharaja had overwonnen, onnozele? Wat was uw doel, toen gij de opstand hetstet tegen den heiligen Maharaja, en de naga's en dzjins en dasyoe's in de Pendjab als machtiger preest dan de goden van Madhjadesa?"

In zijn verwarring en woede vergeet Virata alle voorzichtigheid.

„Wat was de reden, dat gij, prins Asoka, onrechtmatig legerbevelhebber werd in plaats van den kroonprins, en mij ter verantwoording durft roepen?"

„Dezelfde reden, waarom gij den ouden Bindoesara niet vreesdet, noch prins Soemana, opstandeling tegen mijn Vader!"

Een chakra suist als een blinkende bliksemstraal van den statie-olifant neer op den trotsen raja-zoon en scheidt zijn hoofd van de romp.

„Voert weg en werpt zijn lichaam voor de gieren!"....

Een schok vaart door de knielende rijen. Als een voortsnellende vlam van de dzjungel-brand in de maand Gjeshtha schiet de mare langs de weg naar Takshasila.... dat Asoka's geweldige oog Virata heeft gedood. Onrust en opschudding golven door de mensenmassa's. Sanata en Kantala verbleken.

„Gij ziet, de Prins spaart niemand. Acht gij u nog zo veilig?" vraagt de priester.

„Mij treft de keus meer dan de daad, Heer," meent Sanata....

Asoka wenst geen paniek.

„Wat hebt gij mij nu te zeggen, vrome Vimalamitra? Heeft de huidige Takshasilaanse regering de opstandelingen gevangen en gestraft?"

„Heer, ze zijn gedood, gevlucht of onbekend."

„En wat verwacht Takshasila van mij?"

„We brengen u offers van de gehele bevolking, o hoge Prins; we bieden u gehoorzaamheid en trouw en willen u als legeraanvoerder in onze stad voeren. We hopen, dat dan rust en welvaart terugkeren, en rechtvaardigheid zal heersen, zonder welke Takshasila niet leven kan."

Vimalamitra wenkt de dragers, die de schitterende, blinkende en in alle kleuren glanzende kostbaarheden aan de voeten van Asoka's olifant uitspreiden. De jonge Prins ziet met bewonderende ogen naar de schatten, die de rijke koopstad in enkele uren voor hem heeft bijeengebracht.

„Zijn hieronder de schatten, die de ambtenaren voor zich zelf vergaarden?"

„Neen, o Prins, dit is het persoonlijk offer van de Takshasilanen aan hun nieuwen Heer, opdat hij gunstig gestemd moge worden, zoals de goden, die met vriendelijke ogen op de offeraars neerschouwen."

„Zelfs wanneer die offeraars de goden diep beledigd en gehoond hebben?"

„Het offer, de hoop van het offer, de vreugde van het offer, Heer, is een bewijs, dat de offeraars tot inkeer gekomen zijn, en dan zullen de goden afzien van wraak. Wij smeken u, legeraanvoerder van den groten Maharaja, aldus te handelen."

„Welnu, eerwaardige Vimalamitra, ik wens geen wraak. Als ik de Takshasilanen en Khasa's had willen straffen, zou ik een leger voor uw stad hebben gevoerd, dat in staat was, uw stad en Takka-land te zuiveren van alle opstandigheid. Gij wilt trouwe onderdanen zijn van mijn Vader Bindoesara. Ik wil u geloven en in u de stad Takshasila. Toon mij uw ernstige wil. Ik stel één voorwaarde: Dat alle goed, alle geld en kostbaarheden, die den gedoden ambtenaren zijn ontnomen, morgen op het regeringspaleis worden gebracht."

Vimalamitra buigt diep voor den Maurya-prins. Een grote vreugde vervult hem.... Is dat een woesteling? Takshasila vreesde een redeloze straf op een redeloze daad.... Asoka eist rechtvaardigheid.... Kan hij anders dan rechtvaardigheid daar tegenover stellen? De inwoners mogen zelf spreken!

„Ik dank u, edele Prins; ik nodig u uit, ons te volgen naar de schoonste stad in de Pendjab. Staat gij mij toe, den bewoners te melden, dat gij hen in genade aanneemt?"

Asoka wenkt slechts, en Vimalamitra geeft zijn bevelen....

Een aantal stadsdienaren gaat vooruit, en één roept steeds met luide stem: „De edele prins Asoka neemt de stad in genade aan.... De edele prins Asoka neemt de stad in genade aan...."

Ontroering doortrilt de menigte. De druk, verzwaard door Virata's dood, wordt plotseling van hen afgewenteld. Een grote vreugde maakt zich van allen meester. De optocht komt in gang: De ministers, de geweldige statie-olifant van Bindoesara met Asoka in felle houding, een nieuwe blinkende chakra in zijn hand, onder de schitterende palankijn. Een regen van bloemen, wit, blauw, rose, rood, daalt voor den Prins neer. De fijne geuren van het bloemenoffer waaien hem met de vriendelijke stemming tegemoet. De onverzettelijke wil van den jongen legeraanvoerder spreekt uit zijn houding en de vaste gang van zijn kleine, geduchte krijgsmacht....

Niemand merkt op, met welk een belangstelling Asoka, die zo verzekerd en standvastig tussen de brede hagen van Takshasilanen door rijdt, de vreemde mengeling van rassen en kledij opneemt in hun bonte verscheidenheid: Kooplieden van verre landen, geleerden, donkere gestalten van inboorlingen, meisjes in blank met rode gewaden, die bloemen

159

strooien en in bloemen zich sierden.... Met eerbiedige
terughoudendheid roept elk zijn goede gezindheid den
nieuwen heerser toe, die zwijgend wiegt op de pas van de
trotse olifant Dakada. Fluiten en trommen spelen hun langzame, plechtige melodieën. In de stad puilen alle openingen
en daken de nieuwsgierigen uit, om den met vrees verbeiden
Prins te zien. En als hij nadert, klinkt het „heil Asoka!"
ontroerd hem tegen.

12. SOESMILA'S HUIS.

Virata's paleis was verlaten, om den nieuwen Heer te ontvangen. Asoka liet het onmiddellijk door zijn eigen krijgers
bewaken....

„Ik ben steeds voor u te raadplegen, geëerde Vimalamitra.
Prins Kala zal de regering der stad inrichten naar mijn wil.
De ministers, door Virata aangesteld, blijven voorlopig; ik
weet, dat ze mij goed gezind zijn. Voorts wens ik te vernemen, welke vreemdelingen in de stad verblijven, aankomen
en vertrekken. Vandaag worden alle wapenen van uw krijgslieden naar mijn paleis gebracht. Ze behoren krachtens de
wetten aan den Maharaja. Het leger van Takshasila wordt
deze dag ontslagen. Morgen krijg ik van u nauwkeurige opgave van de belastingen, die hier worden geheven. Overigens
gaat alles zijn gewone gang."

„Het zal moeilijk zijn voor mij, dit zo snel uit te voeren,
o Prins."

„Hoeveel ministers hebt gij?"

„Zeven, Heer."

„Elk neemt één afdeling.... Sela en Sagka, zijn de soldaten verzorgd?"

„Men is bezig, Heer. Het park geeft overvloedig ruimte."

„En de manschappen?"

„De regering stuurde vele lieden, die met zorg een onder-
komen voor de troepen in orde brengen."

160

„Wees op uw hoede voor verraad. Wapens bij de hand, zodat geen enkele overval onvoorzien is. Voorzichtig met de eetwaren. Voorlopig mijn soldaten niet in de stad!'

„Heer, Revata is alleen uitgegaan in de kleding van een yogin. Ik merkte, dat hij zijn gelaatskleur donker maakte."

„Stuur hem hier, als hij terugkeert...."

De volgende dag verschenen dragers en lastdieren met de kostbaarheden en schatten, die de ambtenaren van Bindoesara ontroofd waren. Toen begreep Asoka de verontwaardiging en woede van de Takshasilanen.

„Geëerde Vimalamitra, maak bekend, dat ieder, die door de ontrouwe beambten is benadeeld, zijn schade bepaalt. We zullen hun teruggeven, wat hun onrechtmatig ontnomen is."

De ministers rezen als een man zwijgend op, bogen, de handen gevouwen, diep voor den Prins, die.... de aanleiding tot de opstand durfde erkennen.

„Vele vreemde kooplieden, die reeds lang vertrokken zijn, kunnen hun te veel betaalde belastingen niet terugontvangen, rechtvaardige Prins."

„Gebruik dat dan naar uw wijs inzicht, Vimalamitra.... Ik wenste gaarne een opgave te ontvangen van de geleerden, die in deze stad wonen."

Vimalamitra boog diep.

„Uw belangstelling voor het leven in Takshasila treft ons zeer, o Prins."

„Hadt gij anders verwacht, Heer?"

„Wij meenden, dat Madhjadesa de diepste minachting heeft voor Pankanada. Rechtvaardigheid bestond niet voor het land ten westen van de Sarasvati."

„De beambten van den Maharaja zijn niet mijn Vader zelf."

„Wij hadden slechts met hen te rekenen, o Prins. Het volk van Takshasila voelt zich rijk, een zelfstandig volk, dat beter dan Patalipoetra de wereld kent. De grote massa van mensen leeft hier zonder varna's, zonder Veden en haar offers. Men weet, dat het oosten een grens getrokken heeft tegen het westen: de woestijn en de Sarasvati. Daarom zoeken vele steeds weer toenadering tot Syrië en wensen zich los te maken

Asoka, de wilde prins 6

van het oosten, dat ons slechts gebruikt als de mango, die men uitknijpt om zijn kostbare sappen. Oude raja-geslachten voelden de hoop oprijzen, dat zij hun vroegere macht zouden herwinnen. De opstand was gericht tegen de begerige ministers."

„Ik dank u voor uw openhartigheid, geëerde Vimalamitra. Mijn Vader wist nauwelijks, dat de oorzaak daar lag. Zeker is, dat hij deze toestanden niet heeft gewild."

„Ik vrees, dat Pankanada nooit tot rust zal komen, als men doorgaat, van uit Patalipoetra het te beschouwen als een land van goddelozen en vervloekten."

„Wat denkt ge, dat de Pendjab tot rust zal brengen?"

„Wanneer de Maharaja ons door een onderkoning laat besturen, die het leven van het westen begrijpt en waardeert, die door wijze maatregelen de volken het gevoel zal geven, dat hun leven ook als goed wordt erkend, dat hun huis ge-eerbiedigd wordt, hun land en bezit erkend als in Madhjadesa. Wie het westen wil regeren, moet weten, dat het geen afgesloten familiekring is, omringd door hoge muren van varna, vast omschreven moraal en beambtenwillekeur. Onze volken kennen de zeden en godsdiensten van de Egyptenaren, de Iraniërs, de Babyloniërs, de Grieken.... De goden van Madhjadesa zijn niet de goden van de wereld. De gedachten uit verre landen kruisen hier onophoudelijk die van de Aryers. Voor ons is de wereld buiten Indra-land anders maar daarom niet slechter. Zich afsluiten van de wereld leidt tot bekrompenheid.".....

„Misschien hebt gij gelijk, Heer.... maar Kautilya was een Takshasilaan.... Chandragoepta kwam uit de westelijke Himalaya."

„Geen heerser, hoe machtig ook, ontkomt aan bekrompenheid en machteloosheid, als hij zijn volken laat afsluiten door een priesterstand, die door het volk geëerd wordt als de alleenwijze. Wijsheid is niet het geestelijk bezit van een varna, zij is het bezit van de gehele mensheid. Alwijs is niet hij, die de Veden kent en de Brahmana's en de Oepanishads, maar die de zin des levens doorschouwt."

162

Asoka keek Vimalamitra aan met verbazing.

„Gij zijt Brahmaan!"

„Ik ben een mens, o Prins."

Lang moest Asoka nadenken over de woorden van den minister.... Wie zou ooit in wijsheid Indra-land kunnen besturen! Wie zou de binder zijn van zoveel uiteenlopende gedachten! Wie de loten van een eeuwenoude bodhi-boom kunnen leiden naar één hoge top? Wie het streven van alle mensen naar één god? Duizend volken gehoorzaamden den enen Maharaja van Patalipoetra. Hoe moest de ene Maharaja de duizend volken begrijpen en leiden? Was de schatplichtigheid van de volken van belang, of de macht van den Maharaja? ... Welke goden heersten: die van Madhjadesa of die van de Pendjab? Of die van de Grieken of Egyptenaren?....

Prins Kala en de ministers ontvingen de Takshasilanen, die door de vroegere beambten benadeeld werden, bepaalden hun schade en wezen de vergoeding toe. Het maakte grote indruk. Men had zich oorlog, beleg, plundering, moordtochten van overwinnende veldheren, de geraffineerdste pijnigingen van de veroorzakers van de opstand voorgesteld.... De Prins echter strafte niet.... deed hun recht wedervaren boven de verwaten beambten van den machtigsten Maharaja!

Toen Asoka en Koelika een tocht door de straten maakten, hoog op de rug van Dakada, geschut door de parasol van den Keizer, ging geen gejuich op in de groepen der bevolking, maar allen bewezen hem een sterk gevoelde eerbied. Het rustige vertrouwen was in hen teruggekeerd.

Met verbazing nam Asoka de stad op.... huizen van steen.... bouw van een andere wereld. Voor een huis, geheel van natuursteen opgetrokken, bleef hij staan.... Zuilen van steen, kapitelen met bladeren-motieven van steen steunden het dak.... architraven, waarin reliefs van voorstellingen, die hij niet begreep.... De eigenaar, die hen opgemerkt had, kwam door de galerij naar buiten, vouwde de handen boven zijn hoofd en boog diep.

„Behaagt het den rechtvaardigen Prins naar de woning van Soesmila te kijken?"

„Soesmila, ik keek naar uw huis, omdat het niet gebouwd werd van hout uit de bossen van mijn Vader, maar uit steen.... Wie kan uit harde steen bouwstof vormen.... Hoe dragen zuilen zulke zware vracht en breken niet samen!"

„Steen vereeuwigt de bouw, o Prins; geen knagende mieren, geen hete vlammen kunnen het verwoesten. Een grote eer zou het mij zijn, als de legeraanvoerder van den Maharaja het wilde zien."

„Graag, geëerde Soesmila."

Soesmila toonde met trots zijn huis, de binnenhof.... fontein met beeldhouwwerk uit vreemde landen, nissen met beelden van witte steen, uit het land van den machtigen Macedoniër, vreemde godengestalten uit Egypte.... stil en als nadenkend in de nissen verscholen.... vazen van teer gekleurd porselein, schijnbaar achteloos geplaatst, waar ze het oog bekoorden, hier en daar een enkele bloem, die in hevige kleuren de stemmige schoonheid stimuleerde.... kostbare tapijten uit Iranië en Arachosa, neergevlijd of over de lage scheidingsmuurtjes gehangen, gekroond met fantastisch smeedwerk van Kashi....

„Schoonheden uit alle landen o Prins, waarvan de karavanen Takshasila bereiken...."

„Nooit zag ik zoveel vreemds en schoons dooreengemengd.... Verbiedt uw geloof of.... uw priester u niet, die ketterse goden in uw Arysche huis te plaatsen?"

„Heer, een beeld is geen god.... het is een tastbare vorm van de gedachte. En is wat vreemde kunstenaarsvingeren vormen van geringer waarde dan wat Aryers scheppen? Is de geest van den Iraniër, den Griek, den Egyptenaar, den Chinees niet atman van den eeuwigen Atman als de onze?"

„De geest van uw huis is schoon als uw eigen geest, Soesmila."

„De mijne is niet anders dan die van den bewoner van het verste land, niet anders dan die van elk dier, elke plant, tat tvam asi.... Zal ik dan scheiden, wat de eeuwige in één grote geest verenigt? Zal ik niet verenigen, wat de begerige wereld in onwetendheid scheidt?"

164

„Wie scheidt?" vroeg Asoka peinzend.

„De priesters van Madhjadesa, o Prins, die de Sarasvati en de woestijn als de grens van hun heilige wereld vaststellen en de Pendjab afstoten, naar het westen."

„Wie verenigt ze dan niet?"

„De Maharaja, als hij zijn landen ook in heilige en vervloekte streken deelt en zijn volken in heilige en vervloekte.... naar de wetten der priesters."

Asoka glimlachte. „En meent gij, dat de Maharaja zo zijn grote rijk verdeelt?"

„Neen, Heer.... dan zou hij u niet gestuurd hebben!"

„Gij vleit mij en daardoor den Maharaja."

„Heer, ik wens niet te vleien.... maar ik zou u gaarne zeggen, dat de Maharaja met uw zending allen in Pankanada met vreugde vervult."

„Varuna zegene uw schone huis, mijn Soesmila, dat in zich bergt een veelheid, die de eenheid ademt."

„Heer, uw woorden maken mij gelukkig. Ik bied u dit huis aan als een uiting van eerbied voor uw rechtvaardigheid, als een symbool."

Asoka keek Soesmila aan, die in deemoedige houding wachtte.

„Mijn Soesmila, ik heb een groot paleis tot mijn beschikking en behoef uw huis dus niet, kan moeilijk de woning van een ander aanvaarden."

„Veel meer dan deze woning ontving ik aan schattingen terug, Heer, en er resten mij nog andere in Takshasila."

„Dan wil ik het gaarne van u aanvaarden, Soesmila.".... Asoka reed lang door de wegen van Takshasila.

„Wat treft u het meest in het westen, Koelika?"

„Dat de Takshasilaan dichter staat bij de wijsheid van Sayana, Patalipoetra bij de starheid van Richika."

„En toch.... behoeft Indra-land iets anders dan de wijsheid uit de woudkluis."

Toen Asoka in het regeringspaleis aankwam, liet hij eerst Gopa bij zich ontbieden. Ze had haar bloeiende schoonheid herkregen: in haar gelaat schemerde een jeugdig karmijnrood door het donker van haar tint, en haar gang hernam de elastische beweging, eigen aan de westelijke tak van het Arysche ras.... Asoka nam haar scherp op. Haar grote, glanzende ogen richtten zich met een uitdrukking van innige zachtheid op haar redder. Ze had lang nagedacht, wat er van haar moest worden.... Slavin?.... Vernedering?.... Eerst had ze werkelijk gemeend, dat Siva haar had gered, later, dat hij een wilde Kshatriya was, die haar op Gandharva-wijs schaakte. Toen ze evenwel hoorde, dat de wilde Prins van Patalipoetra haar van de brandstapel geroepen had, wist ze, dat geen eigenbelang hem dreef. Welke Maharaja-zoon zou een weduwe, de meest verguisde vrouw in Madhjadesa, voor zich willen? Elke vrouw, de schoonste, was immers voor hem, als hij dat wenste....

,,Wat meent de schone Gopa, dat er van haar worden zal? Terug naar uw geboortegrond wilt ge zeker niet!"

,,Neen, Heer! Maar alles, wat gij over mij beslist, zal ik met vreugdig hart aannemen."

,,Wat verwacht ge dan van het leven?"

,,Toen ik Kasaka ondanks mijn hevig verzet als man moest nemen, wist ik, dat mij het vreselijke lot van weduwe zonder kinderen eens wachtte. Maar Kasaka wenste mijn dood op de brandstapel.... Toen heb ik gevochten met Yama.... om mijn leven.... Gij hebt het gered, o Prins.... Alles wat gij wilt, zal mij lief zijn.... als slavin wil ik desnoods u dienen.... Mijn leven is het uwe, Heer."

,,Als ik u vrij liet te doen, wat gij verkoost?"

,,Het liefst zou ik u dienen, o Prins."

,,Welnu, Gopa, ik ontving een huis van Soesmila, een rijken koopman in Takshasila. Gij moogt daarin wonen.... weet zelf, waarmee gij mij van dienst kunt zijn...."

,,Heer, ik dank u voor uw vertrouwen."

Asoka had dag aan dag met Vimalamitra en de andere ministers beraadslaagd, hoe men in het vervolg toestanden zou kunnen voorkomen, zoals ze tot voor kort gegroeid waren. Ieder begreep, dat noch ministers uit Takshasila noch onderkoning of ambtenaren uit Patalipoetra enige zekerheid boden tegen herhaling. Toen herinnerde de Prins zich, wat Soesmila zeide van zijn stenen huis....

,,Luister, mijn Vimalamitra, ik laat een onvergankelijke zuil van gepolijst steen maken. Daarin laat ik griffen met onuitwisbare letters, welke belastingen betaald moeten worden en hoeveel, welk deel van de koopmansgoederen, van de oogst den Maharaja toekomen. We zullen voor alles regelen stellen, die niet overtreden mogen worden en die ieder kan weten, als hij de zuil raadpleegt. De bevolking kan dan geen schade meer treffen."....

Thans wilde Asoka verder noordwaarts trekken, ten einde de Takka's te onderwerpen....

,,Sangala, we gaan naar uw vrienden, de Takka's."

,,Heer, als gij mij de zending toevertrouwt, wil ik de Kashiya's melden, dat gij gekomen zijt."

,,Ik vrees, Sangala, dat de strijders van Kashmira, Darada, van Oedjana, en Kamboga dan op Takshasila afkomen, om mij als gevangene mee te voeren."

,,Ze zijn wijzer, o Prins. Wij zullen hun zeggen, wie gij zijt."

,,Ge vraagt wel een groot vertrouwen van mij, Sangala."

,,Zoveel hebben wij nodig en zijn wij waard."

,,Welnu, Sangala, ga met uw strijders op weg. Als de maan weer nieuw wordt, verwacht ik u terug en dan gaan wij samen."

,,Heer, ik voel mij gelukkig, dat ge ons Takka's met deze zending belast. We zullen de andere strijders in de bergen en dalen van de boven-Pendjab dezelfde vreugde brengen, die gij ons hebt gebracht."

Toen Sangala vertrokken was, vroeg Asoka:

,,Wat denkt mijn Koelika van mijn besluit?"

,,Ik denk niet meer, o Prins.... Gaarne wist ik, waarom elke maatregel, die gij treft nog beter doel schijnt te bereiken, dan wij maar durven vermoeden!"

Asoka lachte. ,,Daar is geen waarom.... wel waarvoor.... Van u leerde ik de sastra: Tat tvam asi, mijn Koelika."....

167

„Waarom moet Gopa in het mooie huis van Soesmila wonen, mijn Prins?"

„Kan ik haar, een vrije Aryi, hier laten huizen bij mijn slavinnen?"

„Neen, o Prins."

„In mijn eigen vertrekken dan?"

„Neen."

„In een aparte afdeling van het paleis?"

„Nog minder."

„Denkt gij, Koelika, dat ik haar redde, om haar hier aan een ellende-leven prijs te geven?"

„Neen, Heer, we kennen u beter."

„Welnu, laat haar wonen in het schone huis, dat mij is aangeboden. Ze mag er gelukkig zijn. En misschien is ze ons nog van dienst .... De overwinning, die ik hier behaalde, is belachelijk; de strijd, die mij later wacht, misschien.... hachelijk. Ik wil zelf mijn dobbelstenen vormen voor de grote worp, Koelika."....

13. DE KREUPELE PRIESTER.

Juist kwam Revata terug van een zwerftocht.

„Heer, ik zag.... een kreupelen priester in Takshasila's wegen."

„Aha, heeft Devaka het toch gewaagd, mij te volgen!"

„Ja, Heer, ik weet, waar hij woont met Sakoeni."

„Hij is wat laat, om mij hier nog te schaden. Waarschuw prins Kala!"

Revata was de volgende morgen met staf en nap vroeg aan het huis, waar Devaka woonde, en smeekte de bewoners luid, hun karman te verhogen door aalmoezen te geven aan een armen boeteling. Devaka werd opmerkzaam en liet Revata binnenkomen.

„Vanwaar komt ge, yogin? En wat zoekt ge in Takshasila?"

„Uit Kosala, Heer. Mijn Vader was een Brahmaan, mijn Moeder een Soedri. Om mijn godsdienstige zuiverheid te verhogen, bezoek ik de heilige steden."

„Het is hier niet veilig voor u."

„Prins Asoka heeft de stad weer tot rust gebracht, Heer."

„Maar de goden tot woede!"

„Elke bewoner prijst Indra, Varuna en Brahispati, de heilige drie-eenheid, en het meest Siva, dat prins Asoka gekomen is. De heilige slangen en bomen ontvangen dubbele offers. Zonder bloedvergieten is de veiligheid in Takshasila teruggekeerd."

„Wie durft prijzen, dat zij, die de boven hen gestelde Brahmaanse ambtenaren vermoordden en plunderden, niet gestraft werden? Waar is het recht? Ja.... wie zelf onrechtmatig de hoogste macht zich toeëigende.... van hem kan men rechteloosheid verwachten!"

„Gij hebt gelijk, Heer.... maar.... de Maharaja zelf stuurde hem."

„Valse raadslieden.... of vrees voor den wilden Prins!" siste Devaka, „iemand, die niet zuiver is in de leer.... zelfs de spotters beschermt...."

„Is dat prins Asoka, Heer?"

„Erger, hij verkracht hier het recht als in Patalipoetra.... Wat zal er terecht komen van Bindoesara's grote rijk, als hij ooit Raja wordt? Prins Soemana is de kroonprins, beschermer van de Brahmanen en het recht. Hij gehoorzaamt de goden van Madhjadesa." Devaka's stem daalde: „Hij zou dit vervloekte land de wil der goden hebben opgelegd, de offers hersteld, in plaats van offers aan slangen en bomen te dulden."

„Gij kunt gelijk hebben, Heer. Wat kan men doen, om de verdwaalden op het rechte pad terug te voeren?"

„Prins Soemana onderkoning, een groot leger, het heilige geloof der Veda's en de offers herstellen, in het land van de Rig-veda de zondige gebruiken door Brahmanen uit Patalipoetra doen verjagen als zware nevelen door Soerya in de morgen.... Eert men hier de Brahmanen? Men kent nauwelijks de varna's! Ongelovige dasyoe's mogen hier vrij wonen. Worden de Veda's geëerd? Beschermt prins Asoka de offers? Offert hij zelf?"

„Heer, gij hebt gelijk. Ik hoor zelfs, dat hij op weg hierheen een dodenoffer heeft verstoord. Een vrouw wilde men verbranden met haar gestorven echtgenoot. Hij heeft haar van de brandstapel gehaald."

„Hoe zegt ge? Ge ziet, wien de belangen van Indra-land zijn toevertrouwd!"

Revata vertelde nu Gopa's geschiedenis, ook waar ze thans woonde. Devaka kreeg meer en meer vertrouwen in den boeteling, vooral, toen Revata dag aan dag terugkeerde en hem meedeelde, dat de prins een troep Takka's had uitgestuurd, om de noordelijke Pendjab te onderwerpen. Prins Asoka zou zelf ook gaan.

„Wanneer vertrekt de Prins? 'k Zou het graag vernemen."

„Misschien kan ik het voor u vragen"....

Vaak ook bezocht Revata Gopa.

„Wilt gij Asoka dienen, Gopa?"

„Zoveel ik kan, Revata."

„Tracht dan de plannen te doorgronden van den gevaarlijken offerpriester, Devaka. Die komt u bezoeken, wees daarvan verzekerd."

„Ik zal met blijdschap helpen, waar ik kan."....

Een eentonige dreun van de weg drong tot Devaka door: „De Dasyoe's bedreigen de Pendjab.... de Dasyoe's bedreigen de Pendjab.... de Dasyoe's bedreigen de Pendjab...."

„Wat zegt die stem, Sakoeni?"

„Dat de Dasyoe's de Pendjab bedreigen."

„De dasyoe's.... dat zijn de wilde stammen in de bergen! Roep hem hier!"

Een grijsaard met lange, verwarde haren en baard, verweerde huid, ellendige vodden om zijn middenlijf en rechterschouder, vuil en oud, betrad de veranda.

„Wie bedreigt de Pendjab, eerwaardige sanyasin?"

170

„De Dasyoe's, de hemelse Dasyoe's! Elk jaar trek ik naar de Himalaya, om het hemelse paleis van Siva en Parvati[1]) te vinden.... de berg Meroe te beklimmen, waar de goden huizen, in de heilige meren te baden, het Manasa.... om mij van zonden te reinigen. En dan zie ik het.... In het dal van de Shygar en van de Shyok.... rijst het water.... elk jaar hoger.... straks breekt de dam.... en de wateren zullen stromen over Pankanada...."

„Wanneer?"

„Ik weet het niet, Heer.... als de Dasyoe's het meer gevuld hebben."

„Hoe ver is de reis?"

„Lang, lang...."

„Kent gij de weg?"

„Ja, Heer, het is de weg voor de karavanen door Kashmira, over de Himavant naar de noordelijke landen, kruisend de Indus...."

„Hoe reist ge?"

„Ik te voet, maar met sterke ezels uit het Oxus-dal gaat het sneller."

„Hoe groot is het meer?"

„Eindeloos lang.... bodemloos diep.... en de andere zijde is ver.... ver...."

„En de dam?"

„De dam, Heer, is van verstijfd water.... hij komt uit een zijdal, langzaam, statig, zodat het oog het nauwelijks ziet.... hij schuift breed en machtig voor de wateren van de Shygar, Heer.... en het meer stijgt, stijgt jaren.... tot de dam breekt.... en de Indus zwelt, uitbarst over de weiden en bouwlanden der Aryers.... en alles meesleurt op zijn weg...."

„Wie breekt die dam?"

„Alleen de boze Dasyoe's.... of Siva, de heer van de dood."

„Laat mij zien, Sanyasin, laat mij zien! Wij huren ezels

---

[1]) Siva's vrouw.

van het Oxus-dal.... Hoeveel ménsen kunnen de dam breken?"

"Dat kunnen alleen de goden en de Dasyoe's, Heer. Wanneer de boze Dasyoe's zien, dat de schade het grootst zal zijn, zenden zij regen, smelten de sneeuw en het verstijfde water, en eindelijk breken zij samen de geweldige dam...."

"Ja, ja, de Dasyoe's.... of de Brahmanen!....

Dat zou de wraak der goden zijn!.... Devaka's prediking tegen de Takshasilanen werd van deze dag af dreigender. Hij waarschuwde voor de ramp, die de Indus-vlakte bedreigde, als de bewoners de Vedische goden niet gehoorzaamden. De sluizen in het godenrijk zouden zich openen en geweldige watervloeden zich uitstorten over de rijkbeladen oogstvelden, karavanen meegesleept worden.... als de Takshasilanen niet tot inkeer kwamen.

Nieuwe dreiging?.... Van de goden?.... Van de heilige bergen, waar kale, hemelhoge rotsen het paleis van Siva schraagden?.... Wist Prins Asoka daar ook van?

"Welk gevaar, Heer?"

"De wraak der goden!"

"Waarvoor?"

"Hun wetten worden geschonden, hun offers verwaarloosd, hun priesters verguisd."

"Wees voorzichtig, priester, gij kent het lot van Virata! Verlaat Takshasila, priester; prins Asoka zal ons opnieuw wantrouwen!"

"Zwijg!" schreeuwde een der omstanders luid.... "Welke wetten worden geschonden? Welke offers verwaarloosd? Welke priesters verguisd?"

"Wie is de kroonprins van Indra-land? Zal hij onderkoning van Takshasila worden?" De omstanders keken elkaar onthutst aan.

"Wie verhinderde een offer, toen hij op weg was, om de opstandige Takshasilanen te onderwerpen?"

"Wie dan?"

"Dat weet gij! Offert de nieuwe regering de goden? Eert men de Brahmanen?"

172

„De Brahmanen! Ha, ha, ha! Hij wil, dat wij zullen kruipen voor de Brahmanen, zoals het volk van Madhjadesa!"

„In de Veda staat...."

„In welke Veda's? Die gij hebt veranderd en verknoeid,
om uw eigen varna te bevoordelen?"

Devaka zweeg.... Was dat geen vervloekt land!.... Het
zou een gevaar worden voor goden en mensen van Magadha
en Madhajadesa.... als de wilde Prins het eenmaal beheerste!....

„Weet wat ge doet! Gij bespot de Brahmanen en de
Veda's.... Vreselijk zal de straf zijn, die de goden van
Aryavartha u ten gesel nemen.... Gij verdwaasden zwaait
de brandende knuppel door de verdroogde dzjungel in de
maand Gjestha.... De Maroets zullen hun zegeningen[1]
voeren ver over uw hoofden naar het rijk der goden, en de
Dasyoe's zullen ze ginds verzamelen en ze in een ramp verkeren.... Straks zal uw oogst, uw vee, uw rijkdom, uw land
weggevaagd worden door een zondvloed, en er zal voor u
geen berg der binding zijn.... als ge niet smeekt tot de
goden van Aryavartha, neen eist, dat de wetten van het land,
van Manoe, godvruchtig worden toegepast.... En op de
eerste vloed zal een tweede volgen, machtiger dan de
eerste!.... De Dasyoe's verderven u!"

Velen rilden van angst, anderen lachten.

„De rots van Takshasila steekt ver boven de Indus uit!"

„Maar het land! Maar de Takka's! Maar uw karavanen!
De Dasyoe's zijn ontstemd over de Arya's aan de Indus.
Dient de goden, offert, doet hun wil, misschien dat ze de
ramp dan van u afwenden...."

„Offert aan de priesters van Madhjadesa, opdat ze dikke
buiken krijgen; offert ze soma, opdat ze heilige taal verkondigen!" spotte een ruwe krijger uit Patalipoetra.

Een onderdrukt lachen doorkrampte de rijen. Velen, wien
de Veda's niet onverschillig waren, verdwenen stil....

„Vervloekt is, wie de goden bespot en hun bevelen veracht!

---

[1] Regen.

Indra zal u de hemel-melk[1]) onthouden, Vayoe de ijzige winden uit de heilige oorden van Nagna Parva en Hanamosh op u laten neerdalen, en Brahmanaspati uw huis vernietigen, als gij voortgaat, de wetten der goden te schenden."

,,De wetten der Brahmanen van Madhjadesa!"

,,Dat is hetzelfde, zoals ge te laat zult bemerken! Binnen een maand zal een wilde vloed opstijgen tot de rots van Takshasila!" Devaka ging.

Het leek of een donkere schaduw dreigend dreef over de pas geredde stad.

's Avonds kwamen Devaka en Sakoeni naar Gopa's huis. Onmiddellijk stuurde ze bericht naar Asoka. Devaka keek met verontwaardiging rond.... steenbouw.... zondige beelden.... vreemde kunst.... weelderige inrichting.... van een weduwe, die sati[2]) geweigerd had....

,,In welke zondige en dwaze omgeving zijt gij hier verdwaald, Aryi?"

,,Wie zijt gij, Heer, die zo'n dwaas oordeel uit tegenover mij, die gij niet kent?"

,,Ik ben een Brahmaans priester uit Patalipoetra."

,,Op bedevaart?"

,,Om dit land en volk te beschermen."

Gopa glimlachte. ,,Het vervloekte Westen?"

,,Hier wonen toch ook Arya's?"

,,Wat men vervloekt, beschermt men niet."

,,De Maharaja stuurt er zijn zoon."

,,Wilt ge dien beschermen?"

,,Ge weet toch, dat prins Soemana legeraanvoerder behoorde te zijn."

,,De Maharaja heeft prins Asoka gezonden."

,,Maar de goden zullen dit land vervloeken en verderven, als het Soemana niet als rechtmatigen onderkoning krijgt! Denkt gij, dat zij zullen toelaten, dat een prins raja wordt, die de goden en hun offer minacht? Wie het offer aan de

---

[1]) Regen.   [2]) Weduwen-verbranding.

goden niet eerbiedigt, brengt ongeluk over het land. Mijn vloek is in staat, dit land te vernietigen.... Gehoorzaamheid aan de Brahmanen, of...."

„Maar als de offerpriester het onmogelijke eist?"

„Wilt gij dat beoordelen?"

„Neen.... en ja, als men mij zelf als offer vraagt."

„Gij hebt niet te beoordelen, wat de priester beslist. Doet ge het wel, dan zal uw volgend leven u zoveel ellende brengen, dat elk offer u duizendmaal liever ware geweest."

„Ik heb geweigerd.... het offer, dat een priester mij vroeg...."

„Gij hadt niet mogen weigeren, zelfs al had hij uw leven gevraagd."

„Hij hééft mijn leven gevraagd, omdat mijn man.... de offerdienst dubbel betaalde, als ik met hem stierf.... op de brandstapel.... Prins Asoka redde mij op het laatste ogenblik."

„Prins Asoka stortte u in het verderf! Hij mocht niet ingrijpen bij het heilige offer van den priester."

„Zoudt gij menen...."

„De prins was legeraanvoerder. Hij mocht het heilig offer niet storen."

„Maar mag een ander over mijn leven beslissen?"

„Dat had de priester uit te maken."

„Ge denkt dus, dat prins Asoka en.... ook ik erg gezondigd hebben."

„Een eindeloze rij van ellendige levens staat u te wachten en de geest van uw man zal uw kwelduivel zijn."

„Heer, hoe ontkom ik aan dat bittere lot?"

„Dien de goden!"

„Wie zegt mij, wat de goden wensen, Heer!"

„Ik, een Brahmaans priester, die hun wil weet en beheers."

„Zeg mij, Heer, wat ik moet!"

„De goden willen, dat Prins Soemana onderkoning van de Pendjab wordt. De Brahmanen willen het, omdat de heilige wet van Manoe het eist. Gij acht u dus ontslagen van dankbaarheid aan prins Asoka en helpt mij voor ons doel."

175

„Heer, hij redde mij van de vreselijkste dood."

„Hij brengt u in het allerellendigste ongeluk.... als ik het niet keer."

„Ja, Heer...."

„Gij stelt u in dienst der goden of zij verderven u."

„Ja, Heer."

„De wet van Manoe zegt, dat ge voor welwillende leugen en bedrog slechts koeken en melk behoeft te offeren aan de godin Sarasvati. Moet ge nog dankbaar zijn aan den prins, die uw ongeluk veroorzaakte, u een woning verschafte met heidense, ketterse godenbeelden! Prins Asoka kwam hier, omdat zijn vader hem vreesde — zoals vele raja's vóór hem hun wilde zoons vreesden. Ajatasatroe vermoordde zijn vader en vier opvolgers waren alle vadermoordenaars.... allen.... Thans is prins Asoka vriendelijk tegen de opstandelingen, omdat zijn leger belachelijk klein is. Zijn vader vertrouwde hem geen groter leger toe.... Als Asoka ooit Maharaja mocht worden, zal hij een gesel voor zijn land zijn; pest en hongersnood zullen de straf der goden zijn. Indra zal de hemelmelk weigeren, de Dasyoe's verzamelen de regen in het godenrijk, en als de oogsten de landen sieren, zullen ze de wateren storten over de velden.... De vriend van Asoka is een vijand der goden; geen enkele daad tegen hem kan zonde zijn. Wie hem benadeelt zij geprezen, wie hem doodt, is de grootste vriend der goden. Geen misdaad tegen hem hoe zwaar ook, of hij zal door hen vergeven worden, en een schone wedergeboorte zal het loon zijn.... Weet gij, Gopa, wie Asoka's trouwste bondgenoot is?"

Gopa verried niets van haar gedachten, en haar gelaat toonde ook nu slechts angst en nieuwsgierigheid. „Neen, Heer."

„Prins Kala. Hij is erger dan de wilde Prins; hij schroomde niet, Brahmaanse priesters te doden! Groter vijanden kennen de goden niet. Aan hem is afwassing van alle zonden te verdienen.... weldra verlaat ik dit onzalige land voor geruime tijd."

„Waarheen gaat gij, Heer?" deed Gopa verschrikt.

Devaka aarzelde, maar was overtuigd, Gopa te hebben gewonnen. Een man wint men door overtuiging, een vrouw door angst, Dasyoe's, de hel, ellendige wedergeboorten.

„Ik ga naar het land, waar de goden wonen, naar de berg Meroe, waar de Dasyoe's de straffen der goden voorbereiden.... tracht gij de daden van den Prins uit te speuren voor de Brahmanen. Gij zult er de heerlijkste vruchten van plukken."

„Heer, ik zal alles doen, om mijn zonden uit te wissen en de goden gunstig voor mij te stemmen."

„Dat is een ernstige belofte, mijn Gopa."

„Maar de.... Takshasilanen vereren Asoka!"

„Niet de Takshasilanen maar de Maharaja benoemt den onderkoning. Wij zorgen, dat de Maharaja zijn onderkoningschap vreest.... Wat doet Asoka om hier een grote macht te verzamelen? Wat doet hij daarvoor, mijn Gopa?.... De vrome leugen is u toegestaan!" fluisterde Devaka haar in het oor. „Weldra gaat gij met mij naar Patalipoetra, om voor den Maharaja te getuigen, dat een macht hier in de Pendjab groeit.... tegen hem. De goden spaarden u voor een heilige plicht!"

„Ja, Heer."

„Laat met geen woord ooit blijken, dat ge een verbond sloot met een Brahmaan. Ik verlos u van uw grote zonde.... als gij de goden dient. Dring u in bij de ministers van Asoka.... lok ze.... ge zijt zeer schoon, mijn Gopa.... en waarschuw ze voor de rampen, die hun wachten, als Asoka onderkoning wordt. Ik zal de Pendjab straffen, als ze zondigt.... Maar prijzen zullen de goden, wie hun ergsten vijand, prins Kala straft.... zijn ellendigste dood zal hun een feest zijn!"

„Wat wenst Devaka van mij?" vroeg plotseling prins Kala, die de ontvanghal binnentrad. Devaka schoot overeind. Zijn blikken bliksemden onbeheerst den Prins tegen. Een paar stappen deed hij naar de deur, dan siste hij: „Uw heil, prins van Mayoela."

„Dat begrijp ik! Komaan, ge loopt zeer goed.... ten-

minste op uw ene been, en uw ene arm beweegt zich uitstekend. Ga, en werk aan mijn heil!"

Met een blik van verstandhouding naar Gopa verliet
Devaka hoogopgericht het vertrek. Sakoeni, die geen woord
had gesproken, maar Gopa met zijn ogen bijna verslond,
volgde hem....

„Dat is een gevaarlijke tegenstander ... die Brahmaan ..."

„Voor wie gevaarlijk?"

„Voor prins Asoka.... en meer nog voor u.... Prins
Kala. Het ergste is, wat hij mij toefluisterde.... Hij wil den
Maharaja bevreesd maken voor den Prins en gegevens verzamelen, om Bindoesara te verontrusten. Mij wil hij meenemen naar Patalipoetra, als getuige tegen mijn redder....
De vrome leugen is mij toegestaan!.... Waarom haat hij u
nog meer dan prins Asoka?"

Kala vertelde Gopa, wat er in Mathoera gebeurd was, de
afstraffing in de dzjungel en de redding door Sakoeni.

„Hij zal u niet sparen.... en verwacht mijn hulp.... aan
de offerpriesters!" Gopa lachte. „Maar.... ik mag Madri's
lot voor ogen houden!"

„We zijn hier niet in Madhjadesa. Daar zijn ze de bemid-
delaars voor de goden, de strenge bewakers voor hun eigen
belangen, de raadgevers voor de Vaisja's, de verschaffers van
regen, zon en droogte, van lente en winter.... maar ook
de rechters, de geheime raden; zij vervormen de legenden en
de heilige boeken, om hun macht te vergroten.... Zij vervolgen elk onbarmhartig, die zich tegen hun wil verzet....
en Prins Asoka is hun ergste vijand. De Pendjab is vervloekt,
omdat ze hun heerschappij niet erkent.... Wordt Soemana
onderkoning van de Pendjab, dan komt hier een groot leger,
en zijn Brahmaanse raadgevers zullen niet rusten, voor ze hun
onheilspellende macht in dit land gevestigd hebben.... dan
is de Pendjab ook geheiligd.... Sakoeni, de jonge man, die
u met zijn geile blikken aangaapte, is een schender van zijn
goeroe's bed.... Daardoor maakte Devaka hem tot zijn
slaaf. Devaka meent, dat ook gij, Gopa, in zijn klauwen zit..."

„Waarom dooddet gij dat monster niet?"

178

„Asoka verbood het.... Als ik Devaka dood, komt een ander uit Patalipoetra, toegerust met groter haat.... Het is voor den Prins slechts de vraag, of wij ze doorschouwen. Hij wil Devaka niet doden, maar weten, welke plannen hij heeft."

„Heer.... ik heb geweigerd, mijn leven te offeren voor Kasaka, maar het zal steeds ter beschikking staan van den wilden Prins.... als ik hem dienen kan."

Prins Kala stond op.

„Gij zijt schoon als Oeshas en vriendelijk als Sita, mijn Gopa.... Weet gij, of de priester en zijn „leerling" ons gesprek niet hebben afgeluisterd?"

Gopa verbleekte en Kala lachte.

„Wees voorzichtig; hij gelooft u niet na het ene onderhoud van straks. Vrees echter niets, ik had vijf soldaten bij me, die bevel hadden, de twee uitgeleide te doen. Maar zij komen terug; daarom laat ik een beschermer voor u achter."....

Devaka dwong Sakoeni tot een leven van opoffering, maar de jonge Brahmaan, die als brahmacarin zich vergreep aan zijn goeroe's vrouw, voelde het leven als een zware last. Gopa ontvlamde zijn licht bewogen liefde. Hij wilde haar weerzien, en kon nauwelijks wachten, tot hij zijn plichten tegenover Devaka had vervuld. Lang reeds had hij een liefdepoeder bereid naar een der beste recepten: koeshta, blauwe lotosbloem, een vleugelpaar van een bij, wortel van tagara en witte kakajangha, gedroogd tot poeder gewreven. Hij droeg het altijd bij zich in een zilveren doosje. Als hij het een vrouw op het hoofd strooide, zou ze betoverd worden en zijn slavin zijn....

„Schone Gopa, sta mij toe, u nogmaals te bezoeken. Straks heb ik geen woord...."

„Wie zendt u?"

„Niemand. Ik werd zeer getroffen door uw schoonheid en ons gelijke lot."

„Gelijk, zegt gij?"

„Ja, wij wensen immers beide Devaka te dienen, om onze zonden af te wassen!"

179

„Elk zal dat op zijn wijs moeten doen.... zoals elk ook zondigde op zijn wijs...."

„Vindt gij het dan niet moeilijk, alle omgang met anderen af te zweren, om Devaka's wensen na te gaan en daaraan uw kracht te besteden?.... Ik smacht naar een vriend.... een vriendin, die ook naar mij zou verlangen."

„Waarom zoekt ge er dan geen?"

„Ik vond u, Gopa.... schoon als de dageraad boven de heilige Ganges.... gij zijt alleen, ik ben alleen.... waarom zouden wij elkaar niet troosten?"

Hij stond op, het doosje verborgen in zijn hand, naderde haar, strooide met grote voorzichtigheid het poeder op haar hoofd, zodat ze het niet merkte, en wachtte, tot ze ook hem zou wensen....

„Ik behoef geen troost."

„Ik wel. Ik moet met Devaka een verre reis doen; in geen tijden zie ik u weer."

„Waarheen gaat gij, Sakoeni?"

„Verder dan de Himalaya."

Verder!"

„Ja.... het dal van de Indus voorbij.... over bergen van verstijfd water, waar geen dier leven kan, geen plant groeit."

„Goden, blijf toch hier!.... Wat wilt ge in zulke oorden!" zei Gopa vriendelijker, omdat ze wilde weten.

Sakoeni aarzelde even.... Het poeder begon te werken!

„Devaka wil zien, waar de Dasyoe's hun water verzamelen, dat dood en verderf brengt. Sokota, een sanyasin, geleidt ons. Devaka zal de hondse Dasyoe's dwingen, het water over de Pendjab te storten, als straf voor de miskenning der goden.... en hij heeft een geweldige kracht in zijn gebed.... Zal ik zo lang moeten smachten naar uw liefde, mijn Gopa?"

„Gij zijt een Brahmaan, ik een vervloekte Kshatriya-weduwe," deed Gopa treurig.

„Devaka neemt immers alle vervloeking van u weg!"

Sakoeni meende, dat het middel nu wel voldoende gewerkt had. Hij naderde haar vertrouwelijk en nam haar plotseling in zijn armen. Gopa weerde hem met kracht af. Toen murmelde hij zevenmaal de „oom"-spreuk, die elke vrouw willig maakt in liefde-zaken. Gopa begreep, dat ze den jongen man slechts met list kon verwijderen. Revata, die Sakoeni gevolgd was, en het gesprek beluisterde, maakte vreemde geluiden in het naaste vertrek.

„Stil! Sakoeni, ga onmiddellijk! Hoor.... de geest van mijn overleden man! Hij was tijdens zijn leven jaloers als een tijger.... Hoor, hij nadert.... hier, gauw, verlaat het huis.... Het kost u het leven!" Gopa zette zulk een angstig gezicht, dat Sakoeni haastig verdween. Toen trad Revata binnen.

„Ik reis met hen mee, Gopa. Zij brengen rampen over de Pendjab en mijn Heer.".…

Toen Asoka bekend werd met de plannen van Devaka en zijn brahmacarin, overlegde hij met Kala en Revata, wat hun te doen stond. Onderwijl verscheen ook Vimalamitra, die meldde, dat enige Brahmaanse offerpriesters uit Pataliputra in de stad waren aangekomen en een bezoek hadden gebracht aan Devaka. Wat ze bespraken, wist hij niet.

„Ik kan u inlichten, Heer," zei Revata. „Zij zullen Devaka's ophitsing vervolgen, uw werk verdacht maken, en als het volk niet wil luisteren, de Pendjab met een grote ramp bedreigen, die Devaka zal veroorzaken. Ik wenste met hem te gaan, om te weten welke."

Asoka dacht even na; dan zei hij:

„Luister, Vimalamitra, stel voor elken Brahmaan een aantal vertrouwde mannen aan, die hun in de weg treden, zodra ze tégen ons spreken, en houd ze nacht en dag onder toezicht. We zullen zien, hoe alles zich dan verder ontwikkelt.".…

De Brahmanen, die Devaka vervingen, begonnen hun werk, maar ze vonden overal Takshasilanen op hun weg, die eerst luisterden, dan hen uitlachten, uitjouwden, prins Asoka hemelhoog prezen en overal opstootjes tegen hen veroorzaakten, ongevoelig voor hun heiligheid en hun vloekingen. Vimalamitra waarschuwde de vreemdelingen, hun godsdienstige redevoeringen te staken. Het enige gevolg was, dat ze de

181

goddeloze mensen van de Pendjab nu begonnen te waarschuwen voor de grote ramp, die de vertoornde goden hun
bereidden. De onrust groeide. Het was duidelijk, dat de
Takshasilanen den Prins in bescherming namen tegenover de
priesters. Vimalamitra liet de onruststokers ten slotte uit de
stad verwijderen en hen tot over de Sarasvati voeren.

Toen waagde Devaka het niet, de stad te verlaten....

14. LEPROOS!

De karavaanleider Nila viel uitgeput op een bank neer.

,,Niets te verdienen, Lambi, de vreemde kooplieden schuwen
onze opstandige stad.''

,,Maar van opstand is niets te bespeuren!'

,,Wie weet dat in Bactrië en Arichosa, in Iranië en Syrië.
Zelfs uit Oeggajini en Bharygaza komen nog weinig kooplieden. Ze wagen hun kostbaarheden niet bij de plunderaars
van Takshasila.''

,,Komt wel in orde, als men hoort, dat Asoka onderkoning
van Takshasila is.''

,,Is.... is.... legeraanvoerder! Men vereert hem als een
god.... in de Siva-tempel verdringen de Takshasilanen
elkaar, om offers te brengen en baten af te smeken. Vimalamitra zegt, dat de jonge Maurya de wijsheid bezit van een
Richi.... het volk buigt voor hem in het stof. Wie iets ten
nadele van den Prins zegt, wordt de stad uitgejaagd. De
volgende week is het nieuwe maan.... dan wordt een groot
feest gevierd, om den Prins te eren.... Maar ik heb geen
geld.... vijf dochters en geen geld, Lambi.... Raumi en
Toengi zijn schoon als Oeshas.... Geen man komt opdagen
en zegt: Hier, Nila: goud, kamelen, zwarte ezels, geef mij een
van uw schone dochters. Gister ontmoette ik Varisara, den
goudsmid. Hij vroeg mij, hoeveel bruidschat Toengi mee-
kreeg. Dat durft men te vragen tegenwoordig! Bruidschat!
Waar moet ik een bruidschat vandaan halen!.... Waar zal

ik feest van vieren!.... Ik wil ze uithuwelijken op de markt,
Lambi.... Ze tellen vijftien en zestien jaar.... Moeten ze
thuis verkommeren en werk verrichten, dat er niet is?"

„Gij zijt heer over uw eigen dochters, Nila. Zorg, dat ze
een man krijgen."

„Er zijn veel krijgers met prins Asoka meegekomen, Kshatriya's uit Madhjadesa.... Zij geven mij mogelijk meer goud
voor de meisjes dan ik hier ooit ontvang...."

Een trommelslager en een fluitspeler gingen door de stad
en lokten liefhebbers naar de markt. Daar plaatste Nila zijn
dochters op een stellage.

„Wie biedt goud voor mijn meisjes, schoner dan de
nymphen in Indra's hemel, gehoorzaam en trouw als Sawi-
tri.".... Vele krijgers van Asoka's leger waren komen toelopen, om het vreemde schouwspel aan te zien, maar ook de
legeraanvoerder zelf wilde deze ongewone uithuwelijking aanschouwen, toen Vimalamitra hem de betekenis van fluit en
trom verklaarde. Door Revata als een oudere minister vermomd, stond hij tussen de Takshasilanen. Revata wees hem
ook Sakoeni onder het publiek.

Toen niemand goud bood, ontblootte Nila de schouders en
rug van zijn meisjes, om haar schone vormen te tonen.

„Schoon, of Kama ze voor zich zelf geschapen heeft! Wie
biedt er goud?"

En toen er nog niemand bood, ontkleedde hij de borsten
der beide meisjes. Sakoeni, getroffen door elke bekoorlijke
vrouw, meende, dat hij wel een van de meisjes kon kopen....
Hij bood.... haar meenemen naar Patalipoetra, daar dacht
hij niet aan.... dat zou Devaka ook weigeren. Sela en Sissoe
echter boden meer. Sakoeni bood hoger. Toen riep een
Takshasilaan: „Nila, geef uw dochter niet aan dien knaap.
Hij is de voetenwasser van den Brahmaan Devaka uit Patalipoetra. Die vervloekt u en uw dochters!"

Boos bood Sakoeni nu het dubbele, maar Nila zei:

„Neen, jongeling, wie Devaka dient, is tegen Asoka en kan
van mij geen dochter kopen." Dat vond grote instemming.
Sakoeni verliet de menigte, die hem uitlachte. Asoka stuurde

183

nu Revata op den kameeldrijver af, om de meisjes te kopen voor Gopa in het huis van Soesmila. Als Sela en Sissoe ze wilden trouwen, kon dat altijd nog gebeuren.... Zo trokken Raumi en Toengi naar Gopa's huis....

Het feest was gekiemd en gegroeid in de zielen der Takshasilanen. Ze voelden zich verlost uit de benauwenis van hun opstand, elke maatregel van den Prins bracht hem nader tot hen. Het geluk durfde zich nog niet uiten, maar Vimalamitra wist, dat het zich een uitweg wilde banen en hij wendde zich tot Asoka.

„Heer, het nieuwe maan-feest van Châitra nadert. Wenst gij, dat Takshasila het viert?"

„Is men geneigd feest te vieren, mijn Vimalamitra?"

„Heer, het feest van Châitra zal de vreugde hoger opvoeren dan de Hymavant, omdat gij Takshasila regeert."

„De bevolking in feestroes.... hoge minister...."

„Heer, gij zult zien. Vertrouw op ons."

Asoka gaf toestemming, maar nam zijn veiligheidsmaatregelen, daar hij elke mogelijkheid van een onaangename verrassing wilde vermijden.

Schetterende krijgsschelpen, fluiten en trommen zetten het feest in. Maar de Takshasilanen waren begonnen hun stad te versieren, zodra Oeshas haar eerste rode, vernevelde stralen over de Vitasta zond. Toen Asoka, gezeten in de statiepalankijn op Dakada's brede rug uitreed, om het feest te aanschouwen, gevolgd door Kala, Vimalamitra en andere ministers, alle op rijk versierde olifanten, was Takshasila in een bloemenlusthof herschapen. Guirlandes met grote, helblauwe lianen-bloemen, sierden in bevallige slingers de wegen: orchideeën, in teerste vormen en kleuren, bogen zich van de masten neer naar den Prins. Meisjes en knapen, in wit en rode feestkleding leken helle bloemen mee. Kinderen wierpen een kleurenschat van vers geplukte bloemen op de weg, waar de jonge Prins reed. Een lach van geluk schaterde op uit de duizenden verheugde gezichten, waar Asoka zich wendde. Goochelaars, potsenmakers, slangenbezweerders, muzikanten, elk staakte zijn spel, want de toeschouwers snelden naar den zoon van den Maharaja, om hem toe te juichen: „Raja Asoka!" „Siva heil!"

„Hoort ge, Sakoeni? Raja, Raja!.... Het mag ons wonderen, dat men geen Maharaja roept!" siste Devaka.

„Deed men het maar, Heer! Dat zou Bindoesara het meest verschrikken!"

Devaka knikte.... „Goed gezien, jonge Brahmaan.... Maar iets anders zou misschien.... heel Aryavartha verschrikken.... iets, dat hem.... hem zou uitwerpen.... Kom, ga mee.... Mij kwam een nieuwe gedachte."

De twee verlieten het gefeest in de stad. Langs een eenzame weg wandelden ze naar het leprozen-kamp.

Sakoeni verbleekte, toen ze de omheining binnentraden. Hij hield van schrik zijn pas in, zag een man, wiens neus, oren, en ene oog benevens een arm tot de elleboog door melaatsheid waren verdwenen, terwijl de rest van zijn lichaam hevig was aangetast.

„Kom mee, schrik niet van wat de zondige mens zich in zijn vorige leven zelf heeft berokkend," voer Devaka luid en driftig tegen hem uit.

„Is elke ramp dan gevolg van zonde in een vroeger leven? En bergt elke zonde ellende in zich bij volgende incarnatie's?" vroeg Sakoeni angstig.

„Elke zonde tegen de Veda's vindt haar gerechte straf!" riep Devaka hard. Sakoeni kromp ineen.

De melaatse had Devaka's woorden verstaan. Een gillend gefluit weerklonk, en van alle zijden hinkten, kreupelden, kropen wezens op hen toe, zo verminkt tot de gruwelijkste afzichtelijkheid, of Yama[1]) de geest niet los had kunnen wikkelen uit de reeds lang vermolmde lichamen. De man, dien Devaka bij de ingang ontmoet had, fluisterde zijn lotgenoten enige woorden toe.

„Priester, priester!" Devaka keek verschrikt om, Sakoeni verhaastte zijn stap, bevend op zijn benen. De schare verdoemden volgde hen murmelend en dreigend.

---

[1]) God van de dood.

„Wat was dan ùw zonde, kreupele priester, met ook nog een stijve arm?" riep spottend een der melaatsen, die, zonder benen en afgrijselijk verminkt, zich met behulp van twee krukken moeizaam op zijn beenstompen voortbewoog.

Devaka haalde Sakoeni in, vervolgd door een cynische, rauwe gorgellach.

„Laat die ellendigen hun ellende!"

De meester van het kamp joeg de jammerlijke bende terug en ontving de beide priesters. Terwijl Devaka met hem het doel van zijn komst besprak, keek Sakoeni naar buiten en ontdekte een allerliefst jong meisje, dat danste op een melodie, die een vriendje op de fluit blies, levendig en toch melancholisch. De dans van het ranke kind was zo juist en uitdrukkingsvol, dat Sakoeni geboeid toekeek en ontroerde.

„Heer!" Devaka naderde hem, zag lang en bedachtzaam naar het toneeltje: twee jonge mensen tussen al die verminkte ellendigen.... Zijn haat had gevonden....

„Zijn die kinderen.... ook melaats, meester?"

De meester knikte. Devaka's goud was voldoende, hem de strenge kampregels te laten overtreden en den leider van de dans- en speeltroep, die de avond van het feest in Asoka's park zou optreden, over te halen, ook een rol te geven aan de beide kinderen. Hij kocht kleurstoffen en beval de stumpers op harde toon, elkaar de aangestoken delen van de huid te schminken, zodat niemand ze zou opmerken.

„Is het zo goed, Heer?" vroeg de knaap, terwijl hij de beide Brahmanen naderde.

„Blijf daar, vuile zondaars!" beet Devaka hun toe. „Als ge ons aanraakt, is uw leven niet veilig." De kinderen weken ontzet terug. „Vanavond.... als prins Asoka of prins Kala u roept, moogt gij ze gerust naderen en aanraken ook."

„Onze meester heeft ons zeer streng verboden, dat te doen."

„De meester telt daar niet."

„En zullen de prinsen ons niet vloeken?"

„Als ge mooi danst en goed speelt, zullen zij u strelen.... kussen misschien.... Kus gij dan hun handen, streel hun

186

voeten, als gij voor hen buigt.... En kust gij hen, dan zal
uw beloning zeer groot zijn.

„Wat?" vroeg Vjadi. „Suiker? En honingkoeken?"

„En de prachtigste sieraden, die ge wenst." Vjadi liep in
haar opwinding naar Devaka toe en wilde hem bedanken voor
zijn vriendelijkheid.

„Blijf daar, onrein en zondig schepsel! Als ge mij en mijn
vriend aanraakt, sla ik u neer met mijn stok en ontgaat u elke
beloning."

Vjadi kromp schuchter ineen.... Vroeger haalde ieder
haar aan, als ze lachte. Sinds ze leproos was, werd ze afge-
snauwd, gescholden. Ze verborg zich achter haar vriendje.
Ze haatte die twee mannen als allen, die haar uitstieten: haar
ouders, haar vriendinnen.... ook prins Asoka en prins Kala,
bij voorbaat....

Asoka merkte, dat hij hoog op zijn olifant, niets van
Takshasila zou weten. Hij overlegde dus met Revata, dat ze
samen — ongekend — zich in de stad zouden begeven....
Zo aanschouwden ze hanengevechten, gevechten van geiten,
rammen, honden en verbaasden zich over de opwinding, waarmee vele feestgenoten de opgezweepte woede der dieren volgden, de vrolijke kreten, als het ene dier het andere tot bloedens
toe verwondde of doodde.... Toen een hond zijn soortgenoot
naar de keel vloog en zich vastbeet, en de andere kermend en
jankend zich tevergeefs van zijn bloeddorstigen vijand trachtte
te bevrijden, en de toeschouwers onder meedogenloos gelach
en aanvurend geschreeuw in hevige opwinding geraakten,
deed Asoka een stap vooruit, maar Revata hield hem terug.

„Gij wilt immers weten, niet ingrijpen, Heer," fluisterde hij.

Asoka keerde zich met driftig gebaar af.

Tovenaars, acrobaten, waarzeggers vormden het middel-
punt van grote mensengroepen. Revata leidde den jongen
Prins naar een slangen-tempel, waar angstig bevende jonge
geitjes geofferd werden aan reusachtige pythons, die door de
bezoekers werden aanbeden.... Naar de Siva-tempel....
bloedige offers.... Naar de Indra-tempel.... offers....
Bedwelmende dranken dronk men als in Patalipoetra bij

187

volksfeesten.... Asoka verstilde en keerde teleurgesteld naar zijn paleis terug. In de namiddag werd te zijner ere in het Bactrische amphitheater een voorstelling gegeven: muziek, zang, dans.... een dierengevecht van vier honden tegen een hongerigen leeuw. Het eerst werd de leeuw in de arena gelaten: een fraai, jong, driftig dier, dat met fonkelende ogen en geheven kop de omgeving opnam, terwijl zijn krachtige staart onophoudelijk zijn flanken kletste. Nu en dan gorgelde een zwaar rollend gebrul uit zijn keel op, dat de toeschouwers in stille sensatie deed rillen. Fier stapte het beest rond, stond stil, brullend om zijn vrijheid, terwijl zijn grote, behaarde kop het gehele amphitheater beheerste.

„Dit is het schoonste dier, dat ik ooit zag, mijn Koelika! Vanwaar al die mooie vormen?"

„Heer, zijt gij voldaan, als ik u vertel, wat Brihadaranyaka zegt? De Atman was oorspronkelijk noch man noch vrouw, maar de ongescheiden eenheid van beide. Die eenheid spleet zich: de man werd de scheppende wil, de vrouw de vorm. In de voortbrenging verenigden zij zich weer tot één. Daarop vluchtte de vrouw en verborg zich achtereenvolgens in de vele vormen van dieren: koe, paard, ezel, geit, schaap, olifant, leeuw, tot de mieren toe. Maar de willende Atman vervolgde haar door alle vormen, en zo brachten ze de eerstelingen voort van elke diersoort.... Zo is al wat leeft belichaming van den Atman."

Asoka had geen tijd tot overdenking, want plotseling werden vier honden losgelaten in de arena. De leeuw dook ineen, sprongbereid. Met onstuimigheid vielen de honden hem aan. Als de leeuw een der vier met zijn geweldige klauwen poogde te slaan of zijn muil sperde voor een noodlottige beet, deinsden ze snel achteruit, onmiddellijk gevolgd door een nieuwe aanval, waarbij ze den leeuw verwondden. Dat dwong den aangevallene, zich tot een andere te wenden.... met hetzelfde gevolg. Wist hij een hond te grijpen en neer te smakken, dan verhinderden de andere drie door hun onweerstaanbare aanvallen den leeuw, zich tot den onderliggende te bepalen. De brute kracht der dieren en hun wild, alles-door-dringend ge-

188

huil, gebrul en gejank vervulde het theater met een sid-
dering....

De Prins zat rechtop; zijn blik ging nu eens naar de strijders dan naar de toeschouwers. Waar was de bloeddorst....
hier of daar? Waar de wildheid? Waar de oorzaak....
schuld? Wie sperde de ogen het wijdst: de mens, die hitste
of het beest, dat zinneloos woedde? Waarvoor die strijd?
Genot, prikkel, lust.... lust in wat?.... Het gevecht ging
voort.... geen der dieren zou zich van den vijand los laten
scheuren.... Elk wilde de dood van den tegenstander....
Waarom? Nodeloosheid.... vernietigingslust....

,,Tat tvam asi.... Koelika."

De leeuw werd zichtbaar vermoeid, bloed vloeide uit vele
wonden. De aanval der honden verzwakte niet, ze voelden
zich zekerder van hun overwinning.... Asoka hief de hand
even op.

,,Heer, men zal het als zwakheid zien! Weten, niet ingrijpen, Heer," fluisterde Koelika, en Revata hief de parasol
beschermend boven zijn meester.

Asoka liet zijn hand langzaam dalen. Slechts twee wisten,
wat er in den beheerser van Takshasila omging.

Het achterlijf van den leeuw zakte ineen; met zijn voorpoten en muil sloeg hij nog zwak zijn belagers van zich af,
tot zijn kracht was uitgeput, en de laatste beten hem
doodden.... onder onbeschrijfelijk tumult van de toeschouwers, die in extase juichten, sprongen, huilden....

,,Ze hebben tijgerbloed in hun aderen, Heer," merkte een
der ministers op.

De Prins stond op en vertrok. De opgewonden kreten:
,,Raja Asoka!" ,,Siva, heil!" vervolgden hem....

,,Ik hoor, dat gij ons volk hebt aanschouwd als een vader
zijn kinderen, Heer. Mag ik vragen, welke uw indruk is van
de stad en de bewoners?" vroeg de oudste minister, toen ze
in het paleis teruggekeerd waren.

,,Het volk is ruw als in het oosten, mijn Vimalamitra."

,,Is het ruwer?"

,,Neen.... Maar wat zal hen verzachten.... daar....

hier....? De offerpriesters van het oosten noch de vrijheid van het westen.... Welke goden beschermen de mensen, de dieren! Tegen de wrede zelfzucht, Vimalamitra? Daar ontbreekt iets in het mensdom...."

„Heer, ik breng deze avond de wijste mensen van Takshasila naar uw paleis."....

Asoka ervoer met steeds groter verbazing, welk een verschil van opvatting van het leven, maatschappelijk als godsdienstig, er bestond tussen oost en west. Strenge afgeslotenheid daar; ruimte, beweging, zoeken naar verbindingen hier.... De eerste de beste zwakkeling zou onvermijdelijk de breuk brengen.... Soemana.... het grote rijk van Chandragoepta en Bindoesara zou uiteen liggen, verbrokkelen. Zou hij dat toelaten?.... Maar hoe zelf de eenheid te verzekeren, als hij de macht kreeg? Onderdrukking van de volkswil hier? Of van de priesterschap daar? Dwang tot wat hij goed dacht? Slaafsheid van Madhajadesa in het westen? Of ongebonden ruwheid van de Pendjab ginds? Het een was dwaas als het ander.... Wat dan? Wat dan?

De ministers van Takshasila hadden de voornaamsten der stad uitgenodigd, om het feest in Asoka's paleis bij te wonen. Rijke kooplieden, geleerden van de hogeschool, ambtenaren, aanzienlijke priesters, alles begaf zich naar de woning van den legeraanvoerder. Voor de verlichting van het park had Vimalamitra een groot aantal mannen in dienst genomen, die met fakkels, lampen, wit schitterend vuurwerk het licht onderhielden. Gopa, Raumi en Toenga leidden het aanbieden van versnaperingen en dranken door meisjes uit Takshasila. Prins Kala zag toe op de vele gewapende soldaten, die op Asoka's bevel in alle delen van het park waren opgesteld. Bij de rode lotus-vijver was op het grasveld het toneel voor Sivadatta's troep. De ene helft van de vijver was 's morgens even onder de oppervlakte, zo dat het niet opviel, bedekt met een donkere, onzichtbare dansvloer.

Asoka keerde juist met den oudsten minister van een statie-tocht door de geïllumineerde stad terug. Meer nog dan 's morgens was hij toegejuicht, „Raja Asoka! Heil Siva!"....

Asoka dacht aan de ruwheid, die hij deze dag gezien had.... Wat ontbrak er aan dat volk? De aanblik van al die jonge, vrolijke mensen, de kleurenpracht, de opgewekte feeststemming troffen hem toch. Vele hoge Takshasilanen bezochten den Prins in zijn tent. Vimalamitra bracht enige wijsgeren mee: Vasoedeva, den Veda-kenner, Bhava, den yogin, Salya den Sankhyan, Mati den Boeddhist en Poerna den materialist.

„De wijsheid van deze mannen spreidt zich van Takshasila uit over heel Indra-land, o Prins."

„Wijsheid heeft slechts waarde, als ze verhoogt het geluk van levende en voelende wezens. Wie van u, geleerde priesters, verwierf zoveel wijsheid, dat hij verlossing kan brengen uit de alverwarrende chaos van wreedheid der mensen, eigenbaat der priesters, haat der volken, rechteloosheid der dieren, ellende der Tsjandala's, onverdraagzaamheid der gelovigen? Wat mist Aryavartha?"

De hoge geleerden waren zeer getroffen door de vraag van den practischen regent, die geen rekening hield met hun bespiegelende wijsheid....

De zware dole bomde. Sivadatta's spelers verschenen en wierpen zich neer in de richting van den legeraanvoerder. De feestgenoten snelden van alle zijden toe, legden of zetten zich op het grasveld en wachtten. De vina trilde haar diepe, zachtfluwelen klanken over het stille avondpark. Sivadatta wist door jarenlange ervaring uitstekende vertoningen te geven. Zijn spelers had hij zelf gevormd. Vaak dacht hij spelen uit voor zijn toneel. Zo had hij ook met kunstvaardigheid Vjadi als danseres en Valda als muzikant in zijn troep ingelijfd, wat hem een rijke beloning van den vreemden priester opbracht. Vlak tegenover de met kleurige bloemen versierde tent van Asoka had hij een spelonk aan de vijver laten bouwen: de ingang door het water naar het rijk der naga's, diep onder de stad Takshasila. Slavinnen sproeiden rozewater uit Iranië en strooiden sandel-poeder uit Bharygaza.

Een priester verscheen op het toneel. Allen knielden neer, om zijn zegening te ontvangen.

„Moge Siva, de schepper van het leven, zijn dans voortzetten, die de wereld onderhoudt en de ruimte vervult van zijn beweging, en Kama Ananga [1]) hém verschrikken, die Siva Sambhoe in zijn wereldheil brengende meditatie verstoorde; moge Genesa uw verstand verlichten en Kamura zijn pauw bestijgen, die zijn beschermende staart spreidt over Bindoesara's rijk. Moge alle geluk uit Siva zich in u nestelen."

Sivadatta verscheen:

,,Genoeg! Hela, Marisha!"

,,Hier ben ik, Heer."

,,Ik stel voor, een nataka [2]) te spelen, waar de hoogste regeerders van Takshasila gespannen naar zullen luisteren."

,,Maar een nataka moet een belangrijk onderwerp behandelen, Sivadatta. En Takshasila is in een feestroes. Waar krijgt ge de bekwame spelers, die een nataka kunnen vertolken, terwijl elk misschien liever geniet van een vrolijke prakasana [3]), omdat allen in de feestelijkste stemming zijn in de gelukkige stad, waar een jonge Raja zijn wijsheid bracht."

,,Maar allen zullen verlangen, Vjadi's vreselijk lot te vernemen, en de spelers snakken er naar, hun kunst te tonen voor den hogen Prins uit het koningsgeslacht der Maurya's, wier roem de eeuwen zal beheersen....

Luister.... hoort gij niet dat weemoedig klagen?.... We zijn hier in het park van den heiligen Pasenadi, raja van Ayodhya.... Het is zijn Rani Padmavati, die een deva [4]) is voor de armen van Ayodhya en nu haar weegeroep opzendt naar de goden...."

,,Hoe kan een Rani, die zoveel karman heeft verzameld, klagen, Heer! Haar wacht immers het hoogste geluk na dit leven."

,,Zwijg, gij kent niet de rampzalige geschiedenis van Padmavati en Pasenadi! Pasenadi ging in zijn vorig leven op jacht en doodde een hert, dat een incarnatie was van

---

[1]) Lichaamloze liefdegod.   [2]) Mythisch of historisch drama.
[3]) Komische satire.   [4]) Godin.

192

een Richi. Padmavati, de huisvrouw van den woudkluizenaar, zette een kruik met water op de kop van een slang, die stervend haar toeblies, dat zij de dochter was van den Naga-raja, wiens rijk diep onder de stad Takshasila verborgen ligt.... Beiden werden vervloekt. Pasenadi leefde voortaan als yogin, die zijn karman torenhoog opstapelde. Padmavati deed hetzelfde, door haar leven te offeren voor den woudkluizenaar, zodat ze onder gelukkige omstandigheden wedergeboren werden: Pasenadi volgde op als Raja in het machtige Ayodhya, Padmavati werd zijn vrouw. Maar zij kregen geen kinderen.... Dat was de straf der goden.

Hun leven was zo heilig, hun zegen voor de bevolking zo groot, hun offeringen waren zo rijkelijk, dat de goden in voortdurend goede stemming raakten. Varuna werd vertederd: hij stond hun geen zoon toe, maar toch een dochter. De Naga-Raja [1]) echter eiste, dat het meisje met het voltooien van haar twaalfde jaar hem als offer gebracht moest worden, voor het verlies van zijn eigen dochter.. De goden waren verontwaardigd, maar de Naga-Raja gaf niet toe.

Nu is Vjadi bijna twaalf jaren. Gij speelt Pasenadi's eersten minister en vriend."

,,Nog meer, Heer?"

,,Ik wens. dat ieder met belangstelling zal luisteren en zien naar het werk, dat ik zelf, Sivadatta, voor dit feest bedacht, en dat ik het respect moge verdienen van den hogen Prins en alle hoge personen, die hier in het park van den genadigen Maurya verenigd zijn."

Asoka had eerst met belangstelling toegeluisterd, maar de indrukken van de dag lieten hem niet los, en hij wendde zich opnieuw tot de wijsgeren.

,,Welnu.... Vasoedeva...."

,,Heer, de vier Veda's, de Brahmana's, de Wet van Manoe, de Mahabharata en de Ramajana zijn de geopenbaarde wil der goden. Brahma heeft ze uitgeademd door middel van de

---

[1]) Raja van de slangen.

heilige Richi's, opdat de bewoners van Indra-land zullen gehoorzamen aan hun wijsheid. De priesters zullen de Veda's
leren en de offers brengen, de Kshatriya's de priesters beschermen, de Vaisja's werken, aalmoezen geven en offeren,
de Soedra's de andere kasten dienen. Elke Aryer zal vier
levensperioden doormaken: Brahmacarin en huishouder en
woudkluizenaar en sanyasin, en als hij door de Vedanta teruggebracht is tot de wereldziel, de majesteit erkent van Brahma,
den Atman en zich van al het vergankelijke, maya, heeft afgewend, heeft zijn geest zich voleindigd; elke begeerte is heen,
zijn zelf gaat op in het al, zoals de rivier in de wereldzee zich
verliest, naam en gestalte aflegt. Hij is verlost. Tat tvam asi!"
    „En de Mletcha, de Tshandala, Vasoedeva, die deel van den
Atman zijn als gij?"
    „Zij zijn onrein, Heer, maar als zij doen, wat voor hun
stand past, kunnen ze door wedergeboorte op wedergeboorte
eindelijk in een der vier hoge varna's verschijnen...."
    „En de Pendjab en de volken buiten Aryavartha?"
    „Zij missen het vertrouwen in de geopenbaarde Veda's
Heer.
    „Wel Poerna...."
    „Heer, de materialisten geloven, dat de geest een onderdeel
is van het lichaam, met het lichaam geboren wordt en er mee
sterft, zonder rest, zonder verder bestaan. Het uit kennis
bestaande wezen verheft zich uit de elementen: aarde, water,
vuur, lucht en gaat weer in ze ten onder. Er is geen hemel
en verlossing en geen ziel in een andere wereld. Offerandes
aan de voorvaderen en de goden zijn niets dan een bron van
inkomsten voor de offerpriesters, die de Veden, door de Brahmanen verzameld, voor hun bestaan misbruiken. Neen, Heer,
het nuttige en het aangename, dat zijn de voornaamste doel-
einden van den mens, die hun leven draaglijk maken. Wat
Aryavartha mist, is kennis en inzicht, om alles te begrijpen,
wat het in waarheid omgeeft."
    „Sivadatta: „In het park van Pasenadi's paleis. Het
eerste bedrijf." Pasenadi zit in zijn park in yogi-houding,
om kracht te verzamelen, die boven de goden uitgaat.

Padmavati offert de ene kostbaarheid na de andere. Ze klaagt, dat ze Vjadi niet kan missen. Ze biedt den Naga-Raja haar eigen leven.... geen teken verschijnt. Dan komt Vjadi, schoon als Oeshas, de blozende morgenstond, slank als Gauri, Siva's vrouw, bloeiend als de pas-ontloken Asoka-boom. Padmavati verbergt haar eigen smart en spreekt Vjadi moed in voor het leven, en het meisje lacht zo rijp en begrijpend, dat Kama-deva, de liefde-god, een van zijn bloemenpijlen op haar afschiet. Prins Vada, die de fluit bespeelt, nadert haar in verrukking.

,,Fluit, prins Vada, fluit!'' En Vjadi danst op zijn muziek de dans van Vayoe, den wind-god, de dans van Oeshas, de dans van de jeugd: de Yovana Nritya. Van alle zijden komen de goden toelopen, om Vjadi te zien dansen....

Dan bidt Padmavati Varuna om Vjadi's leven, want de dans is Vjadi's grote offer, dat de geest der goden versterkt, dat hun levenskracht toevoert.... Maar Varuna weigert, omdat een godenbesluit haar lot heeft bepaald. Er naderen twee nymphen uit Indra's Apsara[1]), diep bewogen met Vjadi's lot.... Zij besluiten, op aarde te blijven, om Vjadi te helpen....

,,Is Poerna's leer niet ook de grondslag van het Boeddhisme, geëerde Mati?''

,,Neen, Heer, daarmee zou immers elke vreugde ten koste van een ander, elke winst tegenover een ander verlies vergoelijkt zijn, elk streven naar hoog, naar God nutteloos, opoffering voor de voorvaderen, voor de medeschepselen zonder waarde. En Boeddha predikte de liefde voor elk levend en voelend schepsel,'' meende Mati.... Het tweede bedrijf van de nataka begon.

Sivadatta: ,,In het paleis van Pasenadi. Het tweede bedrijf.''

Pasenadi zit op de troon, naast hem Padmavati, te midden van de ministers. Vada prijst Vjadi en vraagt haar

---

[1]) Hemel van Indra.

hand. De Raja moet weigeren, maar kan niet zeggen waarom. Vada dreigt, zich van het leven te beroven. In schone, bewogen sloka's[1]) betuigt hij, dat hij zonder Vjadi niet meer kan leven. Padmavati begrijpt zijn smart, en zij zegt Vada de reden: binnenkort moet Vjadi geofferd worden aan den Naga-Raja. Vada weent. Hij zoekt Vjadi, bekent haar zijn liefde, en Vjadi neemt hem in liefde aan. Vada vertelt haar, dat ze moeten vluchten, omdat men haar wil offeren aan den Naga-Raja. Ze verlaten het paleis in stilte, gevolgd door de beide nymphen uit Indra's hemel....

,,Poerna's leer der materialisten kan het genot, niet het geluk van Aryavartha betekenen. Genot mist men hier niet. Wat zegt gij, Salya? Gij zijt Sankhyan."

,,Heer, de Sankhya erkent niet de Veden als geopenbaarde goden-spraak, ook niet de eenheidsleer van den Atman der Vedanta, noch de eenheid der stof van de materialisten. Dieroffers zijn onrein, andere offers heffen de wedergeboorte niet op; de rijkaard zou immers gemakkelijker tot verlossing komen dan de arme. Deze ongelijkheid en onbillijkheid erkent de Sankhya niet. De ziel moet erkend worden, onderscheiden van de natuur, dan keert ze niet terug. De zielen bestaan van de schepping af naast de natuur. Het materiële lichaam wordt bij elke geboorte opnieuw voortgebracht. Heeft de ziel eenmaal met zijn kennis de natuur doorschouwd, dan wordt de verbinding verbroken, het lichaam sterft, maar ook het oerlichaam, de linga-carira, die de wedergeboorte veroorzaakt. Geen Brahma, geen goden, geen openbaring der Veden: ze verhinderen de verlossing-brengende kennis, Heer. Menselijke wijsheid en weten, dat missen de bewoners van Aryavartha, Aryer en Tshandala."

,,Verlossing door rijkdom acht gij dus onrechtvaardig en onbillijk, geëerde Salya. Maar is verlossing alleen voor met wijsheid en kennis begaafden dan niet even onbillijk en onredelijk? Heeft de mens rijkdom van zich zelf? Neen immers, hij erft rijkdom of verwerft zich die! Heeft de mens wijsheid

---

[1]) Indische versvorm.

van zich zelf? Neen immers, hij krijgt ze bij zijn geboorte of verwerft zich die."

Sivadatta: „In de dzjungel van Jamboedvipa. Het derde bedrijf." Vada en Vjadi trekken voort door het woud. Vjadi is uitgeput. Maar Vada fluit, en haar krachten keren weder: Zij danst.... de nymphen offeren mee. Ze leiden haar naar de woudkluis van Samatoe aan de heilige Ganges. Samatoe is in diepe gedachten verzonken. Eerbiedig wachten ze een lange tijd, stil, tot hij ontwaakt. Samatoe is getroffen door hun vrome houding en vraagt, wie ze zijn. Vada vertelt Vjadi's geschiedenis. Samatoe zegt, dat de vlucht hun niets zal baten. Als Vjadi twaalf jaar wordt, zullen naga's [1]) in de dzjungel haar zoeken en doden en naar den Naga-Raja voeren. De nymphen roepen verontrust, dat ze Vjadi willen beschermen. Maar Samatoe maakt ze duidelijk, dat ze een godenbesluit niet kunnen vernietigen. Vada smeekt Samatoe om hulp. Samatoe keert in tot zich zelf. Als hij ontwaakt, zegt hij, dat de dans van Siva, die de schepping boeit, haar kan redden. Eerst moeten ze Siva een zwarte bok offeren. Het offer wordt gehaald. De priester zal het diertje smoren....

Siva wenst echter geen dieroffers, wenkt het offer af; hij wil heden niet meer dieren laten doden.

Vjadi zinkt troosteloos ineen. Het oordeel is geveld, ze zal moeten afdalen naar het Naga-rijk, in de duistere diepten bij de lotus-vijver, ver onder Takshasila, waar de slangen heersen. Maar Samatoe meent, dat Siva haar zal willen helpen, zonder dat zij het dieroffer brengt. Hij beveelt, bloemen te halen en te offeren, en dan leert hij hun de dans van Siva....

„En gij, Bhava?"

„Heer, laat elk zijn zinnen van de wereld buiten hem afwenden en zijn denken richten naar binnen. Laat hem leren, hoe te mediteren en geheime krachten te verkrijgen, om de ziel te bevrijden van aardse banden, want dat is het doel

---

[1]) Slangen.

van alle yoga-oefeningen. De mensen missen verdieping in hun gedachten; daardoor worden hun zielen niet bevrijd."

Asoka luisterde niet meer.

„En gij, Mati?"

„Heer, ook Boeddha wilde als laatste doel: bevrijding, het Nirwana.... Daarheen leidt evenwel een lange weg, een pad van acht delen. Boeddha werd meer dan duizend maal wedergeboren vóór zijn bevrijding. Zal onze weg korter zijn? De bevrijding zal niet komen zonder kennis, en de kennis niet zonder meditatie. Maar voor men tot meditatie komt, moet men eerst de rechte levenshouding vinden.... Wie de vreugde deelachtig wordt, die uit bezieling voortspruit, verkrijgt pas de innerlijke rust, het gevoel van zalig behagen, dat tot verdieping en kennis leidt.

En hoe verkrijgt men de rechte levenshouding, die meditatie zegenrijk en vruchtdragend maakt, Heer. In gedachten, woorden en werken? Voor alles vraagt de Tathagata, de verheven Boeddha, een zielsverandering, een omkering van het gezamenlijk denken, voelen en willen: het ware geloof. Zoals het morgenrood de zonsopgang voorafgaat, zo moet aan alles, wat de discipel van Boeddha bereiken wil, het ware geloof voorafgaan. Dat is het eerste licht, de eerste schrede, die van den leerling een upasaka, een vereerder, maakt, zonder dat hij nog een discipel is; dat is de heilige grond, waarop het gebouw verrijst. De verdere delen van het pad mag hij desnoods in volgende levens afleggen. Door het geloof heeft hij zich voorbereid op het pad, dat naar het Nirwana voert. Het is de lijdenswaarheid, de toegang tot de heilsweg. Wie verder wil, kan het pad inslaan. En dan volgt sila, de rechte levenshouding.

Waarin bestaat nu die rechte levenshouding, Heer, waaraan elk mens kan deelnemen, upasaka en discipel, Brahmaan en Tshandala, man en vrouw? In vijf geboden:

het medelijden, dat zich uit in het niet kwetsen van enig levend wezen, dat zich ook innerlijk behoort te voltrekken: medelijdende naastenliefde, evenzeer voor de dieren- als voor de mensenwereld;

198

niet nemen, wat niet vrijwillig gegeven wordt, dus geen haken naar het goed van den ander;

kuisheid, dat is mijding van echtbreuk en onkuisheid voor den upasaka, volle onthouding voor den discipel, en reinheid van lichaam, rede en gedachte;

waarheid; wie niet van het zuiverste streven naar waarheid bezield is, kan in de zin van den Verhevene geen upasaka, geen discipel van het pad zijn: waarheid en vriendelijkheid, die een is met waarheid;

vermijding van bedwelmende dranken, omdat ze concentratie van de geest verhinderen.

Uiterlijkheden waren den Tathagata, den Verhevene, waardeloos. Waarde had voor hem: streven naar volkomenheid in zedelijk leven, een liefdevol hart, dat alle vijandschap en haat overwonnen heeft, dat leidt op de goede weg.

En waarvoor moet de waarachtige de ware levenshouding aannemen, Heer? Niet alleen, omdat het voor zijn eigen ontwikkeling tot bevrijding nodig is, maar omdat het tot geluk der gehele wereld, van alle wezens dient. Daarom predikte Boeddha op markten en in parken, waar toegang was voor allen, Raja, Brahmaan en Tshandala, en in de taal niet van de geleerde priesters maar van het volk voor het gehele volk.... Die levenshouding mist het volk van Aryavartha, Heer."

Asoka had met steeds groeiende belangstelling geluisterd. Hij kon zijn aandacht nauwelijks bepalen bij het volgende bedrijf van het spel....

Sivadatta: „Het paleis van Pasenadi. Het vierde bedrijf...." In het paleis is grote droefheid. Vjadi is verdwenen, met Vada. De naga's in de dzjungel zullen haar opsporen.... De Raja is radeloos. De Rani bezwijmt van verdriet. Pasenadi raadpleegt een wijsgeer. Deze antwoordt, dat ze naar Takshasila moeten gaan, naar het nieuwe-maan feest en Siva offeren. Siva is de god van de dood maar ook van het leven. Daar moet zijn eerste minister onderhandelen met den Naga-Raja.... Dan verschijnen vijf schone meisjes uit Ayodhya; zij dansen de Apsara's en bieden zich

vervolgens aan als offer voor den Naga-Raja, indien Vjadi
slechts mag blijven leven, omdat Pasenadi's geslacht niet
moet uitsterven.... Pasenadi en Padmavati danken haar
en maken zich reisvaardig om met haar naar Takshasila te
gaan. Nieuwe hoop vaart door het hof van Pasenadi....

,,Wel, Vasoedeva? Gij zijt de grootste geleerde van Takshasila."

,,Wat Boeddha wil, is niet van Indra-land, Heer. Zelfzucht,
eigen heil, eigen verlossing is eeuwig als het hoogste vereerd.
Wie zal dan het volk nopen, die zelfzucht te verzaken!"

,,Zij, die nièt gegrepen zijn van de geestelijke zelfzucht, die
niet toegelaten zijn tot wat gij de heilige Veda's noemt! Uit
de denkers zal de gedachte, uit het terneergeslagen volk de
kracht voor deze godenarbeid spruiten."

,,Het Boeddhisme sterft weg als de schoonheid van de
heerlijke bloem in de nacht van de oneindige dzjungel;
schoonheid, die geen mensenoog bereikt.... en waarheid!
Zoals de teergetinte bloembladen verdwarrelen in de stekelige
struiken, zo verspreiden zich Boeddha's gedachten in de na-
ijverige sekten, waar ze uiteen gerafeld worden, ontheiligd.... Wie waarheid wil, zoekt de waarheid, maar vindt
vele waarheden. De enige waarheid is de geopenbaarde waarheid van de Veda's en zij staat vast en onveranderlijk als de
hemelkoepel over Indra-land."

,,De Tathagata erkent slechts als waarheid, wat in bezonnen bewustheid rijpt, rustend op de rots der kennis, en dus
groeiend met de kennis," meende Mati.

,,Boeddha is versplintering, de Veda eenheid van Aryavartha. Dat vertrouwen in de eenheid van de Veda mist
Aryavartha."

Sivadatta: ,,De lotus-vijver in Takshasila. Vijfde bedrijf."
Vada en Vjadi naderen, vermoeid als pelgrims, die de
heilige Ganges verre weten. De Prins roept den Naga-Raja
aan.... Een boodschapper verschijnt. Hij duikt bij de
spelonk uit het water van de vijver op en vraagt, wat de
Prins wenst. Vada wil den Naga-Raja spreken, om hem
Vjadi te geven. Vada mag met den boodschapper mee, en

beide springen in de lotus-vijver, verdwijnen in de spelonk, die naar het verre Naga-rijk voert. Vjadi wacht in grote spanning. In haar dans drukt zij haar verdriet, haar wanhoop uit. Alleen haar liefde geeft haar de kracht, het offer te volbrengen. Dan verschijnt het hof van Ayodhya in leed en rouw. Vjadi verbergt zich en luistert naar de klachten, die de Raja en de Rani uitsnikken. Ze moet wenen.... De weke vina zwijgt, de trommen grommen als uit diepe oorden: een snikkende dans, als een wenende tred in onderaardse gangen. Pasenadi en Padmavati bidden tot Siva. Geen teken! De vijf meisjes van Ayodhya bieden zich aan als offer aan den Naga-Raja.... geen teken. Pasenadi's minister duikt in de lotus-vijver onder. Hij wil Vjadi's lot bespreken met den Naga-Raja. De beide nymphen, die de koningskinderen begeleidden, smeken in een innige dans Siva, Vjadi te redden, maar de Maurya wil geen Siva zijn en zwijgt. Plotseling duiken Pasenadi's eerste minister en Vada weer in de vijver omhoog, uit de spelonk.... Vjadi mag slechts blijven leven, als Siva een teken geeft, dat hij het wil. Pasenadi, Padmavati, de minister, de nymphen dansen met heviger aandrang voor Siva-Asoka.... geen teken volgt.

Nu grijpt Vada zijn fluit en speelt en legt in zijn spel al zijn verlangen en liefde voor de ongelukkige prinses.... Vjadi verschijnt en danst.... danst de dans van Siva, die de heilige Samatoe haar leerde, de dans van Siva, die de schepping boeit.... de vina weent, de ravanastron zingt met hemelklank haar dringendste smekingen uit, de trommen markeren zacht de zware rhythmen van de werelddans. Vjadi's uiting wordt als een bovenaardse geestvervoering.... zij sleept allen mee, terwijl zij haar oog gericht houdt op Siva-Asoka, en Pasenadi, Padmavati, de meisjes van Ayodhya, de nymphen, de minister strekken hun handen uit naar hem, dien zij Siva weten. De muziek wordt heftiger, de dans inniger. Aller ogen wenden zich naar den jongen Maurya.... geen teken.... Dan is het, of de kracht allen begeeft. De vina en de ravanastron fluisteren nog, het ranke koningskind nadert de wateren, zwart en effen.... rest het droeve offer aan den Naga-Raja. Nog eens brengt Vada zijn fluit naar de mond, Vjadi danst de Siva-dans. Angstig ziet elk toe, velen wenen. Ginds rijst plotseling de vervaarlijke slangenkop van den Naga-Raja uit de vijver op en roept: ,,Vjadi, Vjadi!".... Zij keert zich naar het gevreesde monster en danst met trage passen naar de waterkant. Zij overschrijdt de oever, maar.... zinkt niet in de diepte.... het teken van Siva! Ze schijnt te zweven over de golven. De sieraden boven haar enkels, zacht tinkelend bij haar sierlijke bewegingen, raken nog even de wateren. Als een etherisch wezen zweeft ze dansend voort in Siva. De vreugd berst uit, de vina juicht, de fluiten trillen, de schelphorens schetteren, de dole hijgt.... en allen zinken knielend neer voor Siva, die geroerd door Vjadi's innige dans, haar bevrijdde van de vloek....

De illusie is volkomen. Vele toeschouwers zinken in ontzag neer en buigen hun hoofd naar de aarde.

Pasenadi:

,,Wie zal niet eren, die Vjadi redde het leven,
Die met regen onze velden bevrucht,
Met stormen gezondheid, kracht ons geeft,
Brengt eerlijkheid en waarheid ons,
Die vijandschap verdreef en opstand doodde
Door saam te binden alle mensen,
In vriendschap, vreugd, welwillendheid....
Moog' zo geluk en welvaart groeien!
Siva, geroerd door Vjadi's dans, redde met het wonder
Haar van een vroege offerdood."

Raja en Rani drukken hun dank uit aan Siva. Maar Vjadi nadert, dien ieder Siva weet. Haar tere, liefelijke gestalte buigt zich kinderlijk naar hem toe, haar handen reiken, haar vingers, armen volgen in harmonische beweging, door de innigheid van haar onweerstaanbaar verlangen naar den redder.... Aller blikken volgen haar, aanmoedigend en vriendelijk....

Men waarschuwt haar, Asoka niet te naderen, maar Vjadi heeft weer liefde gevonden na lang lijden en vijandschap; ze verlangt streling en vriendelijkheid.... en schrijdt voort. Men wil haar tegenhouden, maar de weinigen, die haar verder gaan willen beletten, durven haar niet aanraken.... Dan brult Revata's stem: ,,Leproos!"

Allen, die toegesneld zijn, om Vjadi van zeer nabij te zien, wijken verschrikt, en lachend loopt het meisje voorwaarts nu, vrij naar den legeraanvoerder, die haar redde van de dood.... zo voelt zij het, zuiver levend in haar jonge spel. Revata waarschuwt Sagka.... en een chakra treft haar.... Vjadi stort dood neer.

Ontzetting.... star en wezenloos ziet men toe. Twee dokters naderen op Asoka's bevel.... dodelijke stilte....

,,Leproos, Heer!"

,,Breng Vada hier en Sivadatta!"....

,,Ook Vada.... leproos, Heer."

,,Wie voerde u hierheen, Vada?"

,,Twee mannen brachten ons mee uit het leprozen-kamp, o Prins."

,,Wie?"

,,Weet ik niet, Heer."

,,Waarvoor?"

,,Vjadi moest prins Asoka en prins Kala aanraken, liefst kussen, dan zou ze een grote beloning krijgen."

,,Hoe komen ze bij uw gezelschap, Sivadatta?"

,,Een vreemde priester bood mij drie maten goud, als ik ze mee liet spelen in mijn troep. Vjadi was een danskunstenares, vertelde men mij."

,,Wist gij, dat ze leproos waren?"

,,Neen, Heer."

,,Morgen neemt ge den kampmeester gevangen, Sagka."

,,Priester Devaka en zijn leerling," mompelde men, en als een zware dreiging ging het door de rijen, luider en luider. ,,Doodt de moordenaars! Voort!"

Vjadi's lijk werd onmiddellijk weggevoerd en verbrand, Vada naar het kamp teruggebracht.

Het feest werd op Asoka's bevel voortgezet met vuurwerk, dans en spel, verfrissende dranken en lekkernijen.... maar een beklemming lag over de aanwezigen, om de misdadige opzet der vreemdelingen en om de tragische wijze, waarop Vjadi's tere leven eindigde. Toch voelde men zich van een zware last bevrijd, toen men wist, dat niet een Takshasilaan de feile toeleg pleegde.

15. ONHEIL, OP WEG!

Asoka.... De slaap vatte hem niet.... Vjadi, opnieuw een teer slachtoffer van Devaka's haat.... Haar smekende glimlach stond klaar voor hem en gaf hem een gevoel van machteloosheid. Zou oost en west niet te verenigen zijn? „Zolang er mensen zijn, die met begerig hart tot de goden gaan, zullen er priesters gevonden worden, die met begerig hart hen ontvangen." Hoe meer hij in het wezen van het Brahmanisme doordrong, hoe duidelijker het hem werd, dat de fout lag in de begeerte van de mens: de begeerte naar rijkdommen.... naar macht. En hijzelf.... en prins Soemana? Die rijkdommen wilde, om een verzadigde volheid van zinnelust te genieten. Een koning, die rijkdommen wilde voor zijn begeerten.... En een priesterschap, die het volk willig zou maken om te offeren en offerloon te geven en gastvrijheid voor de priesters.... Zijn de Soedra's en de Vaisja's in de wereld om priesters en raja's hun dikke buiken vol te stoppen en soma te laten slempen en hun mooiste vrouwen voor hun geilheid af te staan? Als de Soedra geboren wordt, is hij naakt en hulpbehoevend, als de Brahmaan geboren wordt is hij naakt en hulpbehoevend.... Als de Soedra sterft is zijn verachte lijk onrein, als de Brahmaan sterft is zijn lijk onrein. Waarom is de korte tijd tussen twee oneindigheden verschillend? Is het onmogelijk, heel Indra-land te overtuigen van een schreeuwende onrechtvaardigheid, die elk door eeuwen van bedrog als rechtvaardig gedwongen is te voelen! Noch

Bindoesara noch Soemana zal ooit een poging doen, de grote massa der levende wezens zijn levenslast en levensangst te verminderen.... De Sakya-moeni gaf zijn koningschap op, legde het gele gewaad aan van den bedelmonnik, en werd Boeddha.... thans verglom het licht van zijn geest in vele stervende stralen.... als een ongekende, schone bloem in de dzjungel. Waarom wierp hij zijn macht van zich, die hij had kunnen gebruiken tegen ziekte, hongersnood, natuurramp, levensangst!.... Zijn onderdanen beschermend tegen allen, die van hen leefden, als de visser van de vis, de rups van de boom, de muskiet van de mens, de tijger van de kudden.... en predikte dan, gesteund door zijn grote macht, de geestelijke verlossing.... het geluk van zijn medeschepselen.... mede-lijden.... zachtmoedigheid.... ernstige, reine wil.... del-ging van zelfzucht.... Immers wat is alle deze prediking tegenover de geweldige macht van de Brahmaanse offer-priesters, die de hele levensverschijning doortrekt als de olie het reine kleed, het zout, dat de wateren van de oceanen onge-nietbaar maakt, als de verstikkende rook, die de heerlijke wouden vervult.... Geloof en levenshouding! Geluk van alle wezens! Welk een stoute gedachte, mijn Mati!.... Dat ont-breekt Aryavartha!

Devaka en Sakoeni waren met Sokota de stad uitgevlucht. Revata volgde hen met spoed. De reis van Devaka was de onderneming van een fanaticus. Vrome mannen, bevangen in de wild-fantastische legenden en sagen van een over-zinnelijk en overprikkeld ras, sloegen de weg in naar de eindeloze, onbewoonde hemelhoge Himalaya, om de woningen te nade-ren der goden, om in stomme, alles vergetende aanbidding te blikken in de wereld van de meest-volkomen tegenstelling met de vlakte van de heilige Ganga. En Devaka! Tot Boekephala volgden ze de heerweg van Alexander, den Macedoniër, om dan door stroomgebieden en over bergpassen te gaan, die naar het door hemelhoge bergwanden ingesloten Kashmira leidden, aangedreven door Devaka, nastrevende zijn doel met een onweerstaanbare moed en uithouding, door haat en beledigde priester-majesteit ingegeven. Elke rust scheen hem te kort te doen aan zijn hoge taak: de straf der goden te brengen over de vervloekte rassen aan deze zijde van de Sarasvati, de eerste beproeving! Hij had nauwelijks tijd voor eten, en rusteloos ging hij voort, als de anderen nog talmden.

„Bewaar uw krachten voor ginds," zei Sokota, en hij zwaaide zijn arm in de richting van de hemelhoge ketens in het noorden, eindeloos ver en machtig oprijzend aan de andere zijde van Kashmira: wal na wal, hoger na hoger, van grauw in de diepten door donkerblauw en paars en helgroen naar de blanke sneeuwvelden, die ginds zich drongen in de woningen der goden. Devaka luisterde niet. Na Srinagar begon de moeilijke tocht: Ze klommen eerst langs wijngaarden, door bossen van ceders en cypressen, afgewisseld met bamboe, boomstammen met klimplanten, welker schitterende bloemenpracht de zware houtzuilen aan het oog onttrok. Sokota kende de weg langs gevaarlijke bergpaden, boven diepe spelonken, door daverende stroomversnellingen en eindelijk over sneeuwbruggen en ongewisse wegen.... In Devaka brandde de onblusbare moed van de doelbewuste haat. Hij waagde de eerste gevaarlijke stap, aanvaardde het eerst een moeilijke rivierovergang, krampachtig zijn tanden opeenklemmend of zijn gebeden prevelend en de goden aanroepend, die hij willig meende te maken met zijn daad.... Revata vroeg zich vol verbazing af, wat dien priester bewoog. Niet mensen rédden wilde hij, maar verderven! Niet tot geluk voeren, maar tot smart, lijden, angst! Waarvoor? Bij zware klim hijgde hij meer dan de jongeren, maar moediger, onverschrokkener steeg hij hoger. De anderen juichten, als ze in een rivierdal afdaalden, waar de wilde natuur zich een woning, een vriendelijke rustplaats bereidde. Devaka dreef het slechts sneller voort. Een enkele volksstam van Daroe's, met veel mijnwerkers, die goud en edelstenen aan de rijke voorraad der bergen en rivieren ontwrongen, druiven kweekten en wijn bereidden en kostbare sjaals weefden van geitenwol, had zich ver van 's werelds drijven verscholen, diep in verweg-gedoken dalen van het godengebergte. Sokota leidde

206

hen langs de moeilijke handelsweg, die Kashmira verbond met de noordelijke landen. Na een zeer zware tocht bereikten ze Iskardo aan de Indus, en nu lag weldra het Shygar-dal voor hen. Enige dagreizen brachten hen naar het geheimzinnige meer, dat gedurende vele jaren steeg, steeg achter de zware gletscherdam, die uit een zijdal dwars door het Shygardal gekropen was en alle smelt- en regenwater tegenhield. Het was een dreigende watervloed, langzaam, in mateloze inhoud opgestuwd tegen de hoge wal, gedurende jaren kruipende tegen de bergwanden omhoog. Rustig en kalm leunde het onafzienbare meer tegen de sterke rug, wachtend als krachtbewust en in kracht groeiende, tot het te sterk zou blijken....

Lang kruiste Devaka in de omtrek rond, geen woord ging door de saamgeperste lippen. Maar zijn gedachten zwoegden rusteloos: hoe die muur versplinteren! de wateren weg te banen, door Shygar en Indus naar de vervloekte vlakten van de Pendjab.... Revata zag hem 's avonds staan, boven op de ijsdam, scherp zich aftekenend tegen de helverlichte hemel over het zwarte dal, een nietige stip in het grootse firn- en sneeuw-bergland.... de offerpriester, die zijn hoogheid vereenzelvigde met het geluk van volk en land. Elk ander inzicht was doodzonde, vloekwaardig. Geen ogenblik stemde de verheven natuur vóór hem zijn ziel tot grootheid.... verheven waren alleen de priesters; noch de machtige bergketens.... machtig waren alleen de priesters, machtiger immers dan de goden. De dam.... de manende vloed.... vervloekte stammen.... Dat was!

Laat keerde hij terug.

„Hoe verbreken we de dam, Sokota?"

„Wíj, Heer?.... Wij zijn slechts mensen!"

„Zwijg! Ik, Brahmaan, wil, dat ze doorbreekt, en dat de wateren de zondaars straffen."

Sokota en Revata keken elkaar aan.

„En de duizenden mensen en dieren, die niet zondigden?.... En de Maharaja.... als de oogst vernield zou worden!"

„Wie beklaagt zich, die een ramp zich zelf wijt?"

207

Sokota zweeg. Hij had de Pendjab willen waarschuwen voor het gevaar!

„Hoe diep kunnen de mijnwerkers in de aarde dringen?"

„Heer.... de aardgodin zal...."

„Zwijg.... hoe diep?"

„Onderzoek het zelf, Heer."

De volgende morgen was Devaka reeds vroeg weer op de gletscherdam.

„Een tijger, Revata, die moordt om te moorden," fluisterde Sokota.

„Laten wij terugkeren naar Takshasila, Sokota, en den Prins waarschuwen."

„Goed, die priester moge zijn karman verderven.... Zwijg tegenover hem!"

Devaka besloot, mijnwerkers uit een naastbijgelegen dal te halen. Sokota leidde de kleine troep terug....

Het stamhoofd der Daroe's was niet genegen, zijn mannen voor het werk te leveren, maar Devaka bedreigde hem met dood en vernieling, wraak van de goden en Dasyoe's. De boze Prins uit Patalipoetra zou komen en de dalen veroveren.... die kende geen mededogen; de stammen zou hij uitmoorden als niet de watervloed losbrak over de Pendjab. Het stamhoofd zwichtte voor Devaka's dreiging, en de volgende morgen trok een groep gouddelvers met hem mee, maar waar de weg naar Kashmira afboog, verdwenen Revata en Sokota op hun ezels, om zich naar Asoka te spoeden met haast. Het deerde Devaka niet. Hij kende de weg nu zelf. De hoofdman had hem vele zakken met wijn en voedsel voor de mijnwerkers meegegeven; daardoor vorderde hun reis niet zo snel.

Sokota en Revata daalden af in het dal van de Hydaspes, zo snel hun ezels het toelieten en troffen Asoka in Kashmira met zijn leger. De tocht van den Prins was een zegetocht geweest door de hogere Pendjab: Oedjana, Abhisara, Asvaka haalden hem feestelijk in en kostbare geschenken van goud, edelstenen en sjaals van de fijnste geitenwol stroomden hem van wijd en zijd toe. Overal had Sangala met zijn zwarte soldaten de diepe dalen voor zijn rechtvaardigen Prins geopend. Kashmira was het laatste land. De sage had van Asoka een rechtvaardigen en wijzen god gevormd. Hij toefde hier langer dan elders, gebonden door de onvergelijkelijke schoonheid van het geweldige bergland.... Lang keek hij naar de onbereikbare sneeuwtop van de Naubandhama[1]), waaraan Manoe na de zondvloed zijn schip had vastgebonden.... Was dat het godenland.... Siva's woning.... Siva, die Agni[2]) was en Roedra[3]).... Zijn derde oog verbrandde bij het ontstaan alles wat er leefde op de Himalaya.... de god van kracht en leven, heer der dieren, de drager van de stierbanier.... die zou tronen in de hoge oorden, blank en rein, met Parvati, de berggeborene.... Waarom hier?.... Waar het leven verstart.... geen dier kan wonen.... de brand van het oog in kilheid vergaat.... Is dan alles leugen.... schoon bedrog, als Siva's woning?....

Revata's boodschap noopte hem, onmiddellijk naar Takshasila terug te keren. Op raad van Vimalamitra, die de tocht meemaakte, stuurde Asoka een tiental zwaarbewapende krijgers op Oxus-ezels onder leiding van Sagka en Sokota als gids naar het Shygar-dal, om den priester en zijn leerling gevangen te nemen.

Toen Asoka met zijn leger weer in Takshasila terugkeerde, was weldra alles in rep en roer. Een plotselinge overstroming van de Indus zou een geweldige schade teweegbrengen en vele mensenlevens kosten! Renboden draafden langs de Indus-gebieden, voorafgegaan door trommelslag en krijgsschelpen-gegil. Overal klonk 's Prinsen boodschap: „Asoka, de legeraanvoerder van den Maharaja, bericht de stammen langs de heilige Indus, dat de hemelse Dasyoe's spoedig een grote watervloed zullen neerstorten over het land. Berg de oogst, uw leven en dat van uw kudden. Een snelle berichtendienst werd door den Prins ingesteld. Ieder had van den machtigen legeraanvoerder gehoord en niemand sloeg zijn

---

[1]) Berg der binding (in 't Ind. Zondvloed-verhaal).
[2]) Vuurgod.   [3]) Stormgod en god van 't helal.

maning in de wind.... Siva?.... Met nerveuze haast —
het was een straf van de Dasyoe's — redde men wat men
kon....

Het gezantschap van Antiochos I Soter, dat Virata het
antwoord zou brengen op zijn verzoek om steun in de strijd
tegen Patalipoetra, kwam tegen de middag in Takshasila aan
en meldde zich bij den minister voor de vreemdelingen. Deze
schrok en zond om Vimalamitra. De oudste minister stond
in beraad. Hij bracht den Prins op de hoogte van het geval,
en Asoka besloot, de geheime gezanten voor Virata te ontvangen. De westerlingen werden goed verzorgd, gebaad en
gevoed, en toen bij den Prins toegelaten in de ontvanghal.
Hun bedienden droegen de geschenken aan voor den opge-
stanen Takshasilaan....

„Geëerde Virata, wij worden gezonden door den machtigen
koning van Syrië, Armenië, Medië, Babylonië, Mesopotamië
en vele andere rijken, Antiochos Soter. Gij wenst de hulp van
den groten Koning, om het land ten westen van de Sarasvati
en de Indische Woestijn van Indië los te scheuren. De grote
Koning vernam gaarne, hoeveel troepen gij verwacht van de
Syriërs. Voorts wenst onze machtige Heer te vernemen, in
welke verhouding gij tot den Syrischen vorst denkt te
treden.... Hierbij reik ik u de geschenken van mijn Koning
over: schone tapijten van Perzië, edelstenen uit Khorissan en
uit de bergen van Taft en Farsitan."

„De opstand is door mij bedwongen, gezanten van den
groten Antiochos Soter. De Indische koning zal nooit dulden,
dat een deel van zijn rijk zich afscheidt. Zijn leger is goed
geoefend en bestaat uit negen duizend olifanten, duizenden
strijdkarren, dertig duizend ruiters en zeshonderd duizend
voetsoldaten. De aanvoerder zal zijn prins Asoka, de wilde
Prins van Patalipoetra. Men zegt, dat die onoverwinbaar is."

De gezanten vertoonden blijken van grote schrik: „Heer,
uw inlichtingen zijn heel anders dan die uwer gezanten aan
het Syrische hof. Zij beweerden, dat Bindoesara oud en zijn
zoon Soemana, de kroonprins, een slecht legeraanvoerder
was.... Mogen wij vragen, wat den edelen Virata bewogen

210

heeft, een opstand te wagen tegen zo'n machtig Heer?....
En de keizer is oud en zwak."

„De opvolging in het Indra-rijk wordt bepaald door den
Keizer zelf en is nog onbeslist. Men zegt hier, dat de machtige
koning van Syrië moeite heeft Pergamum terug te veroveren,
dat Egypte een gevaarlijke buur is voor Syrië, dat Bactrië
en Arochosia evenals Gedrosia nauwelijks den Koning gehoorzamen. Kan de Koning er dan aan denken, in Indië zijn rijk
uit te breiden, waar een keizer regeert, die Amitraghâta, de
„verslager der vijanden" heet, en de wilde prins Asoka aanvoerder is van een leger, veel machtiger dan het Syrische?"

De gezanten rezen als één man op.

„Virata, die een gezantschap stuurde naar onzen Koning,
is een ander, dan die ons heden ontving, Heer."

„Virata, die u een gezantschap zond, is opgegeten door de
gieren. Gij wordt heden ontvangen door prins Asoka van
Patalipoetra, die de Pendjab weer tot gehoorzaamheid aan
koning Bindoesara Amitraghâta heeft gebracht."

De gezanten vielen op hun knieën en bogen het hoofd tot
de grond.

„Heer, we vragen u vergiffenis en verzoeken u, naar
Bagdad te mogen terugkeren."

„Gij zijt heden mijn gasten. Gij kunt uitrusten in Takshasila, zolang gij verkiest en daarna terugkeren naar uw land.
Wacht slechts tot een watervloed, die men in de Indus verwacht, voorbij is. Ik wens, dat het u aan niets ontbreekt."

De gezanten werden als gasten in het huis van Gopa ondergebracht en genoten op Asoka's verzoek een schitterende
verzorging.

Devaka zette na zijn terugkeer in het dal van de Shygar
de mijnwerkers onmiddellijk aan de arbeid, om een gang
onder de gletscher door naar het meer te slaan. Onder zijn
strenge toezicht vorderde het werk tamelijk snel. Toen na
lange dagen zwoegen het water in de grot begon te sijpelen,
moest hij de werkers met hel en vervloeking dreigen,
verder te werken. Velen bleven weigeren, omdat ze be-

211

grepen, dat een doorbraak hun het leven zou kosten. „Als de wilde Prins in uw dal komt, kost het uw leven en dat van uw vrouw en kinderen er bij!" Ze bleven evenwel weigeren. Plotseling herinnerde Devaka zich de zakken wijn. Hij liet ze aanrukken.... Dat hielp beter dan zijn vloek. Beneveld en dronken weerstonden ze den priester niet meer, gingen weer de gang in en sloegen met woeste slagen op het brokkelige firnijs, dat anderen wegsleepten naar buiten. Toen de laatste noodlottige slag viel, snelden allen met woest gebrul naar de uitgang. Devaka hoorde hun angstkreten. Een grote blijdschap maakte zich van hem meester. Hij hinkelde snel naar de droge oever van de Shygar. Een sterk gekraak trof zijn oor. Een machtige waterstraal schoot met kracht uit de grot omlaag en spoot met bulderend geweld vooruit, vele mijnwerkers voortstuwend, meevoerend. Het kraken zwol aan, de stroom groeide, blokken firnijs werden meegesleurd en het geweld verhevigde. Een onderaardse kracht scheen het gevaarte te schudden. De stroom van de Shygar zwol. Devaka liep naar de zijde van het meer.... Zou de spiegel dalen? Hij kon niet zien, dat het water verminderde. Maar de gletscher scheen tot leven te komen. Devaka voelde, dat ze trilde onder zijn voeten. De bergen rondom weerklonken van het rumoer, dat in kracht toenam. In enige uren had een geweldige stroom zich een doorweg gebaand in het ijs, steeds woester. De dam kraakte in al zijn geledingen, het rommelen zwol aan tot donder, de donder tot daverend gebalder, of de Hymavant ten onder zou gaan.... De overgebleven mijnwerkers waren met den priester teruggedeinsd. Ze keken met schrik naar de kokende, bruisende, grommende watervloed, die voortsnelde in het bed van de Shygar en die groeide, groeide. De werklieden stonden te beven op hun benen. Het tumult scheen niet meer van de aarde. De Daroe's stopten hun oren dicht om maar niet te horen, de bergen rilden. Met een geluid, dat alle rumoer in zich omvatte, zakte eindelijk een deel van de dam ineen. Nu golfden de wateren van het meer zwaar de open ruimte binnen en met een alles overweldigende kracht stuwden ijs, water, zand, stenen, wat zich ook in hun weg

212

stelde, voort naar omlaag. Een hoge waterwal, die de zwaarste rotsblokken als veertjes opnam en spelend meerolde naar de Indus, spoedde met onweerstaanbare snelheid omlaag.

„Onheil, op weg!" brulde Devaka Sakoeni in het oor, maar hij verstond niets meer, door het machtige natuurgeluid, dat de gehele omtrek vervulde met zijn godenstem....

Toen Sagka's troepje, geknepen in het nauwe Shygardal op de eerste waterstroom stootte en het geluid in de verte aanzwol, wist hij, dat ze te laat kwamen. Hij beval, omhoog te klimmen, waar het mogelijk was. Een smal, steil zijdal bood de gelegenheid, en het donderend geluid in de verte dreef hen aan tot grote spoed. Een der mannen kwam te laat en werd verzwolgen door de hoogop-stuwende en weer deinzende vloedgolf, die het zijdal ingedreven was. Lang raasden de losgebroken wateren door de Shygar. Dan daalden ze langzaam, en na ongeduldig wachten was er gelegenheid, de rivier weer te naderen. Het dal was schoongevaagd. De kleine troep maakte een kamp klaar bij de rivier en wachtte tot Devaka zou terugkeren. Het duurde een paar dagen; toen verschenen eerst de beide Brahmanen op hun ezels, en heel in de verte naderden de mijnwerkers. Sagka trad op hun weg, de anderen volgden.

„We voeren u gevankelijk naar Takshasila, Devaka."

„Ge zijt een weinig laat," merkte Devaka ironisch op.

„Te vroeg voor u."

„Ik wil eerst mijn werkers ontslaan."

„Wij hebben met uw werkers niets te maken."

In Kashmira hoorde Devaka van Asoka's zegetocht. De ganse Pendjab had zich aan hem onderworpen. Hij gaf Sakoeni een bericht mee naar Patalipoetra: de beschuldiging tegen Asoka.

„Leer ze van buiten, Sakoeni. Als men het waagt mij te doden, gaat gij naar den Maharaja, in overleg met Richika. Ge kunt zelf voor den Maharaja getuigen. Neem Gopa mee. Bedenk, dat Asoka uit de Pendjab moet verdwijnen."

„Ja, Heer."

In Takshasila werden ze onmiddellijk naar Asoka gevoerd.

213

„Zo, Devaka.... de tweede maal.... Waarom volgdet gij mijn goede raad niet in de Doab?" Devaka bleef hoogop gericht voor den Prins staan en zweeg.

„Gij antwoordt niet! Men weet, aan wien de watervloed te wijten is. Gij preest voor uw reis naar de Shygar mijn broeder Soemana.... Gij weet, Devaka, dat het gevaarlijk kan zijn, als sommige mensen ons prijzen, en gelukkig, als zij ons.... laken.... Wat wenst gij van mij?"

„Dat gij uw plaats ruimt voor den rechtmatigen kroonprins."

„Dan kent gij de Arthasastra niet van den Brahmaan Chanakya. De Maharaja beslist, wie legeraanvoerder, zelfs wie kroonprins zal zijn. Denkt gij, dat mijn vader zich dat recht laat ontnemen, zelfs door den Brahmaan Devaka? Beperk uw waan."

De priester zweeg.

„Ik kan u laten doden, omdat gij het land in gevaar bracht."

„Ik ben Brahmaan."

„Is hij Brahmaan, die zich door het laagste gevoel van wraak laat leiden? Bovendien: Ik kan u overleveren aan de bewoners van het Indus-dal, die lachen om uw Brahmanendom. Ik wil u niet weer aanraden, naar Patalipoetra terug te keren: gij bevestigt hier slechts mijn staat, en laat voorvoelen, wat men mogelijk van Soemana te verwachten heeft. Zeg den Takshasilanen, wie gij zijt, Devaka, en gij zijt verloren. Ga heen!"

Devaka stond een ogenblik verstomd. Toen verliet hij opgericht het vertrek.

„Laat gij hem ongestraft, o Prins?"

„Niemand werkt harder vóór mij en tegen Soemana."

„De keus van de Hof is slecht, mijn Prins, omdat ze u tegenover zich vindt...."

Sakoeni werd door Gopa onthaald. Hij was vermagerd en zag er vermoeid uit. De jonge Brahmaan was verrukt over Gopa's vriendelijkheid, voelde dat min of meer als een hulde

214

en werd mededeelzaam tegen de begerenswaardige vrouw, zodat Gopa weldra het verloop van Devaka's wraakzuchtige reis kende. En toen zij hem in bijzonderheden de uitwerking van de doorbraak in de Pendjab weergaf, Asoka's feestelijke tocht naar het noorden beschreef en hem vertelde, hoe de Prins thans algemeen als een incarnatie van Siva werd beschouwd, keek Sakoeni peinzend voor zich.

„Devaka zal dus Takshasila wel verlaten en naar Patalipoetra terugkeren."

„En gij?"

„Mee natuurlijk!" zei hij met merkbare teleurstelling in zijn stem.

„Blijf toch hier! Gij kunt daar niets voor Devaka doen."

Sakoeni was gestreeld door Gopa's woorden. Had zijn liefde-middel toch gewerkt in zijn afwezigheid?

„Natuurlijk wel. Devaka zal...." Hij zweeg. Was die bekoorlijke vrouw waar?

„Nu, wat zal Devaka?"

„Dat kan ik niet zeggen."

„Aan een bondgenote niet?" Gopa liet haar gulle lach in zijn ogen blinken. Zij kende haar macht.

„Als ik deze nacht.... uw gast mag zijn, Gopa.... En gij mij geheimhouding zweert."

„Neen.... als prins Kala of een van Asoka's mannen u hier treft, is geen van ons beiden zijn leven meer zeker."

„Beloof het eerst!"

„Nu.... onder één voorwaarde.... als men van het paleis hier komt, verdwijnt gij onmiddellijk."

„Goed." En de jonge man vertelde haar Devaka's plannen: „Geen Indisch vorst voelt zich veilig voor zijn benijders en zijn zoons. De Maharaja zal vernemen, dat prins Asoka een sterk leger vormt in de Pendjab, met het geheime doel, Indië te veroveren, zoals zijn grootvader Chandragoepta deed." Revata, die Sakoeni gevolgd was, had ook geluisterd. Gopa gaf hem heimelijk bericht, dat Sakoeni vóór de nacht gevangen genomen moest worden.

Met veel vertoon werd Gopa beschuldigd, den leerling van

den misdadigen priester Devaka in haar huis te hebben verborgen. Sakoeni werd weggevoerd en Asoka wist even later,
hoe Devaka zijn taak zou vervolgen.

Toch verontrustte hem die gedachte niet. Hij verwachtte,
dat zijn wijze Vader meer vertrouwen in hem zou stellen dan
in den offerpriester....

Met nimmer verslappende ijver werkte hij voort, om de
toestand in het westen te bevestigen. Hij schroomde niet,
ambtenaren te nemen, door de ministers aanbevolen, maar
stelde hen zelve verantwoordelijk voor hun beschermelingen.
Asoka's populariteit groeide. Hij had zoveel belangstelling
voor al het nieuwe om hem heen, dat elk het aangenaam vond,
hem mede te delen, wat er voor belangwekkends werd gevonden in Takshasila. Vooral de geneeskunde boezemde hem
grote belangstelling in. Waren vreselijke ziekten als die van
Vjadi te genezen of te voorkomen? Waardoor en hoe?....
Van elk der honderden glanzende stalen instrumenten der
chirurgen wilde hij weten, waarvoor ze dienden, van gif en
tegengif, van metalen als geneesmiddelen. Begeriger nog
dan Asoka volgde Revata al wat met de geneeskunde in verband stond. Hij had een groot deel van Indië doorgezworven,
de gruwelijkste uitwerking van epidemieën meegemaakt, en
zijn natuurlijke belangstelling voor ziekteverschijnselen had
hem een practische kennis gegeven, die in Takshasila met zijn
vele geleerden in dat vak nieuw voedsel kreeg. Met toestemming van den Prins besteedde hij zijn vrije tijd aan de geneeskunde. Asoka hoorde wetenswaardigheden over de loop
der planeten, maansverduisteringen, zonneloop, die vele oude
begrippen bij hem opruimden: Waar bleef het soma-verhaal,
dat de maan, de grote somabeker, door de offers der priesters
gedurende veertien dagen gevuld werd en in de beide volgende weken door de goden leeggedronken.... Was het
wonder dat een Sayana, die in Takshasila studeerde, een veel
ruimere blik had gekregen op alles wat Aryavartha betrof,
dan de simpele offerpriesters? Met grote angstvalligheid hielden ze vast aan de openbaring der Veda's, Brahmana's,
soetra's. De scholen mochten hen minachten, de woudkluize-

216

naars met verachtelijke blik neerzien op hun werk, als ze maar niet de grote massa van het volk de geheimleer verkondigden. Daarom was Boeddha een vervloekte ketter. Hij had niet veel anders geleraard dan de Vedanta, de Sankhya, de Nayaga.... maar hij deelde immers, wat slechts den tweemaal geborene[1]) als heilig bewaarde geheimenis gewerd, ook den Soedra mee.... Zelfs de Tshandala, meer veracht dan de Soedra, was den Sakya-moeni welkom. De Brahmaanse scholen waren broedplaatsen van nieuwe ideeën, waar de priesters redetwistten, overdachten, binnen hun enge kring, die zich echter nooit bemoeide met hen, die buiten hun wetenschap stonden. Wat schaadde het hun dan, of men de Sankhya-leer aanhing! Ketter was niet, wie alle openbaring verwierp, maar wie den Soedra, den Tshandala, den eenvoudigen Vaisja de geheimleer meedeelde, de denksystemen der geleerden.... Hier leefde Asoka in een andere wereld. Men leerde hem het onverbrekelijk verband tussen oorzaak en gevolg, dat hij reeds lang had aangevoeld. Maar nu werd het hem pas duidelijk en geloofwaardig.... Wie durfde nog offeren of offers te vragen om de goden te eren!

Asoka werd overstelpt door al de geweldige gedachten.... Want was het gevolg niet de ontkenning van de Veda's en hun offerpriesters, van de offers.... het volksgeloof.... en een omkering van de geldende begrippen van recht tevens? ,,Zolang de koning de priesters beheerst, beheerst hij het volk; beheers ze dus," had de Maharaja gezegd. Maar de priesters kon men slechts beheersen, als men hun verfoeide offers en hun simpele godsdienstige inzichten eerbiedigde.... Waar was de uitweg!

16.   BRAHMA'S FIJNE GLIMLACH.

Soemana ging op aandringen van Gopali nu en dan naar het legerkamp. Wat den wilden Prins zoveel belang inboe-

---
[1]) Arya.

zemde: de kracht, de bekwaamheid in krijgszaken, de oefening, verveelde hèm; de ruwheid van de krijgers haatte hij. Met een gevoel van starre hoogheid reed hij, altijd op een olifant — dat maakte indruk, zoals zijn moeder zei — door de grote kampen van zijn vaders leger. Hij verachtte de duizenden mannen, die door zijn vader betaald, niets deden dan drinken, wedden, dobbelen en voor hun eigen genoegen onderling strijden. Hij verlangde alleen, dat ze hem eerbied bewezen, omdat hij de troonopvolger was. Door hen zou hij later zijn macht tonen aan vreemde gezanten, aan schone vrouwen en vrienden. Meestal reed hij vrij spoedig weer weg, onverschillig. Nimmer prees hij een ruiter, een boogschutter, een chakrawerper. Zijn bezoeken aan het legerkamp waren liefhebberijen van Gopali. Hij verafschuwde ze! Die krijgers werden immers beloond voor hun luiheid. De Brahmaanse priesters en de ministers hadden genoeg macht, om dwaze maatregelen van den Maharaja te voorkomen. Asoka was een gek, misschien een gevaarlijke, maar als hij, Soemana, maharaja werd, zou hij dien wilden eigengerechtigen Mauryazoon onschadelijk maken! Een leger moest strijden of ten minste de grote macht van den Maharaja tonen.

In de middag had Bindoesara Gopali bezocht en trof er Soemana. De begroeting was koel.

„Welke droefheid houdt mijn schone Gopali en haar levenslustigen zoon bevangen, dat gij zo weinig woorden vindt?"

„Gij hebt, o machtige Keizer, den Kroonprins de zwaarste slag toegebracht, die hem kon treffen.... Zouden wij dan niet bedroefd zijn?"

„Wat wilt ge, Gopali? Kan ik een blinde als opziener kiezen, zelfs al is die mij dierbaar? Stuur ik een dove om het rollen van de Ganges-golven te beluisteren, of vraag ik raad in regeringszaken aan een offerpriester? Gij, Soemana, hebt niets van een krijgsman. Kon ik u dan als legeraanvoerder kiezen?"

„Ik hoor, dat een gezantschap uit Takshasila in de hoofdstad is, om een onderkoning. Wie wordt onderkoning van Takshasila, Heer?"

218

„Dien ik kies, mijn Gopali."

„Wien kiest gij, Heer?"

„Dien ik het meest geschikt acht."

„Soebhadrangi's wilde zoon dus?"

„Dat is niet zeker. Ik zal mij ernstig beraden en geen over-
ijld besluit nemen."

„Mijn Heer en Keizer, kies mijn zoon tot onderkoning!"
Gopali viel voor hem op de knieën, kuste zijn kleed. „Zonder
strijd het westen onderwerpen had mijn zoon ook kunnen
doen! Rust herstellen, waar geen onrust was, is geen groot
werk. Hoe weet gij, dat Soemana slechter regeerder zal zijn
dan Asoka? Gij boodt hem immers niet de gelegenheid, terwijl hij toch uw oudste zoon is. Bij zijn geboorte zeidet gij,
dat in dien kleinen knaap misschien een groot heerser over
een wereldrijk besloten lag, als in de lotosknop de schone
bloem. Waarom beneemt gij hem de vijver, de zon? Zeg één
woord, Heer, één woord van u is genoeg, omdat gij de heilige
Maharaja zijt! Ben ik dan niets meer voor u? Zie, ik buig
me voor u neer, geef me één bewijs, dat mijn zoon, uw oudste,
uit uw liefde geboren werd. Varuna zal u zegenen, Indra u
beschermen en zijn regen over uw landen zenden."

„Sta op, Gopali!"

„Eén woord, Heer!"

„Dat zal ik niet spreken. Wacht, tot mijn besluit valt."

Soemana zweeg, hoorde toe, liet zijn moeder begaan. Hij
wist, dat een smeekbede van hemzelf bij Bindoesara niets uit-
richtte. Als hij zich met de woeste krijgers afgaf, als hij eigen-
wijsheden tegen de goeroe's sprak, vreugde-uren in het park
of bij Prakriti wilde opgeven, dan zou zijn vader misschien
ook naar hem luisteren. Waarvoor was een raja rijk! Waarvoor moest hij al die klagende mensen ontvangen en aan-
horen en toespreken, ambtenaren benoemen, misdadigers begenadigen? Begenadig ze dan maar niet! Als hij, Soemana,
maharaja wordt, zal hij een paleis laten bouwen, zó groot!
Zijn harem zullen de allerschoonste vrouwen uit het gehele
rijk bewonen, omdat hij de machtigste zal zijn. Feesten zullen
gehouden worden, dat Patalipoetra schalt van muziek en dans

219

en spel!.... Vader wordt oud; schatten stromen naar Pata-lipoetra.... hij gebruikt ze niet. Een geweldig leger van drinkers, luiaards en dobbelaars vermaakt zich in de kampen op kosten van den Maharaja. Waarom gebruikt hij die onge-bonden troepen niet voor schone spelen, schitterend vertoon op hoge feestdagen? De mooie vrouwen uit de zenana, de ge-zanten van vreemde vorsten, de voorname boodschappers uit alle delen van het uitgestrekte rijk moeten toch vreugde be-leven en ontzag krijgen voor den Maharaja, als ze in de hoofdstad, in de parken en de paleizen verschijnen!

,,Waarover droomt mijn schone prins? Evenals zijn moeder van macht en aanzien?"

,,Ja, mijn vader, ik houd van glans en schittering en schoonheid."

,,En de regering van het land?"

,,Daarvoor heeft men toch zijn rijkbetaalde ministers, zijn goedverzorgde Brahmanen, zijn begerige ambtenaren."

,,En waarvoor heeft het land dan een raja, mijn zoon?"

,,Het land heeft geen raja. De raja heeft een land!"

,,Zolang men hem tenminste laat leven.... en zolang geen opstand het verbrokkelt.... of een machtige vorst het grijpt als een tijger zijn prooi."

,,Hebt gij geen leger van toch maar lui rondslenterende krijgslieden?"

,,En welke maatregelen neemt ge, als rampen ons grote rijk treffen: overstroming, hongersnood, droogte, ziekte, bos-brand, aardbeving?"

,,Dat zijn straffen van de goden, en de machtige priesters dienen door hun offers de rampen te voorkomen of de goden met de mensen te verzoenen."

,,Waarlijk.... Vandaag pas wordt mij duidelijk, hoe een-voudig en schoon het leven van den Maharaja is, mijn Soe-mana. Het wordt tijd, dat gij den onderdanen de zegeningen van uw geest mededeelt!"....

,,Geef hem dan de gelegenheid, Heer!" smeekte Gopali.

,,Bestudeer alvast ijverig de Arthasastra, mijn Soemana, mis-schien bespeurt ge dan ook nog iets van plichten van den raja."

„De grootheid van den raja is zijn plicht, opdat ieder zijn plicht tegenover hem vervult. Zo leert Richika en dat is juist...."

„Zo, zo.... ja ja! Uw voorgangers strekken u tot voorbeeld.... Chandragoepta.... Bindoesara.... gij.... Gij!"....

Met grote nauwkeurigheid werd Bindoesara ingelicht over Asoka's krijgstocht. Elke spion uit Takshasila, die in het stille nachtelijke uur het paleis betrad en voor den Maharaja verscheen, bracht verheugende berichten, en meestal dekten ze vrij nauwkeurig de verslagen van Asoka's eigen ijlboden. Alleen het accent werd verschillend gelegd. Asoka meldde de dood van Virata door zijn chakra, de spion vertelde, dat de Prins met één blik van zijn oog den groten opstandeling van Takshasila had geveld. Asoka berichtte, dat de Takshasilanen zich met vreugde weer onder de regering van den Maharaja hadden geschikt, de spionnen verhaalden, dat ze in doodsangst niet de minste weerstand hadden durven bieden. De legeraanvoerder zond bericht, dat alle noordelijke volken voorbereid waren door het vertrouwen der Takka's in hem, en hem met rijke geschenken en feestlijk gestemd tegemoet waren getreden, den Maharaja weer hadden erkend als hun heer en de eed van trouw aan keizer Bindoesara hadden afgelegd met het gelaat gekeerd naar Patalipoetra; de spionnen gaven een opgetogen verhaal over de Takka's, die, voor den Prins uitgaande, dal na dal, zelfs het afgesloten dal van Kashmira als met toverslag voor den Prins openden en de donkere volken van Darada dwongen, zich aan den Maharaja te onderwerpen.... Bindoesara verheugde zich, dat het Asoka zo goed gelukt was, zonder veel bloedvergieten het lastige westen weer tot rust te brengen; zijn vertrouwen in den „wilden" zoon werd nog versterkt, en zijn wantrouwen minder gevoed dan anders.... Toen kwam Devaka met Sakoeni terug in Patalipoetra.

Devaka begaf zich eerst naar de Brahmanenhof, om met het hoofd te spreken. Richika beval, dat hij zo spoedig mogelijk — in opgewonden stemming — naar den Maharaja moest gaan, om Hem te waarschuwen voor het gevaar, dat in het westen dreigde. Richika zou de ministers voorbereiden....

Bindoesara gebood Devaka, nog dezelfde avond in de ministerraad te verschijnen. Het heilige vuur brandde op het altaar. De Keizer, op de ivoren troon, gaf bevel, Devaka binnen te leiden. De priester boog diep.

„Sta op, Devaka; gij zegt, dat ge verontrustende berichten brengt uit het verre westen. Laat mij en mijn ministers horen, wat ge vernaamt in het land der opstandigen."

„Grootmachtige en genadige Majesteit, liefde voor den groten Maharaja, die de wereld bestuurt in wijsheid en dien de goden zegenen met geluk en voorspoed in zijn land, en liefde voor zijn schone rijk nopen mij, u te waarschuwen, voor wat in Pankanada geschiedt. De goden hebben onmiskenbare tekenen gegeven van hun ontevredenheid over de vervloekte volken aan gene zijde van de Sarasvati. Midden in de droge tijd hebben zij, hoog in de Himalaya een vloedgolf, groter dan het heilige Manasa-meer kan bevatten, losgelaten en uitgestort in het Indus-dal, zodat hele streken overstroomden, de oogst werd vernietigd, mensen werden weggerukt. Zij willen niet, dat de heilige Maharaja, die waakt over de Veda's en haar priesters, gestoten wordt uit een aanzienlijk deel van zijn land. En steeds meer volken, zondiger dan de Tshandala's in Madhjadesa, scharen zich achter den legeraanvoerder. Bactrië, Arachosa, zelfs het bijna onbereikbare Kashmira gaan den Prins met vreugde tegemoet. Een gezantschap van den Syrischen koning heeft uren met den legeraanvoerder beraadslaagd. Geen enkele slag is geleverd, geen enkele straf aan de Brahmanenmoordenaars opgelegd, geen enkele ambtenaar gewroken. Ik heb de Takshasilanen gewaarschuwd voor hun zondige daden.... ze lachten. De legeraanvoerder heeft zelfs dodendiensten verstoord en de weduwe van het gestorven stamhoofd meegevoerd naar Takshasila, waar ze woont in een zondig paleis. En de volken van het westen juichen den Prins toe bij alles, wat hij doet."

„En Koelika, zijn goeroe en poerohita, waarschuwt hij niet den Prins?" vroeg Bindoesara.

„Koelika keurt zonder enige tegenstand goed, wat de Prins beschikt. Onbetrouwbare ambtenaren uit de vervloekte volken worden aangesteld tot staatsambtenaren in plaats van Arische mannen uit Madhjadesa."

„En waren die ambtenaren uit Madhjadesa wel betrouwbaar, mijn Devaka?"

Devaka weifelde.

„Ik kon het niet onderzoeken, genadige Majesteit. Prins Asoka heeft, als hij wil, een machtig leger tot zijn beschikking. Een groot deel van het leger in Patalipoetra vereert hem bovendien. Daar groeit ondanks u, door zijn zelfstandigheid, een geduchte macht in uw rijk, die slechts door één mens beheerst wordt, in wien gij al uw vertrouwen stelt. Hij heeft grote schatten verzameld, waarmee een leger onderhouden kan worden. Ik geloof, dat de heilige Maharaja dit niet zal wensen, omdat dan de rust van het rijk niet afhangt van zijn wijsheid en die van zijn raadgevers, maar van de gezindheid van een jongen Prins, die meent zonder ervaren en bezonnen Brahmaanse ministers te kunnen handelen.... van een Prins, waarin de hoogste varna van uw rijk nooit vertrouwen heeft gehad. Ik meen, u te moeten waarschuwen, vóór een grotere macht tegenover u staat dan de heilige Ganga in regentijd. Bovendien heeft de Prins verschillende gevaarlijke mensen in zijn omgeving. Hij nam in zijn dienst een zekeren prins Kala van Mayoela, een lagen Kshatriya, die niet schroomt, Brahmanen met hellepijnen te straffen en hen weerloos over te leveren aan de wilde dieren van het woud. Deze prins Kala is de grootste vriend van den legeraanvoerder. Deze Kala gaat straks met hem naar Patalipoetra, en ik vrees, dat de heilige Maharaja zelfs niet veilig voor hem is. Gij ziet, hoogvereerde Maharaja, dat geen enkele schakel behoeft te ontbreken aan de keten, die gesmeed zou kunnen worden om de hals van het geluk in Madhjadesa."

Devaka zweeg. De ministers keken met ernstige gezichten naar den Maharaja.

223

„Wij danken den vromen Devaka voor zijn liefde en zorg, aan het grote rijk en zijn Maharaja besteed. Maar in een belangrijke zaak als deze kunnen we moeilijk op het getuigenis van één mens, zelfs al is hij zo bekwaam als Devaka, afgaan. Ik heb na rijp beraad prins Asoka naar Takshasila gezonden, omdat hij met zeer grote bekwaamheden is toegerust. Ik kan ook niet bepalen, of de eerwaardige Devaka met alles bekend is geweest.... Weet gij, waardoor mijn zoon gemakkelijk slaagde? Kent gij de beweegredenen van zijn besluiten, eerwaarde Devaka?"

„Neen, grote Keizer."

„Ik zond hem naar het westen, om de opgestane onderdanen te onderwerpen. Nu hij ze onderworpen heeft, kan ik toch moeilijk afkeuren, wat hij deed. Hoe groot is zijn leger thans, eerwaarde Devaka? Werd het door alle stammen verschaft?"

„Ik zeide, genadige Majesteit, dat prins Asoka een groot leger heeft, als hij het wil."

„Juist, en wat behandelde Asoka met de Syriërs?"

„Dat is mij natuurlijk onbekend, grote Maharaja."

„Wat weet gij van het leger hier in Patalipoetra, eerwaarde Devaka? Gij waart toch in het westen!"

„Niets, o Keizer, dan dat het veel voor den krijgshaftigen Prins gevoelt."

‚De vrome Devaka zal mij moeten toegeven, dat zijn bezorgdheid op vrij losse gronden berust.... Gij schrikt, mijn Devaka.... Veronderstel: Ik beweerde, dat de vrome Devaka de zending van prins Asoka wilde doen mislukken, om te bevorderen, dat een andere prins legeraanvoerder en onderkoning van Takshasila werd, en ik beweerde dat, omdat men bijvoorbeeld vertelde, dat hij — nu laten we iets dwaas noemen, allerlei losse gronden — in Asoka's leger verhalen gaat doen, om Asoka's invloed te ondermijnen, slangen op zijn weg los laat, om den soldaten de moed te benemen, aan het raja-hof van Mathoera alles doet, om den Prins te verleiden, een raja-dochter doodt, omdat ze hem weerstaat, in Takshasila de mensen tracht op te hitsen tegen den legeraanvoerder, door

224

den Maharaja zelf benoemd, en dergelijke dwaze veronderstel-
lingen meer — ik noem dat praatjes, let wel, eerwaarde
Devaka — dan zoudt gij, edele Brahmaan, ontstemd zijn en
terecht, dat ik besluiten nam op zulke losse gronden!"

Devaka was onder deze opsomming verbleekt.

„Dan zou men mij zoiets moeten bewijzen, rechtvaardige
Maharaja!"

„Uw gelijk is klaarder dan het witte licht van Soerya in
de maand Gjeshtha. Ik wil dus ook enige getuigen laten
verschijnen, waar ik toch zelf mijn zoon voor de gewichtige
post gekozen heb. . . . Djala, voer Sokota binnen. . . .

Sokota, vertel gij, wat ge weet van de grote overstroming
langs de Indus in de droge tijd. De eerwaarde Devaka zegt,
dat het een straf der goden was. . . . Leg eerst de eed af, dat
gij de zuivere waarheid zult spreken."

Sokota gaf een getrouw verslag van de tocht naar de
Shygar. „De eerwaarde Devaka heeft dus door mijnwerkers
de zware ijsdam, die zich in het rivierbed had geschoven,
laten ondermijnen. Toen het water eenmaal stroomde, werd
de gehele dam vernield en heeft de inhoud van het grote meer
snel zijn weg gevonden naar de Indus. Dat veroorzaakte de
overstroming."

„Thans Sela. . . . Sela, scharen de volken van Pankanada
zich achter prins Asoka?"

„Elk volk, o machtige Maharaja, dat zijn onderwerping
aanbood, moest met zware eden en met het oog gericht naar
Patalipoetra zijn trouw zweren niet aan den Prins, maar aan
maharaja Bindoesara. Prins Asoka heeft zich nooit anders
laten noemen dan legeraanvoerder van den Maharaja. De
ministerraad van Takshasila heeft prins Asoka gevraagd, onderkoning van de Pendjab te worden. De Prins heeft geant-
woord, dat slechts één de macht had daarover te beslissen:
Maharaja Bindoesara."

„Revata. . . . Revata, hoe heeft Devaka de Takshasilanen
gewaarschuwd voor den legeraanvoerder?"

„Machtige Maharaja, Devaka heeft in de straten van
Takshasila gezegd, dat prins Soemana kroonprins moest zijn,

heeft de bewoners gewaarschuwd voor de tegenwoordige regering, ze geraden, den kroonprins als onderkoning te vragen,
daar anders de Dasyoe's ze zouden straffen. Hun zonde was
niet de opstand, maar dat ze prins Soemana niet vroegen als
onderkoning."

„Wie is prins Kala, antwoord mij, Revata, zonder omwegen
en zonder mij iets te verzwijgen. Gij geeft hier uw getuigenis
voor het hoogste gerechtshof."

„Prins Kala was de verloofde van prinses Madri van Mathoera, heilige Maharaja. Deze Brahmaan heeft in mijn bijzijn
erkend, dat hij prinses Madri heeft vermoord, omdat ze weigerde op bevel van Devaka met Prins Asoka te huwen. Prins
Kala heeft Devaka toen streng gestraft, maar niet met de
dood, immers hij leeft nog. Thans is prins Kala een zeer ge-
acht onderbevelhebber van prins Asoka, dien hij vereert om
zijn wijze besluiten en rechtvaardige maatregelen.". . . .

De Maharaja zweeg lang. Een onaangename stilte, die hem
juist welkom was, heerste in de ministerraad. Niemand
waagde het te spreken. Devaka stond doodsbleek voor den
Maharaja. Geen spier vertrok op zijn trotse gezicht. Eindelijk
verbrak de Keizer de stilte.

„We willen den eerwaarden Devaka dus vriendelijk danken
voor zijn grote bezorgdheid om ons rijk en zijn beschermende gezindheid voor het westen. We kunnen vaststellen,
dat hij misgetast heeft hier en daar en zich onaangenaam be-
moeid heeft met zaken, die alleen tot mijn bemoeienis behoorden. Ik waarschuw hem dus ernstig, voortaan mijn maatregelen niet te weerstreven. In regeringszaken geldt alleen
mijn besluit, eerwaarde Devaka, en gij mist elk recht in te
grijpen in de regering van mijn rijk. Wij zullen u niet
vragen, waardoor gij als een welgeschapen man naar het
westen zijt getrokken en als een verachte kreupele teruggekeerd. Leid den eerwaarden priester buiten het paleis,
Djala."

Devaka verliet met woede in het hart de raadzaal. Zijn haat
was afgebotst op de waakzaamheid van twee Maurya's.
Richika ontving zijn verslag uiterst koel.

„Trek u terug in de dzjungel, Devaka. Uw aanwezigheid hier is gevaarlijk voor de Brahmanenhof. Leer voorzichtigheid en beheersing van prins Asoka, die zich niet blootgeeft, zoals gij in uw opwinding en geloofsijver hebt gedaan."

Devaka boog ootmoedig. „Maak, dat Asoka in Gjeshtha uit het westen terugkeert, Heer; dan is de weg naar Patalipoetra zwaar en gevaarlijk."

„Welnu, wijze ministers, gij ziet, dat ik een getuige heb ontmaskerd, die, wat mij betreft, wel te goeder trouw zijn plicht mag zien, maar ongeschikt is, ons in te lichten omtrent de dingen, die in Takshasila geschieden. Met mijn getuigen is nog de oudste minister van mijn zoon in Takshasila meegereisd naar de hoofdstad." Bindoesara wenkte. Vimalamitra werd binnengeleid en aan de aanwezigen voorgesteld.

„Hooggeëerde en wijze Vimalamitra, gij zijt volgens prins Asoka zijn oudste en wijste minister. Wij vernemen graag van u, hoe uw schone stad en de oproerige volken van het westen zo snel weer tot rust zijn gebracht."

Vimalamitra gaf een sober verslag van alles, wat er in zijn vaderstad gebeurde en dankte den Maharaja, die zo'n wijzen legeraanvoerder had gezonden.

„Wie stuurde u naar Patalipoetra, mijn geachte Vimalamitra?"

„De ministerraad heeft mij als oudste gevraagd, naar Patalipoetra te reizen, en uw legeraanvoerder heeft het mij toegestaan. Ik heb gemeend, dat ik de gezant moest zijn in het belang van onze stad. De volken van de Pendjab zijn licht tot opstand geneigd; ze komen meer door hun handel in aanraking met volken, die nog verder westelijk wonen en staan niet zo onmiddellijk onder uw hoge en wijze regering." Vimalamitra verklaarde nader zijn standpunt.

„Welke onderhandelingen heeft de regering in het westen aangeknoopt met den Syrischen koning?"

„Geen onderhandelingen, genadige Majesteit. Virata had het willen doen. Toen het gezantschap kwam, heb ik het naar Prins Asoka gestuurd. De Prins heeft ze ingelicht en duidelijk gemaakt, dat er van enige hulp van Syrië geen sprake zou zijn."

„En waarom is de wijze Vimalamitra naar Patalipoetra gereisd?"

„Wij vrezen, o machtige Keizer, dat gij uw legeraanvoerder terug zult trekken, nu de rust hersteld is. Dit zou voor ons een ramp betekenen. Prins Asoka regeert niet met zijn leger, maar met zijn wijs inzicht. In korte tijd heeft hij het bestuur van uw landstreken geregeld, beter, rechtvaardiger dan het ooit was. Wij geloven, dat gij voor ons de meest gezegende Maharaja zoudt zijn, o genadige Keizer, wanneer gij uw zoon tot onderkoning van het westen wildet benoemen. Dan zou ik u met vol vertrouwen kunnen verzekeren, dat geen opstand meer mogelijk is. Prins Asoka heeft ons getoond, welk een heilige, rechtvaardige Majesteit op de ivoren troon van Pataipoetra zetelt. Als hij onderkoning van Takshasila werd, zouden ook wij de zegeningen van uw hoge regering genieten, zoals Madhjadesa."

Vimalamitra's woorden maakten indruk. Vele belangstellende vragen werden hem door keizer en ministers gedaan. Ieder was overtuigd van zijn eerlijkheid en betrouwbaarheid. Maar toen de waardige minister vertrokken was, sprak de Brahmaan Khallataka:

„Grote Maharaja, wij verheugen ons zeer, dat uw wijs inzicht den juisten legeraanvoerder heeft aangewezen. En toch meen ik u opmerkzaam te moeten maken op het gevaar, dat gij schept, wanneer prins Asoka onderkoning van Takshasila wordt. Ik geloof in zijn wijsheid, zijn bekwaamheid. Prins Soemana is evenwel uw oudste zoon! Ik zie nog steeds niet in, waarom gij hem moet uitsluiten van de troon. Hij gaf nog geen bewijs van zijn bekwaamheid; prins Asoka ook niet, voor gij hem, o Keizer, in de gelegenheid steldet. Soemana bewees nog niet zijn wijsheid.... prins Asoka ook niet, voor gij hem de belangrijke post van legeraanvoerder verleendet. Mag men de goden verzoeken door willekeurig anders te handelen dan de geopenbaarde Veda's willen? Onze wetten zijn heilige wetten. Devaka heeft getuigenis gegeven van zijn eigen

228

onbekwaamheid, maar ten opzichte van één bewering is hij juist geweest. Daar groeit in het westen een macht op, die slechts door één persoon beheerst wordt, en die is niet de Maharaja."

„Mijn edele Khallataka, zo van één dan verwacht ik van u volkomen eerlijkheid en trouw, en daarom wil ik u nog eens mijn mening over deze zaak verklaren: Ik wijs u op de Arthasastra, derde prakarana, 3, waar staat: „als een koning in tegenovergestelde wijze (dat is bij niet beteugeling der zinnen) te werk gaat en zijn zinnen niet beheerst, dan gaat hij spoedig te gronde, ook al bezat hij de gehele aarde." In dezelfde prakarana, 10, staat: „Deze en vele andere koningen, die zich aan de schare der bovenstaande zes vijanden[1]) overgaven en hun zinnen niet in toom hielden, gingen naast hun eigen verwanten en hun rijk te gronde." Voor mij is toch de vraag: Wie van mijn beide zoons beheerst zijn zinnen? Wie geeft zich aan de zes vijanden over? . . . . Geloof mij, mijn waarde Khallataka, dat het mij niet licht valt, een besluit te nemen, dat het geluk van mijn huis en Aryavartha betekent. Mijn ziel is de mijne en ik kan er van maken, wat ik wil, maar mijn land bezit ik slechts, zolang ik leef; dan moet ik het zelf overgeven aan hem, dien ik aanwijs als mijn opvolger. In de tweede prakarana staat: „een koning, die in de wetenschappen gevormd is en over de tucht zijner onderdanen waakt, bezit de aarde zonder mededingers en maakt alle wezens gelukkig." Als ik dus den volgenden maharaja aanwijs, heb ik een zeer verantwoordelijk besluit te nemen, dat ik mogelijk met de pijnen der hellen zou moeten bekopen, maar dat ook het geluk mijner onderdanen kan kosten. De 13de prakarana van de Arthasastra legt mij op: „Als hij een zoon van op de voorgrond tredende flinkheid bezit, vertrouwe hij hem de plaats van legeraanvoerder of kroonprins toe." Dat wordt mij opgelegd, o oudste minister van mijn grote en schone rijk. De valse keuze komt niet op uw hoofd neer, maar op het mijne. Het geluk, niet van dit geslacht, maar van het volgende,

---

[1]) Wellust, toorn, hebzucht, trots, aanmatiging en overmoed.

229

hangt van mijn besluit en niet van uw inzicht af. Geloof me, mijn Khallataka, ik zal kiezen, zoals mijn plicht mij zegt, mijn geweten mij influistert in mijn ziel. Liever heb ik, dat de goden mij verderven, dan dat ik mijzelf verderf. Liever dat mijn Brahmaanse ministerraad mij vloekt, dan dat het volk van gans Indra-land mij vloekt. Ik wil dus mijn eigen keus doen, hoezeer ik ook uw wijze raadgevingen waardeer....''
De ministerraad zweeg....

Khallataka verliet alleen het paleis, diep in gedachten verzonken. Een zware tweestrijd voerde hij tussen zijn eerbied voor den geliefden Maharaja, en zijn standsgevoel, dat zonder aarzelen naar Soemana uitging. Alle argumenten van den Maharaja stormden op hem aan en met woede verzetten zich zijn eigen overtuigingen. Was de Maharaja niet in maya verstrikt? Was het niet de angst voor zijn wilden zoon, die zijn besluiten bepaalde!.... de gedachte aan Ajatasatroe en andere pariciden? Maar was niet eerbied voor de Veda's eerste en laatste gebod? Of vertrouwde Hij werkelijk den wellustigen prins Soemana het rijk en zijn onderdanen niet toe?...

Khallataka merkte niet, dat prins Soemana uit het park naderde, waar hij en zijn vrienden zich hadden vermaakt tussen prinsessen en dochters van ministers en hoge ambtenaren. Hij riep opgewonden den Minister aan, maar deze was zo verdiept in zijn gedachten, dat hij niet opkeek. Toen trok Soemana in overmoed een handschoen uit en wierp die voor de grap naar den peinzenden raadsman, trof hem juist tegen het hoofd. Khallataka schrok maar beheerste zich volkomen. Hij keek den Prins enige ogenblikken recht in het gelaat, begreep nog niet, hoe de jongeling het waagde, den oudsten en hoogsten minister van het rijk zijns vaders zo diep te krenken.

,,Vergeef mij, eerwaarde Khallataka,'' riep de Prins lachend. ,,Ik wist niet, dat ik zo goed raken kon!''

,,Ik wil de juistheid van uw blik en hand prijzen, en de daad vergeef ik u ook, prins Soemana.... de gezindheid, waaruit ze voortkwam, nooit....''

Toen ging hij verder. Soemana verdween, lichtzinnig spotlachend, in het paleis.

230

Maar Khallataka peinsde: „Dat is een prins, die niet eens zijn waardigheid weet te bewaren. Vandaag gooit hij den oudsten minister de handschoen in het gelaat, morgen den onderdanen de wetten".....

Keizer Bindoesara had zich te rusten gelegd. De opwindende ministerraad, Vimalamitra's woorden, Devaka's valsheid, Khallataka's ernstig vermaan lieten zijn geest niet met rust. Handelde hij juist? Asoka had tot heden volkomen aan zijn hoge verwachtingen beantwoord.... Maar nu woelde het vervloekte inzicht van den priester door zijn gedachten. Van Asoka.... den wilden Asoka afhankelijk!.... een groeiende macht in zijn rijk.... die hij niet schatten kon, maar mogelijk groter dan de zijne! Soemana miste de wil en de bekwaamheid, zo'n macht te gebruiken.... Asoka niet: het gehele westen.... het leger van Patalipoetra.... Iranië.... Wat belette den levensvollen Prins de macht te grijpen, die hij begeerde! Bimbisara-Ajatasatroe-Oedayibhada [1]).... Bindoesara-Asoka.... Had hij toch slecht gekozen? Neen, neen! Het gold slechts de gegroeide mogelijkheid weer te niet te doen.... Dwaas, dat hij thans niet meer zeker was van zijn zoon, dien hij zelf zo sterk verdedigd had.... In de ministerraad was hij rustig geweest.... hier, op zijn bed.... niet meer.... elke mogelijkheid werd thans onnatuurlijk vergroot in de dodelijke stilte van zijn slaapvertrek. Konden niet zijn moordenaars in.... het paleis zijn.... nu....? De angst.... angst, die hij zich zelf geschapen had! Niet geluisterd had hij naar de raad der Brahmaanse ministers. Zou het toch noodzakelijk zijn, priesters naast zulke vurige prinsen te plaatsen, als den mahaut naast den olifant? Was zijn vertrouwen in den begaafden zoon te groot?.... En het getuigenis van Koelika? En Revata? En Vimalamitra? Maar de woeste stammen van de Pendjab.... en het leger van Patalipoetra! Zijn opgewondenheid verergerde: thans was het, of ze hem naar de keel vloog. Hij

---

[1]) Koning Ajatasatroe vermoordde zijn vader, en werd vermoord door zijn zoon Oedayibhada.

stapte zijn bed uit, wandelde heen en weer bij het zwakke licht van een enkele lamp.... Dat kalmeerde.... Hij liet Çari komen.

„Çari, laat den wijzen Brahmaan Sayana waarschuwen, dat ik hem graag morgen zo vroeg mogelijk hier zal zien." Toen pas werd de Maharaja rustig. Desnoods zou Asoka terugkeren, dan miste hij tenminste de zweep van het westen.... als hij niet met een groot leger kwam....

Sayana was vroeg aanwezig....

„De Prins zal zeker aanspraak maken op de troon van Patalipoetra, maar nooit behoeft zijn vader hem te duchten. Ik heb hem met te grote eerbied over den Maharaja horen spreken, en Koelika kent hem door en door, en hij acht gevaar voor den Maharaja uitgesloten."

„Maar als de roes van de gemakkelijke overwinningen in de gehele Pendjab zijn gevoel en gedachten verduistert?"

Sayana schudde het hoofd. „Daarvoor is Asoka's geest te klaar. Zijn plotselinge drift voert hem wel eens tot onverwachte daden, maar verwonderlijk is het, hoe juist dan nog vaak zijn geest werkt."

„Toch is het misschien onwenselijk een zo geweldige mogelijkheid in mijn rijk te scheppen, mijn Sayana. Was Soemana in het westen, ik zou er om lachen.... maar Asoka! Die schrikt voor geen enkele daad terug, als hij de.... de...."

„Rechtvaardigheid er van inziet, o Maharaja."

„Ja.... Mijn vertrouwen is op het ogenblik geschokt, eerwaarde Sayana.... Siva stortte een scherp wantrouwen in mijn hart. Devaka heeft alle feiten verdraaid, maar één opmerking benauwt mij: daar groeit in het westen ondanks mijzelf een geweldige macht op in mijn rijk, die slechts door één mens beheerst wordt, door Asoka. Ik wens niet afhankelijk te zijn van één mens, zelfs al is hij mijn meest geliefde zoon."

Sayana kende die angst van den machtigen heerser.

„Kan Asoka gemist worden in Pankanada?"

„Alles is er rustig."

232

„Hebt gij een dwingende reden, grote Keizer, hem terug te roepen?"

„Hier in Patalipoetra is thans de oudste minister uit Takshasila, die mij smeekt, Asoka als onderkoning te benoemen, opdat ook de Pendjab mijn rechtvaardige regering moge genieten.... Asoka regelde er na de opstand in korte tijd de regering eenvoudig en goed...."

Sayana knikte.

„Ja, ja, o Maharaja, uw keus was schoon! Hoe wilt gij thans besluiten zo, dat Brahma's fijne glimlach glanst over uw wereldrijk! Is er geen nieuwe arbeid, waarmee gij Asoka's werkkracht boeit.... en liefst in een minder gevaarlijke omgeving dan Takshasila, om den Maharaja niet te verontrusten.... Zijn uitberstende levenssappen vragen een uitweg, een oefenplaats voor zijn meer dan zeldzame manas [1])....
Zo gij hem doemt tot werkeloosheid, zoekt hij die uitweg zelf, en hoewel ik hem vertrouw, zou zijn werkenswil zich kunnen richten op iets, dat den Maharaja minder behaagde. Welke opgaaf hebt gij voor dezen begaafden geest, o Maharaja?"

„Het oosten veroveren?" vroeg Bindoesara na enige aarzeling.

Dan zou prins Asoka weer een — nu groot — leger onder zijn bevelen hebben.... Bovendien ware het minder welgevallig aan Brahma. Zijn geest is tot heerlijker werken in staat en geneigd, dan oorlogen."

„Gij hebt gelijk, mijn wijze Sayana.... Uggajini?.... Uggajini! In het zuidwesten van mijn rijk wordt een man vereist, die het bestuur beter regelt en vooral beter toeziet op de belastingen van de vele karavaangoederen, die dag aan dag te Bharygaza uit de Oceaan door de Vindhya's naar Madhjadesa en de Pendjab gevoerd worden en omgekeerd.... Dat is een gelukkige gedachte, mijn Sayana! De volken in het zuid-westen zijn meer verspreid, rustiger, bezonnener, maar voelen zich te onafhankelijk van de verre hoofdstad.... een heerlijke gedachte, edele Sayana! En als we.... dan.... Soemana.... naar Takshasila zonden als

---

[1] Verstand, geestkracht.

onderkoning.... hij kan er tonen, dat hij een evengoed maharaja zal zijn als Asoka."

„Is dat geen gevaarlijke proef, o Maharaja?"

„Neen. Als Soemana daar mislukt, is hij verloren.... Dan stuur ik Asoka ten tweeden male.... En dan hebben de goden andermaal uitspraak gedaan.... Gemakkelijker ware het voor mij geweest, Soemana tot troonopvolger te benoemen.... en het grote rijk na mijn dood te wagen aan twist, oorlog en.... verbrokkeling, het over te geven aan de onkunde van mijn oudsten zoon. Zal het grote rijk als zodanig blijven bestaan, dan vereist het echter een maharaja met een scherpe geest, een onverwoestbare energie, een onverstoorbare wil, een grote, alles omvattende liefde, die niet schroomt, wat hem in de weg staat, met stalen hardheid op te offeren.... Ik ken maar één zo'n mens in het huis der Maurya's, o Sayana. Mijn geweten dwingt mij echter, de proef te nemen. Ik brand mijn offervuren, ik bid dagelijks de goden, mij wijsheid te geven voor mijn besluit.... Uw raad was van dat licht, eerwaarde Sayana"....

Op het tweede deel van de dag, waarin de Maharaja de belangen van stedelingen en landbewoners behartigde, ontving hij opnieuw Vimalamitra.

„Gij begrijpt, mijn wijze en goede Vimalamitra, hoe het mij pijnt tot in het diepst van mijn gemoed, dat ik aan het verzoek van de ministers in Takshasila — ten minste voorlopig — niet kan voldoen. Het verheugt mij, dat de regering in de Pendjab door mijn zoon weer goed geregeld en — ik hoop — bevestigd is. Maar mijn rijk vraagt de zorg van bekwame mannen. Enkele landen hebben bijzondere toewijding van de beste krachten nodig. Daarom heb ik Asoka naar Takshasila gezonden. Een ander deel van Indra-land vereist thans zijn aanwezigheid. En prins Soemana zal onderkoning van Takshasila zijn. Ik weet, dat een wijze ministerraad hem terzijde zal staan en bekwame ambtenaren zijn bevelen zullen uitvoeren. Het zal mij zeer verheugen, als gij, Vimalamitra, als oudste minister hem zult willen steunen en raden, tot geluk van de Pendjab."

234

Vimalamitra had het hoofd gebogen.

„Men zegt, genadige en rechtvaardige Majesteit, dat uw oudste zoon sterk beïnvloed wordt door de Brahmaanse priesters. Vergeef mij, dat ik zijn komst een ramp vind voor het land ten westen van de Sarasvati. Ik ken de volken van de Pendjab. Ik zeide u gisteren, o Maharaja, dat ik u met vol vertrouwen kon verzekeren, dat geen opstand weer mogelijk zou zijn, als prins Asoka onderkoning van de Pendjab werd. Ik ben oud en heb veel ervaren.... maar zover ik kan oordelen, zal ik u die verzekering thans niet meer kunnen geven. Ik wil vertrouwen op uw wijsheid, maar het is met grote zorg, dat ik uw legeraanvoerder uit onze landen zie terugtrekken."

„Edele Vimalamitra, het verloop der verdere gebeurtenissen zal mijn besluiten bepalen. Als de andere ministers en ambtenaren mannen zijn als gij, twijfel ik niet aan het geluk der volken daar."....

17. MAHADEVA ASOKA.

Asoka's weetgierigheid was oorzaak, dat weldra een drukke uitwisseling van gedachten plaats vond met de geleerden en kunstenaars, die volgens de gewoonte de gezanten van Antiochos Soter vergezelden. Hij hoorde met verbazing van de reusachtige stenen tempels in tegenstelling tot de houtbouw der Aryers, de helleense kunstwerken, wallen van Pericles, marmeren godenbeelden en vooral de in steen gebeitelde inschriften der Achemeniden, die ten eeuwigen dage de lof der roemrijke overwinningen zullen verkondigen.

„Welke overwinningen?" vroeg de Prins.

„In de bloedige veldslagen, door hen gevoerd."

„Vindt men de roemrijke daden in de oorlogen dan zo belangrijk, dat ze vereeuwigd moeten worden?"

„Ze maakten het Syrische rijk groot."

„Mijn vader Bindoesara's rijk is grooter dan dat van Antiochos Soter. Zijn roem is, dat hij rust, welvaart, geluk

235

aan de volken kan geven. Geen stenen inschriften verheerlijken zijn oorlogsdaden."....

„Onze vriendelijke gastvrouw heeft haar huis gesierd met godenbeelden uit Egypte en Hellas.... Vindt de prins van Indra-land die niet schoon?"

„Zeer zeker, maar ze lijken nabootsingen van mensen, zij het zeer welgevormde."

„Zo zijn ze ook bedoeld: een vergeestelijking van de schoonheid, een menselijke vorm, opgevoerd tot volmaaktheid."

„Maar is een gezond levend mens niet veel schoner! Wilt ge een aanblik van menselijke, uiteindelijke schoonheid, schouw dan naar Gopa, levend, bewegend, met de gloed in haar ogen van de vreugde van het hervonden leven, met de kracht van jeugdige volheid. Wat is de starre schoonheid van de Griekse Athene of Aphrodite bij haar vergeleken, en gij zegt, dat dit de vergeestelijkte schoonheid moet weergeven...."

„Het is de schoonheid, zoals ze gerijpt is in de ziel van een kunstenaar, wiens geest de grootste ontvankelijkheid, wiens hand de zeldzaamste vaardigheid bezit tot uitbeelding, o Prins."

„Maar hoe wilt ge in steen iets wrochten, dat zelfs niet bij benadering de schone werkelijkheid nabootst? Uw goden zijn mensen. Hoe weet gij, dat zij schone mensen zijn? Ge weet nauwelijks, dat aan de andere zijde van de Himalaya dezelfde wezens wonen als hier. Vindt ge aan de andere zijde der wereldzee paarden, olifanten, slangen, als hier? De Egyptische beeldhouwers hebben meer gelijk dan de Griekse of Syrische, als ze goden-vormen scheppen, wijd van menselijke vormen verscheiden...."

„Hoe wenst gij dan goden uit te beelden, o hoge prins, schoner, verhevener dan de mens?"

„De voornaamste eigenschap van de goden zal niet hun menselijkheid zijn. Het is hun kracht.... hun al-weten.... hun macht, die ver boven de menselijke macht uitgaat, hun al-zien, en al-horen, waarbij de mens is als een kleine, witte mier in de eindeloze dzjungel."

236

„Dan zal niet het gevoel voor schoonheid der Hellenen, maar de phantasie der Indiërs dus de wegwijzer moeten zijn voor uw kunstenaars, o Prins. Wanneer gij ooit de schoonheid der Helleense kunst doorvoelt, zult ge u toch nooit ontworstelen aan uw eigen inzicht, omdat het gegroeid is uit het gevoel van menselijkheid, dat in uw geest zo sterk spreekt, edele Prins."

„Misschien zijt gij in zoverre juist, dat gij in uw andere wereld ongeveer hetzelfde uitdrukt, wat onze woudkluizenaars en denkers zeggen: Den Brahma-Atman kunt ge slechts kennen in u zelf, omdat elk levend wezen slechts de ontvouwing van den Atman is, waarin het later terugkeert.... Onze kunst moet die eenheidsgedachte uitdrukken, of ze ware niet van Indra-land."

Toen Asoka in het regeringspaleis kwam, wachtte een der ministers hem op. Een gezantschap was in Takshasila aangekomen, om den legeraanvoerder te berichten, dat een woestijnstam uit Rajpoetana herhaaldelijk invallen deed in hun land en vee stal. Asoka liet onmiddellijk de ministerraad bijeenroepen en ontving de afgezanten. Ze berichtten op Asoka's grondige vragen, dat de stam het grootste deel van zijn vee verloren had door droogte en nu zijn kudden trachtte aan te vullen door gestolen vee.

„En wat wenst ge van mij?"

„Misschien wil de legeraanvoerder van den heiligen Maharaja 'n troep krijgers sturen, die de rovers straft of verdrijft of doodt."

De ministerraad meende, dat een flinke troepenmacht spoedig een einde zou maken aan de wandaden van de Rajpoetanen.

„En gij, mijn Koelika?"

„Ik vermoed, hoe mijn Prins denkt in gevallen als deze. Waarschijnlijk heerst hongersnood onder de Rajpoetanen. Zonder vee sterven zulke woestijnstammen."

„Gij hebt gelijk, mijn Goeroe. Wij zullen nog deze dag een behoorlijke troepenmacht gereed maken. Honderd ossenwagens met koren uit de keizerlijke schuren en twee ossenwagens met kostbaarheden volgen zo spoedig mogelijk. Morgenvroeg reizen we af, om de rovers tot rust te brengen. Minister Patshala zorgt, dat we geneesheren en geneesmiddelen meenemen onder zijn leiding. Ik wil deze stammen kennen."

Na verscheidene dagreizen op de zuidelijke weg naar Indraprastha[1]) en langs de Satadroe trok Asoka met krijgers en geneesheren naar de verblijfplaats der rovende stammen, terwijl Sagka bevel kreeg, vee in te zamelen voor de kostbaarheden.

Wat Asoka in het kamp der Rajpoetanen zag, ging elke fantasie te boven. Het kamp der nomaden was in twee groepen verdeeld: gezonden en zieken. De gezonde Rajpoetanen dachten er niet aan, te strijden tegen Asoka's keurbende. Ze wierpen hun wapens neer en wachtten geduldig, in nederige houding af, welke straf over hun hoofden zou komen. Asoka had reeds een vluchtige maar juiste indruk gekregen van de toestand: doodsellende door een gril der Indische natuur.

,,Breng het stamhoofd hier!" Een man, magerder dan enig boeteling, dien hij ooit zag in Magadha, naderde in eerbiedige houding.

,,Gij hebt vee laten stelen bij de Katthya's. Weet gij, dat de Keizer van het rijk diefstal streng straft?"

,,Heer, de helft van mijn stam is de hongerdood gestorven, de helft van de andere helft ligt ginds ziek. Van ons vee is geen tiende deel over. Onze gehele stam sterft uit, als we geen vee en geen eten en water krijgen. De wanhoop heeft ons tot vee-dieven gemaakt. Kunnen wij onze vrouwen en kinderen laten sterven, onze koeien en paarden, die ons leven bewaarden? Durft gij ons ziekenkamp bezoeken, o Prins? De pest waart er rond en neemt elk weg, die geen weerstand meer heeft. Sinds verleden jaar zijn er geen regens meer geweest op de weiden in ons gehele gebied. Thans is bijna nergens meer water te vinden. En wat er nog is, bergt de dood in elke druppel."

Asoka wenkte Koelika en den gids. En ze gingen met het

---

[1]) Delhi.

stamhoofd door het ziekenkamp. Asoka zou het zijn leven niet meer vergeten. Nog dagen lang vervolgde hem de verschrikking, de afschuwelijkste grijns van de dood.... doffe, levenloze leven.... weerloze jeugd: een bespotting van lieflijkheden van het kind. Geen der zieken gaf acht op de hoge bezoekers. Wie hier lag, was Yama overgegeven.

„Hier heerst Mahadeva[1]), de god van de dood, Heer."

„Siva kan deze stam doden met één straal van zijn oog. Roedra weigert deze armen de hemelmelk. Waarom hebt gij niet geholpen?" vroeg Asoka den gids en aanklager.

„Wien de goden straffen, wagen wij niet te helpen, Heer. Zij hebben het hun zonden in dit of een vroeger leven te wijten. Wij weerstreven niet de wil der goden, die ook ons met droogte bezochten."

„Hebt ge, toen onlangs de Indus tot ongekende hoogte rees, de straf der Dasyoe's aanvaard? Of hebt gij uw oogst en vee geborgen?"

„We hebben alles geborgen, Heer, omdat de goden ons door prins Asoka waarschuwden."

„Welnu, Asoka waarschuwt u thans weer. Siva wil deze mensen sparen!"

Met onverstoorbare vlijt organiseerde Asoka nu de redding der Rajpoetanen. Geneesheren werden aan het werk gezet, lijken verbrand, waterkaravanen ingesteld tot de regentijd, kudden aangevuld; onder leiding der bekwame geneesheren van Takshasila werd de voeding verzorgd en de genezing der zieken ter hand genomen. In korte tijd, onder Sagka's strenge tucht, herstelde het innerlijk sterke volk van herders zich van de slagen, hun door een gril van de Indische natuur toegebracht. Asoka was reeds lang weer naar Takshasila teruggekeerd. In de herinnering der Rajpoetanen was hij een godheid, de Mahadeva[1]) Asoka, uit de hemelen neergedaald. Hij had pest en hongersnood met één zwaai van zijn machtige arm verjaagd; en het geluk keerde weer, met het besef, dat de Mahadeva hen beschermde, Asoka noemde men hem....

---

[1]) Siva.

18. DE TWIJFEL.

Satyavat bracht als ijlbode van Bindoesara, Asoka de onaangename tijding: Prins Soemana onderkoning van de
Pendjab, Asoka terug naar Patalipoetra voor een nieuwe zending, nog in Gjeshtha [1]) .... Asoka voelde dat de strijd
naderde.

Satyavat wist door zijn intense spionnage Asoka mee te
delen, wat er in Patalipoetra gebeurd was: Gopali's bede voor
Soemana, Devaka's beschuldiging, Bindoesara's verdediging,
Vimalamitra's verzoek en ook de komst van Sayana in het
paleis. Djala liet echter niets doorlekken, van wat er in de
geheime vertrekken van den Maharaja besproken werd.

Asoka kon niet bedenken, welk besluit de Keizer ten opzichte van hem genomen had. Was Soemana door intriges
toch tot kroonprins benoemd? Maar de verdediging van den
Keizer dan! Had Vimalamitra's verzoek achterdocht gewekt?
Eèn ogenblik spookte het door zijn hoofd: in de Pendjab kon
hij gemakkelijk een groot leger verzamelen. Sela en Sagka
terug naar de hoofdstad: het leger van Patalipoetra was licht
op zijn hand te krijgen.... Vader dwingen, hem tot onderkoning te benoemen van de Pendjab, en.... troonopvolger.... Dwaasheid! Zijn vader zou de heilige Maharaja blijven, zolang hij wenste. De tijden van Ajatasatroe en
Oedayibhada waren voorbij! De Maharaja moest onaan-
tastbaar zijn, heilig, zo dat niemand zijn bestaan, zijn maatregelen raakte.... zoals men een godheid heilig stelde.
Alleen Soemana zou geen maharaja zijn na hem! Als Bindoesara Soemana tot troonopvolger koos, kon het slechts zijn
onder invloed van zijn Brahmaanse raadgevers. Hun oppermacht duldde hij niet! Kalmer dan Sasarman verwacht had,
zei de Prins:

,,Sasarman, we keren de volgende nieuwe maan, dat is over
twee dagen naar Patalipoetra terug.... in Gjeshtha...."

---

[1]) De heetste maand.

„De hitte zal onverdragelijk zijn, o Prins! Het is de reden, waarom de Brahmanen uw terugkeer juist thans rieden!"

„Dan reizen we in morgen- of avondtijd, desnoods bij nacht. En gij, mijn Koelika, keert gij mede terug naar de hoofdstad? Ik wens zo snel mogelijk te reizen. Indien gij wilt, kunt ge voorlopig hier blijven."

„Neemt ge een legermacht mee?"

„Neen.... slechts enkele zeer bedreven manschappen voor de voedsel-voorziening, een paar snelle paarden en ossen-wagens."

„Dan keer ik met u terug, o Prins."

Asoka keek hem verrast aan.

„Ge denkt dus ook, mijn Koelika, dat de Maharaja mij zijn gunst onttrok?"

„Ik vrees. De toestand in de Pendjab is niet zó, dat men Soemana met een gerust hart hier kan verwachten. Er moet wel een zeer ernstige reden zijn, dat de Maharaja u terug-roept. Devaka is niet de enige, die het wenst."

„Neen."

Dezelfde avond kwam de ministerraad bijeen en Asoka deelde het besluit van den Maharaja mee.

„Vimalamitra's verzoek is dus geweigerd, o Prins!"

„Dat blijkt, geachte minister."

„Wie komt.... in uw plaats, edele Heer?"

„De oudste zoon van den Maharaja wordt onderkoning van de Pendjab."

„Prins Soemana!"

„Gij zegt het."

„Wenst gij een grote legermacht uit Pankanada mee te nemen, o Prins? Het gehele westen zal op één enkel woord van u gereed staan," zei Kampaka, de minister van de handel. De anderen zaten onbeweeglijk.

„Ik wens den wijzen Maharaja te gehoorzamen. Hij zal zijn goede reden hebben, mij naar Pataliepoetra te roepen. Het leger blijft hier onder prins Kala. Uw ambtenaren zijn on-kreukbare en kundige mannen. Ik hoop, dat de prins een zegen voor uw land mag zijn."

Niemand sprak een woord.

„Wenst ge hier te blijven, o Prins?"

„Dat zou opstand betekenen en daar denk ik zelfs niet aan!"

„De Maurya's komen uit het westen en aarden niet onder de Brahmaanse priesters, die de Maurya's als Soedra's beschouwen, voor hun begrippen verachtelijke wezens."

„Maar den Maharaja en zijn opvolgers zullen ze als hun meesters beschouwen.... of hun stand verdwijnt. Ik wil noch mijn Vader noch de volken van Aryavartha ontrouw worden."

„Tegenover uw onomwonden eerlijkheid, o Prins, leg ik deze verklaring af van de gehele ministerraad en de Pendjab: De Maharaja en gij, o Prins, kunnen, zolang gij leeft, op de Pendjab rekenen. Uw eerste roep zal voldoende zijn."

„De nieuwe onderkoning gaf nog geen aanleiding tot deze verklaring, mijn geëerde vrienden."

„Maar eindeloos vele daden van Bindoesara's legeraanvoerder, hooggeëerde Prins, gaven die zeker."

„Ik dank u voor uw vriendelijk oordeel.... Misschien hebben we elkaar.... nog nodig."

„Wanneer vertrekt gij, o Prins?"

„Met twee dagen."

„Mogen we vernemen, welke weg gij kiest?" vroeg Kampaka.

„De kortste."

„Heer, ik ben als handelaar zeer goed met de wegen naar Madhjadesa bekend. Gjeshtha is een gevaarlijke maand om te reizen. Ik zou u gaarne een goede raad geven: kies de weg langs de voet van de west-Himalaya. Laat Indraprastha en Sakala liggen, maar reis over Hastinapoera en Ayodhya naar Patalipoetra. De woestijn-weg is in deze maand dodelijk voor mens en dier door de westenwinden, die het hete woestijnzand als een aanhoudende, brandende stofwolk over de oostelijke Pendjab jagen, nacht en dag. De mensen sluiten zich op in hun huizen, de wateren zijn uitgedroogd. Hoe wilt gij, die de gevaren nauwelijks kent, dat bestaan? Ge moet langs de

242

noordelijke weg vele rivieren kruisen, maar pas in Ashada wordt het moeilijk, ze te passeren."

„Wat denkt Satyavat van deze raad?"

„De Brahmanen van de Brahmanen-hof hebben er sterk op aangedrongen, dat gij in Gjeshtha zoudt terugkeren.... en langs de kortste weg, o Prins."

Er ontstond een pijnlijk zwijgen in de raad. Kalm verbrak de Prins het:

„Ik dank u zeer voor uw wijze raad, mijn ministers. We zullen ze dankbaar opvolgen en de weg nemen over Ayodhya. Ik verzoek u voorts vriendelijk, prins Kala van Mayoela bij te staan in zijn moeilijke arbeid. Hij zal mijn werk kunnen voortzetten, als hij slechts uw steun mag erlangen."....

's Avonds voor het vertrek waren Asoka, Revata, Kala, Koelika en Sagka bij Gopa. De gastvrouw liet haar vrienden koele dranken, vruchten, koeken en andere lekkernijen aanbieden door de dochters van Nila.

„Zijt ge niet bang, dat schitterende sterren Chandra's licht verduisteren, ten minste verbleken?"

Gopa lachte. „Misschien zou dat in bepaalde gevallen geen kwaad kunnen en zelfs wel aangenaam voor mij zijn."

„Wiens aandacht moeten ze afleiden?"

„Van iemand, die weldra in Takshasila zal verschijnen."

„Speel niet met machtige mannen, voor wie een schone vrouw even aanlokkelijk is als een areka-bloesem voor de vlinder, maar die haar minder tellen dan hun slaaf."

„Heer, ik speel niet, ik bereken slechts. Mogelijk moet gij weten, wat er in Takshasila gebeurt. Er zijn mannen, voor wie geneugten noodzakelijker zijn dan de zaak, die ze behoren te dienen. Het kan zelfs nodig zijn, dat die zaak verwaarloosd wordt. Ik zorg, dat de tegenstander met zijn handelingen op de hoogte blijft."

‚Gopa, geen gevaar voor u en de meisjes!"

Gopa kon haar aandoening niet bedwingen. Ze wierp zich aan de voeten van Asoka.

„Heer, ik wilde mijn leven niet geven voor het belang van

een offerpriester, maar elk ogenblik voor u. Vijf malen per
dag offer ik aan Siva. Ik zal u dienen in Takshasila, zolang
ik adem. Geen offer is mij te groot.... geen ogenblik wil
ik verslappen in mijn waakzaamheid voor u. Het is mijn grote
vreugde u te dienen.... en Siva."

Asoka was diep ontroerd. Hij vatte haar beide handen,
hief haar op en leidde haar naar haar zitplaats terug.

„Ik vraag, geloof ik te veel van u, mijn vrienden."

„Nooit!"

„Siva, de weldadige, zegene u met wijsheid en glanzend
leven, mijn Gopa.... Varuna bescherme uw huis en geve u
zijn licht. Ik weet niet, wat mij wacht. Misschien zien we
elkaar niet weer.... misschien wel, in elk geval dank ik u
voor wat gij deedt of doen zult"....

Evenals bij Asoka's komst was heel Takshasila uitgelopen
op de weg naar Hastinapoera. Het trof den jongen legeraanvoerder zeer. Hij was in Patalipoetra gewend, dat men
hem vreesde en haatte. In deze vooruitgeschoven post naar
de westerse landen verdroeg men elkaar beter, waar de wetenschappen een ruimer blik verleenden. En hierbij vond de
Prins, die niets voelde voor de belachelijke ceremoniën der
op geld beluste priesters, aanpassing, en het volk kende die
gezindheid. De belangstelling van Asoka voor het leven in
alle standen, hun kunst, hun wetenschap, hun handel, produc-
ten en waren kwam voort uit een zekere instemming, een
neiging naar hun leven. En dat streelde niet alleen hun ijdelheid maar gaf hun ook vertrouwen in den doortastenden
Maurya-zoon. Ze beschouwden het voor de stad en de Pendjab
als een ramp, dat hij vertrok. Van Soemana gaf de faam geen
enkele aanlokkelijke eigenschap.... Bloemenkransen, guirlandes sierden de weg, zover de stedelingen gegaan waren. De
inwoners knielden terzijde neer en betoonden den jongen
Prins hun eerbied. Ze wierpen de schoonste bloemen, die ze
konden verzamelen, als een offer voor de voeten van zijn
paard. Langzaam reed hij tussen de brede mensenrijen door,
de bliksemende chakra ten groet opgeheven. Toen hij aan het
eind was, keerde hij zijn paard om, keek peinzend een wijle

de weg langs naar de stad op de hoge rots, hief zijn chakra op en liet de fel teruggekaatste stralen schitteren over de bewoners van Takshasila. Daarna snelde hij met rappe vaart de hoofdstad tegemoet.... Door de gloeiende hitte van de woestijnwinden en het poederfijne, allesdoordringende stof, dat hun soms adem en gezicht dreigde te benemen, werd de tocht zwaar. Koelika bleek niet bestand tegen de geforceerde rit. Bij Kauçambi liet Asoka hem ongaarne achter in een klooster van Boeddhistische monniken. Maar Asoka zelf wilde voort, snel, gedreven naar de verre ongewisheid....

Lang voor men Asoka verwachtte, bereikte hij op een avond tegen het ondergaan der zon de hoofdstad. De honderden blanke torens van de sterke palissaden-wallen brandden fel op in het korte avondrood. Strak reed de kleine bestoven troep de poort binnen. De wachten schoten verschrikt op uit hun moede rust, en overal verwekte zijn komst grote verbazing. Het was bekend, dat de wilde Prins teruggeroepen was en dat de kroonprins onderkoning van de Pendjab zou worden. Hoe de demper van de opstand in het westen die benoeming zou opnemen, wist men niet, maar men vreesde zijn woede. Zijn gelaat drukte starre ernst uit....

Asoka liet onmiddellijk den Maharaja berichten, dat hij aangekomen was en verzoeken, door Bindoesara ontvangen te worden. De Maharaja verbleekte. Nu al! Die nooit falende energie en voortvarendheid verschrikte hem.

,,Hoe groot is het leger, dat hij meevoerde uit het westen?''

Het geruststellende antwoord gaf den Maharaja de nodige kalmte.

Twaalf vrouwen van de keizerlijke lijfwacht werden als eerbewijs en.... veiligheidswacht in de ontvangzaal opgesteld en ontvingen den Prins zwijgend en eerbiedig, zwaargewapend. De ontmoeting was tamelijk koel....

,,Mijn Vader, gij ziet, dat ik uw bevel onmiddellijk heb opgevolgd.''

,,Mijn dappere zoon, gij hebt meer bereikt in Takshasila dan ik mocht verwachten en hebt de wijsheid en bezadigdheid van een ervaren veldheer geëvenaard. Ik had van u.... misschien een scherper optreden gevreesd, een zo succesvol en wijs beleid zelfs niet durven hopen."

„Ik heb mij streng gehouden aan uw bevel, dat ik het dempen van de opstand op de beste manier zou trachten te behandelen. Ik beschouwde het als mijn hoofdopgave, de verdoolden terug te brengen tot trouw aan den Maharaja. Na een straftocht zou een sterk leger nodig geweest zijn. Nu slechts één redelijk legeraanvoerder en.... verstandig bestuurder."

Bindoesara begreep, dat Asoka zijn besluit afkeurde.

„Men is algemeen van gevoelen," begon hij aarzelend, „dat ik u, mijn zoon, wel en Soemana geen gelegenheid gegeven heb, zijn bekwaamheden te tonen. En ik meen, dat het voor mijn karman en voor mijn landen nodig is, te besluiten volgens de Veda's en de Arthasastra. Ik wens Soemana in staat te stellen, zijn geschiktheid tot regeren te tonen in een land, dat door u tot rust is gebracht niet alleen, maar dat thans ook een goed ambtenarencorps heeft." Weer aarzelde hij even. „Voor mijn Asoka heb ik een andere opdracht.... Uggajini brengt hoe langer hoe minder in de schatkamer, terwijl de handel zich uitbreidt. Ook de landrente loopt de laatste jaren sterk terug. Ik wens te weten, wat daarvan de oorzaken zijn. De volken behoeven een sterke hand. Gij kunt de regering naar uw eigen inzicht inrichten; gij hebt getoond, dat uw geestelijke gaven opwogen tegen een moeilijke taak als deze. Uw taak zal zwaarder zijn dan die van uw broeder. Toon in Uggajini opnieuw, waar ge toe in staat zijt. Ge gaat thans als onderkoning naar de zuidwestelijke staten van mijn rijk."

Asoka boog diep voor den Maharaja, die tevergeefs trachtte te peilen, welke indruk zijn besluit op den zoon maakte.

„Gij beheerst u als een Indisch vorst betaamt, mijn Asoka. Zeg mij nu, wat gij denkt van deze arbeid."

„Ik ben zeer gelukkig, het land te leren kennen, waar de schepen van den Maharaja waren brengen uit verre landen, en.... mensen, en de stad, waar geleerde mannen meer dan in Takshasila weten van de hemellichten, en de zwarte volken, die men hun heerlijk land aan Indus en Ganges ontroofde en uit het noorden teruggedrongen heeft. Ook de volken, die in Rajpoetana, Goezerat en Malava wonen."

Bindoesara keek Asoka met verbazing aan.

,,Was mijn zoon liever aan het hoofd van een krachtig leger tegen opstandige volken opgetrokken?"

,,Mijn werk heeft u slechts kunnen overtuigen, dat naar mijn inzicht de macht bij den Maharaja berust. Ik wens niets liever dan uw grote land te leren kennen, te weten, welke krachten er in verborgen liggen, en uit te speuren, wat de volken scheidt en bindt.... Maar.... gij hebt, mijn beminde Vader, gezegd, dat wie in staat is de boog Gandiwa te spannen en af te schieten, Indra's rijk kan besturen. Voorts dat van mijn arbeid in Takshasila veel voor mijn verder leven zou afhangen. Gij moet begrijpen, dat ik mijn gedachten over deze woorden heb gehad. Toen ik hoorde, dat Soemana onderkoning van de Pendjab werd, dat ik in uw geest tot gehoorzaamheid had teruggebracht.... aan den Maharaja, geloofde ik, dat mijn Vader ontevreden was over mijn daden.... of dat een misdadige offerpriester mijn werk verdacht had gemaakt."

,,Ik weet alles, wat in Takshasila gebeurde; ik kende Devaka's doel en vernam wat mijn redelijke zoon tegenover zijn gewroet stelde. Ik wens echter niet in strijd te komen met de Arthasastra en de Veda's. Soemana heeft thans de gelegenheid, zijn krachten te ontplooien.... als hij die heeft. Maar als kroonprins zal ik kiezen, zoals mijn plicht tegenover Indra en de andere goden en mijn volk mij ingeeft. Beloof mij, dat gij u aan mijn eindbesluit zult onderwerpen."

,,Een dergelijke belofte zou ik zelfs Siva niet geven."

,,Dus.... uw eigenbelang weegt toch zwaarder dan.... uw gehoorzaamheid aan den Maharaja, mijn zoon," merkte Bindoesara opnieuw met achterdocht op.

,,Ik wens niet door dwaze beloften onmogelijk te maken, wat ik later misschien noodzakelijk acht. In mijn Vader zal ik den Maharaja eerbiedigen, zolang gij keizer van Aryavartha blijft. Daarna zal ik voor mijn eigen geweten uitmaken, wat de goden willen, wat uw land eist, wat nodig is voor de

Maurya's. Het evenwicht van deze drie belangen zal mijn handelingen bepalen. Ik wens u en het land nog lange jaren regering van den huidigen maharaja toe.... Maar meent gij, dat ik uw wereldrijk zou laten in handen van een priester-harlekijn? Van een slaaf van elke schone vrouw? Van een nietswaardigen, onbeduidenden mens, die zijn zinneprikke-lingen hoger stelt dan de grote belangen van uw eindeloze rijk en zijn talrijke volken? Zij behoeven een maharaja met genoeg inzicht, wilskracht en offervaardigheid, om zijn werk-kracht en macht en kunnen te leggen op de altaren van Siva, Indra en Varuna, in plaats van duizenden offerdieren te laten smoren voor de heilige vuren! Geen god is ooit voor de mensen getreden en heeft geëist: bindt honderden, duizenden offerdieren aan de offerpaal, haal de strikken aan om hun onschuldige halzen en bezorg mij door Agni hun vlees en bloed in de hemel; de priesters hebben het geëist! Ik heb met eigen ogen gezien, dat er duizenden, millioenen snakken naar hulp en steun, rechtvaardigheid en menselijkheid, wijze regeling van den heiligen — daarom heilig — Maharaja. En zou ik mij dan onderwerpen, als gij Soemana op de ivoren troon plaatstet, mijn Vader? Gij vergeet, machtige Maharaja, dat gij onder de drang van uw Brahmaanse ministers, dus van de Brahmaanse priesters, Soemana onderkoning hebt ge-maakt van een land, dat wars is van varna, wars van offer-ceremoniën van Madhjadesa, dat zich nooit zal schikken in de gebondenheid der Brahmaanse priester-overheersing, wat Soemana of liever zijn raden zullen eisen. Vergeef mij, dat ik uw besluit een gewaagde proefneming noem, geliefde Vader, die tot een gevaarlijker opstand kan leiden, dan ik bedwong."

„Waarom hebt gij u er dan niet tegen verzet?.... De Pendjab was op uw hand, misschien zelfs een deel van mijn leger in Patalipoetra. Hulp uit Iranië was zelfs niet uitge-sloten geweest."

Toen drong Bindoesara's ware beweegredenen tot Asoka's geest door. De angst.... Bimbisara! [1] .... Asoka keek zwij-

---

[1] Vermoord door zijn zoon Ajatasatroe.

gend naar den Maharaja, die zich altijd volkomen beheerste maar zich nu bloot gaf.

„Ge hebt er dus aan gedacht, mijn zoon!" riep de Maharaja.

„Aan de mogelijkheid zeker, die lag voor mij open, geen moment aan de uitvoering."

„Waarom niet?"

„Dat is verder van mij dan de troon van Indra, mijn Vader."

Bindoesara bleef in gepeins verzonken. Eindelijk vroeg hij: „En als ik Soemana tot kroonprins aanwijs?"

„Hij zal pas maharaja kunnen zijn, als gij het niet meer zijt."

„Gij ontkent dus mijn recht, den troonopvolger aan te wijzen!"

„Neen, wel het recht den volgenden maharaja te kronen. Dat recht heeft slechts de godheid, die zich ontvouwt in alle mensen, waarin zich dus ook zijn wil openbaart. Een maharaja, zich kiezende een opvolger, die blijkbaar een onheil zou zijn voor zijn geslacht en voor zijn land, zou de toorn op zich laden van de hoogste godheid, van Siva, als symbool van leven en dood, en ik kan u in dit geval niet de belofte geven, mijn Vader, dat ik mij geen werktuig zou voelen in Zijn hand, om Aryavartha voor deze ramp te behoeden."

Weer zweeg Bindoesara een tijdlang.

„Mijn keus is nog niet bepaald."

„Soemana is uw keus niet, het is ook niet de keus der Brahmanen, maar van de Brahmaanse offerpriesters, van de Brahmanen-hof. Hun keus wordt niet bepaald door het geluk van uw wereldrijk maar door hun beperkt inzicht, hun machtswellust en hebzucht. Zij kiezen Soemana, juist omdat hij geen maharaja vermag te zijn. Zij zullen Soemana zijn rijkdom, zijn vrouwen, zijn spel, zijn genot geven, maar de regering willen zij voeren, om het volk hun inzicht, hun wil op te leggen. Willen de Maurya's dat? Chandragoepta? Bindoesara? Ik voel mij Maurya, als mijn twee grote voorvaderen. Een gelofte afleggen als gij mij vraagt, kan ik dus niet, mijn Vader."

Bindoesara voelde zich verlegen.

,,En als ik u koos, mijn zoon, zou ik dan Siva's gunst verwerven, meent ge?"

Asoka was verrast, maar de Maharaja zag geen beweging in zijn gelaat.

,,Ziet gij een andere mogelijkheid, grote Maharaja?"

,,We zullen voorlopig wachten met onze besluiten: een pauw spreidt zijn staart niet uit, voor zijn gemoed tot volle rust gekomen is.... Uw moeder wacht u met ongeduld, vermoed ik. Meld mij, wat gij nodig vindt voor uw nieuwe tocht en wanneer ge vertrekt"....

Verscheidene vrouwen uit de zenana waren naar Soebhadrangi gesneld, toen ze vernamen, dat Asoka **teruggekeerd** was. Soebhadrangi bleek ontroostbaar.

,,Maar mijn lieve Soebhadrangi," meende Gopali trots, ,,mijn zoon is toch de kroonprins! Kondet gij dan anders verwachten! Asoka mag een goed legeraanvoerder zijn, maar Soemana is voorbeschikt door de goden en de Brahmanen, om maharaja te worden en dus eerst onderkoning. Het gehele rijk zou immers opschrikken, een opstand zou uitbreken, als Soemana voorbijgegaan werd. De Brahmanen en alle gelovigen beminnen hem om zijn vroomheid en levensvreugd. De loop der dingen is nu eenmaal zo."

,,De loop der dingen beslissen de goden," zei Hara vinnig.

,,En de heilige Maharaja, mijn lieve Hara!"

,,Waarom beminnen ze hem, gelukkige Gopali?" vroeg Jalini?

,,Misschien omdat hij goed is en bedreven in de Veda's," zei Gopali met een van vreugde stralend gezicht.

,,Kijk eens, Jalini, een wesp bemint toch meer een geurige.... bloem dan een zilveren, gesmeed in een chakra!"

,,Hara had liever gezien, dat Asoka onderkoning werd."

,,Het is ook niet prettig, als een Vaisja zijn runderen teelt en de jakhalzen halen ze uit de weide."

,,Er zijn ook gòden, die de runderen ontvangen als offers door Agni."

250

„Ge hebt gelijk: Indra bemint de priesters, omdat ze hem soma-drank en offervlees bereiden."

„Geen mens, nog minder een keizers-zoon behoeft zich te schamen, als hij godenvreugden geniet."

„Zouden de goden hun tijd alleen besteden aan genietingen, mijn Gopali?"

Juist trad Asoka de Zenana binnen.

„Welnee, moeder Hara, men zegt, dat de goden in offer-voedsel en -drank hun kracht zoeken, om de wereld in stand te houden.... Maar wat voor diepzinnige gesprekken worden hier gevoerd? De goden mogen u zegenen, Moeder. Ik ben teruggekeerd uit het westen." Soebhadrangi omhelsde haar zoon en zweeg. Niemand bespeurde, welk een leed zij voelde en welk een moeite ze had, haar tranen te bedwingen. Gopali mocht niet merken, dat zij diep teleurgesteld was. Asoka begroette de andere rani's alle even hartelijk.

„En gaat prins Asoka zich nu weer oefenen voor volgende krijgstochten? Of rust hij voorlopig op de roem van zijn over-winningen?" vroeg Gopali.

„Wel neen, hooggeëerde moeder Gopali. Mijn Vader, de Maharaja, zendt mij als onderkoning naar Uggajini. We hopen ook daar op vreedzame wijze de onderdanen van den machtigen Keizer tot trouw aan de wetten te brengen. Oorlog heeft altijd twee duistere kameraden in zijn gevolg, moeder Gopali: dood en pest. Vrede echter twee goede: welvaart en geluk. Waarom zou ik de eerste drie in mijn Vaders rijk binnenleiden, terwijl de laatste hem zoveel dierbaarder zijn."

Gopali verbleekte. „Ik hoorde, dat prins Asoka zo'n be-kwaam krijgsman was."

„Ik niet; maar als het ooit nodig zal zijn, vat ik mijn chakra op. Het is gebleken, dat het niet ongevaarlijk is, mijn doelwit te worden."

„Uggajini? Waar ligt Uggajini? Ik hoorde daarvan nauwelijks."

Niemand luisterde naar haar. Asoka moest vertellen van Takshasila, Kashmira, de Takka's, de overstroming, zijn werk. Soebhadrangi straalde van geluk.

„Is er opstand in Uggajini, prins Asoka?"

„Neen, de Maharaja zendt mij er heen, om de inning der belastingen en de regering beter te regelen, moeder Hara."

„Waarom zendt onze Heer er prins Soemana dan niet naar toe? Gopali zegt, dat die later regeren zal."

„Een Maharaja gaat zelf niet naar de uithoeken van zijn land. Daarvoor heeft hij zijn ambtenaren, ministers en leger-aanvoerders. Soemana wordt er misschien onderkoning, als alles eerst geregeld is," meende Gopali.

„Ja, dat zal het zijn," spotte Hara. „Zo heeft Chandra-goepta gedaan en ook Bindoesara, de verslager der vijanden. Die beide maharaja's, toen ze nog niet gezalfd waren, hebben altijd in hun paleizen gezeten bij hun vrouwen, speelden en feestten bij Prakriti en vermaakten zich in het park. En als anderen de mango's voor hen hadden uitgeknepen, dronken zij het sap. Dat past den maharaja van een wereldrijk!"

Asoka vond de twisten der rani's onaangenaam en leidde het gesprek in andere banen. Gopali verliet weldra de zaal. Haar gevoel, moeder van den volgenden maharaja te zijn, verdofte als het schone park in het avondduister. Ze begreep, dat een trotse waardigheid haar thans wel stond. Toen ook de anderen het vertrek verlaten hadden, vroeg Soebhadrangi:

„Wie wordt kroonprins, mijn zoon?"

„Ik weet het even weinig als gij, mijn lieve Moeder. De raad wenst Soemana, en zo wenst de Brahmanenhof. Soemana heeft geen enkele eigenschap, die enige waarborg geeft, dat hij een rijk met zo verschillende volken bijeen zal kunnen houden. Het hele westen en zuidwesten ware onherroepelijk voor de Maurya's verloren. Zo denkt Koelika er ook over."

„Weet uw Vader dat zo goed als gij, mijn zoon?"

„Dat geloof ik wel, maar ik ben niet zeker, of de priesters ten slotte niet hun doel bereiken.... Hoe ouder Vader wordt, hoe minder hij weerstand kan bieden aan hun onver-zettelijke wil. Soemana's onderkoningschap is hun eerste over-winning.... Het is mij een raadsel, hoe hij in de Pendjab de vrede moet bewaren, tenzij.... hij een zeer sterk leger meeneemt. En dat zelfs is hem niet toevertrouwd. De Maha-

252

raja zweeft tussen Maurya en Brahmanen, gewoonte en nood-zaak, dwang en plicht.... tussen Soemana en mij.... Kiest hij mij, dan heeft hij alles wat aan de zijde van de offer-priesters staat tegenover zich, en hun invloed is niet gering. Kiest hij Soemana, dan heeft hij mij tegenover zich.... niet als macht.... misschien.... maar als geweten...."

,,En wat zoudt gij hem raden te doen?"

,,Ik geloof, dat de heilige Maharaja de goede weg volgt. Het wordt een strijd tussen Soemana en mij.".... Asoka's stem kwam nauwelijks hoorbaar aan haar oor. ,,Vader weet, dat hij thans niet beslissen moet.... want de kamp tussen Soemana en mij is onvermijdelijk als Soerya's stralen in Gjeshtha. Of hij Soemana aanwijst of mij, ik vind de Brah-maanse priesters en hun onberekenbare maar zeker geweldige macht tegenover mij.... Die onvermijdelijkheid voelt de Maharaja. De strijd van Kshatriya's en Brahmanen.... Daarom zijn zijn besluiten zo wijs.... en onmiskenbaar in mijn voordeel. Alleen de Pendjab! Uggajini trekt mij aan. Takshasila is volbracht, en hier leven in rust is voor mij een onmogelijkheid."

19. TWEE ONDERKONINGEN.

Soebhadrangi was ontroerd.

,,Uw Vader vertelde mij vaak van uw werk in Takshasila en zei: Asoka voelt, wat nuttig en goed is voor de Pendjab en voor de Raj, en hij vindt altijd de kracht en de middelen, dat op de beste wijze uit te voeren. Het is, of de goden hem voorbeschikt hebben voor het keizerschap."

De prins glimlachte. ,,Wien de goden begunstigen, zenden ze offerpriesters op zijn pad, en die beproeving.... kan heilzaam zijn, mijn geliefde Moeder.".....

De volgende morgen vroeg reed Asoka naar het legerkamp.

Sela en zijn makkers hadden in de schrille kleuren der Indische phantasie de daden van den legeraanvoerder uitgebeeld: Ieder in het westen was overtuigd, dat Asoka een incarnatie was van Siva, die alles wist, en met verrassende, goddelijke macht, dus eenvoud regelde. Niemand doorzag zijn werken en als ze volbracht waren, rees plotseling de overtuiging, dat het zó goed was. De ooggetuigen vertelden Gopa's redding als een godsoordeel, Virata's dood als een wonder, de overwinning der Takka's als een openbaring, de tocht door Oedjana, Darada en Kashmira als een zegetocht van Siva, de leniging van hongersnood en de veevoorziening der Rajpoetanen als een wenk van zijn machtige hand. In het legerkamp bloeiden uit de phantastisch aangegloeide verhalen in korte tijd de sagen.

Toen Asoka het legerkamp binnenreed, voelde hij de verandering der stemming: de bewondering voor den krijgsman was verschemerd tot een religieuze eerbied, een geestelijke huivering, waartoe de in angst en afhankelijkheid geboren en getogen rassen immer neigden. Men ontving hem als een geëerbiedigde, machtige majesteit in wording. Toen zijn lievelingspaarden voorgebracht werden en zich in natuurlijke blijdschap hun vriend van vroeger bleken te herinneren, was de Prins getroffen door hun zachtmoedige trouw, maar de honderden ruiters door het klaarblijkelijke wonder. En deze gedachten werd versterkt door het trompetten van de olifanten, toen de Prins het olifantenkamp binnenreed.... Toen de krijgers voor hem hun ruiterkunsten, hun spiegelgevechten met olifanten, hun wilde karrevaarten, bekwaamheid in alle wapens moesten vertonen en Asoka in blijde opwinding en vreugde na het weerzien zelf weer deelnam aan hun strijd en spel, herstelde zich de vroegere vriendschappelijke houding, maar Asoka's onderkoningschap en de sagen, die zich om zijn persoon hadden gegroept, temperden de uitingen.

Enige dagen later, toen Asoka in de vroege ochtenduren bezig was, zijn soldaten een andere krijgsorde te leren, die de Syrische gezanten hem hadden uitgelegd als de Griekse phalanx, werd gemeld, dat de kroonprins in de namiddag met enige vrienden het legerkamp wilde bezoeken.

254

„De kroonprins, Sela, de kroonprins!" Er kwam een glans in zijn ogen, die Sela niet kende. „Een krijgsmanspak voor mij, Sela, en laat Revata komen!"

Toen Soemana kwam, stond Asoka als een gewoon soldaat vermomd tussen de anderen. Zijn gelaat had Revata zeer donker gekleurd, ook enige onbekende trekken toegevoegd. Sela had Soemana een van Asoka's lievelingsolifanten gestuurd op bevel van den legeraanvoerder, en de vrienden volgden te paard.

Een der hoofdmannen regelde de spelen naar Asoka's vooraf beraamde plannen. Eerst werden twee karren in gereedheid gebracht, elk met drie paarden bespannen. Asoka reed de ene, Sela de andere kar. De hoofdman vroeg twee van Soemana's vrienden, Jokarno en Sahoela, elk in een der karren mee te rijden, zoals de strijders in de oorlog ook meereden. „Houd u goed vast!" fluisterde Asoka hun toe. De wedstrijd was zeer spannend, maar de beide gasten moesten zich zo krampachtig aan de wanden der karren vastklemmen, hun kleren raakten zo in wanorde, hun gezichten werden zo ontsteld, dat een nauwelijks verholen vrolijkheid zich van de duizenden krijgers meester maakte. Geen „houd op" of vloeken vermocht de beide wagenbestuurders te vermurwen. Ze schenen geheel op te gaan in hun strijd. Asoka won glorieus en bracht met ernstig gezicht Jokarno naar den kroonprins terug, en zo deed Sela met Sahoela. Soemana zelf was erg geamuseerd. Bij de boogschutters was het ook Asoka, die de moeilijkste schoten op zich nam. Een paar soldaten schoten op schijven, maar Asoka liet door een hoofdman een der gasten verzoeken, een mango in de hand omhoog te houden, dan zou de zwarte krijger hem met een pijl doorboren. Niemand waagde het. Toen hield Satna, een der andere schutters, de vrucht omhoog, lachend.

„Schiet dien brutalen vent juist door het hart," riep Soemana in plotselinge sensatie-zucht Asoka toe. Satna verbleekte. De wilde Prins naderde hem, wees, waar hij hem wilde raken, maar fluisterde hem snel toe, dat hij zich onmiddellijk moest laten vallen, als Asoka floot, anders was hij verloren. Hij mikte even en na een kort fluitsignaal snorde de pijl door de lucht en in de boom, waarvoor zoeven juist het angstig hart van Satna klopte. Een luide toejuiching daverde over het veld.

„Schiet opnieuw en dan beter!" schreeuwde Soemana boos. Een dodelijke stilte volgde.

„Zeg prins Soemana, dat ik mijn krijgsmakker niet mag doden; dat verbiedt de Maharaja," verzocht Asoka den hoofdman.

„Naar het olifantenkamp!" gebood Soemana woedend. Het olifantenkamp was de hoogste trots van den kroonprins.

Asoka had met den leider afgesproken, dat hij met enige olifanten, — alleen dieren, die zeer aan hem gehecht waren en uitstekend gedresseerd —, een groep ruiters zou aanvallen, zoals hij vaak met de krijgers had geoefend. De olifanten werden op een rij geschaard, gewapend en bemand. Reeds naderde in de verte een troep ruiters onder Sela. Plotseling liet de Prins zijn gefluit horen, dat de logge beesten kenden en alle tegelijk in beweging zette. Onmiddellijk schreden de dieren voorwaarts. Tot grote ontsteltenis van alle toeschouwers begon echter ook Soemana's olifant de troep te volgen. Het dier kende het sein en hoorde er ook bij. Wat de mahaut ook deed, het draafde mee, gedreven door het fluitje van den aanvoerder. Prins Soemana hield zich krampachtig aan zijn palankijn vast, vloog van de ene naar de andere zijde. Zijn hoofddoek viel af en dwarrelde neer op het veld. Hoe sneller het dier liep, hoe meer het prinselijk lichaam balanseerde op zijn rug. Niemand waagde het te lachen. Geen mens keek meer naar het schijngevecht: alle aandacht was bij den Prins in zijn hachelijke en lachwekkende positie. Men vreesde zelfs, dat de weinig geoefende rijder neer zou vallen op het terrein. Asoka stoorde zich niet aan Soemana's angstgeschreeuw, reed door, liet zijn strijdkreet „Lamba, Lamba!" horen en dreef de dieren aan met zijn gefluit, dat de olifanten onweerhoudbaar gehoorzaamden, snelde voor de anderen uit op de ruiters af. Soemana moest mee of hij wilde of niet. De ruiters keerden om, vluchtten in felle vaart en ontkwamen licht door hun

256

grotere snelheid, maar Asoka volgde ze, tot men op de plaats van uitgang teruggekeerd was. Niemand durfde de krijgers toejuichen uit vrees voor prins Soemana.

Hees schreeuwde hij: „Neem dien vlegel gevangen! Hij zal onmiddellijk terechtgesteld worden!"

Niemand bewoog zich.

„Grijp dien belediger van den onderkoning van Takshasila, lummels!"

Toen naderde Asoka hem, wierp zijn soldatenkleed af en vroeg spottend:

„Zou prins Soemana niet liever Lamba huren, om mij terecht te stellen?"

Soemana keek den broeder met verdwaasde ogen aan en gaf bevel tot vertrek.

„Betuig uw eerbied aan de hoge gasten, mijn krijgers!" beval de legeraanvoerder, en allen bogen diep voor den kroonprins en zijn vrienden, die het veld weldra hadden verlaten. Asoka keek ze peinzend na, moest aan Koelika denken, die hem deze wraakoefening zeker zou hebben afgeraden, met zijn lijfspreuk: Haat geneest men niet met haat.... Maar waarmee was die onbetekenende priester-harlekijn tot het inzicht te brengen van zijn verdwaasdheid! Wat Asoka voor zijn broeder voelde was minder haat dan diepe minachting....

Tegen de avond keerde hij in volle galop naar de stad terug. Halverwege voegde Revata, die den kroonprins en zijn vrienden stil gevolgd was, zich bij hem.

„Heer, hedenavond of vannacht een aanslag op uw leven! Prins Soemana keerde woedend terug uit het kamp. Op Jokarno en Sahoela's raad zijn ze naar Richika gegaan en hebben daar vergaderd. De ministers Arada en Oedra waren ook gevraagd, wensten zich echter niet met geheime vergaderingen in te laten. Satyavat beluisterde hen. Men zal een offerdienst houden, om de goden goedkeuring af te dwingen, dat Bindoesara's rijk van zijn gevaarlijksten vijand wordt verlost. Vijf zeer bekwame sluipmoordenaars zullen onder leiding van Jokarno en Sahoela met Soemana's hulp van uit het park het paleis binnendringen en naar uw slaapvertrek

257

gaan, u doden met zwaar vergiftigde priemwapens. De priesters zullen, zonder te weten waarvoor, met al de kracht, die
hun gebeden hebben, de boze geesten uit het park verdrijven;
prins Soemana zal de wachteres bij uw kamer weglokken.
Morgen is alles een feit, niemand zal de oorzaak van uw dood
weten.... en Soemana is onbestreden de kroonprins."

„Ik zal mijn chakra's laten scherpen en mijn zwaard na-
zien, Revata."

„Heer, voorzichtiger is, van slaapvertrek te veranderen."

„Wij zullen zien, mijn oplettende Revata.".....

Voor zijn paleis aan de Koningsweg wachtte Khallataka den
Prins op. Asoka hield zijn paard in, steeg af en bewees den
minister zijn eerbied. Khallataka nodigde hem zeer vriendelijk uit, binnen te treden. De Prins kreeg plotseling achterdocht: zou deze minister ook mee in het complot zijn?
Trachtte men hem hier reeds in de val te lokken? Weigeren
zou een grove belediging van den oudsten minister zijn. Dat
wilde hij vermijden....

„Waart gij heden ook bij Richika, hooggeëerde Khallataka?"

Khallataka keek hem verbaasd aan.

„Hebt gij Zijne genadige Majesteit reeds gesproken, mijn
Prins?"

„Neen, ik was de gehele dag in het kamp."

„Ik wenste u juist over die bijeenkomst te spreken, o Prins.
Gij moet mij wel wantrouwen. Daarom zweer ik u bij al mijn
gestorven voorvaderen, dat ik aan uw zijde sta en alles wens
te doen, om een aanval op den onderkoning van Uggajini te
voorkomen. Deze eed behoeft u nog niet voldoende te zijn,
want er bestaat zo iets van „spraak der goden"[1] ...." Khallataka sloeg op een zware gong en gaf den bediende bevel,
zijn zoon Asvin bij hem te brengen....

„Getuig, Asvin, wanneer uw vader ooit onwaarheid sprak."

„Nooit!"

„Bezweer dat bij mijn leven."

---

[1] Getolereerd vals getuigenis met vroom motief.

258

„Ik zweer niet bij uw leven, mijn Vader."

„Prins Asoka is in groot gevaar, een samenzwering tegen hem! Geen wonder, dat hij wantrouwend is, zelfs tegenover uw Vader."

Asvin legde de arm om Khallataka's schouders.

„Dat is prins Asoka's zaak, niet de mijne."

„Vergeef mij, Asvin. Ik had ongelijk.... Gaat gij na de regentijd met mij mee naar Uggajini?"

„Neen, o Prins. Ik blijf bij mijn Vader, tot mijn studie voltooid is. Ik ben geen Kshatriya maar een Brahmaan."

„Blijft gij om uw Vader of om uw studie?"

„Om Vader." Asoka keek hem onderzoekend aan.

„Studeert ge niet graag?"

„Jawel, en ik houd veel van den poerohita."

De Prins trad nu zonder vrees maar ondanks hemzelf op zijn hoede het paleis binnen.

„Uw Vader, de heilige Maharaja, verzoekt u, hedennacht mijn gast te zijn."

„Mijn Vader? Dus ook hij weet...."

„De Maharaja weet altijd alles. Zijn organisatie, zijn kennis, zijn eerbied voor de wetten en zijn waardering van de ministers maken hem tot een groten Maharaja."

Asoka hoorde Khallataka met verbazing aan. Toen merkte hij ijzig kalm op:

„Maar mijn Vader handelt vaak in strijd met de raad van zijn ministers."

„Gelukkig wel; want hij is wijzer dan wij allen en heilig."

Weer kwam bij Asoka de achterdocht op. Waarom prees de minister thans zijn vader, terwijl ze hem in alles, juist wat Asoka betrof, aanhoudend en sterk bestreden! Was het toch een valstrik? Hadden de samenzweerders een helder ogenblik gehad? Waren park en paleis te goed bewaakt? Zou zijn natuurlijk gevoel van eerbied voor de grote raadgevers van zijn vader hem misschien juist in handen van zijn doodsvijanden spelen? „Bescherm eerst u zelf, dat is uw voornaamste plicht." En hier zou hij zich onbeschermd toevertrouwen aan zijn vijanden!

„De geëerde, oudste minister van mijn Vader zal mij ver ontschuldigen, als juist mij dit „gelukkig" vreemd klinkt. Het is volkomen in strijd met de houding van de ministerraad, den eersten minister inbegrepen, ten opzichte van mijn benoeming tot legeraanvoerder en prins Soemana's benoeming tot onderkoning van Pankanada, een rijk, dat ik tot rust bracht. Wanneer een tijger tegen een antilope zegt: uw vader was een verstandige antilope, omdat hij zorgde buiten mijn klauwen te blijven, is ze nog niet veilig voor den woudkoning."

„Gij vergeet, o Prins, dat de onderkoning van Uggajini gewoonlijk de opvolger van den Maharaja wordt."

„Dat betekent nog niet, dat de ministerraad hem op de troon wenst."

„Gij hebt gelijk, o Prins, die in scherpzinnigheid uw groten vader nabij komt. De ministerraad wenst het niet, ik wel; ik heb tot kortgeleden steeds geloofd, dat de Maharaja u koos uit angst, angst voor uw.... voortvarendheid en wilde krijgershart.... dat prins Soemana zich uit eerbied, fijn gevoel en wijs inzicht schikte naar de wensen en gedachten van de Brahmaanse priesterschap, tot ik voor een paar dagen het onomstotelijk bewijs kreeg van zijn grofheid en spot met alles, wat een man van eer als heilig beschouwt. Uw vader bracht mij — vermoedelijk met opzet — veel in aanraking met den Takshasilaan Vimalamitra. Hij was mijn gast. Ik erken thans volkomen uw innerlijke wijsheid.... Prins Soemana vergat zich in een opgewonden ogenblik zozeer, dat hij mij, den oudsten minister van den Maharaja van Aryavartha, zijn handschoen in het gezicht wierp — op zich zelf een grove beleediging — maar hij spotlachte daarna, in plaats van zijn innerlijke spijt te tonen. Denkt gij, o Prins, dat iemand, die geen spoor van slavernij in zijn bloed voelt, een Arya uit een der voornaamste geslachten van Magadha, dat ooit duldt? Ik meende vóór deze gebeurtenis, dat zijn innerlijke beschaving en kundigheid miskend werden. Ik heb nu de goden een dankoffer gebracht, dat ze mijn geest verhelderden. De natuur had mij moeten leren, dat er vruchten zijn, ruw van oppervlak met de heerlijkste sappen en andere met een schitterend uiterlijk en een galbittere kern."

"Zeer vleiend, geëerde Khallataka. De Maharaja leerde mij echter voorzichtigheid bij elke belangrijke taak."

"Tijger en antilope. Jawel, o Prins. Ik wens u te beschermen tegen een groepje jonge, brutale heethoofden, wien het ontbreekt aan innerlijke waarde, die ze menen te vervangen door bruut geweld. Ga nu tot uw Vader. Vraag zijn wens."

"Ik heb groot vertrouwen in u, mijn hoogvereerde Khallataka. De voorzichtigheid gebiedt mij echter, aan uw verzoek te voldoen."

"Wenst gij wapens mee?"

"Mijn chakra is onfeilbaar, mijn zwaard scherp en geheiligd in Siva's dienst.". . . .

Asoka liet zich bij den Maharaja aanmelden.

"Gij hier, mijn zoon? Khallataka is verantwoordelijk voor uw veiligheid. Gij weet toch, wat er omtrent den onderkoning van Uggajini besloten is!"

"Natuurlijk. Daarom vertrouwde ik Khallataka ook niet. . . . Maar gij, mijn Vader, hoe weet gij het?"

"Hier gebeurt in Patalipoetra niets van enig belang, dat ik niet weet. Ik zou een hof van duizenden Brahmanen onderhouden en niet weten, hoe ze hun leven leiden, ik zou mijn familie verzorgen en geen toezicht hebben op hun daden! De onbedachtzame jongelieden zullen, tot mijn spijt, vannacht moeten ervaren, dat in het rijk mijn wil heerst. Soemana zal weten, dat hij een gevaarlijk spel speelt."

,Misschien is mijn wraakneming op zijn vroegere aanslag niet geheel vreemd aan zijn woede."

"Iemand, die maharaja wenst te worden, moet trachten zijn verstand en wijsheid te vermeerderen, zijn woede te betomen. Ziet hij in zijn broeder een tegenstander, dan kan hij zijn goede wil tonen en proberen, hem te evenaren of hem te overtreffen als bestuurder. Dood past men toe als uiterste middel: als de wet verkracht wordt, of de orde in het rijk gevaar loopt, of de wil van den almachtigen Maharaja aangetast; anders betekent het opstand. Een Brahmaan waagt

261

men niet te doden! Wel een zoon van mijn huis? Door omgekochte sluipmoordenaars? Voor zo'n onzinnige daad is meer manas nodig, dan mijn oudste zoon, zijn kameraden en de Brahmanenhof samen bezitten. Nu de samenzweerders mijn paleis betrekken in hun misdaad, zal ik zelf de zaak berechten. Blijf deze nacht bij Khallataka en tracht zijn huis te bereiken, zonder dat iemand het merkt. Ik wil ze op de daad betrappen."....

De „zuivering" van het park door de priesters, het passeren van de wachten, het weglokken van de wachteressen uit de omgeving van Asoka's slaapvertrek in de nacht ging zó gemakkelijk, dat scherpzinniger samenzweerders dan Soemana en zijn vrienden achterdocht zouden gekregen hebben.... De sluipende gestalten drongen zonder veel moeite door tot het vertrek, waar ze den gehaten Prins meenden te vinden. Daar sloot de deur zich ongemerkt achter hen, een andere werd geopend en het licht van verscheidene lampen, die thans binnengedragen werden, bescheen een toneel, dat hen met ontzetting deed stil staan. De Maharaja troonde op een hoge zetel, naast zich twee rechters; een twaalftal zwaargewapende paleiswachteressen rondom. De sluipmoordenaars hieven hun handen op en wierpen zich op de knieën, bogen zich tot de grond.

„Sta op ellendigen. Wat wilt ge hier? In de afdeling van het paleis, waar nooit een vreemdeling mag binnentreden zonder mijn zegel. Toont mijn zegel!.... Ge bezit er geen? Dan zijt gij de dood schuldig. Wat hebt ge deze middag in de Brahmanenhof besloten, Jokarno en Sahoela?.... Ge antwoordt niet!.... Wat besloot ge in aanwezigheid van den onderkoning van Takshasila?.... Wilt ge wachten met uw antwoord, tot ik de pijnbank laat binnenbrengen?.... Waarvoor huurdet ge deze lieden? Waarvoor dragen zij hun priemwapenen, vergiftigd nog wel, onder hun kleed? Antwoordt!"

„Om prins Asoka te doden, alwetende Maharaja."

„Mijn zoon! Den onderkoning van Uggajini! En in mijn paleis! Ik zou om uw kinderachtig spel moeten lachen, Jokarno en Sahoela, als gij den levenden Maharaja van Aryavartha niet zo diep beledigd had!.... Wenst een der rechters

nog iets te vragen aan deze onnozelen?.... Niemand?....
Er is maar een menselijke straf voor uw misdaad: Gij zijt
allen ter dood veroordeeld, en het vonnis wordt onmiddellijk
voltrokken."

„Heer," begon Jokarno, „prins Asoka had ons...."

„Zwijg, ik ken de omstandigheden beter dan gij."....

Toen de wachteressen het bevel van den Maharaja hadden
uitgevoerd, werd prins Soemana in Asoka's slaapvertrek ont-
boden. Hij begreep niet, wat zijn vrienden van hem wilden,
en hoe men het waagde! Hij zou immers buiten het geval
blijven! Of.... Een doodsangst beving hem, toen hij de
kamer betrad. Met afschuw zag hij naar de onreine lijken;
toen dwaalde zijn blik naar den Maharaja.... en de rechters.... de wachteressen. Bevend boog hij zich voor zijn
Vader. Niemand sprak een woord. Allen volgden de blikken
van den Prins. Om de vreselijke ban te breken, bracht hij
enige woorden uit, hortend, nauwelijks hoorbaar:

„Vader, ik ben.... verbaasd...."

„Gij zijt verbaasd, Soemana! Hadt gij iets anders verwacht,
onderkoning van Takshasila?"

„Vader, mijn Vader.... niet ik...."

„Neen, neen, stel u voor: een moordenaar op de troon van
Takshasila!.... Vóór de regentijd kunt ge niet meer vertrekken. Gij zult u dus in die maanden voorbereiden op uw
werk. Ik zal uw goeroe's benoemen. Ge verlaat het park en
het paleis niet meer zonder mijn uitdrukkelijke toestemming.
Keer thans naar uw slaapvertrek terug...."

Bindoesara overlegde met zich zelf, of hij de Brahmaanse
priesters, die de samenkomst hadden bijgewoond, zou laten
komen. Hij achtte het beter thans alleen Richika te ontbieden.
Toen het hoofd van de hof zich enigszins van de schrik had
hersteld, nam hij een trotse houding aan, wachtend en zich
vol afschuw wendend van de lijken.

„Gij leiddet hedenmiddag een bijeenkomst, Richika." De
priester verbleekte. „Een zeer belangrijke, die mijn huis
betrof!"

„Ja, genadige Maharaja."

,,Gij hebt het niet nodig geoordeeld, mij op de hoogte te brengen van die bijeenkomst, hoofd van de Brahmanenhof, zoals uw plicht was en uw eed u voorschrijft."

,,Dat kan thans nog, genadige Majesteit."

,,Nu het te laat behoorde te zijn! Ge weet, Richika, dat ge met uw verzuim de dood schuldig zijt" — Richika boog — ,,zelfs al zijt gij Brahmaan.... Wenst ge nog iets ter verontschuldiging aan te voeren?"

,,Heer, de goden wensten Asoka's dood."

,,Ook de mijne? En hoeveel andere Maurya's mogen nog een doodvonnis van Richika en de goden verwachten? Onderhouden de Maurya's daarvoor een Brahmanenhof? Morgenvroeg vertrekt gij met de priesters Tritsoes en Soenasepha, die ook aanwezig waren, naar de dzjungel van Mithila, over de Ganges, en keert nooit naar Patalipoetra terug, noch naar Magadha. Nieuw verzet tegen mijn wil en vonnis, dat voor uw leven geldt, alsmede een nieuwe aanslag tegen een lid van mijn vorstenhuis zal voor u de hoogste straf tengevolge hebben en u vogelvrij maken. Wenst een van de rechters nog iets te zeggen?"

Men zweeg. ,,Ga, Richika!"

De priester boog en verliet het paleis.

Khallataka en Asoka bespraken hun verhouding tegenover elkaar. In beide was het sterke, eerlijke gevoel, van den ander te weten, wat het leidend beginsel van hun streven was.

,,Als gij, onderkoning van Uggajini, de Brahmaanse priesters kondet waarderen, hun offers als noodwendig wildet zien, hun godsdienstige wetten erkennen, zouden weinigen zich tegen uw troonsopvolging verzetten waarschijnlijk. Met de 13de prakarana van de Arthasastra was ze staatkundig te verdedigen."

,,Hoe kan ik mensen waarderen, die hun eigen wil als de wil der goden dwingen aan te nemen; hoe hun offerdiensten als noodwendig zien, terwijl ze slechts dienen, brave Vaisja's van hun have te beroven; hoe hun godsdienstige wetten erkennen, die lijnrecht in strijd zijn met wat veel groter en

264

diepzinniger denkers als waar leerden ontworstelen aan hun eerlijke binnenste zelf, atman van den groten Atman. Waarvoor vervloeken ze het land aan de andere zijde van de Sarasvati? Omdat het volk daar zich niet aan hun priesterlijke wettelijkheden wil onderwerpen! Is Vimalamitra een mens om te vervloeken? Mannen als hij heb ik vele in het westen ontmoet. Zijn zij verachtelijker dan wij in Madhjadesa? De offerpriesters maken zelf hun stand verachtelijk bij steeds grotere volksgroepen! Men begint in te zien, dat de regentijd komt voor dengene, die door de offerpriesters laat offeren evengoed als voor dengene, die geen priesters in zijn dienst neemt; dat de vruchten van den niet-offeraar even goed groeien als die van den offeraar. Keurt gij het goed, dat de gelovige massa van hard werkende Vaisja's geleerd wordt, hun liefste vee te laten smoren door harteloze priesters, hun met moeite vergaarde rijkdommen, hun beste koeien door offering geduldig af te staan aan mensen, die dikwijls minder voor hun karman doen dan het vee, dat ze onverstoorbaar binnenhalen? Is het wonder, dat men spot met de Brahmanen, die van het ene soma- of dieroffer trekken naar het andere, om hun buiken te vullen; en terwijl de offeraars in heilige eerbied opzien naar de goden, grove gesprekken onder elkaar voeren, omdat ze zelf er niet in geloven en te weinig kies zijn om te zwijgen voor de Vaisja's? Vraag aan Sayana, wat hij denkt van de offers."

„Sayana werkt ze niet tegen, omdat het volk ze wil en nodig heeft."

„Hoe kan hij, Brahmaan, nodig oordelen, wat leugen is! Sayana veracht ze in zijn hart, omdat hij een groot mens is, Brahmaan."

„Maar het rijk steunt op het volk, het volk op de offerpriesters, de rust van het rijk op het offer."

„Tot de priesters zelf het offer verachtelijk hebben gemaakt."

„De Vaisja's kunnen niet zonder hun priesters."

„Dat gevoel misbruikt de priester. Ik heb gezien, dat voor één offer de halve bezitting van een Vaisja werd weggeleid door de brahmacarins."

265

„Maharaja Bindoesara erkent ze ook, beschouwt ze als noodzakelijk om het grote volk in rust te houden en van goede wil."

„Het inzicht van elken volgenden maharaja kan niet gelijk zijn aan dat van den vorigen, behoeft in elk geval niet gelijk te zijn aan dat van een groep onderdanen, die slechts hun eigen belangen dienen."

„Hoe wilt ge de gunst der goden verwerven, o Prins?"

„Thans is ze te koop, en de priesters nemen de koopprijs voor zich, mijn hoogvereerde Khallataka?"

„Maar het volk doet zijn plicht, ook tegenover den Maharaja, en het leeft braaf en geduldig.... en gelukkig."

„Gelukkig niet. Het leven der gelovigen is hun door de vele sacramenten en offers een voortdurende pijniging en schrik. Hun angst voor de uiterst onevenredig zware straffen bij de minste inbreuk op wetten, spreuken en offers maakt hun het leven tot een ondragelijke last. Gedurende hun gehele leven zwepen angst, vrees, straf hen voort op de priester-weg, en dat om de priesterbaat!"

„Vindt gij het dan beter, dat het volk in vreugde, in genoegens, in luiheid, in spel en overspel leeft als een zekere groep van elegants?"

„Neen, hun godsdienst moet niet hun angst, maar hun geluk bevorderen, niet hun hebzucht maar hun menselijkheid, niet hun ruwheid tegenover de offerdieren, maar de liefde voor hun medewezens, die uit dezelfde Atman zijn als zij.

„Dat is geen taak voor een mens, maar voor een god."

„Ik zag nimmer goden verschijnen, om hebzuchtige priesters te straffen en uitgeknepen Vaisja's hun leed te verzachten. En de Maharaja.... kan hij zijn rijkdommen opstapelen, om zelf in eindeloosheid van weelde onder te duiken? Hij moet de regelaar zijn van zijn grote rijk, dat hem slechts toebehoort, zolang hij maharaja is. Regelt hij slecht, dan is zijn karma benadeeld, zijn volk ongelukkig, zijn rijk in onrust.... Onderwerping aan de offerpriesters belet elken raja een hoge regelaar te zijn. De maharaja van Aryavartha beheerst het oosten en het westen, de stammen in de bergen

266

van de Hymavant en de zwarte volken achter de Vindhya's. Hoe kan hij priesterwetten eren, die de ene helft vervloeken en de andere hemelhoog verheffen? De wijze Sayana zegt, dat elk mens deel is van den groten Atman: Tat tvam asi. Maar dan is de raja deel van dezelfde geest als elk zijner onderdanen, en is hij: geest van hun geest, is hun geest; leven van hun leven, is hun leven; en zijn macht is aan dezelfde bron ontsproten als hun levenskracht, heeft hun heil te dienen, dat is het heil van den Atman, en niet dat van een heers- en hebzuchtige groep, die zich zelf plaatst boven den Soedra, den Vaisja, den Kshatriya, zelfs boven den Raja, misschien boven de goden.... Dat zal ik nooit beamen, mijn vereerde Khallataka. Voor den Maharaja behoeft de ene mens zijn zorg gelijk de andere; wie lijdt, heeft zijn troost nodig. Wie gelukkig is, heeft zijn geluk anderen mee te delen. Wilt gij mij daarin helpen, dan zijt gij mijn vriend; helpt gij hem, die een ramp voor Aryavartha zou worden, o Khallataka, dan zijt gij mijn vijand.... Een andere keus bestaat er niet."

De minister voelde zich overwonnen. Gedachten, die zo vaak in hem oprezen, maar als ongewenst, of onbereikbaar zelfs door hem waren verworpen, stonden door Asoka's klare betoog nu voor hem als een heerlijk visioen, dat door een klare wil onder den jongen Koning misschien toch verwerkelijkt kon worden.... zij het na zware strijd.... En dan — Asoka had gelijk — was er geen keus....

,,Wie zulke idealen bereikt, is een god, wie ze nastreeft is mijn vriend, o Prins."

,,Ik buig mij voor uw hoge geest, die zó de moeilijke doorvoering van zijn gedachten aandurft, edele Khallataka. Mijn ervaring leerde mij, dat het niet licht is, mijn vriend te zijn"....

Khallataka bleef lang in gepeins, toen Asoka zich ter ruste had begeven. Hij voelde zich gelukkig, dat zijn gevoel tegenover Soemana niets meer van wraakgedachte in zich had, maar de hoge vlucht van Asoka's denken, werkmoed en onweerstaanbare wil.... Neen.... licht was het niet!....

20. DE WIJZE IN DE WOUDKLUIS.

„Wat denkt mijn zoon nu te doen?" vroeg Bindoesara.
„Liefst ging ik naar Koelika. Ik mis hem zeer. Maar ik zie
geen kans, hem vóór de regentijd te bereiken. Vindt gij het
goed, dat ik gedurende de regen-maanden de gastvrijheid van
Sayana vraag?"

Bindoesara verheugde zich meer dan hij liet blijken. Nu
zou hij volkomen zekerheid krijgen over het werken, drijven
en willen van zijn sterken zoon!

„Goed, maar houd uw verblijf daar geheim. Straffen als
ik gisteren oplegde, bereiken zelden hun doel. Sayana zal u
tijdens uw verblijf over de Ganges een andere naam geven,
dat is veiliger.". . . .

Sayana ontving den Prins vriendelijk. Ook hij wenste
meer zekerheid omtrent de gezindheid van den jongen Onderkoning, die zo vaak het onderwerp van hun overdenkingen
was geweest.

„En wat heeft prins Asoka in het westen geleerd?" Asoka
moest even nadenken.

Na enige aarzeling zei hij: „Dat niet het noodlot de mensen regeert, noch de priesterlijke wil, noch de toverformule
van de Atharva-veda, noch misschien zelfs de wil der goden."

„Wat dan, mijn wijze Prins?"

„Een tot chaos, tot maya verweven net van oorzaken en
gevolgen. . . . Zoals de dzjungel, waar de zon en het water
de millioenen dzjungel-bomen stuwen en met klimmende en
voortslingerende lianen, bloemen en heesters tot een onont-
warbare, groeiende, levende en levenwekkende wereld op-
bouwt, waarin een eindeloosheid van dieren kruipt en klimt
en vliegt, waarin geen begin en geen eind, geen teruggang en
geen voortgang schijnt te heersen, en waarin toch het kleinste
vliegje zowel als de grootste olifant zijn oorzakelijk begin
en noodzakelijk einde vindt, de woudreus als het mosje ont-
kiemt en versterft door oorzaak en gevolg. Dat heb ik geleerd,
Heer."

„En.... wat hebt gij meer geleerd, mijn Prins?"

„Dat ge mensen en dieren beter leidt tot rust en welwillendheid met gerechtigheid, menselijke verdraagzaamheid en liefde dan met zwaard en boog."

„En wat leerdet ge meer, mijn Prins?"

„Dat eigenbaat en leugen leidt tot vernietiging en hel, dus maya, en opoffering en liefde tot waarheid en harmonie, dus goddelijke eenheid."

„Dan hebt ge in één jaar meer geleerd dan velen van ons in een geheel leven, Piyadasi[1]). Deze naam behoudt gij, zolang gij mijn gast zijt."

„Koelika was mijn goeroe, Heer."

„Koelika zegt, dat gij alles zelf overdenkt en vindt en hem slechts als de bevestiger van uw eigen waarheden neemt."

„Dat komt, omdat Koelika's heerlijkste deugd zijn bescheidenheid is, eerwaarde Sayana." Sayana dacht er aan, hoe vaak Koelika ten einde raad bij hem kwam voor een antwoord op alle vragen, die in Asoka's werkende geest opbloeiden als lotosknoppen in de heilige vijver.

„Maar waarom vereert gij dan Siva, den heer van leven en dood, als dat wereldgebeuren berust op oorzaak en gevolg, zoals Boeddha leerde, mijn Piyadasi?"

„Ik vereer Siva juist, als ik meen, dat mijn besluit een onvermijdelijk gevolg is van voorafgaande oorzaken. Siva is de verpersoonlijking van oorzaak en gevolg: oorzaak van leven uit dood, en van dood uit leven, van wijsheid uit kennis en kennis uit wijsheid; zijn gedachte, zijn overdenking bindt de wereld, en de wereld geeft weer gedachte, en de gedachte keert tot de wereldgedachte terug: Tat tvam asi.... Siva is voor mij de binding, de eenheid. Zonder deze verstrooide de wereld zich tot chaos."

Piyadasi sliep die nacht op een harde vloer en stond op voor de zon, om zijn morgenoffering te vervullen door overdenking van zijn leven in de woudkluis, in rust en vrede, in arbeid en gedachte. Hij vergezelde de brahmacarins, als ze de offervuren opbouwden en ontstaken, het vaatwerk zuiver-

[1]) Met genadige gezindheid.

den, de koeien molken en het vee verzorgden en ghee bereidden uit de melk. Hij liep met hen de weiden af, of lag met hen in de verdorde velden onder een vijgeboom. Dan vertelde hij van de moord op een schone koningsdochter, van hongersnood der Rajpoetanen, in het grote land, over de Sarasvati, tot de brahmacarins rilden. Zij beschouwden de verhalen van den vreemdeling als phantasie. Ze voelden, dat er iets geheimzinnigs waasde om dien jongen weetal, geheimzinnig als de legenden der Veda's. Als Soerya de horizon naderde, en een ongestoorde rust woudkluis en dzjungel omving, gelijk de stille dauw de lotosvijver, dan schreed Piyadasi naar de veranda, waar Sayana peinsde over oude handschriften. En hij zweeg, tot de vriendelijke Brahmaan ze ter zijde schoof.

„Bevalt Piyadasi de woudkluis?"

„Heer, de sanyasin, die de vier levensstadiën doorliep en vrij van 's werelds maya, in de volle heerlijkheid van de hemel binnentreedt, kan het geluk niet meer in zijn ziel voelen varen, dan ik de rust en de waarheid van uw woudkluis."

„Schoon, mijn Piyadasi.... Gij leerdet, dat het leiden van mensen en dieren tot rust en welwillendheid niet met zwaard en boog, maar door gerechtigheid en menselijke verdraagzaamheid en liefde moest geschieden en.... ge dooddet Virata met uw chakra."

„Virata was een offer aan Siva, een mens met eigen wil, die den Maharaja niet erkende, speelde met het leven van de inwoners van Takshasila, de oorzaak van Siva's toorn, die Virata's leven eiste als gerechtigheid."

„Maar niet door liefde en menselijke verdraagzaamheid."

„Ja, liefde en verdraagzaamheid voor de volken in het westen. Ik ontving van mijn Vader de opperste macht. Er was maar één keus: Virata offeren aan Siva of het opstandige volk.... Ik heb Virata gekozen."

„Zo zoudt gij elken minister, elken Brahmaan, zelfs.... den Maharaja kunnen kiezen als offer."

„Neen, hij is de opperste rechter en Heer, en ik ben slechts zijn zoon en dienaar. Mijn macht reikt niet verder dan zijn

270

bevel. Elke stap buiten de afgebakende weg ware voor mij opstand tegen het heilige, den goddelijken Al-geest."

„En als uw broeder Soemana tot maharaja wordt gezalfd?"

„Die tweemaal mij door sluipmoordenaars wilde laten doden?.... Dat wordt hij niet, zolang ik leef."

„Gij zoudt grote tegenstand kunnen vinden op uw weg."

„Geen offer zal mij te zwaar zijn. Mijn leven niet!"

„Door gerechtigheid, zwaard en boog, of door menselijke welwillendheid en liefde?"

Asoka schrok van die gedachten, maar zijn gelaat bleef stil.

„Die keus zal ik bepalen, als de onvermijdelijke strijd mij wacht. Zeg mij, mijn Sayana, of Siva zal dulden, dat een slaaf van zijn zinnen en de offerpriesters maharaja wordt."

„Bedenk wel, o Piyadasi, dat zelfs de machtigste mens niet zelf leidt, maar geleid wordt.... Een mens is geen Brahma maar een nietige ontvouwing van den Al-geest, en met allen verbonden."

Enige dagen later zette de regentijd in met geweldige stormen, onweer en wolkbreuken. De Ganges en haar bijrivieren stegen met de dag. Asoka bevond zich met een paar leerlingen van Sayana in de weiden. Twee koeien waren op een hoog stuk land afgesloten door het water. Met moeite wisten ze de dieren te naderen en door het water te drijven, verbonden met banden. In het diepste raakte een der dieren verstrikt in het touw. Asoka, die altijd zijn chakra's bij zich droeg, bedacht zich geen ogenblik, zwom er heen en sneed het touw door, maar werd toen door de ene koe teruggeworpen in de stroom. Asoka dreef met het balsturige beest af. De twee anderen hoorden, hoe hij het zwemmende dier naar zich toeriep. Toen werden ze aan hun oog onttrokken door een bocht van de stroom....

Sayana maakte zich hevig ongerust, maar Revata, die juist gekomen was, om Asoka berichten uit Patalipoetra te brengen, zei:

„Er is geen gevaar, heilige Sayana. De Prins is Siva zelf."

Sayana antwoordde niet, maar verheugde zich, toen Asoka ongedeerd in de woudkluis terugkeerde.

271

„Waag uw leven niet weer voor een van mijn beesten, mijn Piyadasi!"

„Ik waagde het niet voor de beesten, maar voor het leven, dat ons door u toevertrouwd was, heilige Sayana.".... Sayana zweeg getroffen.

Revata meldde, dat prins Soemana meermalen het kamp der soldaten bezocht, en dat hij op aandringen van zijn moeder Gopali, de soldaten onthaalde op dranken en koeken. Hij loofde kostbare prijzen uit voor spelen en dobbelen.

„Laat hem," zei Asoka.

„Sela vreest, dat de stemming in het leger daardoor kan omslaan."

Sayana luisterde gespannen.

„Laat de drinkers en spelers aan zijn zijde staan en straks met hem naar Takshasila trekken. Dan blijven mijn vrienden in Patalipoetra. Dat is mij liever. Wat denkt gij, eerwaarde Sayana?"

„Gij hebt gelijk. Laat de sagen, die zich om u gevormd hebben, doorwerken. Prins Soemana verhindert door zijn handelwijze, dat men meer in hem ziet dan een verkwistenden raja-zoon."

„Heer, ik heb Sakoeni ontmoet, toen ik als yogin in Patalipoetra slenterde. Hij is nog steeds bij Devaka en heeft nu en dan zendingen naar de Brahmanenhof. Richika, Tritsoes en Soenasepha wonen in dezelfde hermitage. Sakoeni's weg liep niet ver van deze woudkluis."

„Kunt gij niet eveneens naar Devaka gaan?"

„Ik heb Devaka in de steek gelaten in Kashmira, Heer, en tegen hem getuigd in Patalipoetra, twee fouten voor een goeden berichtgever."

„Een mens zonder fouten is een god, Revata. Vermom U. Het is mij van groot belang, te weten, wat de hof uitvoert."

„Heer, ik zal doen, wat gij wenst.... Ik bracht u mijn mungo mee: de regentijd drijft de gevaarlijke slangen vaak naar hogere plaatsen.... dus misschien ook naar deze woudkluis.... Ik sloot hem in uw vertrek...."

Ondanks de regentijd trok Revata naar de bergen.

272

„Wie is deze Revata?" vroeg Sayana.

„Hij behoedde mij voor een erge val, en is mijn beste berichtgever, heeft een onfeilbaar geheugen, kan zijn stem veranderen naar verkiezing, vermomt zich onherkenbaar en is een der beste geneesheren, die ik ken."

„Een Soedra dus."

„Ja.... Terwijl hij mij in Takshasila onschatbare diensten bewees als berichtgever, bestudeerde hij met grote toewijding de geneeskunst...."

„Gij zeidet onlangs: eigenbaat leidt tot vernietiging, opoffering en liefde tot harmonie, dus goddelijke eenheid. Is uw eigen verlangen geen eigenbaat en gebrek aan opoffering en liefde voor Soemana?"

„Mijn verlangen, opoffering en liefde geldt niet den eenling — en dan een Soemana! — Slechts mijn Vader, den Maharaja en zijn volken! Vader is de hoogste macht, de wil. Ook na hem zal gerechtigheid zegevieren en dan.... misschien opoffering en liefde, om de goddelijke eenheid en harmonie te bereiken, die thans in Magadha en Madhjadesa ver weg is als de troon van Brahma."

„Gij hangt de leer aan, dat niets in deze wereld geschiedt of het heeft zijn oorzaak en gevolg; toch vereert gij goden, die de wet op allerlei wijze heten te beïnvloeden....

Gij verkondigt de leer, dat men mensen beter leidt tot rust en welwillendheid door rechtvaardigheid, menselijke verdraagzaamheid en liefde, dan met zwaard en boog, maar ge denkt een harde strijd te voeren met de wapenen in de hand, dus genadeloos, als de Maharaja sterft....

Gij leert, dat eigenbaat en leugen voeren tot vernietiging, opoffering en liefde tot waarheid en harmonie, goddelijke eenheid. Maar zijt gij zelf zonder eigenbaat en leugen? Stuurt gij niet Revata uit met leugen naar uw vijanden?"

Asoka keek den Goeroe lange tijd aan.

„Al wat gij leerdet, mijn Piyadasi, is schoon, maar wat is een schone bloem, die geen vrucht, een hoge boom, die geen schaduw geeft, wat een berg, die geen wateren uitzendt, wat een heilige wet, die niet gehouden wordt, wat een schone leer, die men belijdt met de mond, maar niet dient met het hart!"

„Ja, ja, mijn wijze Sayana...."

„Wat geeft het, of ik een tijger dood met vuur, om dieren en mensen te sparen, als dat vuur de dzjungel aantast en vele mensen en dieren vernietigt? Wat geeft het, of ik de wateren van de oceaan uitgiet over de woestijnen, als dat water geen groeikracht geeft, geen dorst lest? Wie de leer dient, vreest geen tijger, geen honger, omdat de leer hoger is dan leven en dood."

„Ja, ja, mijn Sayana."

„De Yogin, die eenmaal erkent, om het Nirwana te bereiken, dat hij elke lust in zijn lichaam moet doden, zijn eigen ik, dus alle maya, bant die lust uit met de vijf heilige vuren, brandt het licht uit zijn ogen met het overweldigende licht van Soerya's oog, strekt zijn hand zolang naar de hemelen, dat ze verstijft en nooit meer naar de aarde terugwijst.... hij ontziet niets, om zijn leer te dienen, mijn Piyadasi.... De Jina eet geen vlees, doodt geen dier zelfs, al wil het hem tergen en verderven, zeeft zijn water om geen leven te vernietigen, veegt angstvallig de weg, die hij gaat met een palmtak, uit vrees, leven dood te treden.... Zijn leven is één angstvallige zorg: de leer, de leer, de ahimsa te dienen."

„Ja, ja!"

„Prins Vessantara beoefende de weldadigheid. Een wrede Brahmaan vroeg hem zijn goed, daarna zijn kinderen, zijn vrouw, alles.... hij diende de leer der weldadigheid in al haar vezels, tot hem niets meer restte...."

„Ja, ja, mijn wijze Sayana.".... Toen zat Asoka stil en peinzend bij zijn ouden vriend.... lang.... en zwijgend....

„Als gij het goedvindt, ga ik thans rusten, grote Sayana."....

Sayana wenkte vriendelijk met de hand, keek Asoka na, tot hij in de woudkluis verdween. Hij begreep, dat hij het mes in het levende vlees had gezet.

Gedurende enige dagen zag Sayana Piyadasi maar zelden. De Prins sprak nauwelijks, antwoordde niets, als men hem vroeg, keek uren lang in de regen, die neerstroomde op het land van Magadha. Eén brahmacarin meende, dat Piyadasi heimwee had; hij had enige morgens niet geholpen, de heilige vuren te ontsteken; een ander, dat Piyadasi trots was en neerzag op zijn medeleerlingen, hij ging niet mee in het woud, om wortels en vruchten te zoeken; en de derde, Matali, dat Piyadasi misschien krankzinnig werd en te vrezen was.... Sayana glimlachte.

,,Piyadasi is mij zeer dierbaar; dien hem dus, alsof gij mij dient, mijn goede brahmacarins.''

Eindelijk op een avond trad Asoka op Sayana toe, begroette hem eerbiedig en zette zich naast hem. De Brahmaan legde zijn heilige geschriften onmiddellijk ter zijde, want hij wist, dat Piyadasi met zich zelf tot klaarheid gekomen was.

Zo verdiept en opgeslorpt was de jonge Prins in zijn gedachten geweest, dat hij onmiddellijk hun gesprek van enige dagen geleden weer opvatte:

,,Een leer, mijn edele Sayana, dient men om de wijsheid, die er in vervat is, om het hoge geluk, dat ze den dienaar geeft, om de goddelijke eenheid, die ze opdiept uit de maya, om de wil tot het goede, die ze ontbrandt in de zoekende ziel.... om al deze schatten dient men haar....

Maar wie de leer dient om de leer zelf, doodt den tijger om het doden, doodt de lusten om het doden, brandt het licht om het branden, strekt de hand uit naar de hemel om het strekken, spaart het leven om de ahimsa....

Wien verrukt de bloem, mijn wijze Sayana, die haar reinheid en kleurenpracht spreidt in de nacht van de diepe dzjungel, die honing belooft en niet draagt, die vruchten toezegt aan den sanyasin maar vruchtenloos uiteenvalt? Een bloem verrukt niet om de bloem, maar om de aanschouwde schoonheid en kostelijkste schatten, die in haar vervat zijn en die ze den behoevende offert....

Wien treft een godenoffer, dat slechts dient om den priester rijkdom, vlees en soma te bieden? Een offer troost niet om het offer, heilige Sayana, maar om het heerlijk vertrouwen in de goddelijkheid van den groten, eeuwigen god.

275

Wien verrukt de zon, die haar stralen over de woestijn-
zanden van Ragasthan [1]) brandt? Want de zon verrukt niet
om de zon, maar om haar licht, haar vruchtbare stuwkracht
in de natuur.

Wien bekoren de edelstenen, die opgesloten liggen in de
duistere spelonken van de schatkamers? Want de edelsteen
bekoort niet om de edelsteen, maar om de schittering en
glans, die er uit opgloeien en het oog strelen met zijden
zachtheid....

De leer moet de goede vriend zijn, eerwaarde Sayana, die
steunt, de hand reikt en niet vertoornt, als men hem kwetsen
moet, mag niet de tyran zijn, die eist dwaze, gedachteloze
ceremonie en offerbrand, verterend de fijne schatten, die in
haar verborgen liggen.

Wie de leer dient om de leer, is gestorven voor zijn
dood.

Sayana vroeg niets meer en zegende zijn jongen vriend.

Sayana verbaasde zich, hoe onafhankelijk deze jonge Prins
zocht naar zijn waarheid, en alle consequenties aanvaardde.
De wijze Brahmaan wist reeds lang, waarvoor deze jonge
mens, begerig naar ,,waarheid en harmonie'', de geleerden
van Takshasila had gepolst over de scholen en stelsels, die
de geesten van Aryavartha beroerden. Ook met Sayana sprak
hij veel over de godsdiensten, die het rijk van zijn vader
verdeelden, over de twee grote tegenstrijdigheden: ,,Wie de
waarheid wil, zoekt de waarheid en vindt vele waarheden''.... Boeddhisme, en ,,de enige waarheid is de geopenbaarde waarheid der Veda's''.... Brahmanisme. Hijzelf
had de ontwikkeling van dezen sterken Maurya-zoon trachten
te leiden. Maar hij had spoedig gemerkt, dat Asoka zelf zocht
en vond, door zijn hevig waarheidsbegeren; ook dat daardoor
de gespannen verhouding tussen hem en de priesters groeide,
ondanks hen, en dat zijn critiek de machtige priesterschap
niet spaarde.

---

[1]) Woestijngebied, oostelijk v. d. Indus.

Op een avond zat Asoka alleen met zijn ouden vriend onder de veranda. De regen had opgehouden, de halve maan verlichtte schaars de bossen en het erf. Een kolika[1]) goot zijn heldere zang in de rust van de avond. Asoka luisterde.

„Heerlijk, dat zorgeloze, sprankelende geluk. Waarom moeten de mensen hun weg gaan in angst, nijd en vreugde-loosheid.... Het Brahmanisme leidt de volken van Arya-vartha tot verderf, mijn Sayana."

„Wie leerde u de wegen voor uw denken, mijn Piyadasi?"

„Koelika.... Vimalamitra, Vasoedeva.... Sayana...."

„Zij zijn allen gelovige Brahmanen."

„Gij hebt gelijk, het Brahmanisme is een tweeheid: dat van mijn hoogvereerde vrienden, die er door gelouterd en ge-heiligd worden en het tweede, dat drukt als een nachtmerrie op de zielen der Aryers."

„Is het erg, dat een jonge Aryer, de brahmacarin, de Veda's leert, naar de letter, en als hij ouder wordt, huis-houder, ze toepast op zijn huiselijk leven? Als zijn denkkracht zich vergroot, kan hij ze als vanaprastha, woudkluizenaar, geestelijk opvatten, om ten slotte als sanyasin in de grootste denkvrijheid te eindigen. Daarmee is het rijk geschraagd en.... daarmee valt het. Het zijn de vier levensstadia van elken tweemaal geborene[2])."

„Maar, eerwaarde Sayana, het stelsel wordt door de dragers zelf ondermijnd als de gletscherdam door Devaka. Verreweg het grootste aantal mensen zijn Soedra's en verdoemde wes-telijke volken, Mletsha's: alle toch ontvouwingen van den Atman als gij en ik?"

„Ruwheid en valse godsdienstige grondslagen der oer-volken moeten uit ons systeem geweerd worden! Zij kunnen toch hun eigen traditie's bewaren!"

„En de Sakyamoeni, Kshatriya, Raja, Boeddha!"

„Wat hij predikte.... kent het Brahmanisme ook. Zijn

---

[1]) Indische nachtegaal.   [2]) Lid van de drie hoogste casten: Brahmanen, Kshatriya's en Vaisja's.

godsdienst groepeert de dingen anders, geeft enkele nieuwigheden voor practische lering. Het gevaarlijke is, dat hij de grondslagen van Aryavartha aantast!"

„Maak die grondslagen hechter, meer waar, menselijker!"

„Die mogelijkheid is te onzeker."

„Kennis, waarheid, inzicht...."

„Kennis is slechts voor de enkele begaafden. En waarheid.... wie waarheid zoekt, vindt vele waarheden. Zie om u heen, hoe thans het onbelangrijke Boeddhisme zich meer en meer versplintert in sektetjes, die alle de waarheid menen gevonden te hebben."

„Maar de ene waarheid moet er toch zijn, is te vinden en vast te stellen."

„Wij hébben één waarheid in onze vier levensstadiën. Wat geeft de vorm! Als gij zegt: het offer stemt de goden vriendelijk, zal een brahmacarin menen: het offervuur, een eenvoudige Vaisja: het materiëele offer; de Vanaprastha: het geestelijke offer, het symbool, het erkennen van de verpersoonlijking van het goede in de godheid; de Sanyasin: zijn denkvrijheid. Maar bij alle vier ligt een en dezelfde waarheid in het offer: verbondenheid aan de hoogheid van den Atman.... Hoe wilt gij uw ene gevonden waarheid voor allen in zo'n groot rijk als dat van uw vader vrij houden van slangendienst, fetisch-aanbidding, boomaanbidding en veel walgelijker afgoderij der Mletsha's?"

„Gautama Boeddha heeft meer vertrouwen in den mens, in den niet-Aryer gehad. Ieder mens kan het heilige achtvoudige pad bewandelen, als hij met geloof de heilsweg betreedt, als hem in zijn ziel grijpt de levenshouding, die de slagboom opent van de weg! Een geheel volk brengen tot geloof en rechte levenshouding, de sila...."

„Alles loopt te pletter, mijn jonge denker, tegen de hoge rotsen van het Brahmanisme. De hebzuchtige priester is niet uit te bannen, omdat de mens hebzuchtig is. Het Boeddhisme heeft geen geopenbaarde Veden. Daarom zal het zich eeuwig splijten."

„Maar offerpriester betekent thans de hoogste hebzucht.

278

Daarvoor verderft hij rijk en onderdaan.... Bovendien, ook het Brahmanisme heeft zijn splijtingen."

„In de scholen, de woudkluizen, ja! Maar daar kan het geen kwaad, is het afgesloten en daar moet ook de vernieuwing groeien, als ze nodig is.... de Oepanishads. Maar wie moet aan de vele en velerlei volken van den Maharaja de zegeningen brengen van Boeddha?"

„De Maharaja!"

Sayana zag, hoe deze gave jongeman worstelde met zijn innerlijke drang naar waarheid en gerechtigheid, dat zijn streven naar de ivoren troon niet uit machtswellust maar uit zijn helder inzicht van de verhoudingen in het grote rijk opbruiste, en hem voortdreef, onweerstaanbaar, naar de macht. Zou die macht in zijn handen uitbloeien als de weeldedronken natuur in Vasanta.... of het land verbranden als de zomerzon in Gjeshtha? Wat moest zijn voedingsbodem zijn? Moest hij hem de weg wijzen? Sayana voelde zich Brahmaan.... Boeddhisme? Bespot, vervloekt in zijn varna.... in elk geval een gevaar in onbekwame handen! En toch, maakte het overstromingswater der rivieren van de woestijngrond geen vruchtbare velden? Was een verbrande dzjungel niet een kostbare weide voor het schoonste vee?.... Brahmaan bij Tshandala! In Aryavartha.... Arya.... Tat tvam asi....

„Gautama Sakya's invloed zou wel ver reiken, Piyadasi! Te ver voor een nietig, vermolmd Brahmaans sektetje, dat zelfs in zijn eerste jeugd geen frisse kracht en eenheid ontplooit."

„Elke geweldige banyan was een nietig zaadje, een schuchter plantje, en verstikt later in zijn intense schaduw iedere andere plant op zijn uitgebreide teeltgrond. Geef het lucht, regen.... zon, mijn Sayana."

„Voelt mijn jonge vriend voor den Boeddha?"

„Ik zoek.... voor het volk een godsdienst, die mijn trouwe Revata geen dier in mensengestalte durft te noemen, en Aryavartha in een gezegend en een gevloekt deel, de mensheid in gezegende en gevloekte zielen durft verdelen.... Dat

279

zal ik nooit dulden, als ik mijzelf wel ken. Het is alles leugen! Wat maakt daaraan een eind, wijze Sayana?.... Wat?.... Wat?"

Sayana knikte. Nu geen weg meer wijzen!

„Wat zoudt gij wensen, mijn Piyadasi?"

„Wensen?.... Wensen!.... Ik?.... Siva!.... Maar ....Siva wordt in handen van de offerpriesters de god van dood en verschrikking!"

Sayana moest denken, aan wat Koelika had verteld van Asoka op de „Kale Berg".... Incarnatie van Siva?.... Die vond zelf zijn weg.... zonder Sayana!....

21. DE GODEN WILLEN EEN OFFER.

Revata kwam als vanaprastha vermomd in de woudkluis van Richika, om gastvrijheid te vragen. Devaka, die bij de drie verbannen priesters woonde, herkende hem niet, maar wantrouwde hem. Ze schonken Revata schijnbaar hun volle vertrouwen, maar in zijn aanwezigheid werd met geen woord gesproken over de hoofdstad en zijn bewoners. Sakoeni, die in Patalipoetra vernam, dat prins Asoka de stad had verlaten, had hem gezocht en heimelijk gevolgd. En zo speurde hij het verblijf van den Prins bij Sayana uit. Sayana's brahmacarins waren niet vrij van jaloezie ten opzichte van Piyadasi, en zo viel het Sakoeni niet moeilijk uit te vorsen, wat hij wenste te weten. De offerpriesters beraadslaagden lang, hoe ze zich konden wreken op den veroorzaker van hun rampen. Niet zelf handelen!.... Een fanatiek gelovige zoeken, slim genoeg, hun plannen ten uitvoer te brengen. Ze leidden Revata's opmerkzaamheid af door strenge boetedoeningen, zoals het heette, om vroegere zonden af te wassen, door het opzeggen van eindeloze gebeden, door vasten, baden, het inhouden van de adem, het drinken van heet water en hete melk en bestrijken met koemest. In de omgeving waren ze reeds lang als heilige Brahmanen bekend en dus gevreesd.

280

Intussen speurde Devaka in een weide den Vaisja Hasta. Hasta had zich op bevel van een priester gewikkeld in de huid van een koe, die door hem bij ongeluk was gedood. Nu moest hij drie maanden wonen op de laatste weide van het „vermoorde" rund, mocht zich niet beschutten tegen het weer, moest het andere vee beschermen en verdedigen tegen roofdieren en dieven en de koeien elke dag begroeten en met eerbied behandelen, terwijl hij strenge vastendagen in acht had te nemen. Aldus wilde het Manoe's wet. Devaka vond hem, zittend, ineengedoken in zijn vieze koehuid, troosteloos, vermagerd en uitgeput. De slimme priester, die Hasta's verhaal geduldig had aangehoord, keerde telkens bij den armen Vaisja terug, sprak met hem. . . . Deze zondaar was zijn man!

„Gij kunt op andere wijze uw zonden boeten en uw heil dienen."

„Hoe dan, Heer?"

„Wel, door een Brahmaan het leven te redden. Dan wordt gij immers als Brahmaan wedergeboren. Redt gij vele Brahmanen het leven, dan is uw heil niet te meten."

„Heer, dat is immers dwaasheid. Ik ken geen Brahmanen, die in levensgevaar verkeren. Hoe zal ik ze dan redden?"

„Kom morgen in onze woudkluis."

„Ik mag de weide niet verlaten, Heer."

„Vier Brahmanen verwachten u."

Toen Hasta de volgende morgen in de woudkluis verscheen, vertelde men hem na zorgvuldige voorbereiding, dat in de woudkluis van Sayana niet ver van de Ganges, een brahmacarin leefde, van wien door een yogin voorspeld was, dat hij een groot gevaar zou worden voor de heilige Brahmanen, zelfs de dood van die heilige mannen zou veroorzaken en Madhjadesa zou verwoesten. Wie deze rampen voorkwam, zou in dit leven gelukkig worden en na zijn dood als Brahmaan wedergeboren worden. Tevens was voorspeld, dat een Vaisja, die in een koehuid gewikkeld was, omdat hij een heilig dier had gedood, door de goden werd aangewezen, de vrome daad te verrichten. Nu had Devaka aan Hasta onmiskenbare tekenen bespeurd, dat hij de bedoelde Vaisja moest zijn.

„Dus een nieuwe moord?"

„Integendeel, een drievoudige weldaad, want gij redt een ongelukkige van het vreselijkste bestaan, beschermt de Brahmanen en bereikt tevens uw eigen hoogste heil."

„Wie is deze brahmacarin, Heer?" vroeg Hasta aarzelend.

„Dat weet niemand van ons. Hij noemt zich Piyadasi, en zijn vader is een Soedra. Zelfs indien men u betrapte, zou dus uw straf gering zijn. Maar niemand betrapt u, alleen de goden zullen het weten. Elke Brahmaan gevoelt zich beangst door de vreselijke voorspelling. Gij kunt de weldoener der Brahmanen zijn, en hun gebeden zullen u steunen."

Elk bezwaar van Hasta werd weggeredeneerd. Hun lange gebeden, offers, vasten moesten Revata afleiden en Hasta het begeerlijke van zijn daad voor ogen stellen.... De Vaisja bezweek. Toen leerde Devaka hem vele wijzen, waarop hij zijn doel zou kunnen bereiken. Revata meende, dat de Vaisja vergeving voor zijn zonde zocht in Devaka's woudkluis, tot hij op zekere dag plotseling verdwenen was.... wat Revata een onbestemde vrees gaf.

Na een laatste grote offering, waarbij aan Hasta alle zonden van te voren vergeven werden en hij met heilige eden bezwoer, met geen woord ooit te reppen van deze zaak, noch tegen Piyadasi noch tegen één ander, vertrok hij naar Sayana's woudkluis....

Hasta zocht vrij opvallend het gezelschap van Piyadasi en trachtte zijn vertrouwen te winnen. De Prins was evenwel weinig op hem gesteld en dus op zijn hoede. Op een avond — de regens verminderden — zaten ze samen in de veranda.

„Wat, o wijze Sayana, behoort een mens te doen om de heilige weg te bewandelen?"

„Niet één heilige weg, maar vele heilige wegen leiden tot vereniging met Brahma, Hasta."

„Richika zeide: veda-studie, offers, de veertig sacramenten, goede werken en askese.... maar gij dan en Piyadasi?"

Asoka werd opmerkzaam.... Richika!.... Hasta kende dus de woudkluis van Devaka!.... Schijnbaar ernstig zei hij:

„De weg? Kent gij dan niet de beide grote woorden van

de Oepanishaden: Tat tvam asi, dat zijt gij, en Aham brahma asmi, ik ben Brahmaan? Wilt gij de weg zoeken, zoek dan in u zelf! Hoeveel goud, hoeveel koeien hebt gij den offerpriester Richika, zo heet toch uw priester! moeten betalen, om van zijn wijsheden doordrongen te worden, Hasta? En wat de askese betreft, Chandogya zegt: Brahma is leven, Brahma is vreugde, Brahma is wijdte.... Wat wilt gij dan door askese bereiken?"

Sayana glimlachte en knikte. ,,Ge ziet, Hasta, daar is reeds één weg. Mundaka belooft de godenweg aan hen, die in het woud askese en geloof oefenen. Wat Richika zegt, is dus misschien ook een weg."

,,Maar Gautama zegt: Wie door de veertig offers is geheiligd, maar de acht goede eigenschappen mist, zal niet verenigd worden met Brahma en de hemel niet bereiken," merkte Asoka op.

,,Acht goede eigenschappen?" Hasta begreep nu, dat hij Richika niet had moeten noemen.

,,Ja, waarvan medelijden en waarheid de voornaamste zijn."

Asoka liet de andere twee thans alleen. Hasta mijmerde over de woorden van Piyadasi. Waarom zou die jonge man een ramp voor Madhjadesa en de heilige Brahmanen zijn, waar hij toch een goede leerling en een groot vriend van den Brahmaan Sayana was. Misschien had de wijze Sayana niet van de voorspelling van Piyadasi's noodlot gehoord! Hoe ook, hij, Hasta, had zijn boetedoening opgegeven en de goede daad gekozen: bevrijding der Brahmanen, bevrijding van Madhjadesa.... bevrijding van Piyadasi zelf! Hij was gebonden door zijn eed van stilzwijgendheid, anders zou hij er met Sayana over spreken.... De grote daad verrichten! Het loon was de verlossing van zijn grote zonde en verlossing van de vaderweg....

Maar Asoka's achterdocht was gewekt, en Hasta's kans, verlossing van zijn zonde te krijgen dus gering. Hasta's aanslagen waren met listigheid door Devaka ingegeven, maar werden door den Prins met groter listigheid ontvangen.

De volgende morgen bracht Hasta Piyadasi zijn eten....
Vreemd?.... „Eigen veiligheid het eerst!" had zijn Vader
gezegd. Hij nam de etensnap van Hasta aan en liep er mee
weg.

„Waarheen, Piyadasi?" vroeg de Vaisja verbaasd.

„Ik ga dit offeren aan de heilige dieren van Sayana's
woudkluis, de koeien."

Hasta verbleekte. „Neen, neen!" Hij wilde Asoka de nap
uit zijn handen grijpen.

Asoka vatte echter zijn arm met een kracht, die den Vaisja
verschrikte. De Prins wierp nu het eten voor een paar erf-
hoenders, die er gretig van pikten en even later dood neer-
vielen.

„Wel, Hasta, begrijpt gij dat?" Hasta keek den Prins met
grote ogen aan, kon geen woord uitbrengen. Asoka liet hem
staan met zijn eigen gedachten en ging rustig aan zijn werk.
Nu had hij zekerheid. Waar was Revata! Waarom had die
hem niet gewaarschuwd voor den Vaisja? Wie was Hasta?
Eén chakra.... Neen, beter is te weten wat de man wilde!
Niet met Sayana overleggen.... Ongemerkt bespiedde Asoka
nu voortdurend den gast. Hij volgde hem, verborgen achter
bomen en struiken, en zag, hoe de man een zevental zwarte
schorpioenen ving met grote handigheid, zoals landbouwers
kunnen, ze in een mandje liet glijden, waarin gewoonlijk
wortels en vruchten verzameld worden.... De gevaarlijke
beesten kwamen in zijn slaapvertrek terecht.

's Avonds na het bad en het gebed bij Sayana zei Asoka:
„Geëerde en wijze Sayana, in mijn slaapvertrek bevinden zich
zeven zwarte schorpioenen. Ge weet, dat hun beet dodelijk is."

Sayana stond verschrikt op.

„Kom mee, mijn geliefde brahmacarins, opdat mijn gastvrijheid den gast van mijn kluis niet noodlottig wordt." De
leerlingen keken met ontzag naar den geheimzinnigen jongeman. Asoka bleef alleen achter met Hasta, die nu en dan
met half verwilderde ogen in die van den Prins staarde. Toen
de anderen terugkeerden, dankte Piyadasi hen en groette eerbiedig zijn leermeester. Ook Hasta zocht zijn legerstede op,

verward. Hoe wist.... hij van die schorpioenen! Die brahmacarin gaf hem angst! Devaka had hem wel gewaarschuwd, dat Piyadasi geen gemakkelijke tegenstander was. Maar.... slechts op één manier kon hij zijn ziel redden....

Hasta zocht in de dzjungel met eindeloos geduld; nu stond hij stil, boog zich uiterst langzaam voorover. Plotseling greep hij toe en zwaaide met woede een cobra aan de staart boven zijn hoofd in het rond, snel en lang. Het dier kreeg door de kracht van de zwaai geen gelegenheid, zijn lenige lichaam te buigen. Met belangstelling schouwde Asoka toe. Plotseling pakte de Vaisja de gevaarlijke slang met vaste hand vlak achter de kop. Het dier kronkelde zich wild en woedend om zijn arm, maar Hasta liet niet los. Met een handige beweging gooide hij het spartelende beest in zijn mand, en veegde zich het zweet van zijn aangezicht.

's Avonds herhaalde zich hetzelfde van de vorige dag.

„Geëerde en wijze Sayana, in mijn slaapvertrek bevindt zich een cobra. Zou Hasta die mogen vangen?" Allen sprongen op.

„Mijn Piyadasi, Hasta is mijn gast!"

„Hasta is een boer en komt op zijn grond veel met gevaarlijke dieren in aanraking, o waarde Sayana.... Kom, Hasta."

De Vaisja ging schoorvoetend mee. Zijn gelaat was vaalgrauw, zijn ogen keken nu en dan onrustig om naar den brahmacarin, die een blinkende chakra in zijn hand klemde.

„Vang hem levend, Hasta. Ge verstaat die kunst."

„Heer!"

„Ik ben geen Heer, ik ben brahmacarin!"

„Heer.... het dier is wraakzuchtig als een Brahmaan...."

„Als een offerpriester meent gij.... Ziehier mijn chakra, die scheidt feilloos uw hoofd van de romp, als de cobra u bijt. Dan zijt gij van alle lijden verlost." Er was geen keus. Als hij Piyadasi de slang in het gezicht slingerde?.... maar het blinkende wapen schitterde werpbereid in zijn handen! Hasta ving de cobra. Toen keerden ze samen naar het erf terug.

„Pak nu zijn staart en zwaai het beest boven uw hoofd, Hasta, en houd goed vast, mijn chakra is sneller dan de Maroets."

Hasta waagde het niet, Piyadasi te weerstaan. Weldra tolde de gevaarlijke cobra boven het hoofd van den boeteling. Toen gooide Asoka fel zijn wapen met zekerheid in de richting van den benarden Vaisja, en voor de angst hem deed bukken, hield hij de ene helft van het vreselijke beest in zijn hand, terwijl de andere helft ver weg vloog. Hasta liet de tweede helft langs zich heen glijden en stond wezenloos.

„Zoek thans uw legerstede, Hasta. Morgen begint gij een pelgrimstocht naar de heilige Narada, om vergeving te verkrijgen van uw zonden. Kniel eerst neer voor den heiligen Sayana, wiens Brahmaanse gastvrijheid gij hebt geschonden."

Hasta knielde neer en boog zwijgend zijn hoofd in het vochtige zand.

Asoka vertelde Sayana, wat hij beleefd had de laatste dagen.

„Dat is zonder twijfel de hand van Devaka, eerwaarde Sayana. Devaka heeft reeds vele malen mijn chakra verdiend, maar ik vrees.... dat Revata iets overkomen is. Morgenvroeg vertrek is naar Devaka's woudkluis."

„Doe het niet, mijn Piyadasi. Uw Vader vertrouwt, dat gij hier veilig zijt. Devaka is een gevaarlijk mens."

„Een lafaard, die anderen zijn listige oogmerken laat uitvoeren en zelf blijft schuilen achter de veilige muur van zijn Brahmanendom."

„Wees verstandig. Revata is een Soedra. Stuur er desnoods soldaten heen. Revata zal zich zelf weten te beschermen."

„Revata is zeker zo scherpzinnig als een goeroe uit Takshasila. Hij is een mens, en mijn vriend. Zou ik hem thans in handen laten van een Devaka? Ik vrees, dat hij er niet veilig is."

„Uw leven is meer waard dan dat van duizend Revata's."

„Hoe hoger ik mijn vriend Revata dus schat, hoe meer ik zelf in waarde stijg, o edele Sayana. Maar als ik één zo'n vriend niet tel, zou ik duizend niet tellen, dus mijzelf niet."

286

„Wacht op hulp uit Patalipoetra. De Ganges is te hoog."
„Ik vrees, dat ik nu al te laat kom. Morgen vroeg moet ik
vertrekken. Ik ben goed gewapend en vertrouw op Siva"....
Sayana verzette zich niet meer, kon slechts den gaven
Prins bewonderen.

De volgende morgen, zeer vroeg, nam Asoka in een
antilope-huid van Sayana gewikkeld, de weg naar de woudkluis van Richika. Hoog leren schoeisel beschutte hem tegen
slangen, bloedzuigers en bloedegels. Zijn blik speurde naar
alle zijden, of roofdieren hem belaagden. De weg was
moeilijk, doorweekt, soms bijna onbegaanbaar. Zijn jonge,
forse lichaam kende echter geen vermoeidheid. Hij wilde
Revata vinden, telde nauwelijks de duizend onaangenaam-
heden en gevaren van de dzjungel in regentijd. Sissoe's en
kikars, palmen en banyanen schudden hun zware regen-
droppels en hun bijtende en zuigende bewoners op hem uit,
maar de strijd daartegen remde niet zijn voortgang op de
zware weg.

Na uren worstelen bereikte hij de woudkluis. De hermitage
scheen verlaten. Asoka liet zijn olifantenfluitje horen. Dat
kende Revata. Het werd beantwoord achter van het erf. De
Prins snelde er heen en vond Revata opgesloten in een veestal
van hoge palissaden. Hij verwijderde de sluitboom, trad binnen en vond midden in de ruimte een veel kleinere, sterk ge-
bouwde palissade, waarbinnen de Soedra zat.

„Heer, verlaat onmiddellijk de veeafschutting, ze sluiten u
ook in," zei Revata gehaast en angstig. „Heer, ge zijt bij hen
niet veilig!" Asoka naderde Revata kalm.

„Eerst proberen, of ik u verlossen kan, mijn vriend."

„Heer, ze hebben met hun vieren de palissade afgesloten
en verzwaard. Het is onmogelijk in korte tijd mij er uit te
halen. Wacht niet langer, vlucht!"

„Denkt gij, dat vier offerpriesters ons tweeën in een simpele veestal vermogen te houden? Hoe komt ge hier?"

„Enige tijd geleden merkte ik op, dat Hasta, een zondaar,
die op een weide boette voor het doden van een koe, plotseling verdwenen was. Hij bezocht vaak de woudkluis, en hij

287

hield lange gesprekken met Devaka en Richika. Als ik naderbij kwam, spraken ze over zonden en boete, over de Veda's en de veertig sacramenten van den Vaisja. Maar toen ik eens ongemerkt de woudkluis binnensloop, hoorde ik de namen Sayana en Piyadasi. De volgende dag was Hasta verdwenen. Een stem in mijn binnenste zei mij, dat mijn Heer in gevaar was. Ik wilde vertrekken en zei, dat ik naar Kosala ging. Alsof ze het hadden afgesproken, grepen ze mij met hun vijven aan en sleepten mij naar deze veeafschutting. Ze waren dus bang, dat ik naar de woudkluis van Sayana zou gaan om u te waarschuwen. Nu had ik zekerheid. In doodsangst voor u, o Prins, heb ik hier de eerste dagen doorgebracht. Elke poging tot onvluchten mislukte. Na lange overpeinzingen heb ik mijn vertrouwen in Siva teruggekregen, Heer."

Asoka vertelde, wat er met Hasta gebeurd was.

,,Heer, het gevaar is hier veel groter! Gij kent Devaka nog niet."

,,Een lafaard!"

Asoka wilde naar Richika's woudkluis, om de priesters te dwingen, Revata te bevrijden. De uitgang was echter met een zware sluitbalk gesloten. Sakoeni, die het olifantenfluitje ook gehoord had, was Asoka stil gevolgd. Hij schrok, toen hij Devaka's tegenstander herkende. Toen Asoka de afschutting binnengetreden was, sloot hij voorzichtig de poort en snelde naar Devaka. De priester lachte. ,,Neem een paard en ren in razende vaart naar Patalipoetra; waarschuw prins Soemana en zeg, dat hij hier zelf komt met een tiental zeer vertrouwde boogschutters.". . . .

,,Wat moeten we doen?" vroeg Richika, toch een weinig angstig om de brutale daad.

,,We hadden Hasta niet nodig gehad," meende Devaka droog.

,,De Maharaja zal geen van ons sparen! Nieuw verzet tegen zijn wil en vonnis. Het kost ons leven!"

,,De Maharaja zal het niet vernemen. Prins Soemana zal hier gauw genoeg zijn. En wat er daarna gebeurt is zìjn daad, niet de onze. De verantwoording is voor hem alleen! Ons

288

vonnis was enkel verbanning naar de dzjungel. Wij zondigen niet daartegen."

„Opstand tegen het vonnis van den Maharaja!.... De Ganges is hoog!"

„Voor goud is een goede boot te krijgen. Sakoeni is reeds op weg."

Richika boog het hoofd.

„Tritsoes en Soenasepha, gij houdt de wacht bij de palisade. Versterk ze, waar het nodig is."

„Devaka, wij spelen hoog spel!"

„Wat wilt ge, Richika? Laat gij de varna der Brahmanen vertrappen door een Soedra, die later mogelijk maharaja wordt? Soemana heeft hem in zijn macht! Prins Soemana zal beslissen, zal rechten over den man, die een vloek is voor ons heilige land en zijn hoogste varna! Wij, Brahmanen, zullen geen haar op zijn hoofd krenken.... Dat zou de Maharaja onverbiddelijk straffen!"

„En als hij vrij komt?"

„Hij.... komt.... niet.... meer.... vrij! De goden willen een groot offer! Zij zijn beangst! Wie zal hen spijzen en laven, als de priesters niet meer offeren in Magadha en Madhjadesa? En als de goden hongeren en dorsten, sterft het land weg als de oogst op het veld in Gjeshtha."

Richika zwichtte. Terwijl allen de komst van Soemana afwachtten, berichtte Tritsoes telkens, hoe het met de gevangenen ging. Een paar uren verliepen.

„De prins hakt met zijn zwaard op de binnenpalissade in."

„Teakhout hakt men niet stuk met een zwaardje."

Asoka kwam tot dezelfde conclusie en trachtte nu een der palen te ondergraven."

„Ze trachten een der palen uit de grond te trekken, Devaka."

„Zal hun niet gelukken; onze beschermers zijn hoog en diep!" De priesters wachtten.

„Ze hebben een der palen losgerukt, Devaka."....

„Revata is bevrijd, Devaka."....

„Ze willen de buiten-palissade rammen, maar wij versterken waar zij rammeien, Devaka."....

„Houd nog even vol, Tritsoes, hun handen zijn ongeschikt voor dat werk."....

„Ze maken een hek en willen waarschijnlijk de buiten-palissade beklimmen, Devaka."....

„Ze klimmen beide op de buitenpalissade, en prins Asoka wenst u te spreken, Devaka."

„Laat hem hier komen!" spotte de priester koud en keek de weg op naar Patalipoetra.

Tritsoes vertrok weer, maar keerde kort daarna terug.

„De Prins beveelt ons, de poort te openen, of het wordt een strijd op leven en dood."

„Dood hem dan!"

„Devaka, ga mee! Dit kan nooit goed aflopen!"

„Onnodig, Richika. Soemana's troep komt."

„Ga!" Dat was een bevel, en Devaka gehoorzaamde ein-delijk, maar greep pijlen en boog, die ze in nood tegen wilde dieren gebruikten. Met hun vieren stonden ze weldra op korte afstand van de hoge palissade. Asoka en Revata zaten er schrijlings op.

„Wat wenst de Prins?"

„Open de poort, Devaka."

„Ik heb niet het recht de poort te openen."

„Wie dan, schurk?" Een donkere gloed overtoog Asoka's trekken.

„Dat zult ge weldra zien." Asoka voelde zijn drift heviger oplaaien.

„Ik heb u enige keren het leven gespaard, Devaka. Bedenk, een Maurya laat zich niet door een Brahmaans offerpriester opsluiten. Open de poort!"

„Ik heb u geen enkele keer gevraagd, mijn leven te sparen. Niet ik sloot u in. De Maharaja zou mij immers straffen!"

„Weet wat ge doet, offerpriester, en waarvoor gij in de dzjungel huist! Gij waagt u tegen het vonnis van den Maha-raja te verzetten, Richika."

„Gij zijt niet ònze gevangene. Ik heb niet meer het recht, uw gevangenis te openen."

„Gij waagt het dus, Richika, een Maurya, kleinzoon van

Chandragoepta, onderkoning van Uggajini, gevangen te zetten in een veestal en wilt hem overleveren aan uw medeplichtigen van de maand Gjeshtha!" — Richika beefde. — „Open de poort, ik beveel het u alle vier!" Asoka's stem donderde door de dzjungel. Zijn woede verteerde al zijn beheersing.

„Een gevangene heeft niet te bevelen!" Maar Devaka's blik op de weg werd onrustiger.

„Ik heb mijn macht over u in handen gegeven van anderen," waagde Richika aarzelend. Asoka merkte zijn onrust.

„Van Soemana dus! En hij stuurt opnieuw gehuurde sluipmoordenaars? En de gewezen opperpriester van de Brahmanenhof meent, dat ik mij daarin zal schikken?"

„Gij zult u moeten schikken," bromde Devaka.

„Ge weigert dus? Hoort ge de raven ginds krassen, Richika?"

„Ik weiger."

Asoka zag, hoe Devaka nog eens de weg naar Patalipoetra afkeek en toen zijn boog ophief. De Prins wist, wat dat betekende, vond het belachelijk. Zijn diepe minachting voor den brutalen, fanatieken geloofsdwaas, zijn woede over de aanmatiging van verdediger der Brahmanen-varna en een onmiddellijke reactie op de beweging met de boog deden hem naar zijn chakra's grijpen.

„Siva!".... Drie chakra's sneden snel achtereen de lucht en doodden de drie priesters. Soenasepha was ver teruggeweken. Asoka en Revata verwachtten van hem weinig tegenstand, en de Prins eiste van hem ook niet meer, dat hij de poort zou openen. Na enig rammeien, rukken en trekken van de beide sterke jonge mannen week een der hoge palen en een tweede volgde weldra. Toen konden zij hun kerker verlaten.

„Wat wilt ge met den vierden Brahmaan, Heer?"

„Een beschuldiger zonder getuigen! Laat hem leven."

„Heer, dood hem; ge krijgt alle offerpriesters tegenover u!"

„Ze wensen mij nu ook te vernietigen. Zoek mijn chakra's op, Revata, en reinig ze." Hij stapte op den priester af.

„Gij ziet, Soenasepha, Siva laat niet met zijn macht spot-

ten. Waarvoor waart gij verbannen naar de dzjungel?....
Gij antwoordt niet.... Gij hebt de gunst van den oppersten rechter, den Maharaja, slecht beantwoord, offerpriester! Gij hebt het gewaagd, een prins der Maurya's gevangen te nemen, in een veestal op te sluiten, en ge wildet hem overleveren aan zijn doodsvijand. Voor mij is het onnodig, u te doden. De Maharaja zal u terechtstellen, als hij verneemt, wat gij hier in de woudkluis hebt uitgebroed. Ik laat u thans vrij, als ge onmiddellijk tweemaal zo ver naar de Himalaya wijkt als de afstand naar Patalipoetra bedraagt. Waag het niet, ooit terug te keren. De eerste maal, dat ge weer in Patalipoetra verschijnt, is uw doodvonnis getekend.... Herhaal dat, Soenasepha!"

Soenasepha zweeg. Toen greep Asoka opnieuw naar de chakra.

"Herhaal, sluipmoordenaar!"

"De eerste keer, dat ik weer in Patalipoetra verschijn, is mijn doodvonnis getekend."

....,,Zo, onthoud dat, verdwijn!" Haastig snelde de beangste priester naar het beschermende woud, nu en dan achter zich kijkend, of de wilde Prins hem toch niet een chakra zou na zenden.

"Verbergen we ons, Heer! Sakoeni moet spoedig terugkeren!" Revata kende lang alle schuilhoeken in de omtrek. Ze wachtten, tot een kleine ruiterbende verscheen, onder Soemana en Sakoeni.... Asoka en Revata hoorden, hoe de ruwe krijgers een bulderend gelach uitstieten. "Siva!" kreet een van hen. Sakoeni riep Soenasepha, maar kreeg geen antwoord. Daarna gaf hij bevel, een brandstapel te bouwen en de lijken te verbranden....

Toen de Prins en Revata in de woudkluis van Sayana terug kwamen, vertelde Asoka, wat er gebeurd was.

"Waarom pastet gij dadelijk de zwaarste straf toe, mijn Piyadasi?"

"Omdat de priesters het stellige vonnis van den Maharaja overtraden. Ze waren de dood schuldig."

"Zij zondigden nog niet tegen het vonnis."

„Niet tegen de woorden van de wet, maar tegen de geest. Wetten bestaan voor het geluk en de welvaart van het gehele volk. Zij hebben de aanslagen tegen mijn leven voortgezet, of er geen rechtvaardige Maharaja was. Sakoeni was op weg naar Patalipoetra, om Soemana en zijn handlangers te halen."

„Toch was uw drift een slechte raadgever. De hoogste straf voor een Brahmaan is de dood door verdrinking."

„Dat is de vorm. Ik heb hier de doodstraf toegepast, die noodzakelijk en rechtvaardig was en dus niets anders gedaan dan het vonnis van mijn Vader voltrekken. Een Maharaja laat zich niet door een Devaka bedreigen, zelfs al is hij priester."

„Het is een hoogst gevaarlijk wapen in handen van de Brahmanenhof."

„De Brahmanenhof mag weten, wat ze van mij te verwachten heeft, als ik ooit maharaja word."

„Maar gij hebt ook te rekenen met een opgezweept volk."

„Dat volk zou even goed opgezweept worden, als ik die misdadigers niet gestraft had. Thans nu mijn volle kalmte teruggekeerd is, geloof ik nog, dat ik rechtvaardig, wettig en dus goed handelde. Ik wens de macht en rechtvaardigheid voor alle onderdanen. Zij wensen ze uit zelfzucht voor hun kleine, steeds bevoorrechte groep. Zij zullen geen middel onbeproefd laten, zoveel heb ik wel begrepen, om hun wil door te voeren.... Ik ook niet.... Mijn Vader heeft altijd de misdaden van Devaka geduld. Van mij behoeft nooit een offerpriester een dergelijke toegeeflijkheid te verwachten.... De offerpriesters voor hun vermeende goden, ik voor de volken van Indraland!.... Ik dank u, mijn wijze Sayana voor uw wijze lessen en voor uw heerlijke gastvrijheid."

Toen knielde de prins neer voor den kluizenaar en boog: „Siva, de Heer van leven en dood, moge lang uw kostbare leven sparen, mijn hoogvereerde Sayana, met de grote wijsheid, die hij u schonk. Misschien zie ik u nooit weer, of.... na een harde strijd. Mijn leven tot heden was slechts kinderspel in het park van mijn genadigen Vader, en een moeilijk en ongewis gebeuren ligt voor mij. Ik zal mij steeds u herinneren, grote Brahmaan, die waar zijt als het blanke verblijf van Siva op de berg Meroe, wijd in uw gedachten als het schone Indraland, diep als het stille meer Manasa, ver in de Himavant, welks wateren alle zonden wegwassen."

„Tat tvam asi, mijn Piyadasi. Bedenk, dat ook de vijand een gedachte is, voortgekomen uit de eeuwige geest.... ekam sad vipra bahudha vadanti: ....veelvoudig noemen wat slechts één is de dichters"....

„Zo, mijn Vader, doodde ik drie Brahmaanse offer-priesters...."
Bindoesara dacht lang na over Asoka's woorden.

„Gij begrijpt, mijn zoon, dat ik het vonnis goedkeur, maar ik zou er niet aan denken, de Brahmanen tot mijn vijanden te maken. In een bos vol giftige slangen schreeuwt men niet ook nog om de aandacht der tijgers te trekken."

„In de oceaan van haat kan men geen heilige lotosvijver graven, mijn geliefde Vader; in de dichte dzjungel geen heilige banyanboom planten, in een brandend woud geen heilige woudkluis bouwen."

„Maar men vergroot niet het gebied van de oceaan en bouwt de dzjungel niet uit, en bij een brandend woud smeekt men Vayoe niet om wind."

„Een ter dood veroordeelde, die ik bij hen reeds was, nog eens ter dood veroordelen, kan den rechter alleen voldoening geven. De veroordeelde kan slechts één leven verdedigen, door zijn vijanden van zich af te slaan. De offerslempers hebben mij verleerd, hun om gunst te smeken. Ik heb tegenover hen geen enkele verplichting op mij genomen. Hun haat heeft mij vervolgd. Ik wist wat zij voor mij betekenden.... Nu weten zij ook, wat ik voor hen ben."

„Zo gij maharaja wenst te worden, zal uw weg moeilijk zijn."

„Ik begeer het niet anders. Dan heb ik hun raad ten minste niet van node."

„Morgen stuur ik mijn opzichters naar de wegen op Uggajini. Vertrek zo spoedig mogelijk. Kies zelf uw veilig-heidswacht. Een onderkoning reist per statie-olifant. Wees

294

nog voorzichtiger dan tot heden.... Niet de priester maar die doet wat hij de wil der goden noemt!.... En welke Rani?"

„Geen rani, mijn Vader. Twee malen heb ik een vrouw gewenst. Aradi haatte mij om de schoonheid en eerstgeboorte van Soemana. Madri van Mathoera wenste mij niet om haar liefde voor mijn vriend Kala. Devaka liet haar daarvoor doden.... Waarschijnlijk zal nooit een vrouw zo dwaas zijn, mij om mijzelf te wensen. De overige kan ik ten slotte.... elk ogenblik nemen.... als ik het verkies. Dus heb ik geen haast, en ten minste de tijd."....

Toen Asoka de volgende morgen in het legerkamp verscheen, ontstond er een ongewone beweging. Ieder voelde, dat prins Soemana, gunsten verdelend, kwam om hun gunst, belangstelling veinzend, geveinsde belangstelling verwierf. Prins Asoka's daden hadden sagen om hem geweven, die hem naast lang bestaande achting of liefde, de verering brachten. Hij was voor het phantasierijke volk een legendarische figuur: Siva, de god van leven en dood, die in beide vormen aanbeden en gevreesd werd. Zo was de liefde voor den wilden Prins uitgegroeid tot eerbied en geheim ontzag. Toen Revata hem vertelde, dat de soldaten hem voor een incarnatie van Siva hielden, glimlachte hij: Siva.... zijn hoogste godheid.... als de zon.... die geen vier soorten stralen uitzond voor de varna's, maar fijne klare, levenwekkende zonnestralen voor allen; als Brahispati, die geen vier verschillende regens sproeide over de aardse bewoners, maar heerlijke verfrissing, gelijk voor allen, als Vayoe, die zijn heilzame, sterkende lucht voortdreef over alle wezens. Waarom moest wat van de mensen kwam, dan verdeeld worden in vier zo verschillende gaven!.... Gelukkig voelde hij zich vroeger, toen hij opgenomen werd als een der hunnen.... Nu hieven ze hem op, hoog, hoger, door zelf lager te kruipen, en hij kon niet meer bij ze komen.... hij kon niet smeken om hun vriendschap.... hij kon ze niet aanroepen, omdat ze hem tot een verre, onbegrijpelijke godheid hadden gephantaseerd. Hij wilde geen godheid zijn, maar een mens als zij, werkend

295

als zij.... „Er is geen grotere daad dan de arbeid voor het welzijn van allen." Daar lag zijn weg!

En zo reed hij door hun rijen, en zijn gezicht verstarde, en zij voelden hem te meer als raja, god....

Maar de olifanten trompetten en haastten hun logge lichamen naar hem toe en staken hun slurven uit, met vriendelijke, ware ogen.... als vroeger, met wapperende oren als vroeger; en de paarden hinnikten zijn komst met stralende vriendschap, gelijk voor maanden, uit.... Voor de krijgers was dat een bewijs te meer van de goddelijkheid van den zelf gephantaseerden god.

Asoka bepaalde met Sela, welke mannen hij in Uggajini gebruiken kon. Toen nam hij op het grote oefenterrein, waar duizenden soldaten van alle zijden saamgestroomd waren, afscheid. Hij hief zijn hand op, en een gespannen stilte viel in de rijen.

„Siva geve u gezondheid, kracht, trouw, dapperheid in uw hart voor den Maharaja!"

Allen bogen diep, als instemming met zijn woorden. Maar de Prins kon het niet meer verdragen. Hij wilde voelen hun blijde herinnering, zoals zijn herinnering van de grote kampen.

„Als ik ooit in uw midden terugkeer, zult gij mij dan ontvangen als uw vriend, zoals ik altijd was, of als een vreemdeling?" barstte hij plotseling uit. Het was of een smeulend vuur in elk hart tot vlammen uitbrak en als een overweldigende gloed loeide over het veld:

„Als vriend, eeuwig.... eeuwig.... eeuwig....!" Het steeds herhaalde „eeuwig" deinde door de krijgers en stierf weg in de emotie, die allen aangreep.

„Totdat ik u weerzie dan. Siva bescherme uw leven!"

Een oorverdovend gejuich brak los. Toen reed Asoka snel weg, alleen, in razende vaart naar Patalipoetra. Het afscheid van zijn jeugd brandde in zijn ziel. Nu was hij onderkoning, hoger dan de raja's van Indraland. Het leven van Uggajini leek hem een vereenzaming. Daar was geen opstand te bedwingen, enkel een bestuur te regelen, een strijd met slome

296

of hebzuchtige ambtenaren, of bedrieglijke kooplieden en
karavaanleiders, misschien.... met priesters en kleine raja's.

Asoka vertrok vóór zijn broer, met een betrekkelijk kleine
legermacht. Hij had Sela achtergelaten in het kamp, om de
gedachte aan den wilden Prins steeds nieuwe gloed te geven.
Satyavat en Nata verzorgden zijn belangen in het paleis;
Khallataka was zijn steun in de ministerraad. En hij wist, dat
al zijn vrienden hem vol toegewijd waren. Een voortdurende
berichten-dienst met Uggajini werd ingesteld. In Soemana's
leger zouden enkele zeer vertrouwde vrienden van Asoka
dienst nemen. Prins Kala kon hij geheel vertrouwen wat
Takshasila betrof. Alleen miste hij Koelika. Hem wilde hij
overhalen, naar Uggajini te komen. Koelika was zijn steun,
omdat hij gewillig Asoka's besluiten en onzekerheden overdacht en klaar en helder zijn mening uitte. Koelika's
woord was smetteloos als de sneeuw van de Himalaya en zacht
als de geur van de Asoka-bloesem. Een onweerstaanbaar verlangen naar den Brahmaan dreef hem, een deel van zijn
troepen onder Djala naar Ayodhya te sturen om Koelika naar
Uggajini te geleiden. Rustig toog Asoka's troep de weg op
naar Uggajini. Hij miste de haast, ingegeven door emotie
voor belangrijk werk of onzekerheid over het gelukken.

22. WIE DE HEERLIJKSTE BLOESEM DRAAGT.

„Wanneer komt nu de Prins in Vedisa? Duurt het nog
lang, dan kunt gij de wegen opnieuw in orde laten maken."
„Ik heb posten uitgezet, die onmiddellijk berichten, als de
Prins in aantocht is, mijn Ila. Zorg slechts, dat ons huis altijd
voor de ontvangst gereed is. De Maharaja is niet zachtzinnig
voor wie aan zijn verzoek slecht voldoet. Bovendien is het
voor de kooplui goed, als de wilde Prins een aangename
indruk krijgt van onze gastvrijheid. Wie diensten bewijst,
verzamelt verplichtingen."

„Uw huis is steeds goed in orde, Soebhadra," meende Ila pruilend.

„Ik weet het. Maar de eerste indruk is vaak beslissend. Zijn Devi's sieraden nagezien? Ik wil, dat zij als een aanzienlijke koopmansdochter den Prins zal verwelkomen. Keizer Bindoesara zal tevreden zijn over Vedisa en de hoge varna der kooplieden."

„Zou een woeste klant als prins Asoka zich bekommeren om sieraden van een handelsprinses uit de binnenlanden van de Vindhya's, mijn Vader?"

„Men zegt, dat de Prins ogen heeft als Siva. Sisoepala, die voor enige dagen uit Takshasila kwam met een goederenkaravaan, vertelde mij, dat hij met ongelooflijke juistheid alles ziet, wat om hem heen gebeurt. Hij heeft evenveel belangstelling voor een nietig Egyptisch beeldje als voor de heilige Naga's van Takshasila. Maar voor de vrouwen interesseert hij zich weinig, dus zeer zeker niet voor meisjes, die haar sieraden verwaarlozen. We zullen hem vijf yodhana's tegemoet reizen."

„Ik ben erg nieuwsgierig, dien wilden Prins te zien. Men heeft mij zoveel onaangenaams van hem verteld! Zo schoon als prins Soemana is, zo lelijk moet hij zijn, volgens Sakoeni. Sisoepala vertelde mij, dat kinderen voor hem vluchtten en de boze honden van Takshasila met de staart tussen de benen voor hem op de loop gingen, als hij ze aankeek."

„Zijn ogen boezemen tijgers schrik in, zegt men. Maar de ministers van Takshasila hebben den ouden en wijzen Vimalamitra naar de hoofdstad gestuurd, om prins Asoka als onderkoning te mogen behouden."

„Waarom stuurt hij ons dan Soemana niet?"

„Dank de goden liever, dat die verre van ons blijft. Hij is een priester-kraai, die napraat wat de priesters zeggen, een elegant, die zijn tijd zoek brengt bij de heteren, die drinkt en speelt en voor de volken van Bindoesara's rijk niet de minste belangstelling heeft. Als hij hier kwam, zouden de karavaniers kunnen doorgaan met bedrog en omkoperij. De ambtenaren zouden rijk worden, en de Maharaja zou tevreden

298

mogen zijn met wat zij hem overlieten. Ik denk, dat hij weet, waarom hij prins Asoka stuurt. Een mahamatra, die dezen Prins bedriegt, kan aftrekken naar de hellen, om voor zijn bedriegerijen te boeten en als hyena wedergeboren worden."

„Ik begrijp dus, Vader, dat de mannen Asoka eren, de Brahmaan Sakoeni en de vrouwen echter Soemana," lachte Devi, en Soebhadra's gezicht klaarde op door die blijde lach.

„Zwijg maar met uw spotternij, Devi. Als hij je ziet, begeert hij je nog als vrouw! En ik zal hem niet kunnen weigeren. Dat is voor jou het ergste!"

„Rani van den wilden, lelijken, goddelozen onderkoning van Uggajini.... poe! Sisoepala vertelde, dat hij met één blik van zijn stekende ogen den opstandeling Virata doodde, dat paarden en olifanten voor hem knielen, omdat ze hem eren. En de priesters uit de Brahmanenhof van Patalipoetra schijnen bang te zijn, dat hij, evenals Ajatasatroe zijn vader Bimbisara deed, den Maharaja zal vermoorden en zelf de ivoren troon van Magadha beklimmen.... Alles wat uit Patalipoetra komt, mag men wantrouwen. Dat is onze ondervinding hier in Malava. Een van de mahamatra's zeide, dat Soemana's vrienden een aanslag op Asoka gewaagd hadden, maar prins Asoka heeft ze allen met zijn chakra's onthoofd.... Brrrr! Zo'n gevaarlijke man!"

„Sisoepala is dwaas. Sedert de Maurya's regeren is er vrede in Indra-land, omdat ze voor wettenschenders te vrezen zijn. Bindoesara moge een volgenden maharaja kiezen, die regeren verstaat."

„Bekoort.... men mannen uit Magadha met vrolijkheid of met statigheid?" vroeg Devi nadenkend.

„Waarom vraag je dat, mijn kind?"

„Om te weten, hoe ik niet moet doen."

„Wees verstandig, Devi, en vertrouw dien Brahmaan Sakoeni niet. Een raja, dien men gastvrij ontvangen wil, toont men het schoonste wat men heeft. Doe aldus. Ga thans mee, om te zien, of de olifanten verzorgd zijn en het tuig."

Devi rees zuchtend op van haar zitbank, gesneden uit fraai teakhout en belegd met vuriggekleurde kleden uit Iranië of

China. Kleinere en grotere vazen uit Mayoela sierden elke hoek, die gelegenheid bood. Hier en daar prijkten zelfs godenbeeldjes uit Egypte of Macedonië, die op schepen waren aangevoerd met andere koopwaren. Fraai bewerkte lampen op zilveren voet uit Seba stonden overal, waar zetels waren, en glanzend gepolijste schalen van beryl, smaragd en jade, gevuld met bloemen of fruit prijkten op de tafels.

„Vreemd, Vader, dat elk land zijn eigen goden heeft! En nu spreekt men ook al van geïncarneerde goden. Men zou haast geloven, dat er helemaal geen zijn, of hoogstens, dat ieder zich vergist en het anders is dan de mens meent."

„Of dat de goden gelijk zijn, maar elk ze ziet met eigen ogen."

„Gautama Boeddha heeft gelijk: voor ons is het leven hier van belang. Wat wij er van maken wordt ons aangerekend. En van ons leven is onze verlossing afhankelijk.... Eigenlijk is zo'n wedergeboorte niets erg, als we maar wedergeboren werden bij onze ouders en vrienden."

„Maar niets geeft mij de zekerheid, dat ik mijn enig kind en Ila terug zal zien in een nieuw leven."

„Misschien krijgt ge dan zoons, en dat is veel prettiger."

„In elk geval thans niet," meende Soebhadra, en hij keek met welgevallen naar de slanke gestalte van zijn dochter: groot, van prachtig evenredige bouw, lieflijk en lenig, een lichte en stralende huidkleur, een vrijmoedigheid, haar voorname varna eigen. De kralen-gordel van glanzende jade evenmin als de dun moesselinen dhôti, vermocht de ranke heupen te verbergen. De sjaal van het fijnste kashmir hing los om haar schouders en bedekte slechts één van haar jeugdig strakke borsten. Parelen van Ceylon weefden zich als bleke sterren in de nacht-donkere, glanzende haartooi. De zachte blos, die opbloeide onder het perzikdons van haar gelaatskleur, gaf haar helle ogen meerder schittering. Ila lachte haar toe.

„Is prins Asoka ongehuwd?" vroeg ze.

„Naar ik meen wel. Hij is te levendig van geest en te fel van daad, om zich al te veel om vrouwelijk schoon te bekommeren."

„Zoveel te erger, Vader, als de zwoele rust komt," lachte ze.
„Hoe zal de raja van zo'n rijk ooit tot rust.... tot zwoele
rust komen!.... Als hij maharaja wordt...."

„Kom maar, Vader, dat weten wij nu wel. Het was mij
liever geweest, als hij de karavaanweg van Krishnapoera en
Makeri door het westen had genomen. Dan kon hij dadelijk
aan zijn werk beginnen, en hadden wij hem niet te ontvangen:
lelijk, woest, onverschillig voor het heilige en voor de vrouwen, gevaar voor den Maharaja.... Zo zei onze aardige gast
van de vorige week immers. Laat hem rovers op zee en land
verschrikken en oneerlijke kooplieden ter dood veroordelen,
als hij dat zo mooi vindt. Wij moeten hem toch alleen eerbied
bewijzen, omdat hij een zoon is van keizer Bindoesara."

„Zwijg over den Brahmaan Sakoeni. Noem zijn naam niet
weer. Die man met zijn lustogen staat mij allerminst aan."

„Mij wel, mijn Vader. We hebben in lang niet zo'n ge-
zelligen, vriendelijk lachenden gast gehad."

Samen liepen ze naar de stallen door het park, dat in uitberstende bloesemtooi stond na de regens. Een paar donker-
kleurige, kroesharige slaven reinigden de olifanten en paarden
met koel water en doeken, tot ze blonken. Het feesttuig werd
nagezien, evenals de palankijns. Tuinlieden werden tot grote
haast aangezet, om het park te verzorgen, en ook in het
paleis bracht men alles in orde, om den zoon van den heiligen
Maharaja waardig te ontvangen.

's Avonds kwam een boodschapper berichten, dat de Prins
de volgende dag in Vedisa zou zijn. Het kamp was tien
yodhana's ver. De werkzaamheden verstrakten: slaven en
heren, allen voelden zich opgejaagd. Door de stad maakte
Soebhadra bekend, dat de onderkoning van Uggajini morgen
zou aankomen, en elk moest den gast de verschuldigde eer
bewijzen.

Nauwelijks kleurde Oeshas de oosterhemel rood —
Soerya's stralen waren nog in kille nevelen gehuld — of
Asoka's kamp was reeds ontwaakt en bereidde zich voor op
de intocht in Vedisa. De Maharaja wenste, dat elke intocht
met grote praal zou geschieden. Elke stad moest een indruk

krijgen van de macht, grootheid en rijkdom der Maurya's....
In volmaakte orde zette het legertje zich in beweging, rijk
en sierlijk opgetuigd, de statie-olifant met zware goud-bestikte
kleden behangen. En Asoka, die meestal te paard reed, zette
zich weer in schitterende raja-kleding van wit en goud in de
glinsterende palankijn. Toen de nevel week onder de stralen
van de rijzende zon, zag hij van verre, nu en dan door de
palmen verborgen, op de top van het heuvelland de slanke
torens opdoemen van Vedisa's wallen, hoog boven de rietrijke
boorden van de Vetravati.

Vedisa.... stad na stad was hij doorgetrokken, ontvangen
met eerbied.... hij was immers onderkoning van gindse
land, plaatsvervanger van den machtigsten Keizer der
wereld.... Deze langzame, deftige tocht verveelde hem. De
reis maakte hem vadsig. Soms was hij vooruitgeschoten op
zijn paard, heuvel op heuvel af, of op een ver plateau verdwenen uit het oog van de troep, die langzaam en afgemeten.... statig.... doorreed.... Dan was hij alleen met
zijn gedachten.... Werd hij weggestopt in Uggajini?
Vreesde zijn Vader hem? Hij had het gevoel, dat Bindoesara
hem zijn beweegredenen verzweeg. Soemana ging naar waar-
zeggende offerpriesters, om te weten, wat de toekomst zou
brengen. Hij, Asoka, miste elk geloof in die bedriegers.
Sayana, vijftig maal zo wijs als alle waarzeggers te zamen,
zei, dat hij niets, niets van de toekomst wist. Zou hij, Asoka,
dan nog één woord van die offer-plapperaars geloven? Van
hem zelf zou het afhangen, wat er van zijn leven werd. Zou
hij de Maurya's laten verderven, Indra-land laten uiteen-
vallen, hele volken vertwijfelen, woedende oorlogen het land
laten verscheuren? Duidelijker dan ooit voelde hij, dat de
goden, of Brahma, neen Siva.... zijn eigen ziel, hem drong,
onvermijdelijk drong, onweersprekelijk drong, de macht te
grijpen, als Bindoesara er niet meer was. De dingen hun
beloop laten, ware voor hem de dood. Als Siva dat wenste,
had Hij hem kunnen doden met één blik van zijn oog, met
één bliksemstraal op de „Kale Berg," toen hij Hem zijn
lichaam had aangeboden.... Ginds naderde weer een op-

tocht, om hem in te halen! Hij ging naar Malava om te ordenen, niet om eerbetuigingen in ontvangst te nemen. Men bedoelde er hem ook niet mee, noch zijn werk, hoogstens....
vrees voor hem. De Maharaja eiste het. Machtswellust?
Angst, dat men de macht van den Keizer niet zou respecteren?
Waarop berust die wellust? Waarom vraagt men respect?
Grote optochten?.... Gehoorzaamheid aan de regering! Dat
zal hij verlangen, en geen streep ter zijde! Welke Raja wil
zijn Vader nu weer eren, hem gastvrijheid aanbieden op bevel
van den Keizer? Hartelijke ontvangst op bevel van den Keizer!
Veiligheid op bevel van den Keizer!.... Was Koelika maar
hier! Die zou het hem aannemelijk maken, dat het noodzakelijk is voor de staat en behoorlijk, dat een hoge onderdaan — bij de gratie van den Keizer hoog — hem, den Onderkoning, hartelijk ontvangt. Koelika! Eenzaam was hij tussen
al die vreemde mensen.... duizenden onderdanen....
Uggajini.... werk.... voor Bindoesara's grote land en
volk.... volken! Een duizendmaal herhaald moeten, een
niet te weerstreven willen, om de noodzakelijkheid.... Het
beschermen der mensen tegen hen zelf, omdat ze de priesters,
die hen uitzuigen, nog de dikke buiken lekken; het beschermen ook tegen den Maharaja, die hebzuchtige mahamatra's
op hen afzendt.... Regeren!.... Dat moet toch zijn: de
zwakken, mensen, dieren, wouden in bescherming nemen, die
eeuwen lang door mannen van de macht over hun ziel, en
mannen van de macht over hun lichamen gejaagd, gedreven
zijn, tot de angst elke natuurlijke levensvreugd en -vrolijkheid
versmoorde.... als de priesters de arme offerdieren.... De
Maharaja beschermt de priesters, door zijn wetten der onrechtvaardigheid.... beschermt de ambtenaren, die nemen
wat niet van hen is, tegen de weerloze Vaisja's, de in het
moeras der samenleving weggetrapte Soedra's, de verfoeide
Tshandala's, door de priesters uit de varna's geworpen, omdat hun vaders zich niet bogen onder het juk der varna's....
Zijn dat geen mensen? Wat dan? Op wiens bestel? De priesters!.... Is dat regeren! Wordt daarvoor de Maharaja van
het heerlijke Indra-land gezalfd met de schoonste gaven tot

een heilige.... Gezalfd.... tot een heilige!.... Dagen trekt hij nu al door heuvels en bergen, steeds verder van de Ganga.... peinst, ontwerpt, zoekt en vindt niet.... Alles neerslaan, wat zich verrijkt aan den ander.... onmogelijk! Alles laten zoals het is en hier en daar wat leed en smart verzachten.... onmogelijk! Inzicht geven aan het volk, waarom ze overmeesterd worden door Brahmaan en Kshatriya.... onmogelijk! Sayana's wijsheid leren aan heel het volk.... Onmogelijk!.... Wat dan, wat dan, Koelika? In laffe geheimzinnigheid de geesten opstoken tegen hun belagers, zoals de priesters doen?.... Onmogelijk!.... Het grote land verdelen en overleveren aan Soemana, Sampadi, Savadra, Dravada en andere van zijn genotzuchtige broeders.... Onmogelijk!.... Zelf zal hij het land regeren.... regeren!.... De stoet nadert.... een kleine raja of hoofd van het bestuur.... het land wemelt van kleine raja's.... die hun zielen besmeuren met de rijkdommen, ontnomen aan de grote mensen-kudde, in plaats van armoede, honger, ziekte, droogte er mee uit te roeien.... hun rijk te regeren....

Op olifanten rijden ze ginds.... natuurlijk, raja's rijden op olifanten!.... Zelfs al reden ze liever te paard; deed hij zelf immers ook!.... De kleden blinken in de morgenzon van goud en edelgesteenten, het kleurenspel van diep glanzend blauw, gloeiend rood, en paarse pracht.... de ivoren tanden in blinkend geel metaal geslagen.... Schone vrouwen of dochters of slavinen in de palankijn.... De trommels rommelen, de schelphorens gillen, de fluiten trilleren hun melancholische liederen uit.... als overal, waar rijke raja's door de velden der zich arm offerende Vaisja's trekken. Gedwongen eerbetoon, buigen tot de grond.... zo wil het de Maharaja.... en Koelika zegt: al deze dingen zijn de steunpilaren van het grote, hechte regeringsgebouw der Maurya's.... Maar.... 't is de schaterhelle lach, die leed en lijden verleugent....

Soebhadra voerde zijn dochter voor den Onderkoning. Devi keek ernstig en hooghartig als een priesteres uit haar palankijn naar Asoka. Ze wist, dat een gulden vrouwenlach

304

gemeenlijk het mannenhart in vlam ontsteekt.... en wenste dat niet. Ze kende — door Sakoeni — Asoka immers reeds lang voor ze hem zag. Asoka's lelijk gelaat vertoonde de onverstoorbare stenen hardheid van den Maurya-zoon, die één is met den Keizer.... Maar in zìjn jonge hart golfde hevig het jonge bloed, dat haar tegenbruiste. Die ernst en trots juist! Madri van Mathoera.... zoals ze voor hem stond en koel en hooghartig uitkeek, of hij haar eisen zou!.... Waarom zou deze hem niet wensen? Coquetterie?.... Ze was schoon als Madri: fijn ovaal gelaat, zacht zwart glanshaar, een slankheid, jeugdige kracht en gratie, of Kama zelf haar voor zich schiep. Ze boog zich voorover, om zijn doordringende blik te ontgaan, richtte zich echter onmiddellijk weer op, trots, en zag hem aan, terwijl haar heldere ogen zich verwijdden en de intelligentie van haar gelaat vergrootten. Asoka naderde haar van zeer nabij, boog licht en zei, zodat alleen zij het verstond, maar toch zeer nadrukkelijk, terwijl de toorn even opflikkerde in zijn felle blikken:

„Hoe lelijk vindt prinses Devi den wilden prins van Patalipoetra, en hoe woest dien woesten krijger, en hoe onverschillig voor het heilige en voor de vrouwen, en hoe groot het gevaar voor den Maharaja?" Devi's ogen verwijdden zich van schrik. Zijn spottende glimlach schoot haar als felle pijn in de ziel, als Kama's pijl.... Hoe wist die Raja, wat zij dacht.... gisteren nog gezegd had zelfs.... Siva?.... Asoka wilde zich van haar afwenden, toen ze zacht tot hem sprak:

„Nimmer is mij gezegd, dat Prins Asoka zulke schone ogen had, en.... een tijger is zo woest als Brahispati hem schiep, maar een mens zo woest als hij zelf wil, hoge Raja."

Asoka voelde een lichte schrik in zijn binnenste.

„Slechts éénmaal in mijn leven waagde een vrouw mijn ogen te prijzen, schone Devi," zei hij, kalmer nu.

„Ben ik te vrij, als ik vraag, wie?"

„Madri van Mathoera, schoon als Oeshas. Zij stierf dezelfde nacht," zei hij, koud als zijn gelaat.

„Stierf!" Devi schrok hevig. De Brahmaan Sakoeni had

had dus gelijk, toen hij hem een woesteling noemde.

„Ik begrijp niet, dat een vrouw sterven moet, omdat ze de ogen van een prins prijst."

„Ze moest sterven, omdat ze mij niet wenste," zei Asoka kalm, en een lichte spot klonk door zijn stem.

Devi keek den Prins aan. Haar gelaat verborg zelfs niet de verontwaardiging tegen den man, die elke redelijkheid scheen te missen. Zou zij misschien ook moeten sterven, als hij haar wenste.... en zij weigerde?

„Ik dank de schone prinses vriendelijk, dat zij haar vader toch heeft willen vergezellen, om een Prins, waarvan men haar niet veel liefelijks had gemeld, te ontmoeten."

Asoka wendde zich weer tot haar Vader, en Devi was opnieuw onthutst over zijn woorden. Dat waren er geen van een woestaard! Hoogstens van een beledigde.... en die recht had, beledigd te zijn! Geen enkele vriendelijke gedachte voor hem was nog in haar opgekomen.... noodzaak, ontevredenheid, nieuwsgierigheid, niet voor den vreemdeling, maar voor den vreemdeling, dien men haar geschilderd had als een ijdel machtswellusteling, zonder gevoel voor een anders recht.... Wist men dat zeker? Hij had de wil-ogen van een heerser.... Waarop was die wil gericht? De Brahmaan Sakoeni, wien Vader voor enige tijd gastvrijheid had verleend, vertelde, dat prins Asoka geen wet eerbiedigde, geen Brahmaan ontzag, het recht van den oudsten zoon trachtte te vertrappen, met slinkse streken en niet met dapperheid de opstand in Takshasila had bedwongen. Dasyoe's hadden de wateren van de Indus hoog opgestuwd en de oogstlanden overstroomd, om het volk te straffen, dat den woesten Prins feestelijk had binnengehaald. Prins Soemana, een eerlijk en godvruchtig mens, die gehoorzaam aan den Maharaja en de priesters, maar die geen vechtersbaas was als hij, wilde hij ter zijde schuiven. De Maharaja had evenwel den woesteling terug laten komen en den goeden prins Soemana benoemd tot onderkoning van Takshasila. Zij had den aardigen.... jongen Brahmaan al te gerede geloofd, zij het met smart om de overheersing van het boze in de wereld.... En nu wan-

306

kelde zij.... Prins Asoka was te bedachtzaam, te kalm, te zelfbewust in zijn optreden, te juist in zijn woorden, om zo woest, slinks, goddeloos, oneerlijk te zijn als de Brahmaan Sakoeni wilde doen geloven. Ze schaamde zich nu, had spijt over haar onwelwillende houding.... Deze Prins was toch onderkoning van Uggajini, wat door de maharaja's als een zeer belangrijke post werd beschouwd....

Asoka scheen niet meer aan haar te denken, was in druk gesprek met Soebhadra, die alles afwist van het leven in Uggajini, van de karavanen, die onophoudelijk van de zee er heen trokken en de goederen uit vreemde rijken verspreidden over Bindoesara's landen, langs de grote handelswegen. De Prins was weetgierig, scherp in zijn oordeel en vroeg juist en veel, zodat hij spoedig meer wist van de toestanden in het westen dan Soebhadra hem eigenlijk had willen zeggen....

Ila ontving den Prins en de aanvoerders zeer vriendelijk. Ze omringde hem met een zorg, die den wantrouwigen Maurya trof. Zijn achterdocht had geen gelegenheid, haar zwarte vlerken uit te slaan. Toen hij zich gebaad had en gekleed, nodigde Soebhadra hem in de ontvangzaal, waar Ila, Devi en enkele ministers met vrouwen, zoons en dochters aanwezig waren, om zich aan den nieuwen onderkoning voor te stellen. Asoka had een vriendelijk woord voor alle vrouwen en jongere mannen: alleen Devi meed hij. Toen vroeg hij de ministers naar hun werkzaamheden, inkomsten, uitgaven, rechtspraak, hoe de nodige ambtenaren gevonden werden en opgeleid. Hij luisterde geïnteresseerd en onvermoeid naar de kleinste bijzonderheden. Tot hun verbazing wist hij vele omstandigheden, waaraan zij nauwelijks dachten....

Ila liet den Prins vruchten, koeken, wijn, verfrissend mango-sap aanbieden. Zij wist, dat een zoon van den Maharaja in dienst niets zou gebruiken, zonder zekerheid te hebben omtrent zuiverheid der gaven. Daarom zei ze:

„Hoge Raja, het is gewoonte in ons huis, dat een aanzienlijke gast met de gastvrouw de goede gaven deelt, die zij aanbiedt. Kunt gij daarmee instemmen?"

„Graag, hoogvereerde Ila. Het gebruik wordt er dubbel

aangenaam door." Asoka deelde een koek in tweeën en bood Ila de helft aan.

„Eerst gij zelf, mijn Prins. Ge zijt onze gast."

Devi, een weinig achteraf, had steeds Asoka in het oog; ze zag, hoe haar Moeders gastvrijheid hem trof en met welk een onderscheiding hij haar en ook de andere vrouwen behandelde. Voor haar zelf bleef hij koel, zag nauwelijks naar haar om. Ila bemerkte het eveneens en als een volleerde gastvrouw trachtte ze nu ook Devi in de zorgen voor den gast te betrekken.

„Kom, Devi, gij moogt den onderkoning van Uggajini de heerlijkste vruchten aanbieden, die ons land geeft. Neem er twee." Devi bloosde, stond veerkrachtig recht, nam een gouden schaal met twee grote, volrijpe perziken en naderde wat verlegen den gast.

„Wilt ge deze vruchten met mij delen, hoge Raja?"

„Nooit is mij door schonere handen een heerlijker vrucht uit Indra-land aangeboden, prinses Devi. Neem gij de eerste."

„Dat verbiedt onze gastvrijheid, hoge Raja," verontschuldigde Devi zich. De Prins keek naar de mooie gestalte van het meisje op, dat stralend in haar rijpe jeugd voor hem stond. In tegenstelling met vele prinsessen, die hij de laatste weken had ontmoet, was ze sober in haar versierselen. Opzettelijk! drong het even tot hem door. Maar ze droeg niets te weinig, om haar zeldzame schoonheid te omlijsten. Een paar ringen van het fraaiste jade omsloten haar fijne enkels, smalle armbanden van goud, waarin zacht glanzende turkoois uit Iran gevat waren, haar volle armen. Het zwarte haar, met koele parelen uit Ceylon doorvlochten, was in smaakvolle vlechten om haar hoofd gewonden. En de blos bloeide in haar wangen op als het rood van de beide perziken in het dauwig dons. De tere dhôti van het fijnste Kashi-moesseline verschemerde nauwelijks de slanke vormen van haar lenige gestalte. Alles gaf haar een bekoring, die Asoka dieper trof dan Devi bespeurde.

„Uw glans is teerder dan het dons van deze perzik, schone Devi, uw vriendelijkheid geuriger dan zijn fijne smaak. Ik bied U dus deze schone vrucht aan als een symbool en neem de andere voor mij."

„De schoonheid van beide vergaat spoedig, Heer; de geur van vriendelijkheid en vrucht verdwijnt snel als bloemen-nectar in de voorjaarswind. Als de kern, de ziel, geen waarde-voller, hoger krachten in zich draagt, zijn beide waardeloos."

„Ik zal de kern planten in het park van mijn paleis, schone Devi, en angstvallig in het oog houden, om te zien, wie van u beiden de heerlijkste bloesem draagt."

Devi nam haar plaats weer in en zweeg. Had Sakoeni haar bedrogen? Waarom? Deze ogen konden vonken als Agni's schroeiend vuur op het altaar, maar er lag rust in, zeker-heid.... geen spoor meer van beledigde majesteit....

Een bode voor Asoka werd aangediend.

„Mag ik hem hier ontvangen, Soebhadra?"

„Met groot genoegen, hoge Raja! Wij zullen u alleen laten."

„Blijf gerust hier, mijn Soebhadra.... hé, Djala.... ge brengt tijding van Koelika!"

Devi voelde, hoe zijn stem ontroering verried. Wie was Koelika?

„Ja, Heer, Koelika laat u groeten. Hij is genezen en is dezelfde dag dat ik kwam, mee op reis gegaan naar Uggajini. Daar hoopt hij u zo spoedig mogelijk te ontmoeten."

„Gelukkig, Djala. Kan hij de lange reis verdragen?"

„Zeker, Heer, ik heb hem op uw bevel een voorzichtigen olifant aangeboden, maar Koelika wilde te paard reizen, om vlugger in Uggajini te zijn. Hij is geheel hersteld."

„Wordt hij goed verzorgd?"

„Juist zoals gij hebt bevolen, Heer."

„Ga naar het kamp, Djala. Ge zijt vermoeid, baad, eet en neem rust. We vertrekken straks nog naar Uggajini.... Het spijt mij erg, mijn Soebhadra, dat ik de gastvrijheid van de schone Ila en u zo kort kan genieten."

Devi was ontdaan, dat hij niet van haar sprak. Ze begreep het echter volkomen: hij was over haar houding verstoord. Sakoeni was natuurlijk een vijand van den Prins en trachtte hem door leugens te benadelen!.... En zij had dien ellendigen, verliefden Brahmaan geloofd....

„Heer, de Maharaja heeft bevolen, mij in alles naar uw wensen te schikken op uw doorreis. De kennismaking is zo aangenaam geweest, dat een langer verblijf door mij zeer op prijs zou zijn gesteld."

„Ik begrijp, dat uw onderhoud met Koelika zo spoedig mogelijk moet plaats vinden, hoezeer we ook den Maharaja en u van onze toewijding wilden overtuigen," voegde Ila er aan toe.

„Ja, mijn goddelijke gastvrouw Ila. Ik zou hier graag blijven, maar Koelika is mijn goeroe geweest. Hij werd ziek op mijn snelle reis van Takshasila naar Patalipoetra. Ik moest doorreizen en hem achterlaten. Nu voel ik mij enigszins schuldig, daar de reis voor hem te zwaar was. Ik wil hem zelf in Uggajini ontvangen. Koelika is mijn grootste vriend en wordt mijn poerohita. Ik verlang zeer hem te zien, maar bovenal heeft hij mijn bijzondere zorg nodig."

„Uw vriend zal ons ook zeer welkom zijn, indien gij hem hier wilt ontvangen."

Devi was opnieuw getroffen door den wilden Prins. Ze erkende het met schaamte. Geen enkele van de beschuldigingen van den jongen Brahmaan was nog waar gebleken.... integendeel.... Ze wilde den Prins laten voelen, dat zij onrechtvaardig geweest was tegenover hem.

„We hadden gedacht, o Prins, U naar Sanchi te begeleiden," mengde Devi zich in het gesprek, een weinig verlegen, wat haar nog bekoorlijker maakte. „Sanchi is een heilige plaats, die geen bezoeker van Vedisa verzuimt te zien. De weg naar Sanchi is zeer mooi in de jonge Sarad."

Asoka keek haar aan met zijn scherpe, onderzoekende blik; hij scheen te willen uitmaken, of ze een beleefdheid of een wens te kennen wilde geven. In beide gevallen wekte het zijn spotlust.

„De schone Devi vindt de weg naar Sanchi aangenamer dan de weg van.... Roepnath naar Vedisa, begrijp ik." Een hevige blos vloog door haar wangen. Zij vond zijn fijne spot eerlijk en welverdiend.

310

„De Prins, dien we daar zouden ontmoeten, was een andere dan de Raja, dien we naar Sanchi wilden voeren, Heer," zei ze zacht.

Zo'n vol-eerlijke erkenning van het mooie meisje moest wel diepe indruk maken op den Prins, die zelf wars was van elke aanstellerij of leugen. Hij liet onmiddellijk Djala roepen.

„Djala, ge gaat nog heden op weg naar Uggajini. Neem een geleide van vijf snelle ruiters en tevens een ossenkar met twee der beste slavinnen. Zij brengen alles voor de ontvangst en verzorging van Koelika in orde. Ik wens Sanchi te bezoeken en kom.... zo spoedig mogelijk."

Devi stond nogmaals op, boog voor den Prins en zei zacht: „Ik dank u, dat gij mijn eerste gevoelens hebt vergeven, mijn Raja."

„Misschien vindt gij het oordeel van den Brahmaansen priester-leerling Sakoeni niet geheel juist?"

Devi keek hem ontsteld aan. Kende hij haar gedachten? Elk woord van den Prins was een nieuwe, sterke aandoening.... Wat wist hij van Sakoeni aan het hof van Vedisa? Hoe?.... Hadden de karavaanleiders van Takshasila Vader niet verteld, dat prins Asoka een incarnatie was van Siva?.... Die heldere ogen.... die in haar ziel drongen en al haar gedachten schenen te lezen! Eerlijke, zelfbewuste wil-ogen!.... Welke wil? Hoe had ze zich door de woorden van een leugenachtigen offerpriester laten meeslepen!....

Soebhadra wilde Asoka zijn stallen laten zien met olifanten en paarden. Devi kreeg verlof, mee te gaan. Zij hield veel van dieren en zag nauwkeurig toe op de behandeling der beesten door de stalknechten. Asoka was vol bewondering over de properheid, die overal in de gebouwen heerste.

„Mijn enig kind heeft veel belangstelling voor de stallen en hun inhoud," verklaarde Soebhadra.

„Daar varen ze wel bij!" betuigde Asoka.

De olifanten bleken zeer gevoelig voor Devi's woorden en strelingen. Een der dieren stond apart. Asoka liep op hem af, maar Devi greep zijn arm.

„Sala is een gevaarlijk dier! Kom er niet te dicht bij, o Raja. Vader heeft hem willen afmaken, maar op mijn ver-

311

zoek is hij hier in een afzonderlijke hoek ondergebracht. Het is een fraai beest, het loopt snel en rijdt zeer gemakkelijk.... maar hij heeft een der stalknechten met zijn slurf dood-geslagen"....

„Dan heeft die hem slecht behandeld!"

„Ik weet het niet, maar ik wantrouw hem. In hem huist de ziel van een wraakgierigen Brahmaan of van een gedachte-loze tijger."

Asoka had reeds een versnapering klaar, liep uiterst rustig op het dier toe en bood ze hem aan. Sala begluurde hem met zijn kleine oogjes, nam voorzichtig met zijn slurf het stukje suiker uit zijn hand en bracht het naar zijn grote bek, knab-belde het op en stak opnieuw zijn slurf uit. Hij kreeg nog een brokje. Toen streelde de Prins hem zacht over de slurf, fluisterde hem enige woorden toe, en de vriendschap scheen onmiddellijk gesloten, tot grote verbazing van Devi.

„Nu wil ik uw dieren ook graag zien, als gij het goed vindt, o Raja," riep ze verrukt uit.

Asoka nam hen mee naar het kamp en Devi ontroerde. De olifanten trompetten, een paar liepen op hem toe en bleken zeer gevoelig voor zijn strelingen; hun verstandige koppen staken ze naar hem uit. Eén fluitje en een vijftal olifanten kwamen op hem af; met grote omzichtigheid plaats-ten ze zich voor hem, vriendelijk knikkend met hun koppen en zwaaiend met hun slurven.

„Waarom houden die dieren zoveel van u?" vroeg Devi verbaasd.

„Omdat ik veel van hen houd. Dieren zijn beter te ver-trouwen dan mensen. Zij veinzen niet, ze zijn in hun vriend-schap veel trouwer, als hun vertrouwen maar niet beschaamd wordt. Kijk, Djampa, die ginds met jaloerse blikken naar ons gluurt, komt nooit, vóór ik hem roep. Hij is nerveus, koppig en trots, maar 't is een lief dier, dat nooit kwaad doet.... „Djampa, kom!" Doodbedaard kwam Djampa aan-stappen, zette zich vlak naast Asoka, zijn slurf drukte hij onder Asoka's arm.

312

„Begroet prinses Devi, Djampa." Djampa knielde neer.

„Zo, braaf! Weg, kinderen!" Paarden en olifanten zochten gehoorzaam hun plaats weer op.

„Straft gij ze nooit?" vroeg Devi.

„Zijn vrienden straft men toch niet! Onnodige hardheid bij dieren is het slechtste middel, dat maar kort duurt, het doel nu misschien bereikt, maar niets voor morgen, integendeel."

„En als de vriend vals is en weerspannig en onverbeterlijk?"

„Dan bevrijd ik hem van zo'n moeilijk leven.... Laat hem in een nieuwe incarnatie pogen, meer karman te verzamelen...."

„Hebt gij het recht, het leven te nemen, wien Brahispati het leven gaf?"

„Dat ligt aan mij te beoordelen, wien Brahispati macht en manas verleende."

„Maar als gij die macht verkeerd gebruikt, mijn Raja?"

„Dat zal Siva uitmaken, als mijn goed en kwaad afgewogen wordt.... Ik handel, zoals mijn atman mij ingeeft."

Devi keek hem met stralende ogen aan.

„Als gij zo van dieren houdt, zult gij een goed rechter zijn."

„Neen, ik ben een slecht rechter, omdat ik de strafwetten minacht."

„Waarom, o Raja?"

„Ze zijn niet voor mensen gemaakt, maar voor varna's."

Devi dacht na. Zou ze hem vragen, om.... Hoe zou hij, de „woeste" Prins....

„Heer, Vader liet gisteren een stalknecht, dien ik gaarne mocht om zijn dienstvaardigheid en vlijt, gevangen nemen en opsluiten, omdat hij tegen anderen had gezegd, dat hij den nieuwen onderkoning een ongeluk zou bezorgen.... Spreek gij nu recht over hem!"

„Laat den gevangene hier brengen. We zullen hem rechten volgens menselijke wetten."

Bevend naderde even later een bleek en ontdaan uitziend man, de handen met touwen vastgebonden aan zijn rechter-

313

been. Hij knielde voor den Onderkoning en boog toen zijn hoofd in het stof.

„Gij wildet een stuk ijzer onder het rijkleed van mijn paard leggen, Salya. Mijn paard zou dan springen van pijn, mij afwerpen en een ongeluk bezorgen! Waarom?"

Allen keken Asoka verschrikt aan. Hoe wist hij deze dingen!

„Heer.... ik had geluisterd, toen een Brahmaan uit Patalipoetra mijn meesteres veel kwaads van u vertelde. Hij snapte mij, greep mij in mijn nek en nam mij mee.... vroeg, wat ik gehoord had. Hij dreigde, mij bij mijn heer Soebhadra te zullen aanklagen, als ik niet een stuk ijzer onder het rijkleed van uw paard legde.... Ik had juist gehoord, welk een slecht man gij waart, o Raja, bovendien moest ik zweren, na het misdrijf nooit te vertellen, wie het deed en nog minder, op wiens bevel, anders zou ik wedergeboren worden als een aardworm, nadat ik eerst de hellepijnen had doorstaan, omdat hij een Brahmaans priester was, Heer. Maar dezelfde nacht sliep in de stal een Vaisja uit de hoofdstad, die handel dreef. Hij kende u en vertelde, dat gij de edelste mens waart van heel Patalipoetra: gij reddet een Vaisja het leven door den gerechtsolifant met één blik uit uw oog te doden en deedt vele wonderen. Toen wilde ik de misdaad niet bedrijven. Ik waagde het ook niet, mijn eed aan den Brahmaan te breken. Daarom zei ik gisteren tegen een van de stalknechts, dat ik den Onderkoning een ongeluk wilde bezorgen. Ik wist, dat mijn Heer mij dan gevangen zou zetten, en dan kon ik het boze plan niet uitvoeren.... Zo is het gebeurd, Heer...."

„Wel, mijn schone Devi, deze man heeft misschien het leven van den Onderkoning bedreigd. Hij verdient dus de dood, hij is immers een Soedra. Was hij een Vaisja, hij kreeg een flinke boete. De eigenlijke schuldige, de Brahmaan Sakoeni, wordt zelfs helemaal niet gestraft.... Salya, ik spreek u vrij; hier, ik snijd uw banden los met mijn zwaard. En ik vraag uw Heer en de schone Devi, of gij in mijn dienst moogt overgaan. Dan wordt gij mijn paardeknecht.... als gij wilt en uw meesteres zo'n braaf man kan missen."....

314

23. DE VERPLETTERDE SAREI.

Vroeg in de morgen stonden de dieren en dienaren klaar en wachtten op de tochtgenoten.

Asoka had zich met grote zorg in het blinkend wit gekleed. Zijn hoofddoek van kostbare stof omsloot nauw zijn donker haar. Devi had een zeer eenvoudig gewaad aangelegd van hagelblanke stof, waarover een sluier van moesseline. Een slavin, die meereed, sloeg een prachtige kashmir-sjaal om haar blote schouders en bedekte haar borst. Toen hulde zij haar in een kostbaar perzisch kleed tegen de kille morgennevelen. Men hielp haar op Sala's rug, en Asoka bereed Djampa. De anderen volgden te paard.

,,Kracht en schoonheid,'' fluisterde Soebhadra zijn minister Soenanda toe.

,,Woestheid van Siva en adel van Sita, naar men zegt.''

,,Het eerste is laster van den Brahmaansen priesterezel.''

,,Het tweede werd vals weerspiegeld in zijn geile ogen.... Waarheen reisde toch die ongure gast, mijn Soebhadra?''

,,Hij ging naar Uggajini, maar over het doel van zijn reis liet hij zich niet uit. Was het een pelgrimstocht geweest, hij had de heilige plaats Sanchi bezocht.... ik vrees, dat hij geen vriend van den Onderkoning is....''

,,Van prins Soemana....''

,,Ja.... karavaanleiders uit Patalipoetra zeggen niet veel goeds van prins Soemana.... priester-ezel, vrouwenaap, dobbelekster, zijn al zachtzinnige namen.''

,,En.... prins Asoka?''

,,Krijgsman.... men zegt, dat hij de boog Gandiwa heeft gespannen en afgeschoten, die Ardjoena van Varuna ten geschenke kreeg.... en wie dat doet, wordt eens heerser van Indra-land. Het leger beschouwt hem als een incarnatie van Siva, den rechtvaardige, die doodt met één straal van zijn oog.''....

,,Welk een vredig land, prinses Devi.... bloeiende bossen en weiden.... schoon als het Vijf-stromen-land van de Rig-

Veda.... koeien, schapen.... ginds antilopen.... begrijpt ge, prinses Devi, hoe ooit een offerpriester offerdieren smoren kan?"

„Maar, o Raja, gij dooddet Madri van Mathoera, omdat zij U niet wenste!" waagde Devi met bevende stem.

„Siva zende zijn banbliksem op mij neer, voor ik ooit zo'n veile daad bedrijf!"

„Gij zeidet toch, dat zij sterven moest, omdat zij u niet wenste!"

„Jawel, de priester Devaka, Sakoeni's goeroe, wilde, en door zijn drang wilde Madri's vader het ook, dat ze mijn vrouw zou worden, opdat Devaka door haar mijn daden zou nagaan. Zij beminde echter mijn besten vriend Kala, prins van Mayoela, en weigerde.... toen doodde Devaka haar in de volgende nacht.... voor straf, omdat ze den offerpriester weerstreefde...."

„En gij.... mijn Raja...." Devi kon van ontroering bijna niet spreken.

„Ik!.... had haar.... vrij gelaten...." Ze reden lang zwijgend voort.

„Wildet gij haar niet als vrouw?" vroeg Devi eindelijk, toen ze zich geheel hersteld had van haar ontroering.

„Integendeel.... ik gaf haar vrij, omdat Kala meer recht op haar had: het recht van de wederzijdse liefde".... Weer zwegen ze een poos.

„De bloemen van Malava bloeien heden schoner dan anders, Heer, omdat de goede en rechtvaardige blikken van zijn nieuwen Raja over de velden en bossen zweven."

„Ik vermoed, dat ze haar kelken openen en haar kleurige bloembladen spreiden, in tere bekoorlijkheid, omdat de schoonste prinses van Aryavartha naar het heilige Sanchi vaart."

„Een van ons beiden is door maya omstrikt, o Raja!"....
Een gulden lach klonk als vina-tonen door de dzjungel, en Asoka keek haar aan. Zijn ogen glansden in verrukking. De nevelen waren door de zonnestralen opgedronken en de schone raja-dochter wierp haar warme kleed ter zijde. Haar

316

lachende ogen spreidden stralen, haar donker-glanzende schoonheid verdiepte hun schittering.

„Malava's heerlijke natuur geeft u vreugde, prinses Devi."

„Vreugde, mijn koning! Wat schoon is, ontvangt mijn ziel, als ze gelukkig is."

„Waarom is ze gelukkig?"

„Kent gij het gevoel, dat alles op de wereld versombert, dat haar glans wordt opgeslorpt, haar schoonheid vervlakt.... het gevoel, dat het slechte overwint en het goede óndergaat in onrechtvaardigheid en bedrog? Dat van het leven ouderdom, ziekte en dood toont, van den mens het kwaad, van het dier het lijden?.... En dan het verlossende woord, mijn Koning: maya!"

„Neen, schone prinses. Als het slechte overwint, heb ik de onweerstaanbare drang, het neer te slaan; als het goede ondergaat in onrechtvaardigheid en bedrog, de hevige wil, rechtvaardigheid af te dwingen, te zoeken en te geven, het kwaad te verstikken onder dadendrang, het lijden op te heffen door de oorzaak te vernietigen. Dan grijp ik elk middel aan, streef naar het misschien onbereikbare. Zo leerde het mij mijn goeroe Koelika.... Uw gevoel begrijp ik.... zou ik misschien ook hebben, als ik neer kon zitten in de vadsigheid van mijn Vaders tuinen, drijven op de lotosvijvers van zijn park met ranke schoonheden van ons land, in een boot met zachte kussens, in ledige genietingen en wulpsheid, om de harde wereld rond Patalipoetra desnoods te beklagen wegens zijn ellendig lot.... Voor ik u ontmoette bij Vedisa, meende ik te stikken in ledigheid en koninklijke hoogheid, mijn Devi. Uggajini scheen mij een duffe tempel, onwezenlijk, vol priesterbedrog en bloeddamp van gesmoorde dieren.... Uw vader en zijn ministers leerden mij anders. Ik voel mij nu weer gelukkig door een streven naar handelen en regelen. Mijn bloed polst weer in mijn aderen en dringt mij gelukkig weer tot arbeid, voor wat ik nodig vind. Als Koelika in Uggajini is ,wordt het weer goed.... Maya [1]) is alles, omdat

---

[1]) Valse schijn, begoocheling.

maya haar scheppers loont! Elke slag werk drinkt één droppel weg van maya's verstikkende nevel!"

"Heerlijk, mijn Koning, zoveel kracht te bergen in zijn ziel.... Ik juich slechts als maya wijkt, dan voel ik het als een verlossing en ik treur, wanneer haar wade zwaarder om het leven zich vouwt, als de donkergroene kelk om de blanke, witte waarheid der lotos.... Welnu dan, mijn Prins.... Sakoeni vertelde mij veel van Patalipoetra...."

"Ik weet dat; ook weet ik, wat hij zei."

"Gij?"

"Zeker! Hoe slecht ik was en lelijk en woest, en hoe goed en schoon en kalm mijn broeder Soemana. Ik was bovendien een gevaar voor den Maharaja."

"Mijn Raja.... hoe kunt gij.... dat weten!"

Asoka wenkte afwijzend met de hand.

"Indien ik het niet wist, kon ik beter in Patalipoetra blijven. Weet, dat Soemana mij tweemaal, Devaka mij driemaal heeft willen vermoorden, door anderen natuurlijk. Sakoeni heeft nu ook een zwakke poging gedaan.... Als ik zulke dingen niet wist.... Als ik dat niet vooruit wist! Begrijp, mijn schone Devi, dat, als ze mij in mijn weg treden, ik ze vernietig."

"Heer, hij reist u vooruit naar Uggajini. Nu begrijp ik waarom! Ik wilde u.... waarschuwen tegen zijn valse getuigenissen."

"Niet nodig. Ik weet zelfs waar hij thans is.... Wie vals getuigt, beschuldigt zich zelf, niet mij."

"Maar wie weet, dat hij vals getuigt?.... Ook ik geloofde hem!"

"Thans niet meer?" vroeg Asoka, en in zijn ogen blonk de lach.

"Neen!" riep Devi, terwijl haar ganse wezen straalde.

"Waarom niet?"

"Omdat ik u leerde kennen, mijn Raja."

"En als ik vals was!"

"Neen, Heer, uw ogen! Die geven mij vreugde, want waarheid. Sakoeni's ogen brachten mij smart, want leugen."

318

Asoka wendde zijn blik niet van haar af. De liefde, die in zijn wezen opbloeide, verzwatelde echter niet zijn wantrouwen. Was zij waar? Aradi had ook plotseling lief gedaan, toen hij legeraanvoerder werd.

„Sakoeni strijdt voor Soemana. Dat is zijn recht," wierp hij haar tegen.

„Met valse wapenen!"

„Anders verliest hij de strijd."

„Des te erger.... Wat beweegt u toch voor de gevaarlijke ivoren troon van Patalipoetra te vechten?"

„De kerming der volken en.... Maurya! Soemana na Chandragoepta en Bindoesara is als een jakhals na leeuwen."

Met bewondering keek Devi hem aan. Was dat de waarheid?

„Ik durf het u nu zeggen, mijn Raja: Sakoeni noemde u een machtswellusteling...."

„Mij wel!"

„Maar dat wordt een strijd op leven en dood.... in eigen huis.... Wend toch uw gedachten af van zo'n gevaarlijk doel. Wijd u aan Malava.... Dat is een gelukkig land. Uggajini is vrede, Patalipoetra onrust, strijd, moord en doodslag.... 't Is een spelonk van de tijger. Ik zou er niet willen wonen! Ik zou er niet kunnen leven!"

„En ik sterf liever en daal af naar Yama's onderwereld, naar de Naga's dan dat ik machteloos het rijk van mijn beide voorvaderen, hun levenswerk, zie ten ondergaan, alleen, omdat de onbeduidende, geile, speelzuchtige Soemana de oudste zoon is. Jaren heb ik er over gedacht, met Vader, met den wijzen Brahmaan Sayana, met mijn goeroe Koelika er over gesproken. Niets kan thans mijn besluit veranderen. Siva wil het, prinses Devi!"

Devi reed zwijgend naast hem voort. Hoe was het één ogenblik mogelijk geweest, dat ze Sakoeni had geloofd!.... Zijn bewondering?.... Haar ijdelheid? Was van dezen gaven, jongen Raja het heil van Aryavartha afhankelijk? Zou hij in staat zijn, de kracht te breken van de machtige priesterschap en dus het volk, dat in hun handen zuchtte, te redden? Dwaas, dat zij hem zou kunnen terughouden, van wat hij voor de wil van Siva hield!.... Wie kon Asoka lelijk noemen! De prachtige ogen, die zijn wezen beheersten, schitterden als de schoonste sterren aan de Indische nachthemel: de gloed van den eeuwigen Atman, leven van het alomvattende leven, wil van de Al-wil.... Machtswellust! Welk een leugen! Macht was het van de heilige Macht.... Was hij Siva? En zij had hem durven krenken met haar hooghartige houding.... En hij haatte haar niet, vernietigde haar niet!

De troep naderde een open plaats in de dzjungel. Allen stegen af. Dienaren zuiverden de grond, spreidden kleden uit, richtten tenten op tegen de zonnegloed, bereidden de maaltijd en de dranken, rangschikten vruchten.

Devi bleef verrukt staan, onderging de bloemenpracht en -geur aan alle kant. Haar handen reikten naar blanke jasmijn en gulden lianen-bloem, naar blauwe leliën en rode bandhoejiva's. En orchideeën, schoner dan de kleurigste kapellen, die bedwelmd tuimelden van bloem tot bloem, lokten haar, terwijl haar donkere ogen blonken in de schoonheidsweelde.

„Voorzichtig, prinses Devi, cobra's en teks achten de voet niet, die ze treedt."

„O, zoveel schoonheid laat geen plaats voor cobra-drift en -haat.... 'k Zal voorzichtig zijn en stampen op de grond." Zij plukte bloemen, een armvol, haar lach werd steeds overmoediger. Dan liep ze een voetpad in en strooide bloemen voor zijn voeten.... daar.... een Asoka-boom, welks bloesems wilden uitbarsten. Ze stampte met kracht de nog tere stam. Asoka volgde haar, angstig voor het gevaar van het Indisch woud.

„Ha, zie mijn Raja, de oranje-rode gloed berst uit de knoppen! Daar! Daar!"

En blij lachend wees ze den jongen Koning de pralende oranje-pracht, die zich ontplooide.

„De asoka-boom spreidt zijn bloesem-weelde uit, als een schone zijn stam aanraakt, en bewijst dus uw schoonheid, prinses Devi."

320

„Asoka-boom! Is het ijdelheid van mij, mijn Raja?....
Neen! Geluk is het, dat de valse waan, de maya, uit mijn ziel
werd weggerukt. Geluk, vergroot, verheerlijkt door de ontroering van deze schoonheid!"

„Wel, twee Asoka's dan, die door één mooie vrouw werden
aangeraakt.... de ene spreidt zijn vurige bloesems uit op
de eerste stap van haar voet.... de ander, zwart en lelijk,
beeft voor haar leven...." lachte de Prins vrolijk.

„O, neen, de ander was als de eerste: donker en kil, tot
mijn lompe onbedachtzaamheid hem trapte, en toen spreidde
zijn geest de vurige bloesems van zijn innerlijke schoonheid
uit, die meer is. Daarvoor dank ik u, mijn Raja. Gij waart
welwillender voor een schuldig, nietswaardig, onbedachtzaam
prinsesje, dan ze wel verdiende"....

Plotseling stampte hij zijn rechter voet met kracht op de
grond, greep met zijn forse armen Devi vast en hief haar zo
hoog hij kon op, boog zich over haar. Zonder dat zij het
merkte, had hij de kop van een sarei [1]) verpletterd met zijn
voet. Devi zag niet, hoe het lichaam van de gevaarlijke slang
zich nog kronkelde om zijn been en daarna neerzeeg in het
bebloemde gras. Ze bloosde hevig, sloeg haar arm om zijn
sterke nek voor steun. Toen zette Asoka haar neer en kuste
haar innig.

„Houdt ge van mij, Devi?"

„En als ik niet van u houd, mijn Koning?" lachte ze
hem toe.

„Dan laat ik u los en zeg, dat ik u ophief, omdat een
sarei zich klaarmaakte, u te doden. Kijk, daar!"

Devi keek verschrikt naar de dode slang en nestelde haar
schone gestalte in Asoka's armen....

„Was het daarom....?"

„Neen, gij wordt mijn vrouw, omdat gij de eerste zijt, die
mij lief heeft om me zelf. Ge gaat met me mee naar Uggajini!
Zeg ja!"

Devi nam zijn hoofd tussen haar handen en kuste zijn ogen.

---

[1]) Volgens inboorlingen een mannelijke cobra.

„Dat is het schoonste, omdat het uw innerlijk weerspiegelt, mijn Asoka. Vader zal beslissen."

De verloving was spoedig een feit en verwekte grote vreugde. Op het rumoer kwamen twee pelgrims af, die de heilige Narbada en de berg Amarakantaka, de top der onsterfelijken [1]), bezocht hadden, en even geleden Sanchi verlieten.

„Wat geeft dezen reizigers zoveel vreugde?" vroeg de een.

„De dochter van onzen Heer Soebhadra is zoeven verloofd met...."

De priester luisterde niet eens meer, stapte recht op Soebhadra af: „Wenst ge een offerpriester, Heer, die de verloving van uw dochter onmiddellijk kan inzegenen? Offerdieren zijn wel te krijgen bij een Vaisja, die in de buurt woont."

„Welk offerloon vragen de eerwaarde priesters?"

„Twee van uw beste paarden, Heer, die ons naar Patalipoetra kunnen terugvoeren. Onze pelgrimstocht is afgelopen; ons rest alleen nog de lange weg naar de hoofdstad."

„Ik zal den verloofde van mijn dochter vragen. Hij moet in deze beslissen, of er reeds nu geofferd zal worden."....

„Gij weet, Devi, dat ik offers haat, wanneer er dieren mee gemoeid zijn."

„Zeg het hun dan, mijn lieve Raja."

Asoka trad op de beide mannen toe.

„Neen, eerwaarde Brahmanen, op mijn verlovingsfeest wordt geen dier geofferd."

„Behoort gij tot de ketterse sekte der Boeddhisten of de Jaïns?"

„Ik ben u geen antwoord schuldig; ik heb u niet gevraagd, hier te komen."

De priesters waren boos, dat hun deze gemakkelijke bate ontging.

„Hebt gij de steun der goden niet nodig voor uw huwelijk?"

„Dat zal zeker niet van uw bemiddeling afhangen, want gij zult mijn huwelijk niet inwijden," zei Asoka kalm.

Devi hield zich bevend vast aan zijn arm, terwijl ze hem

---

[2]) In de oost-Vindhya's.

toefluisterde: „Speel niet met ons geluk!" Maar de priester viel driftig uit:

„Gij durft een Brahmaan beledigen, terwijl uw verloofde naast u staat? Brahispati zal uw huis vergeten en Varuna het mijden, onbedachtzame jongeling! En ik, Brahmaan, vervloek u: Nooit zal deze prinses uw vrouw worden!"

Devi barstte in tranen uit, maar Asoka liep op den Brahmaan toe:

„Uw vloek is waardeloos, offerpriester, omdat ik niet in uw heiligheid geloof, en Siva, de god der vernietiging, zal u straks een tijger op uw pad sturen, die u met één slag van zijn poot zal doden en uw zondig vlees zal eten, en ge zult onmiddellijk wedergeboren worden als een ellendige, vuile hond in een dorp van Soedra's, omdat gij een doodzonde bedreven hebt: vloeken in toorn! Verlaat onmiddellijk mijn kamp; ik ben de onderkoning van Uggajini, prins Asoka van Patalipoetra!"

De beide priesters schrokken op 't horen van die gevreesde naam, maar verlieten in trotse houding de legerplaats. Ze sloegen snel de weg in, die de troep juist afgekomen was. Asoka lachte, toen ze uit het gezicht verdwenen waren.

„Vreest gij de vloek niet van den Brahmaan, mijn Raja?" vroeg Devi ontdaan.

„Wel neen, droog uw tranen, mijn lieve Devi, de grote Brahmaan Sayana zegt, dat niemand vooraf kan weten, wat in de toekomst geschieden zal. Aan de hogeschool in Takshasila leerde men mij, dat alle gebeuren een keten is van oorzaken en gevolgen, waarin niemand willekeurig ingrijpen kan, dus ook deze Brahmaan niet. Zou ik dan op loon beluste, brutale priesters vrezen, elk vloekend, die zich niet door hen wil laten afpersen?"

„Doeshanta vergat zijn Sakoentala door de priester-vloek, mijn Prins!"

„Zij zelf hebben dat verhaal gedicht en dringen zich overal aan het ongeletterde volk op als de gevers van heil, dat toch niet komt, de oorzaak van onheil, dat ondanks hen kwam. Zij zijn als de geile loten van de boom, die de kostelijke sappen

323

van de stam inzuigen en het vruchtbarende hout beletten, zijn zegen te verspreiden. Eens als de tijd van rijpheid komt, zal men.... ze wegsnijden met ruwe hand.... Als de boom het dan maar overleeft!"

Toen men te Sanchi aankwam, had Devi zich enigszins hersteld, al bleef de angst in haar hart. Ze snelde de vihara van de wijze Brahmanen binnen, die Soebhadra en zijn schone dochter vereerden.

,,Mijn wijze Soedeva, de onderkoning van Uggajini, Raja Asoka, mijn verloofde, wenst te vernemen, of het u welgaat, of gij ruimschoots voedsel en zuiver water hebt en vele geestelijke schatten verzamelt in vrome arbeid."

,,Indra en Varuna zegenen den zoon van den heiligen Maharaja, in wiens landen vrede heerst en zegen, mijn Devi. En Malava zal zich gelukkig prijzen, den vriend van Sayana als onderkoning te begroeten.... Wenst het jonge paar de verloving te laten inzegenen in onze vihara? We zullen dat als een grote eer beschouwen."

,,Het spijt ons, hoogvereerde Soedeva; ons geluk zou groeien en bloeien als de natuur na regentijd, wanneer onze verloving werd ingezegend door priesters, die vrienden zijn van Sayana. Maar ik mag mijn zeer beminden poerohita Koelika, die mijn goeroe was, niet vergeten."

,,Dat is zeer begrijpelijk, hoge Raja. Komt onze vihara binnen en rust een weinig uit van de reis naar het heilige Sanchi. Onze hooggeëerde vriend Soebhadra zal niet gelukkig zijn, dat zijn enig kind uit zijn paleis wordt weggevoerd."

,,Wij, Aryërs, verheugen ons, als ons zonen geboren worden en als onze dochters trouwen met mannen, die in hoog aanzien staan."

,,Pelgrims uit Patalipoetra vertelden ons, dat de Brahmaan Koelika, Sayana's leerling, ziek geworden is op reis."

,,Tot mijn grote blijdschap is hij genezen, hoogvereerde Soedeva. Binnenkort komt hij in Uggajini. Hij is lange tijd de gast geweest in een klooster van Boeddhisten."

,,En leed hij geen schade aan zijn ziel?" lachte Soedeva.

,,Hij was er niet, om zijn ziel, maar om zijn lichaam te

genezen van een ernstige ziekte. Welke schade zou zijn ziel kunnen lijden, eerwaardige Soedeva?''

„Dat hij zich zou richten naar Boeddha's dwaalleer.''

„Waarom dwaalleer?''

„Omdat de Brahmaan slechts het heil voor zijn eigen ziel beoogt binnen de kring van de tweemaal geborenen, de streng gebonden zelfzucht, die in zijn eigen heil het heil der Aryërs ziet. Wat daar buiten ligt is verdoemd. Boeddha daarentegen leert, dat het heil der gehele wereld zijn heil is; wie het geluk van elk mens, elk dier, elk levend wezen verhoogt, verwerft het geluk en de verlossing van zijn eigen ziel. De Brahmaan wil het besloten geluk van zijn enge, heilige volk, Boeddha het wijde geluk van al wat leeft.''

„Maar dat kan geen dwaalleer zijn, mijn Soedeva! Tat tvam asi! Vasoedeva zegt, dat het Boeddhisme wegsterft als de schoonheid van de heerlijke bloem in de nacht van de dzjungel. Wat belet ons, de schone bloem uit de nacht van de dzjungel te voeren naar Pataliopoetra en haar schoonheid te laten stralen in de ogen der mensen.

Wie was Boeddha, eerwaarde Soedeva?''

Een glimlach, neergedaald van den hoogsten Atman, spreidde haar stralen over het gelaat van den eerwaardigen grijsaard.

„Uit het geslacht der Sakya's in Kapilavastoe werd voor vele jaren een kind geboren, dat alle kenmerken droeg van een groot mens....''

Zo hoorde Asoka voor het eerst de geschiedenis van den rijken prins Siddharta, hoe hij bedelmonnik werd, Gautama Boeddha, om zijn verlossingswerk te beginnen van de knellende banden, die het Brahmanisme smeedde om Aryavartha, en te eindigen met het heilige, voorname achtvoudige pad te wijzen aan elk mens, die haakte naar de zalige goddelijkheid van het Nirwana.

„Leert Gautama Boeddha dan een persoonlijk nabestaan in het Nirwana, eerwaarde Soedeva?''

„Boeddha zei: Een man wordt door een vergiftige pijl getroffen. Zijn vrienden roepen den geneesheer. Moet hij nu zeggen: ik laat de pijl niet uittrekken, voor ik weet, wie de moordenaar is, hoe hij heet, uit welk geslacht hij sproot, welke varna hij toebehoorde, hoe hij er uitziet, groot of klein, donker of blond, waar zijn geboorteplaats is, welke soort boog hij had en van welk hout en van welke huid de pees is gemaakt en welk vergif hij gebruikte? Dan zou de man immers gestorven zijn voor men redding gebracht had. Boeddha is niet gekomen om vragen te beantwoorden, maar om de ellendige mensheid te helpen. Wat voor den materialist *zijn* is, is voor Boeddha slechts *worden*. Het zijn ligt aan de overzijde, in het Nirwana. Boeddha wees de weg."

„Welke weg, mijn Soedeva?"

„De hoge, allesdoordringende, alles-omvattende liefde; het verheven gevoel van vriendelijkheid voor al wat ademt; dat is de bevrijdende macht. En zo is het medelijden, de mede-vreugd, de gelijkmoedigheid. En deze vier zijn gelijk: de vier onmetelijkheden, zich verbreidend in vier richtingen. In Vranasi [1]) zette hij het wiel van het geloof in beweging. Vijf en veertig jaren wandelde Gautama Boeddha door Magadha, de bedelpot onder de arm, lerend, waar zijn leer, troostend, waar zijn troost, strijdend, waar zijn strijd gevraagd werd, doende wat goed is, willende wat goed is."

„Voor wie goed, Soedeva?"

„Voor alles wat leeft. Voor Aryër en Mletsha, armen en rijken, mannen en vrouwen."

„Vrouwen, zegt gij, Soedeva?"

„Elke vrouw kan het arhatschap bereiken, evengoed als de man. De ware gedachte, het ware woord, de ware daad, dat is Boeddha. De ware jongere bewaart zijn rechte levenshouding, niet omdat het voor zijn eigen ontwikkeling nodig is, maar omdat het tot heil der wereld, voor het welzijn van alle wezens dient.... zo wil het Boeddha!"

„Welke nieuwe leer heeft Boeddha dan verkondigd?"

Soedeva aarzelde even.

„Geen nieuwe leer. Indra-land verstikt onder de leer!

---

[1]) Benares of Kashi

Boeddha wees het pad. Nieuw is zijn levende, allesomvattende menselijkheid en levensliefde, die begraven ligt in niet meer te begrijpen Veda's, Brahmana's, Oepanishaden. Zijn leer is de grote Boeddha zelf: de levende, lievende mens."

,,Maar wat geeft het, een weg open te stellen, mijn Soedeva, die slechts een enkele van millioenen mensen, zij het dan uit alle varna's, vermag te gaan!"

Soedeva begreep hem niet, wist niet, wat er omging in den jongen raja, voelde zijn vraag enkel als belangstelling voor iets, dat hij niet kende.

,,Toch is dat het streven van den Tathagata, hoge Raja. Men gaat een weg met een doel, met een einddoel. Voor Boeddha is de weg het voornaamste, het Nirwana de laatste stap."

De andere kluizenaars brachten verversingen: fris water, in poreuze potten gekoeld en vruchten.

24.   GANDHARVA IN SANCHI.

Devi had geen woord geuit, gedurende het gesprek tussen Asoka en Soedeva. Met verbazing had ze zijn vragen aangehoord. Zij begreep onmiddellijk zijn bedoeling van de laatste vraag.... de kerming der volken!

,,Kom mijn Devi, gij wildet mij de heilige plaatsen van Sanchi wijzen."

Devi leidde hem naar de oorden, waar Brahmaanse heiligen hun wonderen hadden verricht. Asoka had meer belangstelling voor haar en haar verdriet; beschermend legde hij zijn arm om haar heen en keek haar aan.

,,Mijn Devi is gedrukt onder de vloek van den veilen Brahmaan."

Ze knikte, en opnieuw sprongen tranen in haar ogen.

,,Maar de macht van de vloek bestaat toch alleen in sagen:

Sakoentala, koning Nala! Ik wenste wel het aantal vloeken te weten, dat uit de Brahmanenhof op mij is neergedaald als bloedegels over den reiziger in de druipende dzjungel.... Ze hebben mij nooit gedeerd!"

„Gij zijt een sterk mens, mijn Asoka, wiens geest hun veel zwakkere geesten neerslaat.... Hun karman, hun stand geeft hun een kracht, die ik niet meten, niet schatten kan."

„En indien deze prinses nooit mijn vrouw werd?".... Hij nam haar in zijn armen en een ongekend gevoel van geluk en bescherming en heftige beroering doortrilde zijn gestalte.

„Dan zou ik willen sterven.... omdat ik het schoonste gekend heb, dat ooit in mijn weg trad."

„Het.... schoonste.... mijn Devi?" Een donkere blos trilde door haar trekken.

„En het hoogste.... mijn geliefde Raja:.... de gerechtigheid in den mens.... de mildheid in den machtige.... de waarheid in den zoekende.... alles in uw blik.... Als ik nooit.... uw vrouw word.... zal dat mij toch een licht zijn tot.... mijn dood.... De vloek van een Brahmaan doordringt alle geest.... Mijn geloof in hun Veda's is verzwakt.... ik neig naar Boeddha's inzicht, die een vrouw de mogelijkheid tot arhatschap even goed openstelt als een man.... maar mijn vrees voor hun geestelijke macht is.... onverlet. Daarom wil ik nu bij u blijven.... zolang ik kan.... Gij zijt sterker dan zij.... ik niet.... Word ik niet uw vrouw, uw verloofde wil ik zijn, zo.... lang...."

Asoka omvatte haar, kuste haar. Toen fluisterde hij haar toe: „Niets zal mij mijn Devi ontnemen.... Brutale Brahmanen-vloek noch scheiding.... Zoals Doesjanta Sakoentala tot zijn vrouw nam, zo neem ik mijn liefste. Nu, in dit ogenblik neem ik Devi uit de Settvi-varna tot mijn echtgenote.... Gandharva-huwelijk.... geen priester of hij moet, zelfs volgens de geopenbaarde schriften dit heilig recht erkennen.... Hier is mijn ring, mijn Devi! Vertrouwt gij mij?"....

Devi keek hem aan met de mystieke glimlach, die men kent maar nooit begrijpt, omdat ze de sleutel is van het geheim der latere tijden.

„Geheel, mijn zorgenloze [1]).... man...."....

Toen ze naar de woudkluis terugliepen, innig elkaar om-
vattend, zei Asoka:

„Gelooft ge nog in de Brahmanen-vloek?"

„Dat kan immers niet meer, mijn Raja.... Ik bén uw
vrouw!" Ze lachten als kinderen, wien geen zorg meer
drukt....

De woudkluizenaars keken den Raja en zijn vrouw, thans
op één olifant gezeten, en het gevolg sprakeloos na. Eindelijk
verdwenen de bezoekers in de verte. Soedeva bewoog zacht
de hand over zijn voorhoofd, steeds weer.

„Wonderlijk.... hoe helder de Atman-vonk in enkele
zielen straalt.... en in andere.... een leven lang
smeult.... geen schemer zelfs van licht verspreidt.... Zeven
scherpe vragen.... de hele betekenis van Gautama
Boeddha.... Maar die achtste: Wat geeft het?.... Ja, wat
geeft het?.... Geluk van den enkeling.... zijn eigen eindelijk heil.... Brahmanen! Wat geeft het voor den jongen
Raja, die.... strijden moet en.... rechten.... en straffen.... regeren.... doden.... Het pad kan hij niet
gaan.... Of pas in een volgende geboorte...."

„Misschien dat hem het heil van millioenen nader is dan
zijn eigen verlossing."

„Maar hij is toch geen Boeddha of bodhisattva, hij is
krijgsman!" riep Soedeva geprikkeld.

„Gelijkmoedigheid, mijn Soedeva! Waarvoor is Asoka
krijgsman?"

„Voor de macht van den Maharaja."

„Misschien acht gij hem te gering, mijn Soedeva."

„En voor zijn genoegens en.... lusten.... Gij acht hem
te hoog.... Devi vertelde me, dat zij zoeven met hem getrouwd was."

„Gandharva?"

„Ja.... Gandharva!.... zoals bij niets ontziende Kshatriya's gebruikelijk is."

---

[1]) Asoka = zonder zorg.

„Misschien acht gij hem ook daarin zelfs te gering, Soedeva. Willen wij de waarheid van Boeddha, dan moeten wij
de starre denkwijze van onze varna afleren, die slechts eigen
geboorte en eigen verlossing ziet."....

Het gezelschap van den jongen Raja had bijna Vedisa bereikt. Vlak voor hen liep een pelgrim. Toen de troep hem
genaderd was, ging hij ter zijde van de weg, knielde en boog
met opgeheven handen diep neer voor den Raja.

„Dat is een der beide priesters!" fluisterde Devi verschrikt.
Asoka liet stil houden.

„Waar is uw vriend Lambama, Balabha?" De priester
schrok.

„Heer, toen we van uw legerplaats onze weg vervolgden,
was mijn medereiziger zeer onrustig. Angstvallig bespiedde
hij het woud aan weerszijden van ons pad. Hij vreesde, dat
uw vloek in vervulling zou gaan en was nog niet bereid, dit
aardse bestaan op te geven. Ik troostte hem, dat uitspraken
van...."

„Van een Soedra, zeg maar, priester!"

„Van een Soedra geen betekenis voor ons hadden, omdat
wij Brahmanen zijn. Na een lange weg sneller dan goed voor
ons was te hebben afgelegd, zagen wij opeens bij een opening
in het woud een tijger gehurkt neer liggen. Ik bleef staan,
maar mijn vriend vluchtte in zijn angst zo hard weg als hij
kon. Op het zelfde ogenblik schoot het dier snel op hem af
en wierp zich op hem.... verscheurde hem en at hem op....
Heer, wees Lambama genadig.... dat hij niet als een geelpruikige Soedra-hond wedergeboren wordt."

„Zeg gij, welke incarnatie hij verdient, die Siva kan goed-
keuren, Balabha."

De priester keek Asoka met verdwaasde ogen aan, boog
opnieuw in het stof.

„Heer, hij verdient wat gij hem hebt opgelegd, maar straf
hem door een wedergeboorte in de varna van de Vaisja's,
opdat hij vlijt, bescheidenheid, eenvoud en weldadigheid
lere!"

„Goed, Balabha, uw wens wordt vervuld!" Asoka gaf bevel

de tocht voort te zetten. De Brahmaan volhardde nog lang in zijn devote houding....

„Mijn geliefde Raja.... hoe wist gij, dat zij Lambama en Balabha heetten?"

„Ik ken de priesters uit de Brahmanenhof bij naam," lachte Asoka.

„En.... wordt die andere als Vaisja wedergeboren?"

„Dat weet ik nog minder dan Balabha, mijn heerlijke vrouw. Laat de dwaas het geloven.... Dat schaadt hem noch mij. Hem geeft het vreugde, mij een onschuldig vermaak."

Devi strekte haar fijne hand naar hem uit. Hij greep die, en zo reden ze enige tijd zwijgend voort.

„Kunt gij laten doden, dien gij verkiest, mijn grote Raja?"

„Tot heden heb ik het steeds zelf moeten doen, en.... mijn chakra is bijna onfeilbaar. Mijn bezwering van den ellendeling was spotternij, zijn dood zuiver toeval. Uw vader had mij alleen gezegd, dat het aantal tijgers in de laatste tijd onrustbarend vermeerdert in Malava."

„Boeddha wil niet, dat men levende wezens doodt."

„Ik ben geen volgeling van Boeddha, mijn geliefde Devi.... Ik begrijp thans, dat ik Indra-land en de Maurya's zou verraden, als ik mij tot de leer van Boeddha bekeerde. Alleen in mìj is de kracht, die beide zal kunnen redden.... Boeddha is gekomen voor wie verlost wil worden uit het lijden in de kringloop der eeuwige geboorten, niet voor wie allen wil verlossen, door lijden op te heffen. Ik acht het van geen belang, of ik verlost word, om in te gaan in het eeuwige Nirwana, wel of ik de volken van Aryavartha kan verlossen van de geestelijke slavernij en erbarmelijke angst voor hersenschimmen, waaronder ze zuchten als de woestijn onder Soerya's stralen in de maand Gjeshtha, als de Ganges-vlakte onder de stromen, die de Maroets op haar neergieten, als de dzjungel onder de verstikkende rook van de woudbrand.... Waarom is een Soedra, een Tshandala, het gehele mensdom ten westen van de Sarasvati vervloekt bij zijn geboorte? Ik zal pogen die vloek op te heffen, desnoods.... met mijn chakra, mijn zwaard, strijdkarren en krijgers. Ik weet niet,

vanwaar ik gekomen ben, ik weet niet, waarheen ik gaan zal,
mijn Devi. Maar wel weet ik, waarvoor ik geboren ben....
Soemana, de Brahmanenhof, de volken zullen bukken onder
mijn wil. Ik weet bij ervaring, wat ik van ze te verwachten
heb. Daar helpt geen yoga, geen waarheid van het lijden,
geen achtvoudige weg, geen Boeddha."

,,Maar dat alles is strijden tegen maya, schijn, mijn grote
Raja!"

,,Maya, die de waarheid verstikt, die de rechtvaardigheid
vertrapt, die mensen vernedert tot lagere wezens dan de vogel,
welke zijn vleugels spreidt en de vrijheid tegemoet vliegt."

,,Maar mijn geliefde, Brahmanisme wil de eenzaamheid.
De enige band is de haat tegen al wat geen Aryër is. Het
Boeddhisme evenwel is de gezamenlijke gehoorzaamheid aan
Boeddha, en door medelijden en medevreugde tot een eenheid,
waarin de Soedra even welkom is als de Brahmaan, en even
goed past. Wat klagen Sayana en Vasoedeva over het aantal
sekten, waarin het Boeddhisme zich versplintert, tegenover
den groten Boeddha, die zijn leven van rijkdom, genieting,
zorgeloosheid heeft opgegeven en het ellendigste bestaan heeft
gekozen: aalmoezen vragen in de bedelpot, om de mensen de
weg te wijzen naar zijn verheven doel. Sekte is onverdraagzaamheid en onwelwillendheid van de mensen. Dat juist wilde
Boeddha uitbannen, ook tegenover de helft van het mensdom:
de vrouwen. Elk vervloekte zijn geboorte, zijn leven....
Boeddha heeft elke volgende incarnatie tot een schrede vooruit naar het Nirwana, dus vreugde, gemaakt.... voor ieder
mens. Boeddha heeft het leven geprezen als een groot geluk,
een voorrecht. Laten we erkennen, dat Boeddha te zwak is
gebleken tegenover de ingeroeste gewoonte: zich te richten
naar de offerpriesters der Brahmanen."

,,Zeg dat nog eens, mijn lieve Devi! Gij, een vrouw, opent
mij daar een vergezicht in de wilddoorgroeide dzjungel. Is
dat waar? Is Boeddha te zwak gebleken: Machteloosheid
tegen de almachtige offerpriesters?"

,,Wij, bewoners van het heilige Indra-land verstikken onder de dwang der ongebondenheid, waarin een gewetenloze,

332

zelfzuchtige priesterschap de macht heeft gegrepen, en wij
snakken naar de vrijheid der eeuwige gebondenheid aan het
god-zijn en mens-zijn van Boeddha, dat is Brahma, dat is
Atman.".…

Asoka keek haar aan met starre ogen.

,,Devi, mijn lieveling, vanwaar kwam die gedachte tot u!
Vrijheid.… der gebondenheid aan het mens-zijn.… Openbaring, uitgeademd door den Atman.… tat tvam asi.… Koelika!" Een donkerder tint kleurde zijn jong gelaat, zijn ogen
schitterden. Devi keek met bewondering naar.… haar god.

,,Gij gaat met mij mee naar Patalipoetra, als de goden mij
roepen. Gij zult meesteres zijn, hoogste rani in de zenana, en
mijn raad!"

,,Ik weet niet, mijn Raja, of ik dat kan.… Ik ben niet
geschikt om te strijden tegen ruwheid, intriges, valsheid.…
ze slaan mij neer. Broederstrijd, haat wekken mij niet op tot
verzet, maar doden mijn kracht.…"

,,Maar ik sta aan uw zijde, mijn Devi!".…

25. SADVAHA'S ZIEL OP DE MEROE.

De optocht was Vedisa genaderd. Het bericht van Asoka's
huwelijk drong door in alle huizen, als de eerste morgenkreet
van een vogel door de dzjungel. Met manden en armen vol
bloemen naderden de bewoners, toen de kreet ,,Asoka, Devi,
heil!" weerklonk. En allen strooiden de bloemen juichend
voor de voeten van de olifant, die het jonge paar naar het
paleis van Soebhadra voerde. De onderkoning van Uggajini
werd door dit huwelijk immers nauwer aan hun stad verbonden. Een deinende massa, blinkend van wit, waardoor het
felle rood van sjaals en doeken brandde, bewoog zich door
de straten, en alles drong naar het paleis van het hoofd der
regering, die lid was van de aanzienlijke Settvi-varna. Ieder
bracht geschenken voor Asoka en Devi: de ivoorkervers
dozen van het blankste elpenbeen, waarin ze de sagenfiguren

van eeuwen met kunstige hand hadden gekorven. Meubelmakers brachten kisten van het fijnstgevlamde teakhout, kwistige taferelen in alle vlakken, aan de Mahabharata ontleend. Goudsmeden met schotels van donker goud, waarin hun goden naast mensen prijkten uit Indraland. Asoka, die in Takshasila veel westerse kunst had gezien, was verbaasd over de werken van deze mensen en tevens verheugd. Dit was geen vreemde kunst, maar vaardigheid en smaak, in het eigen land opgebloeid.

,,Dat is schoon, Samgata," zei Asoka tegen den leider der ivoorkervers. ,,Maar gij ziet in Vedisa zoveel kunstwerken uit Egypte, Syrië, Macedonië, Iranië."

,,Hun goden, o Raja, staan verre van hun volk, in schoonheid en hoogheid. De onze zijn onze vaderen, onze familie, onze olifanten en herten, onze hoofden en raja's."

,,Zijn ze beter, Samgata?"

,,Ze zijn ons nader, Heer."

,,Als gij in Uggajini komt, schenk ik u schoonheden uit andere, verre landen."

,,Ons schoonste geschenk zal uw regering zijn, hoge Raja."

,,Dat zult ge nog moeten afwachten, Samgata."

,,Door Vedisa trekken vele karavanen van Takshasila, Heer."....

,,Wat verwacht men eigenlijk van mij, mijn schone Devi?"

,,U zelven, en dat is hun geluk!"

Op dat ogenblik naderden boodschappers den Onderkoning, ook een berichtgever uit Patalipoetra.

,,Heer, de onderkoning van Takshasila is met een groot leger vertrokken naar het westen. Sela bericht u, dat de goede krijgers meegenomen zijn. Met de achtergeblevenen richtte Sela twee tempels op: een voor Indra en een voor Siva."

,,Is het een teleurstelling voor mijn Raja, dat deze berichten hem zo ernstig stemmen?"

,,Integendeel, het is, wat ik verwachtte en wenste, mijn Devi." In het geroezemoes der feesten vergat hij geen ogenblik zijn doel, speurde de stemming der bevolking uit, die hem niet slecht gezind bleek.

Nauwelijks was het gezelschap in Soebhadra's paleis terug-gekomen, waar Ila en een aantal Brahmanen, kooplieden en hoge ambtenaren van den Maharaja het jonge paar verwel-komden en geluk wensten, toen een Vanaprastha[1]) uit een naburige woudkluis, een door geheel Indra-land vermaard waarzegger, de galerij binnentrad met de zelfbewuste houding van den man uit de hoogste varna. Ieder maakte ruimte voor den eerwaardigen, gevreesden grijsaard Sadvaha, die rechtuit, zonder de eerbetuigingen der omstanders te beantwoorden, op de jonggehuwden toeliep.

,,Hoge Raja, onderkoning van Uggajini, en zijn verloofde, Devi, dochter van het hoofd der regering in Vedisa en afstam-meling uit de geëerde Settvi-varna, ik zal als Brahmaan, wien de hoogste wijsheid der vier Veda's en der Brahmana's ge-openbaard is, u met raad bijstaan op het gewichtige ogenblik, dat gij u opmaakt, de huwelijksceremoniën te bepalen.'' Er voer een zekere onrust en verlegenheid door de jongere feest-gangers. De ouderen bewaarden hun starre onbewogen ge-zichten.

,,Wat de dag van het huwelijk betreft, ik heb met veel waarneming van de hemel en de standen der maan en de planeten als de meest gelukkige tijd gevonden de derde dag van de tweede volle maan, die nu volgt. Tracht voor uw offers dus zo spoedig mogelijk priesters te vinden, opdat de voor-bereiding plaats vindt zonder een der goden te kwetsen. Ik zal u gaarne behulpzaam zijn.''

Devi keek met angstige blikken rond, tot ze bleven rusten op haar gemaal, die met onbewogen gelaat toekeek. Een dodelijke stilte viel in de galerij. Niemand waagde het, de woorden van Sadvaha te onderbreken, want elk vreesde een uitbarsting van woede of een vervloeking, die men het minst dienstig vond voor de Soebhadra's. Immers ze waren zeer ge-zien en bemind in wijde omtrek. De enige, die rustig de woorden van den waarzegger opnam, was Asoka.

,,Wij danken u, vrome Sadvaha, voor uw belangstelling in

---

[1]) Aryer in het derde levensstadium.

ons lot. Maar Devi en ik zijn heden verenigd in een door Manoe's wet erkend Gandharva-huwelijk."

Een verontwaardigde blik trof den kalmen Onderkoning. De aanwezigen sidderden, maar Asoka begreep, dat de priester zijn beheersing trachtte te hervinden.

„Ge weet, dat de Brahmanen dit huwelijk het minst van alle verkiezen."

„Dat weet ik en . . . . begrijp ik ook, waarde Sadhava, maar de Brahmaan Balabha uit Patalipoetra meende mij op weg naar Sanchi te moeten treffen met de vloek, dat Devi nooit mijn vrouw zou worden. Mijn verloofde was zo getroffen door en ontsteld over deze voorbarige uitspraak van den door drift ontstoken priester, dat ik het huwelijk onmiddellijk heb voltrokken, om haar de vreugde en het vertrouwen te hergeven, die Balabha met ruwe hand vernietigd had."

„En vreest gij de wraak van den priester Balabha niet, onderkoning van Uggajini?" vroeg Sadvaha, nog meer van zijn stuk gebracht en dus brutaler.

„Welneen, vrome Sadvaha," riep Asoka luid en vast: „Ik zeide Balabha, dat ik niet in de macht van zijn vloek geloofde, en dat Siva hem een tijger op zijn pad zou zenden, die hem zou neerslaan en opeten voor zijn doodzonde: vloeken in toorn."

„Uw vloek mist de goddelijke kracht, Heer, omdat gij geen priester zijt. Waarom trachttet gij niet door zware offers de uitwerking van de Brahmanen-vloek te verzachten?"

„Niet nodig! Balabha's vriend Lambama zeide mij straks, dat de tijger gehoorzaam zijn plicht heeft gedaan. Balabha is dood en opgegeten."

Er ontstond een heftige beweging in de galerij, tot Sadvaha weer het woord nam, maar zijn houding verloor alle zekerheid.

„Wenst gij mijn voorspelling te vernemen, raja en rani van Uggajini?"

„Denkt gij ons uw eigen weten te verkondigen of dat, wat de Brahmaan Sakoeni u voor een week opgedragen heeft? Het laatste is overbodig, omdat het mij reeds bekend is."

Sadvaha stond strak opgericht, zijn gelaatskleur was grauw,

het zweet parelde langs zijn wangen. Een heftig gonzend fluisteren voer door de rijen der bezoekers.

„Heer.... hoe weet.... gij al deze.... dingen, Heer?"

„Bid tot Siva, den god van de smetteloze bergen en Parvati, de berggeborene, die wonen op de blanke Meroe, de goden van de weldadige, geluk-brengende waarheid.... misschien, dat gij het dan ook weet, Brahmaanse priester!"

Sadvana viel op zijn knieën, strekte zijn handen omhoog, verenigde ze en boog tot de bodem. En alsof allen daarop gewacht hadden, volgden ze Sadvaha in zijn eerbetuiging tot den nieuwen Raja, die zo hoge menselijke gaven bezat, dat men ze als goddelijk moest erkennen....

De geruchten over Asoka's huwelijk in Vedisa groeiden snel tot sagen aan: In het bos van Sanchi hadden de goden zelf Devi en Asoka in de echt verbonden, maar vooraf had Agni zich in een tijger veranderd, die Balabha had opgewacht en gedood, waarna hij zijn ziel naar een nederzetting van Soedra's voerde. Daar liet hij hem wedergeboren worden als een geelpruikige Soedra-hond. Toen had zijn Brahmanenvloek geen kracht meer en werd het huwelijk met goddelijke praal gesloten. Balabha, nu een Soedra-hond, had echter Sadvaha opgejaagd en bevolen, het jonge paar onaangename leugens te voorspellen, om het ongelukkig te maken, maar raja Asoka, die een incarnatie van Siva en dus alwetend is, had de ziel uit Sadvaha weggenomen en die naar de berg Meroe gezonden, waar hij naakt in de koude ijsvelden ligt uitgestrekt, om de leugen uit hem te doen vriezen en daarna de waarheid in te branden. Pas dan zal Sadvaha weer mogen waarzeggen. Zijn lichaam wacht thans sprakeloos uitgestrekt op de grond van zijn woudkluis de terugkeer van zijn ziel af....

26. ZWIJG, SANHITA!

„Hé, Vasoemittra, zijt gij ons huis vergeten? Of zijn er schonere heteren in Uggajini?"

„Geen van beide, schone Virasena. Mijn geëerde vader

337

heeft drukke zaken en jaagt mijn broeder en mij op, of we verachte slaven waren. Hij zegt: werken is het meest begeerde offer der goden."

„Dat is een goed teken voor de handelshuizen van onze schone stad Uggajini. Ik wil echter hopen, dat de sartha-vaha's[1]) minder haast hebben dan de kooplieden, zodat zwoegers als Vasoemittra eens bij mij kunnen uitrusten."

„Hoe gaat het wel met Kokali en Nandabala en Kesina en Sanhita? Bied mij een verfrissing aan, zoals slechts Virasena die weet te mengen."

Vasoemittra werd met grote vreugde ingehaald. Ieder deed zijn best, den rijken koopmanszoon te prijzen om zijn komst, te beklagen om zijn al te drukke bezigheden. Men zette een gemakkelijke zetel van ebbenhout voor hem neer, bedekt met een prachtige tijgerhuid.

„Als gij mij zo verwent, kom ik hier niet weer vandaan, Kokali.... en mijn Vader kent geen scherts, als het mijn werk betreft."

„Werk, werk, waarvoor moet een man van uw rijkdom nog werken, laat dat aan de priesters over", meende Sanhita. Allen lachten, behalve Virasena. Zij wees tersluiks op een reiziger, die een eind van hen verwijderd zat.

„Wie is de vreemdeling, die daar zo door Nandabala ge-streeld en aangebeden wordt?" vroeg Vasoemittra.

„Och, dat is een knappe, jonge Brahmaan uit Patalipoetra, Sakoeni, een reiziger of pelgrim, die hier voor zijn genoegen of zaken of voor een heilige tocht langs de Narbada, ik weet het niet, gekomen is. Hij schijnt rijk te zijn, is niet karig en zoekt het gezelschap van Brahmanen en kooplieden. Garga brengt een bezoek aan Sinka en nu vermaakt Nandabala den vreemdeling zo lang."

„Voer ze tot ons, Kokali. Hoe meer pelgrims, hoe meer blijdschap bij de goden."

Het gezelschap om Vasoemittra groeide, want de rijke kooplieden van Uggajini smaakten dagelijks de geneugten van

---

[1]) Karavaanleiders.

338

Virasena's huis, waar de schoonste heteren, de zeldzaamste dranken, de uitgezochtste spijzen, de door Virasena met scherp oog bewaakte, teerste verzorging den bezoekers ten deel vielen.

„Wel, Poeroe. Ge kijkt als een tijger, die zich in een antilope verslikt heeft. Wat onaangenaam nieuws hebt ge wel voor ons?" vroeg Vasoemittra spottend aan een binnentredenden koopman.

„De nieuwe Raja...."

„Schei uit met den nieuwen Raja. Niemand praat over iets anders dan over de schrik van Patalipoetra. Sanhita, gij vertelt mij iets vrolijkers."

„Ja, Heer, maar de nieuwe Raja komt...."

„We weten wel, dat hij komt, en hij is zo'n geweldige krijger, dat hij Sanhita in eenmaal inslikt.... als ik hem voordien niet opsluit in ons schathuis, waar muren zijn van vijf armen dik," meende Garga.

„Garga schijnt niet gesteld op den nieuwen Raja, ik wel. Ik houd van mensen, die nooit bang zijn en dus ook niet achter de rug van anderen hun geniepige streken uithalen," verklaarde Sanhita.

„Elke koopman weet, waarvoor hij naar Uggajini komt. Tot heden was onze handel vrij, als we den mahamatra der belastingen maar te vriend hielden. Als raja Asoka hier is, komt er een eind aan die gulden tijd," klaagde Garga.

„Ik houd niet van eigenmachtige ambtenaren. De Maharaja moet heersen in het land, wil de handel bloeien," zei Vasoemittra.

„Prins Asoka denkt alleen aan zijn eigen belangen, en de kooplieden van Uggajini zullen hun schatkamers wijd moeten openzetten voor den hebzuchtigen Prins," meende Sakoeni.

„Kent gij den Onderkoning, Sakoeni?" vroeg Vasoemittra.

„Beter dan zijn eigen vader hem kent."

„De karavaanleiders van Takshasila prijzen hem zeer!"

„Natuurlijk, hij heulde met de opstandige Takshasilanen, omdat de Maharaja hem geen groot leger mee durfde geven. Toen moest hij wel als een vriendelijke, brave legeraanvoerder voor den dag komen. Keizer Bindoesara heeft hem teruggeroepen, omdat hij al te zeer geprezen werd, en er den kroonprins heengestuurd met een grote legermacht."

„Vreemd, durfde de Maharaja den kroonprins wel een groot leger...."

„Natuurlijk, Garga, prins Soemana is immers de juvaraja[1]) en een trouw aanhanger van de Brahmanen."

„Men zegt, dat prins Soemana buiten de Brahmanen zeer de schone vrouwen bemint en de vrolijkheid en het spel."

„Waarom stuurde de Maharaja hem dan niet hier!" riep Virasena uit.

Allen lachten.

„Ge zult eerst den legeraanvoerder moeten genieten, die met straffe hand u allen zal trachten te dwingen tot hoge belastingen. Als hij te gevaarlijk wordt, zal prins Soemana hem wel weer opvolgen als onderkoning."

„Voor wie gevaarlijk, Sakoeni?" vroeg Poeroe.

„Voor den Maharaja. Prins Asoka is een gevaar voor den Maharaja. In Takshasila wilde men hem zelfs koning maken, om zich dan van den heiligen Maharaja af te scheiden. Ook hier zal hij dat pogen. En de gevolgen: oorlog, haat, woede der goden, overwinning van het onheilige, onheil over het wereldrijk van keizer Bindoesara, om niet te spreken van droogte, overstroming, pest en hongersnood, waarmee de goden ongehoorzame mensen-kinderen straffen."

„Waarom duldt de Maharaja hem dan?"

„Waarom duldt men tijgers in de dzjungel, de Apsara's in de hemel, de Dasyoe's in de luchten?"

„Hoe groot is het leger, dat hij mee voert?"

„Een handvol. Soldaten uit Patalipoetra kan hij niet gebruiken, die zijn trouw aan den Maharaja en den wettigen troonopvolger. Hij zal hier zijn eigen leger vormen, dat hem gehoorzaamt."

„Wij vrezen geen Heer zonder leger," pochte Garga.

„Zijn woestheid is groter dan een leger alleen, zijn durf groter dan die van heel Uggajini, zijn wil sterker dan de raj, die hij krijgt.... als gij u zelf niet sterk maakt."

---

[1]) Opvolger.

340

„Een krachtige raja is een steun voor welvaart en handel!"
merkte Vasoemittra op.

„Hoe leggen wij dat aan, Brahmaan?" voer Garga voort.

„Wat weet ik van uw kunnen?"

„Gij kent dien gevaarlijken onderkoning."

„Welnu, bindt hem."

„Met touwen?" spotte Vasoemittra.

„Neen.... allereerst met een vrouw, die van de uwen is,
u toegewijd, en die zijn lelijkheid niet vreest.... Dan kunt
gij ten minste weten, wat hij uitvoert.... Zorg dan, dat zijn
goede werken mislukken, zijn slechte gelukken. Zijn sluwheid
overwon Takshasila."

„Hoe beletten wij dat hier?"

„Hoe meer rijkdommen gij hem toevoert, hoe meer macht
hij krijgt over u en den Maharaja."

„Verder, Brahmaan."

„Macht in zijn hand is erger dan de leeuw in de runderafschutting, dan Mara[1]) in de tempel, dan de Mletsha's[2])
in de woudkluizenarij."

„Wie moet daarvoor zorgen, Sakoeni?" vroeg Garga ongeduldig.

„Gij zelf zijt rijk en kent de wegen van den Keizer goed,
maar ook.... die niet van hem zijn; elke karavaan, die ge
ver van Uggajini omleidt, vermindert zijn inkomsten....
Bovendien, met uw rijkdommen kunt gij de volken van het
westen sturen.... Ik help u, als ge wilt."

„Van opstoken gesproken!" lachte Sanhita. „Wie stookte
ook de volken op?"

„Zwijg, Sanhita! Welk voordeel kan het u geven, Brahmaan,
dat gij het verre westen opruit tegen den rechtmatigen onderkoning?" mengde Vasoemittra zich nu ook in het gesprek.
„Malava zucht onder leugen en bedrog. Als de Onderkoning
daar een eind aan maakt, zal hij een zegen voor het land zijn."

„Geen enkel voordeel, Vasoemittra. Maar al wat Brahmaan
is in Madhjadesa haat den wilden Prins, die goden en

---

[1]) Duivel.   [2]) Inboorlingen.

priestergebod niet acht en de heilige wetten van het land wil verkrachten om zelf in onheiligheid het heilige Aryavartha te nemen en te beheersen. De kroonprins is edel, vroom en goedig, en hij wild, ruw en gevreesd."

„Laat hij wild zijn en gevreesd, als hij maar orde en regelmaat in het bestuur brengt."

„Maar Sakoeni, waar bemoeit gij u mee, de Maharaja beslist toch over de legeraanvoering en de opvolging, heb ik altijd gehoord," meende Sanhita.

„Zwijg, Sanhita!"

„De Maharaja schijnt uit angst voor den wilden krijgsman over te neigen naar Asoka, mijn Sanhita."

„Zwijg toch, Sanhita, zing, maar praat niet over regeringszaken, dat past niet voor vrouwen."

„Dank u voor de terechtwijzing, hooggeëerde Poeroe. Maar zoveel snap ik er toch wel van, dat Sakoeni u, listige mannen, opruit tegen den nieuwen Onderkoning, die mij hoe langer hoe meer bevalt."

Een daverend gelach steeg uit het gezelschap op.

„Gij zult wedergeboren worden als minister, Sanhita!"

Maar Vasoemitra klopte haar op de schouder: „Uw woorden zijn juist, schone Sanhita."

Sanhita nam haar vina en speelde en zong en luisterde niet meer naar de besluiten, die de rijke kooplieden van Uggajini en Sakoeni namen. Die middag zouden ze samenkomen in een park, dat toebehoorde aan den rijken Garga, langs de weg naar Bhoepala. Enige andere kooplieden en Brahmanen meer werden ook uitgenodigd. De heteren mochten mede de feestvreugde verhogen. Toen allen Virasena's huis hadden verlaten, kwam Revata voor de dag, die achter een dunne wand alle beraadslagingen gevolgd had. Hij betaalde Virasena een nishka[1]) voor haar hulp en Sanhita een gouden masha.

„Elke ware inlichting over Sakoeni is mij goud waard, Virasena. Bedenk tevens, dat ik den Onderkoning van nabij ken. Dat kan u van nut zijn."

---

[1]) Een goudstuk.

Nadat hij vernomen had, waar het park van Garga lag, verliet hij het huis aan de achterkant en sloeg de weg in naar Bhoepala. Hij bood zich een paar uur later bij den tuinman van Garga aan, en een goudstuk bezorgde hem de tijdelijke betrekking van tuinknecht. Zo hoorde hij, wat er besloten werd, en hoe men Poeroe's zuster, Koenti, een ijdel, trots meisje, als spionne in Asoka's huis zou trachten te brengen. Ook welke karavaanwegen men voortaan zou gebruiken in het westen van Malava, om Asoka's ambtenaren te ontkomen, en de wijze, waarop men de Bhils, de Mahratten, de Rajpoetanen en andere stammen tegen den Onderkoning kon opstoken, om de onrust in Malava te vergroten. Dit laatste zou Sakoeni op zich nemen, en hij zou op de steun van de rijke kooplieden kunnen rekenen. Toen achtte Revata het beter, de weg van Bhoepala verder te vervolgen, omdat hij zijn Heer heden verwachtte. Hij moest nog een uur lopen, voor hij de snelle ruitertroep zag naderen. Hij ging hoogopgericht aan de zijde van de weg staan, ten teken, dat hij Asoka moest spreken. De Raja hield stil, en Revata reed naast zijn Heer mee. Hij vertelde den Prins woord voor woord, wat hij gehoord had, en wat Sakoeni na Vedisa had uitgehaald. Niets werd vergeten en niets ontging den Prins.

,,Waar is het park van Garga?"

,,Hier aan de weg, o Raja."

,,Wijs het mij, als we er zijn."

Toen ze aan Garga's tuin kwamen, zei Revata: ,,Hier is het, Heer," en hij gleed van zijn paard, om te voet zijn weg te vervolgen. Asoka en zijn gevolg reden in galop de prachtige ontspanning van Garga binnen, snelden voort over paden, door bossen, langs heerlijk-koele lotos-vijvers en bespeurden eindelijk het gezelschap van Sakoeni. Allen zagen met verbazing de bestoven ruiterbende naderen. Toen Sakoeni Asoka bemerkte, stoof hij overeind en verbleekte.

Asoka groette het rijk uitgedoste gezelschap met het eenvoudig opheffen van zijn hand.

,,Wel Sakoeni, toen ik in Takshasila was, waart gij er ook. In Patalipoetra vond ik u, zelfs bij de woudkluis van den wijzen Sayana miste ik u niet. Mag ik weten, wat u thans weer op mijn weg voert?"

„Wat waagt ge u in mijn park, vreemdeling?" vroeg Garga beledigd. Hij begreep nog niet, wie die brutale ruiter was.

„Alle grond in Aryavartha is van mijn Vader, den maharaja Bindoesara, edele Garga. Wees dus kalm."

Garga wankelde, en allen bogen diep voor den nieuwen Raja.

„Ik zoek de heilige Brahmanen Devaka, Richika, Soenasepha en Tritsoes, die spoorloos uit hun woudkluis verdwenen zijn," antwoordde Sakoeni woedend, terwijl hij Asoka brutaal aankeek.

„Gij bedoelt de moordenaars, die door mijn Vader, den Maharaja, verbannen werden wegens hun aanslag op mijn leven! Zoekt gij moordenaars? Dat is verdacht, Sakoeni."

„Ze waren verdwenen, toen ik bij hun woudkluis terugkeerde."

„Vanwaar terugkeerde?"

Sakoeni bloosde, antwoordde niet.

„Van Patalipoetra, om prins Soemana en zijn vrienden te halen, die opnieuw zouden pogen, mij te doden?"

„Heer," zei Sakoeni bedremmeld, „Devaka zond mij."

„En wie zond u naar Soebhadra in Vedisa en Devi, om mij te belasteren, en tot Garga, den meest ontevreden koopman van Uggajini? En naar Virasena, om deze lieden over te halen tot ongehoorzaamheid aan den nieuwen onderkoning, tot smokkelarij, en de Bhils, Mahratten en Rajpoetanen tot oproer? Antwoord!"

Sakoeni keek verdwaasd den Onderkoning aan en zweeg. Een wilde drift vloog door Asoka's aderen. Hij hief zijn chakra op, maar bedacht plotseling, dat het voor den Onderkoning minder juist was, zelf te straffen.

„Gij weigert dus, te antwoorden. Kara en Soera, dwing dezen jongen man tot bekentenis op dezelfde wijze als prins Kala Devaka deed. Voer hem twee yodhana's de dzjungel in, zodat niemand hem hoort, als hij klapt!"

Sakoeni beefde; hij was indertijd de enige getuige geweest van Devaka's lot.

344

„Heer.... de Brahmanenhof in Patalipoetra."

„En met welk doel?"

Sakoeni, die begreep, dat al zijn werk vergeefs was geweest, als hij naar waarheid antwoordde, zweeg weer.

„Bindt den oproerstoker aan die pippala.... Zo.... Neem een zware knuppel, Kara.... de linker...."

„Heer, ik zal het zeggen!" kreet Sakoeni in doodsangst.

„Zweer voor den hoogsten rechter in Uggajini, dat gij de waarheid zult spreken, en dat ge de dood schuldig zijt, als gij liegt!"

„Ik zweer.... Heer.... Opdat men u zou haten en Soemana zou wensen als opvolger van Bindoesara...."

„Uw haat is minder vast dan die van uw goeroe, Sakoeni. Ge begrijpt, dat ik hier in de raj geen strijd wens als tegen Devaka in Takshasila. Dat is te gevaarlijk voor mijn onderdanen....

Gij zijt Koenti, de zuster van Poeroe," ging Asoka voort. „Men heeft u bestemd tot mijn vrouw.... Ik ben gehuwd in Vedisa, met de dochter van rajuka Soebhadra. Meer vrouwen wens ik niet.... En u, Vasoemittra, zou ik gaarne spreken. Wilt ge morgen in de tweede kala mij bezoeken?"

Vasoemittra boog ten teken van toestemming. Toen zocht Asoka vijf ruiters uit.

„Maak Sakoeni's banden los.... Zo.... Neem hem gevangen en voer hem naar mijn Vader in Patalipoetra, met het verzoek, den vluchteling thans te berechten. De beschuldigingen volgen. Ik verwacht u terug met het vonnis."

Sakoeni werd zonder meer op een paard gehesen, en voort ging het, de weg op naar Bhoepala.

Asoka groette door handopsteken het gezelschap, dat in stomme verbazing alles had aangezien en toegehoord en nu eerbiedig voor den nieuwen raja boog. Elk scheen zozeer met zijn eigen gedachten vervuld, dat er geen woord gesproken werd. Toen Asoka reeds met zijn troep ver de weg naar Uggajini was afgedaald, zei Sanhita:

„Gegroet, mijne vrienden, riep de kraanvogel, terwijl hij midden in een troep kwakende kikvorsen stapte. Wie wenst mij te spreken?"

345

Toen barstte ze in een schaterend gelach uit.

„Ga door met uw besprekingen; pas nu worden ze belangrijk!" ging ze spottend voort.

„Onze leider moet eerst even naar Patalipoetra, om nieuwe
gezichtspunten op te doen," merkte Vasoemittra nuchter op.
„Kom, Sanhita, neem uw vina. We gaan een luchtje scheppen
op de schommel, om onze verhitte hoofden te verfrissen.".....

Einde van het eerste deel.

INHOUD.

Wat wil de Wereldbibliotheek?

ELK WAT WILS   ELK HET BESTE

Wij willen de kracht, de levensvreugde, de geestelijke cultuur van ons volk verhoogen.

Wij willen kunst en kennis, inzicht en wetenschap brengen aan allen die naar verrijking van gemoed en geest streven.

Wij willen bij allen die gedachteloos voortleven in een moeilijk maatschappelijk bestaan, de liefde doen ontwaken tot een hooger leven door zelfontwikkeling.

Wij willen opvoeden tot vrij, zelfstandig voelen en denken.

Wij willen allen de toegang openen tot ,,het boek'', tot de ,,Universiteit onzer dagen''.

Wij willen allen de gelegenheid bieden zich langzaam maar zeker te omringen met een steeds aangroeienden geestelijken schat, waaruit zij altijd nieuwe levenskracht en frisschen levensmoed kunnen putten.

Wij willen het boek brengen aan heel ons volk.

CLAUDE ANET:

DE ONDERGANG EENER WERELD

Uit het Fransch. Het leven der praehistorische rendier-
jagers. Geïllustreerd met afbeeldingen naar oude grot-
schilderingen. Gebonden f 2.10

GUSTAVE FLAUBERT:

SALAMMBÔ

Uit het Fransch. De ondergang van het oude Carthago.
Gebonden f 2.60

ANATOLE FRANCE:

DE GOUDEN DORSTEN

Uit het Fransch. De Fransche Revolutie.
Gebonden f 2.35

VERNER VON HEIDENSTAM:

KAROLINERNA:

Uit het Zweedsch. Het heldenleven van koning Karel
XII. Gebonden f 3.40

KARL KREISLER:

CATILINA

Uit het Duitsch. Het leven van den beruchten Romein-
schen samenzweerder. Gebonden f 2.35

PAULO SETUBAL:

JOHAN MAURITS VAN NASSAU

Uit het Portugeesch. Roman uit den tijd der Holland-
sche bezetting van Brazilië. Gebonden f 3.—

FERENC MÓRA:

DE GOUDEN SARKOFAAG

Uit het Hongaarsch. De strijd tusschen heidendom en
christendom ten tijde van keizer Diocletianus.
Gebonden f 4.10

WALTER SCOTT:

ROOIE ROB

Uit het Engelsch. Lotgevallen van den vermaarden
opstandeling Rob Roy. Gebonden f 2.—